新編諸子集成

論衡校釋

上

黄暉 撰

（附劉盼遂集解）

中華書局

説　明

到目前爲止，對王充論衡進行全面校注的出版物一共三種：北京大學歷史系論衡注釋，劉盼遂論衡集解，黄暉論衡校釋。前一種通俗易懂，適合廣大讀者閲讀。後兩種考釋較詳，資料豐富，適合研究者使用。現將後兩種合在一起，收入新編諸子集成。

加工要點如下：

一、以校釋爲主，補入集解校注文字、序言及附録。集解校注文字與校釋内容完全重複者八百九十六條全部删去，保留者一千零四十條；附録完全重複者二十七條，「後記二」參考價值不大，亦加芟夷。

二、正文依原用底本（通津草堂本）重加校訂，注文用有關書籍核對，凡有校改，一律出注。

三、全書改用全式標點，在漏標、錯標之處一一補正，不另出注。

由於水平所限，錯誤難免，盼讀者指正。

梁運華　一九八六年

目録

上册

第十七卷

第十八卷

第十九卷

第二十卷

第二十一卷

下册

第二十二卷

第二十三卷

自序

論衡是中國哲學史上一部劃時代的著作。自從董仲舒治公羊，明天人相感之説，以爲天是有意志的，與人的意識相感應。大小夏侯、眭孟、京房、翼奉、李尋、劉向等都推演其説。儒家到了此時，内部起了質的變化，披着巫祝圖讖的外衣，把天説得太神祕，太聰明，人的行動，是要受他的裁判，這就是一班漢儒所説的陰陽災異的理論。

這種荒謬的迷信的理論，把儒家改裝成爲帶有宗教性的儒教，自漢武帝時起到光武時止，一直支持了一百多年，才能有小小的反動，即鄭興、尹敏、桓譚一班人。但他們只知道攻擊圖讖的荒謬，對這些儒教徒所持天人感應説的原理，還不能根本上擊破，或者還相信這原理。到了仲任，才大膽的有計畫的作正式的攻擊，用道家的自然主義攻擊這儒教的天人感應説，使中古哲學史上揭開一大波瀾。

論衡全書就是披露這天人感應説的妄誕。用自然主義爲其理論的出發點。現在把論衡全書，就他的思想體系，列爲六組：

第一組是説性命的。

甲、性命説所依據的理論：

物勢十四。

乙、説性的：

本性十三。率性八。

丙、説命的：

初稟十二。無形七。偶會十。命禄三。氣壽四。命義六。逢遇一。累害二。幸偶五。吉驗九。

丁、性和命在骨體上的表徵：

骨相十一。

〔註〕物勢篇説：「天地合氣，人偶自生。」此爲仲任以性命定於初稟自然之氣（初稟篇語。）所據之理。骨相篇説：「非徒命有骨法，性亦有骨法。」是仲任的意思：性命稟於自然，現於骨法。各篇排列的順序，不依原書目次，是以其理論的體系之先後爲據。

第二組是説天人的關係。

甲、天人關係説所依據的理論：

自然五四。

乙、評當時儒家陰陽災異天人感應諸説違天道自然之義：

寒温四一。譴告四二。變動四三。招致四四。闕。感類五五。

丙、論當時災異變動：

明雩四五。順鼓四六。亂龍四七。遭虎四八。商蟲四九。

丁、論當時瑞應：

治期五三。齊世五六。講瑞五十。指瑞五一。是應五二。宣漢五七。恢國五八。驗符五九。須頌六十。佚文六一。

〔註〕仲任説災變符瑞，以「適偶」代替「感應」，以自然主義爲宗。

第三組論人鬼關係及當時禁忌。

甲、論人鬼關係：

論死六二。死僞六三。紀妖六四。訂鬼六五。言毒六六。薄葬六七。祀義七六。祭意七七。

乙、論當時禁忌：

四諱六八。調時六九。譏日七十。卜筮七一。辨祟七二。難歲七三。詰術七四。解除七五。

〔註〕人稟天地自然之氣，偶適而生，（見物勢、初稟、無形等篇。）人死則精氣滅，（論死篇語。）故人死不能爲鬼。無鬼，則祭祀只緣生事死而已，無歆享之義。（祀義、祭意篇語。）吉凶禍福，皆遭適偶然，（偶會篇語。）故不信一切禁忌。

第四組論書傳中關於感應之説違自然之義和虚妄之言。

甲、評書傳中關於天人感應説的：

變虚十七。異虚十八。感虚十九。福虚二十。禍虚二一。龍虚二二。雷虚二三。

乙、評書傳中虚妄之言：

奇怪十五。書虚十六。道虚二四。語增二五。儒增二六。藝增二七。問孔二八。非韓二九。刺孟三十。談天三一。説日三二。實知七八。知實七九。定賢八十。正説八一。書解八二。案書八三。

第五組是程量賢佞才知的。

答佞三三。程材三四。量知三五。謝短三六。效力三七。別通三八。超奇三九。

狀留四十。
第六組當作自序和自傳的。
對作八四。自紀八五。
這八十五篇書，今缺招致一篇。反復詰辯，不離其宗，真是一部有體系的著作。可惜這部大著，宋以後的人就忽略它了。
從漢到現在，大家對於這部書的認識，可以分作三期：
1．從漢到唐　如謝夷吾、蔡邕、王朗、虞翻、抱朴子、劉知幾等，都認爲是一代的偉著。詳後舊評。
2．宋　帶着道學的習氣，認爲論衡是一部離經叛道的書。如晁公武、高似孫、陳振孫、王應麟、葛勝仲、吕南公、黄震等是。詳後舊評。
3．明、清　取其辯博，但對於問孔、刺孟仍沿宋人成見，駡他是非聖無法。如熊伯龍、無何集。沈雲楫、虞淳熙、閻光表、施莊、劉光斗、傅巖、見後舊序。劉熙載、陳鱣、周廣業、章太炎先生見後舊評。都是極力表彰此書。四庫全書總目提要、乾隆讀論衡跋、譚宗浚、王鳴盛、梁玉繩等見後舊評。皆詆訾此書，或毁譽參半。

對論衡有真正的認識，還是最近二十多年的事。因爲諸子是研究思想史的寶藏，研究諸子的興趣，不減於經史。治諸子的人，盡革前儒一孔之見，實事求是，作體系的歷史的探討。不因爲他問了孔子，刺了孟子，就減輕他的價值。或者在現代人看來，還要增高他的價值。

四庫全書總目和劉盼遂先生據自紀篇以爲論衡當在百篇以外。見後版本卷帙考。近人張右源據佚文篇云「論衡篇以十數」，疑原本論衡的篇數没有今本這樣多，認爲今本是混合其所著譏俗節義、政務、養性三書而成。（見東南大學國學叢刊二卷三期。）其説非也。佚文篇「十數」爲「百數」之誤。我以爲仲任的手定稿，或者有百篇，但抱朴子、見後舊評。後漢書本傳都只著録八十五篇，蓋論衡最初傳世，是由蔡邕、王朗兩人，據抱朴子、袁山松書。見後舊評。他兩人入吳，都得着百篇全稿。虞翻説：「王充著書垂藻，絡繹百篇。」足爲當時尚存百篇之證。後來因爲蔡邕所得者，被人捉取數卷持去，據抱朴子。故只剩八十五篇。見存的論衡，大概就是根源於蔡邕所存的殘本，史通鑒識篇：「若論衡之未遇伯喈，逝將煙燼火滅，泥沈雨絶，安有殁而不朽，揚名於後世者乎？」所以葛洪、范曄都只能見到八十五篇。劉盼遂先生所引類書中佚文，似乎都只是八十五篇的佚文，未必在八十五篇之外。因爲唐、宋人所見的不能超出范曄、葛洪之外。

自從後漢書著録八十五篇之後，只缺招致一篇。至於各篇的先後排列，大致保存本來面目。據今本各篇的排列與全書理論的體系，及篇中所載的史事的先後，並相符合，可以爲證。那麽，這部書傳到現在，好像是没有經過後人的改編。

未經後人改編，固然保存當時篇章排列順次的本來面目，但流傳到現在一千多年，還没有人加以整理或注釋。近人劉盼遂論衡集解，有自序見古史辯第四集，全書惜未經見。其説見採入者，皆據古史辯。劉叔雅先生三餘札記二論衡斠補云：「校理論衡既畢，付之剞劂，刻垂成矣。」曾面詢之，據云：「全稿存在安慶。」故未獲睹。楊樹達云：「曾校注數卷，以事中輟。」章士釗云：「有意整理箋釋。」（見甲寅週刊一卷四十期、四十一期。）梁玉繩認爲論衡有注，乃是誤説。瞥記一云：「禮記經解引易『差若毫釐，謬以千里』，孫奕示兒編謂王充論衡注云：『出易緯之文。』」按示兒編一云：「經解引易曰：『差若豪氂，繆以千里。』乃出易緯之文也。」自注云：「王充論注，詳見『豪氂』。」卷四「豪氂」條云：「按王充論注，乃易緯之文。」徐鯤曰：「後漢書王充王符仲長統列傳論章懷注引易緯曰：『差以毫氂，失之千里。』此省文作『王充論注』。」據此，則梁氏謂出於論衡注，非也。孫蜀丞先生也認爲有舊注，見亂龍篇、卷十六，頁八一一。指瑞篇、卷十七，頁八七三。死僞篇。卷二十一，頁一〇四二。但據我的意見，前兩者乃是正文，後者乃是兩本異文誤合，不是注語。説具本篇。御覽引舊音一，別通篇卷十三，頁六九〇。舊注五。逢遇篇卷一，頁八。儒增篇卷八，頁四二六。變動篇卷十五，頁七六〇。亂龍篇卷十六，頁八二〇。是應篇卷十七，頁八九〇。篇中衍文，推知其爲舊校者二，儒增篇卷八，頁四三八。藝增篇卷八，頁四五五。似出於舊注者十七。命義篇卷二，頁五八。吉驗篇卷二，頁一一一，又一一二。骨相篇卷三，頁一四五。本性篇卷三，頁一五九。物勢篇卷三，頁一八〇。書虛篇卷四，頁二一五。道虛篇卷七，頁三八四。儒增篇卷八，頁四三八。刺孟篇卷十，頁五四二。説日篇卷十一，頁五八八。答佞篇卷十一，頁六〇七。效力篇卷十三，頁六八一。亂龍篇卷十六，頁八一一。自然篇卷十八，頁九一一。感類篇卷十八，頁九三一。紀妖篇卷二十二，頁一〇八一。但這些，我都疑爲是讀者隨手旁注，不像是出於正式的注文。理由是：若是曾經有人正式的注釋過，不當把許多需要注釋的地方都抹殺去，反來注這些不經意的地方，甚至於不須注的。

宋仁宗慶曆五年，楊文昌刻本序説：「得俗本七，率二十七卷。又得史館本二，各三十卷。改正塗注，凡一萬一千二百五十九字。」現在的各本，都根源於楊刻本。那麽，今本校語，是出自宋楊文昌之手。在楊校之後，展轉刊行，當又加添不少的校語。如問孔篇卷九，頁四七九。「子曰予所鄙者」，「鄙」下舊校曰：「一作否。」宋、元本並無此三字，則此注語當出自明人。但這班翻刻古書的人，不都是通人，不見得備具校勘董理的學力和方法。如無形篇卷二，頁六九。「化爲黄能」，舊校曰「能音奴來反」，朱校元本同。及上面所引問孔篇的校語「鄙」一作「否」，都是顯著的訛誤。說見本篇。

清儒，尤其是乾、嘉時代，校勘古書是一代的偉蹟。但對於論衡，如盧文弨、王念孫等，都是手校羣書二三十種的人，而没有一及此書。莫友芝說：「抱經有校宋本。」未見。因爲他們只把論衡當作一種治漢儒今古文說的材料看。俞樾雖然是校正數十條，想是以餘力致此，所以不像所校他書那樣精當。孫詒讓、孫蜀丞先生對這部書，用力比較多些，諟正若干條，才使這部書稍稍可讀。

我整理這部書，把校勘和解釋分成兩部工作。在校的方面，因爲流傳的善本不多，連類書的援引及見於他書的地方也很稀少。在釋的方面，因爲此書用事沉晦，好多是不經見的故實，加以今古文說的糾紛——這兩方面，都使我經過相當的困難，感覺學力的更貧乏。

論衡的版本有兩個系統：一個是元刊明正德補修本，累害篇不缺一頁，是由慶曆本、乾道本、至元本直傳下來的。一個是由成化本到通津本，到程、何諸本所構成的系統，從成化本起，累害篇並缺一頁。參看論衡版本卷帙考。列表於次：

宋慶曆五年楊文昌刻本
→ 宋乾道三年洪适刻本 → 元至元七年宋文瓚刻本 → 元刊明正德修本（累害篇不缺）（1）
→ 宋光宗時刻本（二十五卷）（2）→ 宋刊明成化修本（累害篇脱一頁）
→ 嘉靖時通津草堂刻本 → 程本　何本　錢本　黃本　鄭本　王本　崇文本
→ 天啓六年劉光斗刻本（3）

〔註〕1. 葉德輝說，正德本累害篇脱一頁，不對。

2. 宋光宗時刻本二十五卷，見存日本，疑是根源慶曆本。

3. 天啓本的序說，據楊文昌本刻。我想不是直接依據。因爲天啓本也脱去累害篇一頁。明正德補修本是楊文昌本的四傳的本子，還沒有脱此一頁，則知其所謂據楊本，不足信。疑出自成化補修本。

我所用的本子，是以通津本作底本。所見宋本，只是十四卷到十七卷的殘卷。其餘的所謂宋、元本，都是借用別人的校録。其中以朱宗萊校元本爲最精詳，楊守敬校宋本太粗疏。我想，一定忽略了一些好的材料。

胡適之先生在陳垣元典章校補釋例序上説：

校勘之學，無處不靠善本：必須有善本互校，方才可知謬誤；必須依據善本，方才可以改正謬誤；必須有古本的依據，方才可以證實所改的是非。……王念孫、段玉裁用他們過人的天才與功力，其最大的成就只是一種推理的校勘學而已。推理之最精者，往往可以補版本的不足，但校讎的本義在於用本子互勘，離開本子的搜求，而費精力於推敲，終不是校勘學的正軌。……推理的校勘，不過是校勘學的一個支流，其用力甚勤，而所得終甚微細。

當然，版本是作校勘的唯一的憑依。但是論衡這部書所保存的善本是這樣少，要整理這部書，只靠版本是不够的。勢必於版本之外，另找方法，即取證於本書、他書、類書、古書注的四種方法。

孫詒讓在他的札迻序上説：

其諟正文字譌舛，或求之於本書，或旁證之它籍，及援引之類書，而以聲類通轉爲之錧鍵，故能發疑正讀，奄若合符。

本書、它籍、類書，這是揭舉校勘學在離開版本的憑藉時的三大途徑。陳援菴垣。先生元典章校補釋例説得更詳細。他舉出校法有四：

1. 對校法　即以同書之祖本或别本對讀。遇不同之處，則注於其旁。

2. 本校法　以本書前後互證，而抉摘其異同，則知其中之謬誤。

3. 他校法　以他書校本書，凡其書有采自前人者，可以前人之書校之；有爲後人所引用者，可以後人之書校之；其史料有爲同時之書所並載者，可以同時之書校之。

4. 理校法　段玉裁曰：「校書之難，非照本改字，不譌不漏之難，定其是非之難。」所謂理校法也。遇無古本可據，或數本互異，而無所適從之時，則須用此法。

第一種對校法，是用兩本相比，是最容易的工作。只要有相當的學力，就能判斷「某本作某是對的」。第二種本校法，即孫氏所謂求之於本書。第三種他校法，即孫氏所謂旁證之它籍及援引之類書。有時憑據他書注的引用，也屬於此法。第四種理校法，即胡先生所謂推理的校勘。

在没有古本憑依的時候，想對於某一部書，發現它的謬誤，改正它的謬誤，證實所改正的是非，用本校法和他校法，即取證於本書、他書、類書、古書注的四種方法，是有相當徵實性的方法。因爲它的客觀性是與憑藉版本差不多。如唐、宋人的類書或古書注的引用，就可大致的見到唐、宋時這部書的本子。胡先生告訴我說：「依據類書或古書注，也就大致等於依憑古本。」

取證於本書、他書、類書及古書注，這四種方法，在運用時，應當各有相當的精細和警戒，茲就本書舉例於下：

一、取證本書的方法，是求本篇的上下文義，或把本篇與他篇作一種歸納的比較，找出他的句例常語，以相提正。

例一——據上下文義

高祖詔叔孫通制作儀品，十六篇何在？而復定儀禮〔儀〕？謝短篇卷十二，頁六五七。

此謂禮經十六篇何在，而庸叔孫通再定儀品也。後漢書曹褒傳論：「漢初朝制無文，叔孫通頗采禮經，參酌秦法，有救崩弊。先王容典，蓋多闕矣。」張揖上廣雅疏曰：「叔孫通撰制禮制，文不違古。」是儀品本於禮經，故仲任詰之曰時「十六篇何在」也。禮儀即謂儀品，司馬遷傳、劉歆移太常博士書、儒林傳、禮樂志、本書率性篇並可證。此作「儀禮」，字誤倒也。程樹德漢律考，以「叔孫通制作儀品十六篇」爲句，（前漢書禮樂志考證，齊召南讀同。）則以「儀禮」爲禮經，非也。據曹褒傳，叔孫通所作，只十二篇，未云「十六」。且此文屢云「禮經十六篇」，則此「十六篇何在」五字爲句，以指禮經，明矣。此句既謂禮經，則下句又云「儀禮」，於義難通。且禮經有儀禮之名，始見後漢書鄭玄傳，（吴承仕經典釋文序録講疏謂始自晉書荀崧傳。）仲任未及稱也。

例二——本篇與他篇句例的比較

今魯所獲麟戴角，即後所見麟未必戴角也。如用魯所獲麟，求知世間之麟，則必不能知也。何則？毛羽骨角不合同也。假令不（合）同，或時似類，未必真是。講瑞篇卷十六，頁八四三。

「不同」當作「合同」，涉上文誤也。此反承上文。仲任意：即有合同者，不過體貌相似，實性自别。下文即申此義。奇怪篇云：「空虚之象，不必實有。假令有之，或時熊羆先化爲人，乃生二卿。」是應篇云：「屈軼之草，或時實有而虚言能指。假令能指，或時草性見人而動，則言能指。」句例正同。

例三——本篇與他篇常語的比較

占大將且入國邑，氣寒，則將且怒；溫，則將喜。變動篇卷十五，頁七六六。

據下文「未入界，未見吏民，是非未察」，則州刺史、郡太守之事，非謂大將軍也。「將」謂州牧、郡守，本書屢見，當時常語。「大」字蓋後人不明「將」字之義而妄加者。累害篇：「進者争位，見將相毁。」又曰：「將吏異好，清濁殊操。」答佞篇：「佞人毁人於將前。」程材篇：「職判功立，將尊其能。」又云：「將有煩疑，不能效力。」超奇篇：「周長生在州爲刺史任安舉奏，在郡爲太守孟觀上書，事解憂除，州郡無事，二將以全。」齊世篇：「郡將撾殺非辜。」諸「將」字並與此同。

二、取證他書的方法，是就本書文句出於他書，或本書文句與他書互見的，及被他書徵引的，而爲比較的考察。

例一——本書文句出於他書

齊詹(侯)問於晏子曰：「忠臣之事其君也，若何？」對曰：「有難不死，出亡不送。」詹曰：「列地而予之，疏爵而貴之，君有難不死，出亡不送，可謂忠乎？」定賢篇卷二十七，頁一一二八八。

「齊詹」當作「齊侯」，「侯」一作「矦」，與「詹」形近而誤。此事見晏子春秋問上。晏子作「景公問於晏子」，説苑臣術篇作「齊侯問於晏子」，是其證。下文「詹曰」，亦當作「齊侯曰」。「侯」譌爲「詹」又脱「齊」字。晏子作「公不説曰」，説苑作「君曰」。

例二——本書文句與他書互見

德彌盛者文彌縟，德彌彰者人（文）彌明。書解篇卷二十八，頁一一三三。

「人」當作「文」。上下文俱論「文德」，不得轉入「人」也。「人」「文」形近之誤。説苑修文篇「德彌盛者文彌縟，中彌理者文彌章」，句意正同，是其證。

例三——本書文句被他書徵引

廣漢楊翁仲（偉）〔能〕聽鳥獸之音，乘蹇馬之野，〔而〕田間有放眇馬〔者〕，相去〔數里〕，鳴聲相聞。翁仲（偉）謂其御曰：「彼放馬知此馬而目眇。」其御曰：「何以知之？」曰：「罵此轅中馬蹇，此馬亦罵之眇。」其御不信，往視之，目竟眇焉。實知篇卷二十六，頁一一五二。

高似孫緯略一引「仲」並作「偉」，「聽」上有「能」字，「田間有放眇馬」作「而田間有放馬者」，「相去」下有「數里」二字，「彼放馬知此馬而目眇」作「彼放馬目眇」，「目竟眇焉」作「馬目竟眇」。類聚九三、御覽八九七引亦正同。並是也，當據正。

取證於他書的方法，是最艱難而最精當的方法。劉先生告訴我説：「取證於他書的方法，才能够發揮校勘學最大的效能。」校勘學的本義，固然是賴於版本的比校，但版本本身有兩個缺陷，即：一、版本本身的錯誤。現在我們所能見到的本子，不外唐寫本、宋刊本，但遇着這樣事實，在唐、宋以前就已經錯了，則雖有版本，也不能據正。二、善本流傳到現在，委實有限，若必待於版本而後校書，則有些書必致無法去校。取證於他書的方法，正能補救這兩種缺陷。這方法能使用校勘的材料有三，即：一、上溯本書所援據者。二、旁搜本書與他書互見者。三、下及本書被後人引用者。因爲這方法取材的方面這樣多，又没有版本的那兩種缺陷，所以這方法能够發揮校勘學最大的效能。如荀子堯問篇：「子貢問於孔子曰：『賜爲人下而未知也。』」楊倞注：「下，謙下也。子貢問欲爲人下，未知其益也。」按：「而未知」下當有「爲人下之道」五字。説苑臣術篇：「賜爲人下而未知所以爲臣下之道也。」韓詩外傳七：「請問爲人下之道。」家語困誓篇：「賜既爲人下矣，而未知爲人下之道。」並其證。注：「下，謙下也。」是所見本已脱此五字，而望文生義加「謙」字釋之。這就是取證於他書能救版本之窮之明證。

但取證於他書時，當注意到家法的不同。因爲今古文的章句文字是不一樣的。如別通篇「猶吾大夫高子」，是用魯論，不當據今本論語改「高」作「崔」。氣壽篇「舜徵二十歲在位」，今本作「三十」，即由淺人據僞孔本妄改，而不知仲任是習歐陽尚書的。潛夫論班祿篇引詩皇矣「此惟予度」亦見本書初禀篇。是三家詩，王謨本據毛詩改「度」作「宅」，也是由於不明家法的原故。

三、取證於類書的方法，是不可過信。因爲類書漏引節引，與原書時有出入。要是善於運用，它是最好的材料，因爲它能够使我們的推理得着更確實的證明。最好不信賴類書中一兩條的孤證，能够把類書所引的歸納得數條以上，那就能够使今本比較的近古。且舉孫蜀丞先生誤援類書的例子如次：

例一

立春東耕，爲土象人，男女各二人，秉耒把鋤；或立土牛。〔象人、土牛〕，未必能耕也。亂龍篇卷十六，頁八二〇。

孫曰：「立土牛」當作「立土象牛」，與上文「爲土象人」句意相同。此脱「象」字。「未必能耕也」，當作「土牛未必能耕也」，又脱「土牛」二字。故文義不明。類聚三十九、御覽五百三十八（當作七。）並引作「或立土牛象人，土牛未畢而耕也」。「土牛」二字未脱。「或立土牛」作「或立土牛象人」，亦非也。惟事類賦四（當作五。）引作「或立土象牛」，不誤，當從之。暉按：類聚、御覽引作：「或立土牛，（句）象人土牛，未畢而耕也。」（御覽二十引同。）當據補「象人土牛」句。「未必能耕也」，是承「爲土象人」、「或立土牛」兩層爲文，言土人與土牛並不能耕。下文「與立土人、土牛，同一義也」，亦以「人」、「牛」並舉。「象人、土牛」，「象人」即承「爲土象人」，「土牛」即承「或立土牛」，類聚、御覽所引不誤。今本脱去「象人土牛」四字耳。孫誤以「或立土牛象人」句絶，而信事類賦之孤證，非也。

例二

楊子雲作法言，蜀富〔賈〕人賫錢千（十）萬，願載於書。子雲不聽，〔曰〕：「夫富無仁義之行，〔猶〕圈中之鹿，欄中之牛也，安得妄載？」佚文篇卷二十，頁一〇一三。

孫曰：初學記十八、御覽四七二引此文「富」下並有「賈」字，「千萬」作「十萬」，「聽」下有「曰」字，「之行」二字作「猶」，皆是也。今本脱誤，當據補正。暉按：孫校補「賈」字、「曰」字，改「千」作「十」，是也。御覽八二九、又八三六引亦有「賈」字，「千」作「十」。又朱校元本、事文類聚别集二引亦作「十」。孫謂「之行」二字當作「猶」，非也。御覽八二九引「之行」下有「正如」二字，又八三六引「之行」下有「猶」字。事文類聚引同。則「之行」二字不誤，當據補「猶」字。

四、取證於古書注的方法，即就唐、宋人注他書時所引本書以與今本兩相比勘，往往可以補缺正誤。如感虚篇：「堯時五十之民擊壤於塗。」卷五，頁二一九六。文選注、路史注引「堯時」下有「天下大和，百姓無事有」九字，則知今本脱落。言毒篇：「火困而氣熱，血毒盛，故食走馬之肝殺人。」卷二十三，頁一一〇八。史記儒林傳正義引「血毒盛」作「氣熱而毒盛」，則知今本脱「氣熱」二字，「血」爲「而」字形譌。

我對此書解釋的工作，是用歸納和分類的方法。

關於字義的解釋，是用歸納法。王氏父子就是運用這個方法得着絶大的成功，在經傳釋詞上可以表現。王引之經傳釋詞序説：「凡此者其爲古之語詞，較然可著。揆之本文而協，驗之他卷而通。雖舊説所無，可以心知其意者也。」没有舊説的根據，爲什麽他能心知其意呢？就是因爲他用的方法正確。歸納各書中同樣的字，找出共通的意義，所以能够「揆之本文而協，驗之他卷而通」。試將本書「嫌」字的用法，歸納於下：

許由讓天下，不嫌貪封侯。書虚篇卷四，頁一九七。

季子能讓吴位，何嫌貪地遺金？頁一九九。

棄其寶劍，何嫌一叱生人取金於地？頁一九九。

人生於天，何嫌天無氣？談天篇卷十一，頁五六二。

能至門庭，何嫌不窺園菜？儒增篇卷八，頁四三六。

材能以其文爲功於人，何嫌不能營衛其身？書解篇卷二八，頁一三四四。

上列各「嫌」字，并當訓作「得」。劉盼遂先生訓爲「貪」，則不能「揆之本文而協，驗之他卷而通」了。説詳書虚篇卷四，頁一九八。

又歸納全書「起」字，審其用法，可以得一通訓。

一、雲雨感龍，龍亦起雲而升天。龍虚篇卷六，頁三三八。

二、禹問難之，淺言復深，略指復分，蓋起問難訌説，激而深切，觸而著明也。問孔篇卷九，頁四六一。

三、蓋起宰予晝寢，更知人之術也。頁四七二。

四、今孔子起宰予晝寢……頁四七三。

五、孔子欲之九夷者，何起乎？頁四八四。

六、起道不行於中國，故欲之九夷。頁四八四。

七、倉頡何感而作書？奚仲何起而作車？謝短篇卷十二，頁六七五。

八、天至明矣，人君失政，不以他氣譴告變易，反隨其誤，就起其氣。譴告篇卷十四，頁七四六。

九、夏末蜻蛚鳴，寒螿啼，感陰氣也；雷動而雉驚，發蟄而蚍出，起陽氣也。變動篇卷十五，頁七六〇。

十、人君起氣而以賞罰。頁七六一。

十一、夫喜怒起事而發。頁七六四。

十二、起水動作，魚以爲真，並來聚會。亂龍篇卷十九，頁八一七。

十三、且瑞物皆起和氣而生。講瑞篇卷十六，頁八五三。

十四、奚仲感飛蓬，而倉頡起鳥跡也。感類篇卷十八，頁九三三。

十五、皆起盛德，爲聖王瑞。驗符篇卷十九，頁九七九。

十六、虎狼之來，應政失也；盜賊之至，起世亂也；然則鬼神之集，爲命絶也。解除篇卷二五，頁一二一〇。

十七、春秋之作，起周道弊也。定賢篇卷二七，頁一三〇二。

十八、如周道不弊，孔子不作者，未必無孔子之才；無所起也。頁一三〇二。

十九、周道弊，孔子起而作之。頁一三〇三。

二十、設孔子不作，猶有遺言；言必有起，猶文之必有爲也。頁一三〇三。

二一、觀文之是非，不顧作之所起，世間爲文者衆矣。頁一三〇三。

二二、儒者不知秦燔書所起，故不審燔書之實。正説篇卷二八，頁一三〇八。

二三、感僞起妄，源流氣烝。書解篇卷二八，頁一三三九。

二四、有鴻材欲作而無起，無細知以閒而能記。頁一三四〇。

二五、故夫賢聖之興文也，起事不空爲，因因不妄作。對作篇卷二九，頁一三六七。

二六、是故論衡之造也，起衆書並失實。頁一三六八。

二七、故論衡者……其本皆起人間有非。頁一三六八。

以上二十七則。二五、「起」與「因」字互用，十六、「起」與「應」字互用，十六、二十、「起」與「爲」字互用，一、七、九、十四、二三、「起」與「感」字互用。據此，這二十七處的「起」字，有「因」、「爲」、「應」、「感」等字的意思。這是不見於字書，而可以由歸納的結果，證明這種解釋是不會錯誤的。

再者，仲任慣用「何等」二字，歸納於下：

一、鑿井而飲，耕田而食，堯何等力？感虛篇卷五，頁二九七。

二、實黄帝者，何等也？道虛篇卷七，頁三六七。

三、所謂尸解者，何等也？頁三八六。

四、今言男女倮，相逐其間，何等潔者？語增篇卷七，頁四〇九。

五、此何等民者？猶能知之。藝增篇卷八，頁四五三。

六、年五十擊壤於路，與豎子未成人者爲伍，何等賢者？頁四五三。

七、夫法度之功者，謂何等也？非韓篇卷十，頁五〇七。

八、「名世」者，謂何等也？刺孟篇卷十，頁五三四。

九、所謂十日者，何等也？詰術篇卷二五，頁一一九八。

「何等」二字當是漢時常語。孟子公孫丑篇：「敢問夫子惡乎長？」趙注：「丑問孟子才志所長何等？」呂氏春秋愛類篇：「其故何也？」高注：「爲何等故也。」都是以「何等」連文，猶今言「什麽」。

上列「嫌」、「起」、「何等」三例，都是以歸納法來解釋字義的。雖無舊説可憑，但若玩其本文，參之他卷，自覺其爲適當的解釋。

全書故實，也用同樣的歸納法，以便於與其所根據的他書及本書各篇前後互見的相參照。如漢高祖的母親，息大澤之陂，夢與神遇，見吉驗、奇怪、雷虚、感類等篇，此事出史、漢高紀。王鳴盛説，「遇」是「搆精」的意思。據奇怪、雷虚，謂「遇」是龍施氣，則知漢人的意思與王鳴盛説同，而仲任則謂「遇」是「遇會」。又如湯遭大旱，禱於桑林，見感虚、明雩、感類等篇。明雩、感類并説「湯以五過自責」，而感虚篇則説以「六過」，與荀子、説苑、帝王世紀等書正合。則知仲任本云「以六過自責」，其説無異，而一作「五過」者，是出於誤記，未必仲任另有所據而云然。説詳感虚篇卷五，頁二八七。又如桑穀之異，見無形、變虚、異虚、恢國、感類、順鼓等篇。這件故事，有書系之高宗武丁，有書系之中宗太戊，仲任於無形、變虚、異虚、恢國作高宗，於感類作太戊，於順鼓並存兩説。則知這個故事相承有如此異説，不關於今古文説的不同，故仲任隨意出之。説詳無形篇卷二，頁七二。

關於本書援引羣經的地方的解釋，是用分類法。陳奂詩毛氏傳疏序説：

初放爾雅編作義類，分别部居，各爲探索。久乃劖除條例章句，揉成作疏。

可見陳奂作詩毛氏傳疏事前準備的工作，將全書拆開，分成若干類，會集材料，然後會通成書。我也用這種分類的方法。不過陳氏就山川名物學爾雅那樣分類，我則就所引羣經，將各經作一單位，分别鈔集，然後再參照各經的各種注釋，求其家法，探其義藴。如本書所見論語的地方，都輯爲一類，以便於與本書各篇前後參照，及博徵舊説，以求合於本書的原義。如論語雍也篇：「伯牛有疾，孔子自牖執其手，曰：『亡之命矣夫，斯人也而有斯疾也。』」見幸偶、命義、禍虚、問孔、刺孟等篇。據問孔篇，卷九，頁四七五。知「亡」字讀作有無之「無」，不當如集解讀死亡之「亡」。又據禍虚、刺孟，知所謂「惡疾」，所謂「有疾」，是「被厲」。又如語增篇引論語：「巍巍乎！舜、禹之有天下也，而不與焉。」卷七，頁三九八。仲任的意思，「與」是讀「參與」之「與」。但舊説「與」字的意思有四種。具見本篇。結果，可以發現分類的好處：一、就仲任的意思以相解釋，不致前後相違。二、博考舊説，取其當於本書的原義，不致於只憑舊注，使正文與注義不相吻合。

我整理這部書，前後凡七年。在三年前，只就文選李注所引本書及本書見於他書者，互相比勘，成論衡校録若干卷，王充年譜一卷，就正於劉叔雅先生，幸蒙許爲精當。去年，胡適之先生也以爲我的論衡校録有些是處，所以願意出其手校本和楊守敬校宋本借給我。今年，馬幼漁裕藻。先生借給我朱宗萊校元本，吴檢齋先生借給我手校本。因爲增加了這些新的材料，校録的内容也就擴張了。計校釋的時間凡五年，全稿寫定凡二年。其中一部分的稿子，曾經胡先生和高閬仙步瀛。先生看過，改正好多地方。全書既成，友人齊燕銘舉其論衡札記稿本相餉，又抉取約二十餘條。——這些都是幫助我這書能够有成功的人。謹誌其始末，以申謝意。

本書今古文説，大致能説得清楚，是孫星衍、陳喬樅、皮錫瑞一班人的功績。俞樾、孫詒讓和孫蜀丞先生都對此書費些精力，我平易的援用，應當銘感。

中華民國二十四年八月二十日，黄暉序於北平。

例　略

一、載籍相承，鈔刊婁改，文乖句錯，流失殊多；簡册湮泯，事故莫考，義微訓晦，悠邈難明。頗賴正僞補遺，使歸舊本；摭經拾傳，俾事疏通。或乃牴牾依違，僞真舛雜，緣生訓解，以是爲非，因之句讀紛挐，郢、燕相亂。故必校在釋先，理正粗成，次申訓釋。茲編竊守斯義：研核衆本，考校異同，使知攸適，於是會綜故訓，貫繹羣書，裨補疏遺，免生穿鑿。題曰論衡校釋。

二、所據舊本

宋本殘卷自十四卷至十七卷。版心有刻工姓名。每半頁十行，每行二十字或二十一字。現存北平歷史博物館。簡稱「宋殘卷」。

悼廠姓名未詳。過録楊守敬校宋本據程榮本以通津本互校。現藏胡先生處。簡稱「宋本」。

孫詒讓校元本據程榮本校。見札迻。簡稱「元本」。

朱宗萊校元本據王謨本校。現藏馬幼漁先生處。簡稱「朱校元本」，或「朱校」。

明天啓本序稱：據宋楊文昌本。半頁九行，行二十字。後鐫楊文昌舊序。簡稱「天啓本」。

通津草堂本簡稱「通津本」。

程榮刻本簡稱「程本」。

何鏜刻本簡稱「何本」。

黄嘉惠刻本簡稱「黄本」。

錢震瀧刻本簡稱「錢本」。

潮陽鄭氏刻本倣通津本。簡稱「鄭本」。

湖北崇文局本簡稱「崇文本」。

三、以通津本爲據，其依别本及他書改、補者，則曰「據某本某書當改」，「據某本某書當補」。不敢馮肊擅動，竄亂原書，其諟正補删之字，以符號識别，例如左：

缺——□

例：牖里、陳、蔡可得知，而沈江蹈河□□□也。——累害篇卷一，頁一六。

補——〔〕

例：命當貧賤，雖富貴之，猶涉禍患，〔失其富貴〕矣。——命禄篇卷一，頁二二。

改——（）

例：調能定說，審詞（伺）際會。——逢遇篇卷一，頁七。

刪——□

例：皆賫盛糧，或作乾糧——藝增篇卷八，頁四五五。

其訛誤顯著，直加勘正者，則曰：「舊作某，今據某本某書改。或補，或刪。」其義並通者，注其異同。其並難通者，存之俟考。舊本校語，則著「舊校曰」以別之。

四、引據各家校録

俞樾曲園雜纂第二十三讀論衡

孫詒讓札迻

楊守敬論衡校録見校宋本。

朱宗萊論衡校録見校元本。

孫蜀丞人和。先生論衡舉正載吳檢齋、陳世宜說。

吳檢齋承仕。先生論衡校録手校本尚有若干條不見於孫氏舉正者，頗加採摭。

劉叔雅文典。先生三餘札記二論衡斠補

胡適之適。先生論衡校録見手校本。

齊燕銘先生論衡札記稿本。

五、上列諸家，簡著其姓。兩孫相混，則仿「先鄭」例，稱仲容説爲「先孫曰」。其諸説雜廁他書經左右纂集者，各著姓名以別之。如仲容説非出於論衡札迻者，則稱「孫詒讓曰」。其舊説未安，時附微意；或筦闚一得，增演前修者，則著「暉按」或「按」以別之。

六、一篇之中其自成起訖者，提行分段，或間後一行，以清眉目，務便省覽。其依舊本段者，則曰「舊本段」。

七、仲任生當今文盛行之世，古文未立，雖其不守章句，後漢書本傳語。如明雩篇引論語「詠而饋」從古論，別通篇「猶吾大夫高子」又用魯論。然大抵皆今文説。如尚書則本歐陽，論語則魯論，詩則魯詩。今加訓釋，各從家法，舉其舊義。

八、史實義訓，當詳於後者，則略於前，注曰「注見後某篇」，如謝短篇「社稷靈星」注祭意篇。詳見本書者則注曰「見前或後某篇」，如死僞篇「張良行泗水上，老父授書」，事詳紀妖篇，則注曰「見紀妖篇」，省引史記留侯世家文。並務省約耳。

九、全書義理，或前後互相發明，或相牴牾者，並注明以備省覽。如感虚篇言杞梁妻哭城城崩之妄，亦見變動篇，則注曰：「變動篇亦辯其虚。」遭虎篇力辯虎狼食人，非部吏之過，解除篇又謂「虎狼之來，應政失也」，則注曰：「與遭虎篇宗旨相違。」其援引訛誤，則據他書表出之，以示讀者。如講瑞篇「張湯之父五尺，湯長八尺，湯孫長六尺」，據史、漢任敖傳乃張蒼，非張湯也，則注曰：「仲任誤記。」

十、他書徵引者，推究其義，補入本文；其不能附麗者，則都爲一類，成論衡佚文一卷。審其文義，似出某篇，則爲注明。或非本書語，及非仲任時事，而本出他書者，則略加辯正。

十一、後漢書本傳識仲任行事甚略，本書自紀篇稍詳，今參以羣籍及論衡諸篇，成王充年譜一卷。並據本書所見故實，與史傳參驗，以見論衡諸篇屬稿先後。

十二、諸家對仲任或毀或譽，散見羣籍。頗爲撰集，成論衡舊評一卷，以見諸儒對本書價值之歷史上轉變。其概論全書，則入總評，其專論某一事者，則注曰：「此評某篇。」若余允文尊孟辨、守山閣叢書本。郎瑛七修類稿、續稿辨證類曰：「宋劉章有刺刺孟，王乃詞勝理者，因孟而矯之。惜未見其書。」熊伯龍無何集、湖北先正遺書本。謝无量王充哲學，學生叢書本。中華書局出版。皆有專書；政治思想史、哲學史、文學史之類，間有論及，而世多有其書，故並不纂集。

十三、近人對論衡頗加尋繹，揉和全書，序累論列，觀其詞義，信有善者，然所理釋，難免附會今古，穿鑿東西，茲并不取。胡先生王充的論衡一卷，抉要鉤玄，將仲任辯證方法、思想體系、時代背景揭示讀者，故爲轉載。

十四、集録史乘及藏書家經籍目録諸志，成論衡版本卷帙考一卷。諸本先後相承，淵源可考。其善本見存者，幸可得之來日。

十五、諸本前序後跋，並爲迻録，成論衡舊序一卷。雖頗有浮詞，而版本源流，及對仲任毀譽背向，於兹附見，故存之備考。

劉盼遂集解自序

敍曰：東漢世祖，應讖中興，芳風所煽，庶草斯偃，虚妄顯於真，實誠亂於僞，世人不悟，是非不定，紫朱雜廁，瓦玉集糅。會稽大儒王充，蒿目當時，惻怛發心，肇造論衡八十五篇，意在褒是抑非，實事忌妄，誠以當時衆書並失實，虚妄之言勝真美也。虚妄之語不除，則華文不見息，華文放流，則實事不見用。論衡乃所以銓輕重之言，立真僞之平，非苟調文飾，空爲奇偉之觀也。其本皆起人間有非，故盡思極心，以譏世俗，明辨然否，冀悟迷惑之心，使知虚實之分。虚實之分定，而後華僞之文滅，華僞之文滅，則純誠之化日孳。九虚、三增，所以使俗務實誠。論死、訂鬼、死僞，所以使俗薄喪葬。至若齊世、宣漢、恢國、驗符、盛褒、須頌之言，無誹謗之辭。凡論衡之所由作，與其文章之鴻美，則對作、自紀二章固亦慁哉其言之矣！（上方諸句，蓋儘量最録論衡原書之辭，期能近真。）

至其居學術思想之重要價值，予别輯古來評品論衡之作，約得百餘條，殆已發揮盡致，綴諸卷末，無事煩絮。

原夫論衡一書，歷來號稱難讀者，約有四因：一曰用事之沈冥。二曰訓詁之奇觚。此二者屬於著作人之本文然也。三曰極多誤衍誤脱之字。四曰極多形誤音誤之文。此二者屬於後代鈔手及梓人之不慎而然也。茲得各舉一二例以甄發之。

一、用事之沈冥。

王氏多見古書，往往爲後代所不傳，故論衡所言故事，多有不知其出典者。如書虛篇云：「吴王夫差殺伍子胥，煮之於鑊。」案周、秦、兩漢現存之書，絶不見子胥鑊煮之事。惟論衡此篇所言，及命義篇云「屈平、子胥，楚放其身，吴烹其尸」，刺孟篇云「比干剖，子胥烹，子路醢」，是必王氏於子胥伏鼎一事，別有承襲，非出壁造，可知矣。俞曲園未能通較前後，遽詆爲仲任誤記，蓋難免誣古之失。

二、訓詁之奇觚。

書虛篇云：「許由讓天下，不嫌貪封侯。伯夷委國飢死，不嫌貪刀鉤。」向來校者通昧于嫌字借義，謂爲誤字。今案嫌、貪係同義駢列之辭，嫌亦貪矣。孟子：「行有不慊於心。」趙注：「慊，快也。」齊策「齊桓公夜半不嗛」，高注：「嗛，快也。」」是嫌與慊、嗛古皆同聲通用。本篇下文：「季子能讓吴國，何嫌貪地遺金。」又云：「季子不負死者，棄其寶劍，何嫌一叱生人取金於地。」儒增篇云：「能至門庭，何嫌不窺園菜。」諸嫌字，義並同，可以決定嫌、貪爲快意之謂。王氏自有其字典也。（世謂西方大學人均有箇人字典，予謂我國周、秦、兩漢諸子亦莫不然。試取一編閲之，即可知。○後見黄暉校釋，謂論衡諸嫌字並訓作得。然談天篇「人生於天，何嫌天無氣」，則仍不可通解。詳見談天篇集解。）

三、誤衍誤脱之例。

甲、誤衍。物勢篇：「氣微爪短誅，膽小距頓。」今案：誅當爲銖之誤字。淮南鴻烈齊俗訓：「其兵戈銖而無刃。」注：「楚人謂刃頓爲銖。」廣雅釋詁：「銖，鈍也。」是爪短與距銖爲駢辭，頓字實讀者所作銖字之傍注，後人誤竄入正文，復譌銖爲誅，所亟宜刊正也。

乙、誤脱。宣漢篇：「講瑞上世爲美，論治則古王爲賢。」今案：講瑞下應有一則字，今脱去，致與下句不匀，而氣亦不貫，所宜補足也。

四、形誤音誤之例。

甲、形誤。須頌篇：「道立國表，路出其下，望國表者，昭然知路。漢德明著，莫立邦表之言。」今案：此文譌誤實甚。邦表實郵表之誤，國表又由誤會王充爲漢避諱而改邦爲國也。郵表者，説文木部：「桓，亭郵表也。」其制詳見崔豹古今注云：「今之華表木，以橫木交柱，狀若花，形如桔槔，大路交衢悉施焉。亦以表識衢路也。秦乃除之，漢始復修焉。今西京謂之交午木。」崔氏説與論衡此文全合。又考阮元揅經室一集有釋郵表畷一文，其要旨謂「郵表畷之古義，皆以立木綴毛裘之物而垂之，分其間界行列遠近，使人可準視望，止行步，而命名者也」。其説亦全與論衡合。知論衡此文是郵表，而非邦表、國表矣。更以論衡本書證之。談天篇説：「二十八宿爲日月舍，猶地有郵亭爲長吏舍矣。郵亭著地，亦如星宿著天也。」郵亭即郵表所在之亭。由是亦可考見兩漢亭表之制焉。

乙、音誤。超奇篇：「山之禿也，孰其茂也？地之瀉也，孰其滋也？」今案：地瀉與山禿對文，蓋瀉爲舄之音誤。舄者，地鹹鹵不生殖也。漢書溝洫志「終古舄鹵兮生稻粱」，文選海賦「襄陽廣舄」，皆其例矣。山禿則無爲之茂，地舄則無爲之滋，所以反比漢家熾盛則文章之人滋茂也。

以上四端，不過舉其千百分之一二而已。瞑眩擿埴，至於此極。故王氏此書向稱無善本，而自蔡伯喈、王景興、葛稚川後，殊少道及之者。至宋孝宗乾道三年，洪适始校刻於會稽蓬萊閣。然适已云：「轉寫既久，舛錯滋甚，殆有不可讀者。以數本參校，猶未能盡善也。」惟洪本後世無傳焉。今通行者，獨明通津草堂本及程榮漢魏叢書本而已。而二本脱文錯簡之憾，亥豕帝虎之嫌，觸目紛如，視洪氏蓬萊閣時，殆尤落葉殁階，遂致此士林極須誦習之書，反成士林極歎榛薉之書，不其惜歟！予自負笈清華園，初有志於修正是書。暇日抽讀，每遇疑難，隨下一籤。計起乙丑訖于今茲，此七年中，銖積寸累，所發正者無慮數百千事。於仲任之語法及字學，尤反覆三致意焉。清藁凡經數易始定，匪敢曰勤劬，蓋鑽仰無匱之情則然爾。今更干流先正及時賢校録論衡之文，彙爲集解三十卷，再以王充事蹟及論衡題跋合爲附録一卷，都三十一卷，付之剞劂氏，布諸藝苑。尚睎海内儒梟文霸，肯振其不逮，錫以匡棐，則尤不勝翹企之殷殷矣。壬申九月。

論衡校釋卷第一

逢遇篇

操行有常賢，仕宦無常遇。賢不賢，才也；遇不遇，時也。才高行潔，不可保以必尊貴；能薄操濁，不可保以必卑賤。或高才潔行，不遇，退在下流；盼遂案：退字涉下文「退在不遇」而誤衍。下句「薄能濁操，遇，在衆上」，與此爲對文。薄能濁操，遇，在衆上。楊曰：或云「遇」下當有「進」字。世各自有以取士，士亦各自得以進。進在遇，退在不遇。處尊居顯，未必賢，遇也；位卑在下，未必愚，不遇也。故遇，或抱洿行，廣雅釋詁曰：「洿，濁也。」尊於桀之朝；不遇，或持潔節，卑於堯之廷。所以遇不遇非一也：或時賢而輔惡；盼遂案：悼厂云：「時下疑脱君字，下文有『非時君主不用善也』其證。」或時二字連文，本書多有。或以大才從於小才；或俱大才，道有清濁；或無道德，而以技合；或無技能，而以色幸。伍員、帛喜，舊校曰：宜讀作「伯嚭」字。暉按：越絶書字亦作「帛喜」。梁玉繩人表考云：

「吴越春秋作『白喜』，又作『帛否』，又作『伯喜』。文選廣絶交論注云：『古字通用。』」吴曰：「『嚭』字从『喜』，『否』聲。作『喜』者，『嚭』形之殘。」俱事夫差，帛喜尊重，伍員誅死。此異操而同主也。史記伍子胥傳曰：「夫差立爲王，以伯嚭爲太宰。嚭與子胥有隙，因讒之。王乃賜子胥屬鏤之劍，以死。」或操同而主異，亦有遇不遇，伊尹、箕子是也。伊尹、箕子，才俱也，伊尹爲相，箕子爲奴；論語微子篇集解馬曰：「佯狂爲奴。」尚書泰誓孔傳：「以爲囚奴。」竹書紀年：「帝辛五十一年囚箕子。」庚信周齊王憲神道碑曰：「囚箕子於塞庫。」伊尹遇成湯，箕子遇商紂也。夫以賢事賢君，君欲爲治，臣以賢才輔之，趨舍偶合，其遇固宜；以賢事惡君，君不欲爲治，臣以忠行佐之，操志乖忤，不遇固宜。

或以賢聖之臣，遭欲爲治之君，而終有不遇，孔子、孟軻是也。孔子絶糧陳、蔡，論語衞靈公篇曰：「在陳絶糧，從者病，莫能興。」孟軻困於齊、梁，孟子公孫丑篇曰：「孟子去齊。曰：『於崇，吾得見王，退而有去志。久於齊，非我志也。』」史記六國表：「魏惠王三十五年，孟子來。」魏世家：「三十六年，惠王卒，子襄王立。孟子曰：『望之不似人君。』」是於梁亦未申其志。非時君主不用善也，才下知淺，不能用大才也。夫能御驥騄者，必王良也；能臣禹、稷、臯陶者，必堯、舜也。御百里之手，而以調千里之足，必有摧衡折軛之患；有接具臣之才，楊曰：「『有』字疑衍。『具臣』，論語先進篇集解孔曰：『言備臣數而已。』」而以御大臣之知，必有閉心塞意之變。故至言棄捐，管子侈靡篇：「女言至焉。」注：「至，謂盡理。」聖賢距逆，「距」讀作「拒」。非憎聖賢，不甘至言也，聖賢務高，至言難行也。夫以大才干小才，小才不能受，不遇固宜。

〔或〕以大才之臣，據上「或以賢聖之臣」、下「或以醜面惡色」文例，「以」上當增「或」字。遇大才之主，乃有遇不遇，虞舜、許由、太公、伯夷是也。虞舜、許由，俱聖人也，並生唐世，俱面於堯，廣雅釋詁曰：「面，嚮也。」虞舜紹帝統，許由入山林。呂氏春秋慎人篇：「由虞潁陽。」注：「不屈於堯，養志箕山，山在潁水北。」太公、伯夷俱賢也，並出周國，皆見武王，太公受封，伯夷餓死。夫賢聖道同，志合趨齊，虞舜、太公行耦，許由、伯夷操違者，生非其世，出非其時也。道雖同，同中有異；志雖合，合中有離。何則？道有精麤，志有清濁也。許由，皇者之輔也，生於帝者之時；伯夷，帝者之佐也，出於王者之世。公羊成八年傳何休注：「德合元者稱皇，德合天者稱帝，仁義合者稱王。」桓譚新論曰：「三皇以道治，五帝以德化，三王由仁義，五霸用權智。無制令刑罰謂之皇。有制令，無刑罰，謂之帝。賞善誅惡，諸侯朝事謂之王。」（引據孫馮翼輯本。）白虎通號篇：「德合天地者稱帝，（御覽七十六引無「地」字，是。公羊何注正無「地」字。）仁義合者稱王，別優劣也。」禮記謚法曰：『德象天地稱帝，仁義所生稱王。』帝者天號，王者五行之稱也。皇者，何謂也？亦號也。皇，君也，美也，大也，天人之揔，美大之稱也。時質故揔稱之也。號之爲皇者，煌煌人莫違也。煩一夫，擾一士，以勞天下，不爲皇也。不擾匹夫匹婦故爲皇。故黃金棄於山，珠玉捐於淵，巖居穴處，衣皮毛，飲泉液，吮露英，虛無廖廓，與天地通靈也。號言爲帝者何？帝者諦也，象可承也。王者往也，天下所歸往。鉤命決曰：『三皇步，五帝趨，三王馳，五霸鶩。』」並由道德，俱發仁義，主行道德，不清不留；主爲仁義，不高不止，此其所以不遇也。堯溷，舜濁；楚辭哀郢，王注：「溷，亂也。濁，貪也。」武王誅殘，太公討暴，同濁皆麤，舉措鈞齊，此其所以爲遇者也。故舜王天下，皐陶佐政，北人無擇深隱不見；呂氏春秋離俗篇：「舜讓其友北人無擇，無擇自投蒼領之淵。」又見莊子讓王篇、淮南子齊俗訓。禹王天下，伯益輔治，伯成子高委位而耕。堯時，伯成子高爲諸侯，堯授舜，舜授禹，伯成子高辭諸侯而耕。禹往見之，則耕在野。見莊子天地篇、呂氏春秋長利篇、新序節士篇、淮南說山訓。非皐陶才愈無擇，伯益能出子高也，然而皐陶、伯益進用，無擇、子高退隱，進用行耦，退隱操違也。退隱勢異，身雖屈，不願進；人主不須其言，廢之，意亦不恨，是兩不相慕也。

商鞅三說秦孝公，前二說不聽，後一說用者，前二，帝王之論，後一，霸者之議也。史記商鞅傳：孝公見衛鞅，語事良久，孝公時時睡，弗聽。景監讓之。鞅曰：「吾說以帝道。」後復見，仍未中旨，景監又讓之。鞅曰：「吾說以王道。」復見，孝公善之。鞅曰：「吾說以霸道，其意欲用之矣。」夫持帝王之論，説霸者之主，左成二年傳疏鄭云：「霸，把也，言把持王者之政教。」雖精見距；楊曰：一本作「拒」。暉按：朱校元本、程本、天啓本、鄭本同此。何、錢、黄、王及崇文本並作「拒」，字通。更調霸説，雖麤見受。何則？精遇孝公所不得，盼遂案：得當爲須之誤，正承上文「人主不須其言」爲説。麤遇孝公所欲行也。故説者不在善，在所説者善之；才不待賢，在所事者賢之。馬圄之説無方，而野人説之；子貢之説有義，野人不聽。俞曰：吕氏春秋必己篇：「孔子行道而息，馬逸，食人之稼，野人取其馬。子貢請往説之，畢辭，野人不聽。有鄙人始事孔子者，曰：『請往説之。』」淮南子人間篇載此事，則以爲子貢往説之，卑辭而不能得也。孔子乃使馬圉往説之。此云「馬圄」，即「馬圉」也，蓋用淮南子。然文選演連珠：「東野有不釋之辯。」注引吕氏春秋：「孔子行於東野，馬逸，食野人稼，野人留其馬。子貢説而請之，野人終不聽，於是鄙人馬圉乃復往説。」與今本吕氏春秋絶異。且今本吕氏春秋及淮南子均無「東野」二字，而士衡之文，明言「東野有不釋之辯」，則疑唐以前吕氏春秋自與今本殊也。吹籟工爲善聲，因越王不喜，更爲野聲，越王大説。吕氏春秋遇合篇：「客有以吹籟見越王者，羽角宫徵商不繆，越王不善，爲野音而反善之。」注：「籟，二孔籥也。」故爲善於不欲得善之主，雖善不見愛；爲不善於欲得不善之主，雖不善不見憎。此以曲伎合，合則遇，不合則不遇。

或無伎，妄以姦巧合上志，亦有以遇者，竊簪之臣，鷄鳴之客是〔也〕。楊曰：據下文籍孺、鄧通、嫫母、無鹽云云，此當脱「也」字。吴説同。竊簪之臣親於子反，淮南道應篇：「楚將子發，好技道之士，有偷者往見，子發禮之。無幾，齊〔二〕伐楚，偷盗齊將軍簪，又以歸之，齊師大駭。」此云「子反」，異文。盼遂案：「是」下脱一「也」字。下文云「籍孺、鄧通是也」，「嫫母、無鹽是也」，皆有「也」字，可證。鷄鳴之客幸於孟嘗，見史記本傳。子反好偷臣，孟嘗愛僞客也。以有補於人君，人君賴之，其遇固宜。或無補益，爲上所好，籍孺、鄧通是也。籍孺幸於孝惠，史記佞幸傳：「高祖時則有籍孺，孝惠有閎孺。」與此文異。然史、漢朱建傳並云：「孝惠幸臣閎籍孺。」正與此合。蓋所聞異辭。司馬貞、顔師古謂誤剩「籍」字，然幸偶篇有「閎、籍孺」連文，則難審定。鄧通愛於孝文，見佞幸傳。無細簡之才，微薄之能，偶以形佳骨嫺，宋本作「蕑」。朱校元本同。暉按：梅膺祚字彙艸部引亦作「蕑」，並云：「同妍。」疑「蕑」即「嫺」之俗省字，「嫺」有作「嫻」者，故省作「蕑」。梅氏以爲同「妍」，恐肊説。盼遂案：宋、元本均作「骨蕑」。「蕑」蓋即「嫺」之别體，非「妍」字。皮媚色稱。爾雅釋詁曰：「稱，好也。」夫好容，人所好也，其遇固宜。或以醜面惡色，稱媚於上，嫫母、無鹽是也。説文：「嫫母，古帝妃，

〔二〕「齊」，原本作「齋」，據淮南子改。

都醜也。」漢書古今人表：「悔母，黄帝妃，生蒼林。」蓌、悔、嫫，字通。武氏石室畫像題曰：「無鹽醜女鍾離春。」山左金石記：「鍾離春，無鹽邑女也。」嫫母進於黄帝，吕氏春秋遇合篇：「嫫母執乎黄帝。黄帝曰：屬〔一〕女德而弗忘，與女正而弗衰，雖惡奚傷。」無鹽納於齊王。新序雜事篇：「無鹽女行年三十，自詣宣王，言齊有四殆之危。宣王納其言，拜爲后。」故賢不肖可豫知，遇難先圖。何則？人主好惡無常，人臣所進無豫，朱校元本「臣」作「主」，非。偶合爲是，適可爲上。進者未必賢，退者未必愚，合幸得進，不幸失之。

世俗之議曰：「賢人可遇，不遇，亦自其咎也。生不希世准主，「希」讀作「睎」。説文：「睎，望也，海岱之間謂眄曰睎。」漢書公孫弘傳：「希世用事。」師古曰：「希，觀相也。」晉書虞溥傳：「希顔之徒。」亦「睎」之叚字。「准主」二字，先孫屬下讀，非。觀鑒治内，調能定説，審詞（伺）際會。胡先生曰：「詞」疑是「伺」字。暉按：東觀漢記：「票駭蓬轉，因遇際會。」又云：「耿況、彭寵，俱遭際會。」並與「審伺際會」句同，蓋漢時常語。朱校元本「詞」作「司」。周禮地官媒氏注云：「司，猶察也。」司、伺字通。朱以「司」爲「詞」之壞字，失之。周禮弁師鄭注：「會，縫中也。」類聚七十引後漢張紘瓌材枕賦云：「會緻密固，絶際無閒。」潛夫論浮侈篇：「不見際會。」本

〔一〕「屬」，原本作「厲」，據吕氏春秋改。

書答佞篇：「際會發見，奸僞覺露。」又：「對鄉失漏，際會不密。」則際會猶言縫隙也。**能進有補贍主，**句有脱文，「能進」二字又倒，當作「進能有益，納説有補」。此文以「進能」、「納説」，「有益」、「有補」，相對爲文。下文「今則不然，進無益之能，納無補之説」，與此反正相承。又「進能有益，納説有補」；「或以不補而得祐，或以有益而獲罪」；「説可轉，能不可易」；「准主而納其説，進身而託其能」，並以「能」與「説」、「益」與「補」對舉爲義。「贍主」二字，未知所當作。朱校元本「主」作「士」，屬下讀，疑是。**何不遇之有？**盼遂案：此文譌誤特甚，今爲正之如下：「生而希世准主，觀鑒治亂，託能定説，審伺際會，進能有補，則主何不遇之有？」古「不」字與「而」形近致譌。「亂」古作「𤔔」，殘刓爲「内」。「託能」即下文「進身而託其能」之意。「託」以音譌爲「調」。「伺」譌爲「詞」。「則主何不遇之有」七字爲句。後學因「則」居「補」下，遂改爲「贍」，難於句讀矣。又案：「准」與「希」同意。抱朴子内篇遐覽云：「先從淺始，以勸進學者，無所准希階由也。」是，准亦希矣。**今則不然，作（進）無益之能，**「作」當作「進」。「進」、「納」對文，説見上。太平御覽七五七引作「推」，可證此原作「進」，初譌爲「推」，再譌爲「作」。**納無補之説，以夏進鑪，以冬奏扇，**御覽二一二引注：「奏亦進也。」晏殊類要三四士未遇類引「奏」作「進」。**爲所不欲得之事，獻所不欲聞之語，**類要引「獻」作「執」。**其不遇禍，幸矣，**御覽引「禍」作「災患」。**何福祐之有乎？」**

進能有益，納説有補，人之所知也。或以不補而得祐，或以有益而獲罪。且夏

時鑪以炙濕，冬時扇以翣火。淮南說林注：「楚人謂扇爲翣。」世可希，主不可准也；說可轉，能不可易也。世主好文，己爲文則遇；主好武，己則不遇。主好辯，有口則遇；主不好辯，己則不遇。文王（主）不好武，楊曰：明劉光斗評本「王」作「主」，是也。暉按：即天啓本。盼遂案：以下文例之，此處「王」爲「主」之誤字。武主不好文；天啓本作「主」，各本並譌作「王」。辯主不好行，行主不好辯。文與言，尚可暴習；行與能，不可卒成。學不宿習，無以明名；名不素著，無以遇主。倉猝之業，須臾之名，日力不足。「日」，朱校元本、程本同。各本譌作「曰」。不預聞，何以准主而納其說，進身而託其能哉？昔周人有仕數不遇，年老白首，泣涕於塗者。人或問之：「何爲泣乎？」對曰：「吾仕數不遇，自傷年老失時，是以泣也。」人曰：「仕奈何不一遇也？」對曰：「吾年少之時，學爲文，文德成就，始欲仕宦，人君好用老。用老主亡，後主又用武，吾更爲武，武節始就，〔用〕武主又亡。孫曰：此與上「用老主亡」句意相同，「武」上疑脫「用」字。少主始立，好用少年，吾年又老，是以未嘗一遇。」俞曰：此與顏駟事相似。文選思玄賦注引漢武故事曰：「顏駟不知何許人，漢文帝時爲郎，至武帝嘗輦過郎署，見駟龙眉皓髮。上問曰：『叟何時爲郎？何其老也？』答曰：『臣文帝時爲郎，文帝好文，而臣好武。至景帝好美，而臣貌醜。陛下即位，好少，而臣已老。是以三世不遇，故老於郎署。』」疑古相傳有此說。顏駟事亦出依託也。仕宦有時，不可求也。夫希世准主，尚不可爲，況節高志妙，不爲利動，性定質成，不爲主顧者乎？汪繼培曰：「顧謂委曲承意也。」（潛夫論述赦篇。）

且夫遇也，能不預設，説不宿具，邂逅逢喜，遭觸上意，「觸」，朱校元本作「合」，是。故謂之「遇」。穀梁隱四年傳曰：「遇者志相得也。」如准[推]主調説，先孫曰：元本無「推」字，蓋誤衍也。上文云：「准主觀鑒。」楊説同。朱校元本亦無「推」字。以取尊貴，盼遂案：「推」字以字形類「准」而衍，宜據上文「希世准主」之例，刪「推」字。定賢篇「准主而説」，皆其例。「調説」亦遣辭之意，上文「更調伯説」是也。是名爲「揣」，不名曰「遇」。春種穀生，秋刈穀收，求物得物，盼遂案：「得物」當作「物得」，方與下句一律。作事事成，不名爲「遇」。不求自至，不作自成，是名爲「遇」。猶拾遺於塗，摭棄於野，説文：「拓，拾也。拓或从『庶』。」古音「石」、「庶」同部。方言：「陳、宋間謂取曰摭。」若天授地生，鬼助神輔，禽息之精陰慶（薦），「慶」當作「薦」。吉驗篇：「鳥以翼覆之，慶集其身。」晏子：「慶善（治要引作「薦」。）而不有其善。」並爲「薦」之譌，是其比。漢隸「薦」作「⿱艹慶」，（史晨後碑、韓勑靈臺、費鳳張公神道各碑。）與「慶」形近，故譌。禽息薦百里奚，見儒增篇及韓詩外傳。鮑叔之魂默舉，若是者，乃「遇」耳。「遇」上疑脱「爲」字。今俗人既不能定遇不遇之論，又就遇而譽之，因不遇而毀之，是據見效，案成事，不能量操審才能也。

累害篇

凡人仕宦有稽留不進，行節有毁傷不全，罪過有累積不除，聲名有闇昧不明，才非下，行非悖也，又知非昏，策非昧也，逢遭外禍，累害之也。非唯人行，凡物皆然，生動之類，咸被累害。累害自外，不由其內。夫不本累害所從生起，而徒歸責於被累害者，智不明，闇塞於理者也。物以春生，人保之；以秋成，人必不能保之。卒然牛馬踐根，刀鎌割莖，生者不育，至秋不成。不成之類，遇害不遂，不得生也。夫鼠涉飯中，捐而不食。北堂書鈔一四四引「涉」作「滲」。孔廣陶曰：「滲」字是古本，近本誤作「涉」。捐飯之味，與彼不污者鈞，以鼠爲害，棄而不御。荀子禮論篇楊注：「御，進用也。」君子之累害，與彼不育之物，不御之飯，同一實也，淮南精神篇注：「實，等也。」俱由外來，故爲累害。

脩身正行，不能來福；戰栗戒慎，朱校元本作「惧」。不能避禍。禍福之至，幸不幸也。故曰：「得非己力，故謂之福；來不由我，故謂之禍。」未知何出。盼遂案：四語有韻，蓋古格言，惜不審其出典。不由我者，謂之何由？由鄉里與朝廷也。夫鄉里有三累，朝廷有三害，累生於鄉里，害發於朝廷，古今才洪行淑之人，遇此多矣。

何謂三累三害？

凡人操行，不能慎擇友，友盼遂案：「友友」當是「交友」之誤。同心恩篤，說文：「竺，厚也。」經典叚借「篤」字。異心踈薄，「踈」當作「疏」。字从「疋」，非从「足」。踈薄怨恨，毁傷其行，一累也。人才高下，不能鈞同，同時並進，高者得榮，下者慙恚，毁傷其行，二累也。人之交遊，不能常歡，歡則相親，忿則踈遠，踈遠怨恨，毁傷其行，三累也。位少人衆，仕者爭進，進者爭位，見將相毁，將，郡將也。漢書嚴延年傳注：「謂郡爲郡將者，以其兼領武事也。」盼遂案：悼厂云：「將，州將也。」增加傅致，說文：「坿，益也。」「傅」，叚字。將昧不明，然納其言，玉篇：「然，信也。」一害也。將吏異好，清濁殊操，清吏增郁郁之白，史記五帝紀：「其色郁郁。」索隱曰：「郁郁猶穆穆也。」舉涓涓之言，漢書陳勝傳注曰：「涓，潔也。」濁吏懷恚〔怨〕恨，元本「恚」下有「怨」字，朱校同。當據補。徐求其過，因纖微之謗，被以罪罰，謂將罰也。二害也。將或幸佐吏之身，納信其言，「信」，朱校元本作「受」。佐吏非清節，必拔人越次。迕失其意，毁之過度；清正之仕，楊曰：「仕」、「士」同。暉按：「清正之仕」，猶言「清吏」也。讀如字。盼遂案：「仕」讀爲「士」，二字古通。孟子「有仕于此」，俞氏樾古書疑義舉例謂孟子「仕」與下文「夫士」之士爲一字。此正同例。抗行伸志，遂爲所憎，毁傷於將，三害也。夫未進也，身被三累；已用也，身蒙三害，雖孔丘、墨翟不能自免，顔回、曾參不能全身也。

動百行，作萬事，嫉妬之人隨而雲起，枳棘鉤掛容體，枳棘，多刺之木。蠭蠆之黨蠭蠆，含螫之蟲。啄（喙）螫懷操（慘），「啄」當從錢、王、崇文本作「喙」。朱校元本、天啓本、鄭本誤同。「操」當作「慘」，形近而誤。大雅抑篇「我心慘慘」，五經文字作「懆」。墨子耕柱篇：「一人奉水將灌之，一人摻火將益之。」「摻火」即「操火」。「喿」，漢隸作「參」。鄐閣頌：「從朝陽之平慘。」校官碑：「德之賓即有殊摻。」皆以「參」作「喿」。寒温篇「變操易行」，宋、元本「操」誤作「慘」。干禄字書「操」俗作「摻」。故此文「慘」誤作「操」。荀子議兵篇：「慘如蠭蠆。」淮南子俶真篇：「蜂蠆螫指，蚊虻噆膚，蜂蠆之螫毒，而蚊虻之慘怛也。」説文：「慘，毒也。」是其義。若作「啄螫懷操」，則文不可解矣。豈徒六哉？盼遂案：吴承仕曰：「雲起」以下意難憭，疑有奪誤。六者章章，世曾不見。夫不原士之操行有三累，仕宦有三害，身完全者謂之潔，被毁謗者謂之辱，官升進者謂之善，位廢退者謂之惡。完全升進，幸也，而稱之；毁謗廢退，不遇也，而訾之，管子地形篇：「毁訾賢者之謂訾。」字本作「呰」。喪服四制鄭注：「口毁曰呰。」用心若此，必爲三累三害也。朱校元本無「三累」二字，非。「爲」下疑脱「不知」二字，下「論者既不知」云云，即承此爲文。

論者既不知累害〔所從生，又不知被累害〕者行賢潔也，朱曰：「不知累害」下，初學記二十一引有此九字，當據補。以塗搏泥，小雅角弓：「如塗塗附。」毛傳：「塗，泥。附，著也。」朱注：「小人骨肉之恩本薄，王又好讒佞以來之，是如於泥塗之上，加以泥塗附之也。」「以塗搏泥」，即其義。「搏」、「附」字通。以黑點繒，朱曰：初學記二十一引「黑」作「墨」，是。楚辭七諫王注：「點，汙也。」孰有知之？清受塵，白取垢，御覽九四四、類要二五非罪類引「取」並作「受」。初學記引同今本。青蠅所汙，常在練素。初學記引「練」作「絹」。處顛者危，勢豐者虧，頹墜之類，常在懸垂。屈平潔白，盼遂案：「邑犬」四句爲屈平九章之文，而「潔白」之説不貫，疑「潔白」爲「辭曰」二字之誤。邑犬羣吠，吠所怪也，非俊疑傑，固庸能也。孫曰：「庸能」即「庸態」，此九章懷沙文。偉士坐以俊傑之才，舊校曰：「坐」讀爲「生」。暉按：「坐」、「生」聲不相近，無緣讀作「生」。坐，因也，緣也，漢人常語。見助字辯略卷三。盼遂案：漢人注箋例，「讀爲」者，即音以改字也。此「坐」與「生」於聲不相通，某氏之説非也。坐讀坐罪之坐。招致羣吠之聲。夫如是，豈宜更勉奴下，循不肖哉？楊曰：「奴」、「駑」同。不肖奴下，非所勉也，豈宜更偶俗全身以弭謗哉？宋本「弭」作「彌」。楊曰：漢書王莽傳：「上以彌亂發姦。」師古曰：「『彌』讀曰『弭』。」偶俗全身，則鄉原也。論語陽貨篇集解周曰：「所至之鄉，輒原其人情，而爲己意以待之。」鄉原之人，行全無闕，非之無舉，刺之無刺也。此又孔子之所罪，孔子曰：「德之賊也。」見論語陽貨篇。孟軻之所愆也。孟子曰：「不可與入堯、舜之道。」見孟子盡心下。

古賢美極，無以衛身，故循性行以俟累害者，果賢潔之人也！極累害之謗，而賢潔之實見焉。立賢潔之跡，毁謗之塵安得不生？絃者思折伯牙之指，伯牙，楚懷王、頃襄王時人，見汪中述學伯牙事考。御者願摧王良之手。何則？欲專良善之名，惡彼之勝己也。是故魏女色艷，鄭袖鼻（劓）之；先孫曰：「『鼻』當作『劓』。」事見戰國策楚策及韓非子内儲説下六微篇。韓非子：「魏王遺楚王美人，楚王悦之。夫人鄭袖謂新人曰：『王甚愛子，然惡子鼻，見王，常掩鼻，則王常幸子。』於是新人從之。王謂夫人曰：『新人見寡人常掩鼻何？』對曰：『惡王臭。』王怒，因劓之。」朝吴忠貞，無忌逐之。左昭十五年傳：「楚費無極害朝吴之在蔡，蔡人逐朝吴，出奔鄭。」杜注：「朝吴，蔡大夫，有功於楚平王，無忌恐其有寵，疾害之。」史記楚世家作「無忌」，同此。戚施彌妒，蘧除多佞。詩邶風新臺傳：「蘧篨，不能俯者。戚施，不能仰者。」鄭箋：「蘧篨口柔，常觀人顔色而爲之辭，故不能俯；戚施面柔，下人以色，故不能仰。」爾雅釋訓李巡注：「蘧篨巧言好辭，以口饒人；戚施和顔悦色以誘人。」「蘧」、「除」二字，説文並在「竹」部，云：「粗竹席也。」方言：「簟自關而西其粗者謂之蘧篨。」簟粗不捲，以比希顔不俯之態，則字不得从「艸」。隸書从「艸」从「竹」之字，固多譌溷也。是故濕堂不灑塵，卑屋不蔽風；風衢之物不得育，水湍之岸不得峭。〔夫〕如是，牖里、陳、蔡可得知，「如」上挩「夫」字。此與上「夫如是，豈宜更免奴下」云云，下「夫如是，市虎之訛」云云，「夫如是累害之人」云云，文例同。「牖」、「羑」字通，淮南氾論訓「羑里」，治要引作「牖里」，謂文王拘於羑里，孔子阨於陳、蔡也。而沈江蹈河□□□也。以上句例之，此脱三字。謂屈原沉江，申徒狄蹈河也。見書虚篇。盼遂案：「蹈河」下脱三字，故與上句不儷，惜無從參補。以軼才取容媚於俗，求全功名於將，不遭鄧析之禍，左定九年傳：「鄭駟歂殺鄧析而用其竹刑。」取子胥之誅，幸矣。孟賁之尸，孟子公孫丑孫奭疏引皇甫謐帝王世紀曰：「秦武王好多力之人，齊孟賁之徒並歸焉。孟賁生拔牛角。」史記范睢傳集解引許慎、漢書淮南王傳注引應劭及東方朔傳師古注，並云「孟賁，衞人」，唯皇甫謐作「齊人」。人不刃者，氣絶也。死灰百斛，人不沃者，光滅也。動身章智，顯光氣於世；「動」猶「奮」也。奮志敖黨，立卓異於俗，固常通人所讒嫉也。以方心偶俗之累，韓非子解老：「所謂方者，内外相應也，言行相稱也。」求益反損，蓋孔子所以憂心，謂公伯寮之愬也。孟軻所以惆悵也。謂臧倉之毁也。德鴻者招謗，爲士者多口。孟子盡心下篇：「士憎兹多口。」趙注：「離於凡人而仕者，亦益多口。」「士」讀作「仕」。潛夫論交際篇：「士貴有辭，亦憎多口。」二王並讀如字，與趙氏異。以休熾之聲，彌口舌之患，楊曰：「彌」讀曰「弭」。求無危傾之害，遠矣。

臧倉之毀未嘗絶也，魯平公嬖人，毁孟子。見孟子梁惠王篇。**公伯寮之遡未嘗滅也，**「遡」，崇文本作「愬」，論語、史記弟子傳同。説文引論語作「訴」，云：「或作『遡』，或作『愬』。」則以作「愬」爲正。偶會篇、治期篇作「愬」。公伯寮愬子路於季孫，見論語憲問篇。盼遂案：「遡」爲「愬」誤。事見論語憲問篇。集解引馬注：「愬，譖也。」偶會篇：「公伯寮愬子路於季孫。」**垤成丘山，汙爲江河矣。**説文曰：「垤，螘封也。汙，小池也。」盼遂案：「汙爲江河」下，各本脱四百字，今據元刻本補入。**夫如是，市虎之訛，**韓非子内儲説上七術篇：「龐恭謂魏王曰：『今一人言市有虎，王信之乎？』曰：『不信。』『二人言市有虎，王信之乎？』曰：『不信。』『三人言市有虎，王信之乎？』王曰：『寡人信之。』龐恭曰：『夫市之無虎，明矣，然而三人言而成虎。今議臣者，過於三人。』」**投杼之誤，**秦策二曰：「曾子處費，費人有與曾子同名族者而殺人。人告曾子母曰：『曾參殺人。』曾子之母曰：『吾子不殺人。』織自若。有頃，人又曰：『曾參殺人。』其母尚織自若。頃之，一人又告之。其母懼，投杼踰牆而走。」**不足怪，則玉變爲石，珠化爲礫，**「化」，御覽八零五、事類賦九引作「變」。**不足詭也。何則？昧心冥冥之知使之然也。**意林、御覽、事類賦引並作「毁謗使然也」。**文王所以爲糞土，而惡來所以爲金玉也，非紂憎聖而好惡也，**史記殷本紀：「紂囚文王於羑里，又用惡來。」帝王世紀：「烹文王長子伯邑考爲羹。」故云：「以爲糞土。」**心知惑蔽。蔽惑不能審，則微子十去，**史記殷本紀：「紂淫亂，微子數諫不聽，乃與太師，少師謀，遂去。」**比干五剖，**史記宋世家：「比干直言諫紂，紂惡，遂殺比干而剖視其心。」**未足痛也。故三監讒聖人，**漢書地理志：「周既滅殷，分其畿内爲三國。邶封武庚；鄘，管叔尹之；衛，蔡叔尹之，以監殷民，謂之三監。」王肅、服虔皆依志爲説。唯鄭玄詩譜以爲管、蔡、霍，獨異耳。周書作雒解、帝王世紀同。詩正義引孫毓、林之奇尚書全解、蔡沈尚書傳、薛季宣書古文訓、黄度書説，並從鄭氏。王引之曰：「鄭説不可通。」見經義述聞，不具出。史記魯世家：「周公代成王行政當國，管叔及其羣弟流言於國曰：『周公將不利於成王。』」**周公奔楚。**此古文家説也。見感類篇。史記魯世家：「成王少時病，周公自揃其指，沉之河，以祝於神，亦藏其策于府。及成王用事，人或譖周公，周公奔楚。」蒙恬傳亦載此事，然不謂奔楚之因，出於三監之譖，與此不同。蓋古文異説。俞正燮據左傳魯襄公適楚，夢周公祖而行，以證周公有奔楚之事。左氏亦古文説也。宋翔鳳書説下曰：「周公欲得管、蔡、商、奄之情，則必居東。奄與淮夷，在兖、徐之間，大抵爲荆羣蠻之地，故史記魯世家及蒙恬傳皆有周公奔楚之説。奔楚與居東實一事，傳記説之各異。」皮錫瑞曰：「西漢今古文家并無此説。鄭注金縢『周公居東』爲『避居東都』，即本此。」**後母毀孝子，伯奇放流。**琴操（御覽五一一。）曰：「尹吉甫子伯奇，母早亡，吉甫更娶後妻，乃譖於吉甫曰：『伯奇見妾美，欲有邪心。』吉甫曰：『伯奇慈仁，豈有此也？』妻曰：『置妾空房中，君登樓察之。』妻乃取毒蜂綴衣領，令伯奇掇之。於是吉甫大怒，放伯奇於野。」古樂府解題：「尹吉甫聽其後妻之言，逐伯奇。伯奇編水荷而衣，採楟花而食，清朝履霜，而自傷無罪見放逐。」**當時周世孰**

有不惑乎？後鴟鴞作，而黍離興，鴟鴞，詩豳風篇名。金縢：「周公居東二年，罪人斯得，公乃爲詩以詒王，名曰鴟鴞。」黍離，詩王風篇名。御覽四六九又八四二引韓詩曰：「黍離，伯封作。」薛君注：「詩人求己兄不得，憂懑不識於物，視彼黍離離然，憂甚之時，反以爲稷之苗。乃自知憂之甚也。」曹植令禽惡鳥論：「昔尹吉甫信後妻之讒，而殺孝子伯奇，其弟伯封求而不得，作黍離之詩。」（詩攷引。）亦用韓詩説也。毛序以爲閔宗周之作。諷詠之者，乃悲傷之。故無雷風之變，周公之惡不滅；此古文説。見感類篇。當夏不隕霜，鄒衍之罪不除。正德本「衍」譌爲「行」。鄒衍呼天隕霜，見淮南子，及感虚篇、變動篇。盼遂案：「行」爲「衍」之壞字。德不能感天，誠不能動變，君子篤信審己也，「也」猶「者」也。安能遏累害於人？

聖賢不治名，害至不免辟，辟，法也。一曰「辟」讀爲「避」。形章墨短，「章」讀「彰」。掩匿白長，不理身冤，不弭流言，受垢取毁，不求潔完，故惡見而善不彰，行䵣而跡不顯。郭忠恕曰：干禄書「缺」字从「垂」旁。邪僞之人，治身以巧俗，脩詐以偶衆，猶漆盤盂之工，穿墻不見；弄丸劍之倡，手指不知也。世不見短，故共稱之；將不聞惡，故顯用之。夫如是，世俗之所謂賢潔者，未必非惡；所謂邪污者，未必非善也。

或曰：「言有招患，行有召耻，楊曰：荀子勸學篇：「故言有召禍也，行有招辱也。」亦見大戴禮。暉按：「招」、「召」字義有别，楚詞招魂王注：「以手曰招，以言曰召。」荀子、大戴禮不誤。

此二字當乙。下同。下文「高行招恥」，字从「扌」，蓋仍其舊。**所在常由小人。」夫小人性患恥者也，含邪而生，懷僞而遊，沐浴累害之中，何招召之有？故夫火生者不傷濕，**盼遂案：「濕」本爲「燥」，淺人誤改之也。「不傷燥」者，猶不灰木火鼠之類是也。「無溺患」者，如魚鰕鮫人是也。作「不傷濕」，果何義焉？下文「火不苦熱」，即此「不傷燥」之意；「水不痛寒」，即此「無溺患」之意也，皆所以證成本文。**水居者無溺患，火不苦熱，水不痛寒，氣性自然焉。〔召〕招之，君子也，**「招」上當有「召」字。後人不達二字義殊，以爲譌衍而妄删之。下文「以忠言召患，以高行招恥」，即分承此「召」、「招」二字。上文「何招召之有」，亦分承上「言有召患，行有招恥」二句。今本脱「召」字，遂使下文「以忠言召患」句，於文失所繫矣。潛夫論卜列篇云：「行有招召。」此「招召」連文之證。陸心源羣書校補據元至元紹興路總管宋文瓚覆宋十五卷本，「招之」下有「者」字。蔣心煦東湖叢記據元刻十五卷本補録，同影印正德十六年刻本補頁，及島田翰所見宋光宗時刻二十五卷本，並無「者」字。按宋刻覆宋本，每頁二十行，每行二十字，合四百字，若有「者」字，則成四百一矣。即據蔣、陸二氏所録字數計之，亦衍「者」字。蓋寫者誤入，不足徵據。**以忠言招患，以高行招耻，何世不然？**

然而太山之惡，君子不得名；毛髮之善，「毛」，自通津本以下，并譌作「毫」。島田翰曰：「自通津本佚兹一張，首尾文句不屬，淺人乃不得其意，妄改『毛』字爲『毫』字，以曲成其義耳。」自「矣夫如是市虎之訛」至「君子不得名毛」四百字，據宋刻一五卷本、覆宋十五卷本、影印正德本補頁補。小人不得有也。以玷污言之，清受塵而白取垢；以毀謗言之，貞良見妬，高奇見噪；以遇罪言之，忠言招患，高行招恥；以不純言之，玉有瑕而珠有毁。焦陳留君兒，字有譌奪。盼遂案：悼厂云：「袁宏後漢紀：『鄭弘事博士陳留焦貺，門徒數百人。』范書鄭弘傳云：『師同郡河東太守焦貺。』知此文當是『陳留焦君貺』而譌倒也。」名稱兖州，行完跡潔，無纖芥之毁；及其當爲從事，後漢書虞延傳注：「郡國有從事，主督促文書，察舉非法，皆州自辟除。」刺史焦康絀而不用。「絀」讀作「黜」。夫未進也，被三累；已用也，蒙三害，雖孔丘、墨翟不能自免，顔回、曾參不能全身也。「夫未進」至此，已見上，不當重出，蓋衍文也。下「衆好純譽之人非真賢」，即解上文「行完跡潔」之人，而必絀退之之故。文義相貫。若多此數句，則上下文斷矣。何則？衆好純譽之人，非真賢也。公侯已下，玉石雜糅；此以玉石喻士之善惡，故下以採玉選士並承，「公侯已」三字疑譌。賢士之行，善惡相苞。夫采玉者「采」讀「採」。破石拔玉，選士者棄惡取善，夫如是，累害之人負世以行，「負」猶「背」也，背世遠遁。指擊之者從何往哉？

命禄篇

凡人遇偶及遭累害，皆由命也。有死生壽夭之命，亦有貴賤貧富之命。自王公逮庶人，聖賢及下愚，凡有首目之類，含血之屬，莫不有命。命當貧賤，雖富貴之，猶涉禍患，〔失其富貴〕矣；命當富貴，雖貧賤之，猶逢福善，〔離其貧賤〕矣。孫曰：文選劉孝標辯命論注引「猶涉禍患」下有「失其富貴」一句，「猶逢福善」下有「離其貧賤」一句。朱校同。暉按：事文類聚三九、合璧事類五五引同，今據補。故命貴從賤地自達，命賤從富位自危。故夫富貴若有神助，貧賤若有鬼禍。命貴之人，俱學獨達，並仕獨遷；命富之人，俱求獨得，並爲獨成。貧賤反此，難達，難遷，〔難得〕，難成；孫曰：「難遷」下脱「難得」二字。此承上文「獨達」、「獨遷」、「獨得」、「獨成」言之。朱校同。獲過受罪，疾病亡遺，失其富貴，貧賤矣。「貧」上疑脱一字。盼遂案：吴承仕曰：「疑當『失其富貴』爲句，『貧賤矣』爲句。」是故才高行厚，未必（可）保其必富貴；「未必」，宋本作「未可」，朱校元本同。楊曰：作「可」是也。智寡德薄，未可信其必貧賤。或時才高行厚，命惡，廢而不進；知寡德薄，命善，興而超踰。故夫臨事知愚，操行清濁，性與才也；仕宦貴賤，治産貧富，命與時也。命則不可勉，時則不可力，知者歸之於天，故坦蕩恬忽，雖其貧賤。此下有挩文。

使富貴盼遂案：吴承仕曰：「此文語意未足，疑有脱誤。」若鑿溝伐薪，「使」，意林引作「取」。加勉力之趨，致彊健之勢，鑿不休則溝深，斧不止則薪多，無命之人，皆得所願，安得貧賤凶危之患哉？然則，或時溝未通而遇湛，爾雅曰：「久雨謂之淫。」明雩篇：「久雨爲湛。」「湛」、「淫」音義並通。薪未多而遇虎。意林作「逢火」。仕宦不貴，治産不富，鑿溝遇湛，伐薪逢虎之類也。有才不得施，有智不得行；或施而功不立，或行而事不成，雖才智如孔子，猶無成立之功。

世俗見人節行高，則曰：「賢哲如此，何不貴？」見人謀慮深，則曰：「辯慧如此，何不富？」

貴富有命[福]禄，不在賢哲與辯慧。吴曰：「福」字衍，應删。本篇以「命禄」爲題。下文又云「宦御同才，其貴殊命；治生鈞知，其富異禄」，並以「命」、「禄」對言。故曰：「富不可以籌筴得，「筴」，朱校元本作「策」。顔氏家訓書證篇：「簡策字，『竹』下施『朿』，末代隸書，有『竹』下爲『夾』者。」段玉裁曰：「曲禮『挾』訓『箸』，字林作『筴』，則『筴』不可以代『策』，明矣。」貴不可以才能成。」智慮深而無財，才能高而無官。懷銀紆紫，漢相國、丞相、大尉、公侯、將軍皆紫綬，御史大夫銀印。說文曰：「紆，縈也。」未必稷、契之才；積金累玉，未必陶朱之智。或時下愚而千金，頑魯而典城。典，主也。主城之吏，謂刺史、令、長也。故官（宦）御同才，吳曰：「『官』當作『宦』。曲禮：『宦學事師。』鄭注：『學或爲御。』釋文云：『鄭此注，爲見他本也。』仲任言『宦御』者，其所見曲禮與鄭見或本正同。」劉先生曰：「吳說是。韓非子五蠹篇：『其患御者積於私門。』『患御』即『宦御』。」暉按：淮南修務篇：「官御不厲，心意不精；將相不强，功烈不成。」蓋「官」亦「宦」之誤。其貴殊命；治生鈞知，「治產」二字，上文兩見，疑「生」爲壞字。然義亦通。其富異禄。禄[命]有貧富，知不能豐殺；「知」讀「智」。[性]命有貴賤，才不能進退。「禄」下「命」字、「性」字並衍。此文以「禄」、「命」對言，不得以「禄命」、「性命」對舉。上文「貴富有命禄」，即總冒此文；「禄有貧富，知不能豐殺」，承「治生鈞知，其富異禄」爲文；「命有貴賤，才不能進退」，承「宦御同才，其貴殊命」爲文。下文云「貴賤在命，貧富在禄」，則此文「禄」下不當有「命」字，「命」上不當有「性」字，甚明。成王之才，不如周公；桓公之知，不若管仲，然成、桓受尊命，而周、管稟卑秩也。案古人君希有不學於人臣，知博希有不爲父師，然而人君猶以無能處主位，人臣猶以鴻才爲廝役。故貴賤在命，不在智愚；貧富在禄，不在頑慧。

世之論事者，以才高（者）當爲將相，「才」，朱校元本作「能」。楊曰：「高」下當脫「者」

字。孫説同。今據增。能下者宜爲農商。見智能之士，官位不至，怪而訾之曰：「是必毁於行操。」行操之士，亦怪毁之曰：「怪」下當脱「而」字。「是必乏於才知。」殊不知才知行操雖高，官位富禄有命。當作「官位有命禄」，與上「貴富有命禄」句法一律。校者不審「命禄」之旨，妄乙其文，又意增「富」字。朱校元本正無「富」字。才智之人，以吉盛時舉事而福至，人謂才智明審；凶衰禍來，謂愚闇。「謂愚闇」，即「人謂才智愚闇」字省，見上。不知吉凶之命，盛衰之禄也。白圭、子貢，轉貨致富，積累金玉。見史記貨殖傳。人謂術善學明，〔非也〕。據下「人謂偃之才」云云，「人謂經明」云云，此當脱「非也」二字。主父偃辱賤於齊，排擯不用；赴闕舉疏，遂用於漢，官至齊相。史記本傳：「主父偃，齊臨菑人。游齊諸生間，諸生相與排擯，不容於齊。乃上書闕下，朝奏，暮召入見，拜爲郎中。一歲四遷，後拜爲齊相。」趙人徐樂亦上書，與偃章會，上善其言，徵拜爲郎。獨斷曰：「羣臣書通天子者四：章、奏、表、駮議。」史記主父偃傳：「偃上書，是時趙人徐樂亦上書言世務。上乃拜徐樂爲郎中。」漢書曰：「燕郡無終人。」此據史記。人謂偃之才，樂之慧，非也。儒者明説一經，習之京師，明如匡稺圭，漢書本傳：「匡衡，字稚圭，射策甲科，以不應令，除爲太常掌故，調補平原文學。後爲郎中，遷博士給事中。」深如趙子都，孫曰：「趙子都乃趙廣漢也。廣漢廉吏，漢書本傳無明經之語，亦無郎博士説，未知仲任何據。又儒林傳云：『趙子，河内人，事燕韓生。』蓋通韓詩者也，他事不詳。豈後人誤仞趙子爲廣漢而加『都』字歟？」楊樹達曰：「趙」蓋「鮑」字之誤。漢書鮑宣傳：「宣字子都，好學，明經，舉孝廉，爲郎。」與仲任所言正合。「趙」、「鮑」音近致誤。**初階甲乙之科，遷轉至郎博士。人謂經明才高所得，非也。而説若**宋本「説」作「談」。朱校元本同。暉按：三字有譌。**范睢之干秦明（昭），**「干」，朱校元本、黄、王、崇文本並作「于」。天啓本、程本、鄭本同此。暉按：作「干」是也。先孫曰：「明」當作「昭」，晉人避諱改，而今本沿之。楊曰：「明」字疑衍。暉按：楊説非。**封爲應侯；**史記本傳：「王稽于魏，遂與范睢入咸陽。昭王未信。待命歲餘，睢乃上書。王大悦，召之，拜爲相。收穰侯印，封以應，號爲應侯。」**蔡澤之説范睢，拜爲客卿。**史記本傳：「蔡澤聞應侯任鄭安平、王稽，皆負重罪於秦，應侯内慚，乃西入秦。應侯召之，與語曰善，延入坐，爲上客。言於昭王，拜爲客卿。」**人謂睢、澤美善所致，非也。皆命禄貴富善至之時也。**

孔子曰：「死生有命，富貴在天。」論語顔淵篇子夏之詞。命義篇引作子夏語。問孔篇、辨祟篇則屬之孔子。大戴禮本命篇盧注同。翟灝曰：「上云『商聞之矣』，先儒謂聞之孔子，則以爲孔子語也，亦宜。」按漢書藝文志「小道可觀」，後漢書蔡邕傳「致遠則泥」，並以子夏之言爲孔子。説苑建本篇引有子「君子務本」二句，後漢書章帝紀建初四年詔引子夏「博學而篤志」三句，唐書孔穎達獨孤及傳引曾子「以能問於不能」四句，後語增篇引子貢「紂之不善」二句，皆以爲孔子語。錢大昕曰：「藝文志云：『論語者，孔子應答弟子、時人及弟子相與言而接聞於夫子之語也。』云『接聞於夫子』，則其言皆孔子所取矣，故漢人引論語，雖弟子之言，皆歸之孔子，非由記憶之誤。」魯平公欲見孟子，嬖人臧倉毀孟子而止。見孟子梁惠王篇。趙注：「嬖人，愛幸小人也。平公敬孟子有德，不敢請召，將往就見之。」孟子曰：「天也！」孟子曰：「吾之不遇魯侯，天也，臧氏之子焉能使余不遇哉？」孔子聖人，孟子賢者，誨人安道，不失是非，稱言命者，有命審也。淮南書曰：「仁鄙在時盼遂案：劉文典曰：「今本淮南子齊俗篇仁作仕，形近之譌。」本書本性篇「陰氣鄙，陽氣仁」，漢書董仲舒傳「性命之情，或夭或壽，或仁或鄙。堯、舜行德則民仁壽，桀、紂行暴則民鄙夭」，並以仁、鄙對言。作「仕」則非其指矣，當以本篇引文爲是。不在行，利害在命不在智。」淮南齊俗訓文。「仁」，彼譌作「仕」。賈生曰：「天不可與期，道不可與謀，遲速有命，焉識其時？」賈誼鵩鳥賦文。「期」，史、漢並作「慮」。「速」，史作「數」，漢書同此。「與」讀作「預」。高祖擊黥布，爲流矢所中，疾甚。呂后迎良醫，醫曰：「可治。」高祖罵之曰：「吾以布衣提三尺劍取天下，此非天命乎！命乃在天，雖扁鵲何益？」見高祖本紀。韓信與帝論兵，謂高祖曰：「陛下所謂天授，非智力所得。」見淮陰侯傳。揚子雲曰：「遇不遇，命也。」語見漢書本傳。太史公曰：「富貴不違貧賤，貧賤不違富貴。」未知何出。是謂從富貴爲貧賤，從貧賤爲富貴也。

夫富貴不欲爲貧賤，貧賤自至；貧賤不求爲富貴，富貴自得也。春夏囚死，秋冬王相，陰陽家書，謂五行遞旺於四時，如春三月則木旺，火相，土死，金囚，水休；夏三月則火旺，土相，金死，水囚，木休。五行休王論曰：「立秋，坤王，兑相，乾胎，坎没，艮死，震囚，巽廢，離休；立冬，乾王，坎相，艮胎，震没，巽死，離囚，坤廢，兑休。」（見御覽二五及二八。）盼遂案：難歲篇「立春艮王，震相，巽胎，離没，坤死，兑囚，乾廢，坎休」，以言一歲中五行之休王。然就五行大義所言，則八卦各有休王，如春分則震王，立夏則巽王等是也。此言「春夏囚死，秋冬王相」，特互舉以見端耳。非能爲之也；日朝出而暮入，非〔能〕求之也，據上句文例補「能」字。天道自然。盼遂案：悼厂云：「自『太史公曰』至『天道自然』一段，馬國翰取入太史公素王妙論。」代王自代入爲文帝，史記文帝紀：「文帝，高祖中子。高祖破陳豨軍，定代地，立爲代王。高后奔，諸吕危劉氏，大臣誅之，陳平等迎代王，遂即天子位。」周亞夫以庶子爲條侯，史記周勃傳：「勃子勝之代侯六歲，坐殺人，國除。文帝乃擇勃子賢者亞夫，封爲條侯。」此時代王非太子，亞夫非適嗣，逢時遇會，卓然卒至。「卒」讀作「猝」。命貧以力勤致富，富至而死；命賤以才能取貴，貴至而免。才力而致富貴，「而」讀作「能」。命祿不能奉持，猶器之盈量，手之持重也。器受一升，以一升則平，受之如過一升，則滿溢也；手舉一鈞，說文：「三十斤也。」以一鈞則平，舉之過一鈞，則蹪仆矣。盼遂案：「過」字上，依上文例，當補一「如」字。

前世明是非，歸之於命也，命審然也。信命者，御覽八〇三引作「今審知有富貴之命」。則可幽居俟時，御覽引「俟」作「候」。不須勞精苦形求索之也，猶珠玉之在山澤，〔不求貴價於人，人自貴之〕。十字，據御覽引補。

天命難知，人不耐審，雖有厚命，猶不自信，故必求之也。如自知，雖逃富避貴，終不得離。故曰：「力勝貧，慎勝禍。」說苑談叢篇：「力勝貧，謹勝禍，慎勝害。」勉力勤事以致富，砥才明操以取貴；〔農夫力耕得穀多，商賈遠行得利深〕。十四字，據意林引補。廢時失務，欲望富貴，不可得也。雖云有命，當須索之。如信命不求，謂當自至，可不假而自得，不作而自成，不行而自至？「至」下疑脫「乎」字。夫命富之人，筋力自彊，命貴之人，才智自高，若千里之馬，〔氣力自勁〕，四字，據意林引補。頭目蹄足自相副也。有求而不得者矣，未必不求而得之者也。精學不求貴，貴自至矣；力作不求富，富自到矣。

富貴之福，不可求致；貧賤之禍，不可苟除也。由此言之，有富貴之命，不求自得。信命者曰：「自知吉，不待求也。天命吉厚，不求自得；天命凶厚，求之無益。」夫物不求而自生，則人亦有不求貴而〔自〕貴者矣。「自」字，依上下文意增。人情有不教而自善者，有教而終不善者矣，天性猶命也。越王翳逃山中，至誠不願，自冀得代。越人熏其穴，遂不得免，彊立爲君。文本淮南原道訓。莊子讓王篇、吕氏春秋貴生篇作王子搜。高誘曰：「王子搜，淮南子云越王翳也。」陶方琦曰：「越世家『不壽生王翁，翁生王翳』，是也。」暉按：此事非越王翳，乃王子搜。王充承淮南之誤，高、陶二氏又沿誤實之，非也。竹書：「周貞定王十年，鹿郢卒，子不壽立。二十年，不壽見弑，朱勾立。威烈王十四年，朱勾卒，子翳立。」是越王翳之先，未有三世見殺者。周安王二十六年，越太子諸咎弑其君翳。十月，越人弑諸咎，立孚錯枝爲君。周顯王四年，越人又弑其君，立無顓。樂資春秋後傳：「王子搜號曰無顓。」是怯於三世之弑而逃丹穴者，乃王子搜而非翳也。而天命當然，朱曰：「而」疑當爲「如」。「而」、「如」聲近。雖逃避之，終不得離，故夫不求自得之貴歟？盼遂案：「故」當是「非」字之誤。

氣壽篇

凡人稟命有二品，命有三品：正命，隨命，遭命。王氏不主隨命，故曰二品。潛夫論論榮篇：「令譬從我興，而二命自天降之。」又卜列篇云：「命有遭、隨。」蓋二王同主二品。仲任不數隨命，節信不數正命，則異耳。一曰所當觸值之命，此遭命也。二曰彊弱壽夭之命。此正命也。所當觸值，謂兵燒壓溺也；彊壽弱夭，此複述上文，當作「彊弱壽夭」。謂稟氣渥薄也。兵燒壓溺，遭以所稟爲命，命義篇曰：「初稟氣時遭凶惡也。」未必有審期也。若夫彊弱夭壽，以百爲數；盼遂案：列子引楊朱之言曰：「百年，壽之大齊。」古詩十九首云：「人生不滿百，常懷千歲憂。」是古人於年壽以百爲數之説也。不至百者，氣自不足也。

夫稟氣渥則其體彊，體彊則其命長；氣薄則其體弱，體弱則命短，命短則多病壽短。始生而死，未產而傷，稟之薄弱也；渥彊之人，不（必）卒其壽。先孫曰：「不」當爲「必」。後命義篇云：「稟得堅彊之性，則氣渥厚而體堅彊，堅彊則壽命長。」此義與彼同。若夫無所遭遇，虛居困劣，孫曰：下文云：「虛劣軟弱，失棄其身。」意與此同。「居」蓋「虧」之借字。説文：「虧，气損也。」「居」、「虧」音同。暉按：孫説非也。「虛居」猶言「平居」，言平居無所遭逢，猶困劣短氣而死。指瑞篇云：「虛居卜筮，前無過客，猶得吉凶。」此「虛居」連文之證。命義篇：「伯牛空居而遭惡疾。」「空居」與「虛居」義同。短氣而死，盼遂案：「居」疑「痁」之誤。説文：「痁，久病也。」通作「痼」。此稟之薄，用之竭也。此與始生而死，未産而傷，一命也，皆由稟氣不足，不自致於百也。人之稟氣，或充實而堅强，或虛劣而軟弱。充實堅强，其年壽；虛劣軟弱，失棄其身。

天地生物，物有不遂；父母生子，子有不就。物有爲實，枯死而墮；人有爲兒，夭命而傷。使實不枯，亦至滿歲；使兒不傷，亦至百年。然爲實、兒而死枯者，稟氣薄，則雖形體完，其虛劣氣少，不能充也。兒生，號啼之聲鴻朗高暢者壽，嘶喝濕下者夭。禮記内則：「鳥沙鳴。」鄭注：「沙猶嘶也。」是嘶，沙也。今語有「沙喉嚨」。玉篇：「喝，嘶聲也。」劉先生曰：「濕」爲「㙮」叚字。説文土部：「㙮，下入也。」「濕」、「㙮」古通用。何則？稟壽夭之命，以氣多少爲主性也。吴曰：「主性」無義。「主」疑應作「生」，謂壽夭之命，以氣多少爲生。生即性也。無形篇云：「用氣爲性，性成命定。」是其義。「性」字當是校者旁注，今本「生」誤爲「主」，又誤以校語入正文。婦人疏字者子活，數乳者子死，〔譬若瓠，華多實少也。〕八字據御覽九七九引補。又「字」作「孕」，「數乳」字倒。何則？疏而氣渥，子堅彊；數而氣薄，子軟弱也。懷子而前已産子死，則謂所懷不活，名之曰懷。「懷」字無義，疑是

「殰」字。說文：「殰，胎敗也。」樂記注：「内敗曰殰。」釋文云：「謂懷任不成也。」與「所懷不活」義近。**其意以爲，已産之子死，故感傷之子失其性矣。**今俗有哭子帶子之忌，亦斯義。**所産子死，所懷子凶者，字乳亟數，氣薄不能成也；雖成人形體，則易感傷，獨先疾病，病獨不治。**

百歲之命，是其正也。不能滿百者，雖非正，猶爲命也。譬猶人形一丈，正形也，名男子爲丈夫，說文：「周制八寸爲尺，十尺爲丈。人長八尺，故曰丈夫。」風俗通曰：（意林引。）「禮云十尺曰丈，成人之長也。夫者膚也，言其智膚敏宏教也，故曰丈夫。」大戴禮本命篇曰：「男子者，任天地之道而長養萬物也，故謂之丈夫。丈者長也，夫者扶也，言長萬物也。」與仲任說異。**尊公嫗爲丈人。**公嫗，舅姑也。釋名：「俗謂舅曰妐。」嫗，老婦之通稱。顔氏家訓書證篇：「古樂府歌詞，先述三子，次及三婦，婦是對舅姑之稱。其末章云：『丈人且安坐，調絃未遽安。』古者子婦供事舅姑，與兒女無異，故有此言。」史記刺客傳索隱引韋昭曰：「古者名男子爲丈夫，尊婦嫗爲丈人。」古婦人有丈人之稱，詳盧文弨龍城札記二。**不滿丈者，失其正也，雖失其正，猶乃爲形也。夫形不可以不滿丈之故謂之非形，猶命不可以不滿百之故謂之非命也。非天有長短之命，而人各有禀受也。由此言之，人受氣命於天，卒與不卒，同也。語曰：「圖王不成，其弊可以霸。」**見史記主父偃傳徐樂上書、桓譚新論。（御覽七七引。）漢書

注：「敝，言其敝末之法。」盼遂案：二語見漢書徐樂傳、後漢書隗囂傳、崔實正論及桓譚新論。霸者，王之弊也。義見逢遇篇注。霸本當至於王，猶壽當至於百也。不能成王，退而爲霸；不能至百，消而爲夭。王霸同一業，宋本作「葉」。朱校元本、鄭本同。程本作「葉」。各本並作「業」。優劣異名；壽夭或一氣，「或」，各本同。朱校元本作「同」，當據改。長短殊數。何以知不滿百爲夭者百歲之命也？以其形體小大長短同一等也。百歲之身，五十之體，無以異也；身體不異，血氣不殊；鳥獸與人異形，故其年壽與人殊數。

何以明人年以百爲壽(數)也？「壽」當作「數」，蓋因誤讀上文「何以知不滿百爲夭者」句絶而妄改此。上文「彊弱夭壽，以百爲數」，又云「百歲之命，是其正也」。此設問，即申其旨。下文云：「出入百有餘歲，年命得正數。」又云：「百歲之壽，人年之正數也。」並爲發明斯義。世間有矣。儒者説曰：「太平之時，人民侗長，侗亦長也。史記三王世家廣陵王策曰：「毋侗好佚。」褚少孫釋之曰：「毋長好佚樂也。」廣雅釋詁曰：「筩，長也。」「侗」、「筩」聲近義同。百歲左右，氣和之所生也。」齊世篇亦有此語，文稍異。堯典曰：「朕在位七十載。」求禪得舜，舜徵三(二)十歲在位，「三十」當作「二十」，妄人據僞孔傳改也。下「徵用三十」誤同。江聲、王鳴盛、段玉裁、孫星衍、陳喬樅、皮錫瑞並有辯證，不具出。「舜徵二十在位」，謂徵用二十年而後在位也。堯退而老，八歲而終，至殂落孟子萬章上趙注：「徂落，死也。」皮錫瑞曰：「論衡氣壽篇作『徂』。」按各本皆作「殂」，不作「徂」，皮説誤也。然今文尚書作「徂落」，古文作「殂」，無「落」字。仲任習今文，字當作「徂」。今作「殂」，疑後人依僞孔本妄改。**九十八歲。未在位之時，必已成人。**言「必已成人」者，諸書不言堯即位年也。僞孔傳云：「堯年十六即位。」不足據。論語泰伯篇疏引書傳曰：「堯年十六，以唐侯升爲天子。」蓋即依孔傳爲説。**今計數百有餘矣。**僞孔傳：「堯壽百一十六歲。」皇甫謐曰：「百一十七歲。」仲任已不知，則其説未信。**又曰：**文見堯典，而云堯典又曰者，僞孔本舜典本繫於堯典也。陸氏釋文曰：「王氏注，相承云：從『慎徽五典』以下爲舜典。」顧炎武曰：「古有堯典，無舜典。」是也。**「舜生三十，徵用三(二)十，在位五十載，陟方乃死。」**從鄭玄讀。孔疏引鄭氏曰：「舜生三十，謂生三十年也。登庸二十，謂歷試二十年。在位五十載，陟方乃死，謂攝政至死爲五十年。舜年一百歲也。」僞孔傳：「方，道也。升道南方巡守。」史公亦謂「陟方」爲「巡守」。今文説同。仲任不然其説，以爲舜南治水，死於蒼梧。説詳書虛篇。**適百歲矣。**史記舜本紀集解引皇甫謐曰：「舜以堯之二十一年甲子生，三十一年甲午徵用，七十九年壬午即真，百歲癸卯崩。」御覽八一引帝王世紀：「舜年八十即真，八十三而薦禹，九十五而使禹攝政，攝政五年，有苗氏叛，南征，崩于鳴條，年百歲。」謂舜年百歲，與仲任合，甲子則不足信。僞孔傳曰：「舜壽百一十二歲。」增十二年，與史記五帝紀、大戴禮〔一〕五帝德、孟子萬章篇、仲任、皇甫謐均不合。盼遂案：上文「舜徵三十歲在位」，今又曰「三十在位」，兩「三十」均爲「二十」之誤。尚書堯典鄭注云：「舜生三十，謂生三十也。登庸二十，謂歷試二十年。在位五十載陟方乃死，謂攝位至死爲五十年。舜年一百歲也」。據論衡及鄭注，知古本尚書元作「徵用二十」，後謌傳爲「三十」，淺人遂據誤本尚書改論衡。如是，則堯年得一百八歲，烏得云九十八？舜年得一百十歲，烏得云適百歲哉？文王謂武王曰：「我百，爾九十，吾與爾三焉。」文王九十七而薨，武王九十三而崩。見禮記文王世子。孟子曰：「文王生於岐周。」竹書曰：「武乙元年壬寅，邠遷於岐周。」又曰：「四十一年西伯薨。」計武乙三十五年，太丁〔二〕十三年，帝乙九年，帝辛四十一年，適得九十七年之數，又與孟子說合。又竹書曰：「武王十七年，王陟，年九十四。」徐位山曰：「據竹書，是年丙申，以甲子計之，則武王生於武乙二十二年之癸亥。」周公，武王之弟也，兄弟相差，不過十年。武王崩，周公居攝七年，復政退老，出入百歲矣。應劭曰：「周公年九十九。」邵公，周公之兄也，穀梁莊三十年傳：「燕，周之分子。」（姚鼐謂當作「別子」。劉寶楠已辯其誤。）史記燕世家：「召公與周同姓。」譙周曰：「周之支族。」（史記集解。）

〔一〕「戴」，原本作「載」，形近而誤，今改。
〔二〕「太」，原本作「文」，據史記殷本紀改。

白虎通王者不臣篇：「召公，文王子。」皇甫謐曰：「文王庶子。」（詩甘棠疏。）此文云：「周公之兄。」皮錫瑞曰：「白虎通、論衡皆今文家説。蓋今文家有以召公爲文王子者。而史記云：『召公奭與周同姓。』古今人表亦云：『周同姓。』不以爲文王子。其説不同，蓋亦三家之異。」左暄三餘偶筆一曰：「穀梁傳曰：『燕，周之分子。』『分子』者，猶曲禮之言『支子』，大傳之言『别子』也。逸周書作雒解：『三叔及殷、東徐、奄及熊盈以略，周公、召公内弭父兄，外撫諸侯。』祭公解：『王曰：「我亦維有若文祖周公暨列祖召公。」』此召公爲文王子之確證。白虎通曰：『子得爲父臣者，不遺善之義也。詩云：「文、武受命，召公維翰。」召公，文王子也。』則召公爲文王子，漢人已明言之。皇甫謐帝王世紀以爲文王庶子，蓋本穀梁氏『燕，周之分子』，故云然，非無據也。司馬遷云：『召公與周同姓。』按史記於畢公亦云『與周同姓』，亦可謂畢公非文王子哉？」至康王之時，尚爲太保，尚書顧命：「王不懌，乃同太保奭。」奭，召公也。竹書紀年：「康王元年，王即位，命冢宰召康公總百事。」出入百有餘歲矣。聖人稟和氣，故年命得正數。氣和爲治平，故太平之世，多長壽人。百歲之壽，蓋人年之正數也，猶物至秋而死，物命之正期也。物先秋後秋，則亦如人死，或增百歲，或減百也；先秋後秋爲期，增百減百爲數。物或出地而死，猶人始生而夭也；物或踰秋不死，亦如人年多度百至於三百也。傳稱：老子二百餘歲，史記本傳：「老子百有六十餘歲，或言二百餘歲。」司馬貞已疑其難信，近馬敍倫老子籑詁辯證甚詳。**邵公百八十。**應劭風俗通曰：「召康公壽百九十餘乃卒。」路史作「一百八十」，同此。竹書曰：「康王二十四年，召康公薨。」全祖望經史問答：「康王即位之後，召公不見，則已薨矣。周初諸老，無及昭王之世者。若百八十，則及膠舟之變矣，當是傳聞之語。」**高宗享國百年，**尚書無逸：「肆高宗之享國五十有九年。」僞孔本不足據。史記殷本紀云：「五十五年。」蔡邕石經殘碑：「肆高宗之饗國百年。」漢書杜欽傳：「高宗享百年之壽。」五行志、劉向傳並同，與仲任説合，蓋今文經一作「饗國百年」也。侯康曰：「古文尚書單舉在位之歲，今文統舉壽數言之。太平御覽皇王部引帝王世紀云：『武丁享國五十有九年，年百歲。』正參用今古文。世紀一書不可盡信，此則其可信者。若論衡氣壽篇云：『高宗享國百年，周穆王享國百年，並未享國之時，皆出百三十四十矣。』然仲任説實誤。考呂刑『王享國百年』，傳疏謂從生年數。按周本紀云：『穆王即位，春秋已五十矣。立五十五年，崩。』與傳疏合。傳疏在仲任後，或未足據，司馬固足據也。以呂刑例之，高宗百年，必從生年數。『享國』二字，不必以文害辭。漢書五行志中下云：『高宗攘木鳥之妖，致百年之壽。』杜欽傳：『高宗享百年之壽。』『百年』下系以『壽』字，必是兼舉生年。至論衡則云：『傳稱高宗有桑穀之異，悔過反政，享福百年。』又云：『殷高宗遂享百年之福。』不言『壽』，而言『福』，意謂壽不止此也。」皮錫瑞曰：「侯説非也。王仲任以百年爲單舉在位之年，其説不誤。故無形篇、異虛篇皆不言『壽』，而言『福』。而劉向論星孛山崩疏已云：『故高宗有百年之福。』則不言『壽』而言『福』，亦不始於仲任。周公舉三宗饗國之年，一云『三十三年』，一云『七十五年』，一云『百年』，皆舉在位之年，故云饗國。若高宗并數生年，則與上太宗、中宗不一例；若謂太宗、中宗亦數生年，則太宗壽三十三，何云『克壽』？僞古文云『五十有九年』，與石經及劉子政、杜子夏、班孟堅、王仲任所云『百年』皆不合。皇甫謐即僞造古文者，故世紀獨與之同，豈可爲據？」**周穆王享國百年，並未享國之時，皆出百三十四十歲矣。**「三十四十」，朱校元本作「二十三十」。段玉裁曰：「此用今文尚書毋佚、甫刑也。以連老子、邵公書之，故曰『傳稱』。後儒謂穆王享國百年，謂其壽數，與仲任説異。」孫星衍曰：「此今文説也。周本紀云：『穆王即位，春秋已五十矣。』又云：『立五十五年崩。』是『百年』兼數未即位之年。古文説也。列子周穆王篇云：『穆王幾神人哉！能窮當身之樂，猶百年乃殂。』俱從生年數之。不知充説何據？」皮錫瑞曰：「史記周本紀已以『百年』爲壽數，非始後儒。皇甫謐帝王世紀曰：『穆王修德教，會諸侯於塗山，命吕侯爲相，或謂之甫侯。五十一年，王已百歲老耄，以吕侯有賢能之德，於是乃命吕侯作吕刑之書。五十五年，王年百歲崩於祇宫。』亦同史記之文。然據毋佚篇言殷三宗、周文王饗國百年數，皆數即位以後，不兼數未即位以前。此云『饗國百年』，與毋佚『高宗饗國百年』之文正同，則其義亦當不異，仲任之説似可信。仲任非不見史記者，而説與之異，必別有據。史公與仲任皆用歐陽尚書，不知何以不同。豈史記此文與毋佚『高宗饗國五十五年』之文，皆古文説歟？抑後人改之歟？」暉按：吴汝綸以甫刑「饗國百年」，謂周室饗國百年，非指穆王。竹書自武王至穆王適得百年。姚文田以曆法推之，亦合。然則，謂穆王在位百年，或享壽百年，並爲誤讀經文。其義雖未足確信，存之以備一説。

論衡校釋卷第二

幸偶篇

凡人操行，有賢有愚，及遭禍福，有幸有不幸。舉事有是有非，及觸賞罰，有偶有不偶。並時遭兵，隱者不中；同日被霜，蔽者不傷。中傷未必惡，隱蔽未必善，隱蔽幸，中傷不幸。俱欲納忠，或賞或罰；並欲有益，或信或疑。賞而信者未必真，罰而疑者未必僞，賞信者偶，罰疑不偶也。

孔子門徒七十有餘，孟子公孫丑下、史記十二諸侯年表、儒林傳、伯夷傳、漢書藝文志、劉歆傳、儒林傳、呂氏春秋遇合篇、淮南子泰族訓、要略、趙岐孟子題辭並言「七十」。史記孔子世家、後漢書蔡邕傳、新序雜事一、禮記檀弓上鄭注、劉向列仙傳、（見續博物志七，下同。）皇甫謐高士傳、陳長文耆舊傳並言「七十二」。史記弟子傳、漢書地理志、孔子家語弟子解並言「七十七」。蓋都以成數舉弟子中達者。顏回蚤夭。「蚤」爲「早」之借字。餘注實知篇。孔子曰：「不幸短命死矣。」見論語雍也篇。短命稱不幸，則知長命者幸也，短命者不幸也。服聖賢之道，講仁義之業，宜蒙福祐。伯牛有疾，見論語雍也篇。史記弟子傳：「冉耕字伯牛。」白水碑作「百牛」，字通。亦復顔回之類，俱不幸也。螻蟻行於地，人舉足而涉之，足所履，螻蟻荏（笮）死；孫曰：「荏」當作「笮」。説文：「笮，迫也。」吴説同。足所不蹈，全活不傷。朱校元本「全」作「生」。火燔野草，車轢所致，火所不燔，俗或喜之，名曰幸草。盼遂案：幸草者，車輪所轢之草，屈伏地面，不易燔燒，故云「幸草」。黄暉本標點，全未達此旨。夫足所不蹈，火所不及，未必善也，舉火行有（道）適然也。吴曰：「舉」上脱「足」字。上文云：「人舉足而涉之。」又云：「火燔野草。」此云「足舉火行」，正承前説。楊説同。暉按：朱校元本「有」作「有」爲「道」字壞字。「舉火」連讀，「行道」連讀，非「舉」上脱「足」字，吴、楊説非。盼遂案：吴承仕曰：「舉」上脱「足」字。上文云：「人舉足而涉之。」又云：「火燔野草。」此云「足舉火行」，正承前説。脱「足」字，則文不成義。由是以論，癰疽之發，亦一實也。氣結閼積，聚爲癰，説文：「癰，腫也。」釋名：「癰，壅也。」潰爲疽，説文：「疽，久癰也。」段曰：「癰久而潰，沮洳然也。」創，流血出膿。説文：「刅，傷也，或作創。」豈癰疽所發，身之善穴哉？「善」上疑有「不」字。營衛之行，謂手足六陰六陽之脈，營衛周行也。遇不通也。史記倉公傳正義：「六府不和，則留爲癰。」蜘蛛結網，蜚蟲過之，或脱或獲；獵者張羅，百獸羣擾，或得或失。漁者罾盼遂案：悼厂云：「『罾』上脱一字。」當是「張」字。江湖之魚，説文：「罾，魚网也。」漢書陳勝傳注：「形如仰繖，蓋四維而舉之。」或存或亡。或奸盜大辟而不知，文王世子注：「辟亦罪也。」或罰贖小罪而發覺。國語韋昭注：「小罪不入于五刑者，以金贖之。」

災氣加人，亦此類也，不幸遭觸而死，幸者免脱而生。不幸者，不徼幸也。說文：「憿，幸也。」「徼」爲「憿」之借字。說文通訓定聲謂經傳皆以「徼」字爲之，是也。「徼幸」駢語，徼亦幸也，故仲任引以爲説。「憿幸」雙聲，故無定字，或作「徼幸」、「僥倖」、「徼倖」。中庸疏、莊子在宥篇釋文、漢書伍被傳師古注，或謂「要求榮幸」，或謂「求利不止之貌」，義並不通於此，蓋皆失之。孔子曰：「人之生也直，罔之生也幸。」論語雍也篇集解馬曰：「人之所以生於世而自終者，以其正直之道。」又包曰：「誣罔正直之道而亦生，是幸而免也。」沈濤銅熨斗齋隨筆曰：「以『幸』字句絶，與何氏所據本不同。」則夫順道而觸者，爲不幸矣。罔道而得生爲幸，則順道遭觸而死爲不幸。立巖墻之下，爲壞所壓；蹈坼岸之上，爲崩所墜。輕遇無端，故爲不幸。魯城門久朽欲頓，左襄四年傳杜注：「頓，壞也。」孔子過之，趨而疾行。左右曰：「久矣！」孔子曰：「惡其久也。」孔子戒慎已甚，如過遭壞，可謂不幸也。

故孔子曰：「君子有不幸而無有幸，小人有幸而無不幸。」未知何出。獨斷引作王仲任語，上句作「君子無幸而有不幸」。論語雍也篇「人之生也直」章，皇疏引李充有此語，蓋亦述傳文。困學紀聞六曰：「韓文公謂：『君子得禍爲不幸，而小人得禍爲常；君子得福爲常，而小人得福爲不幸。』亦仲任之意。」又曰：「君子處易以俟命，小人行險以徼幸。」禮記中庸注：「易，猶平安也。俟命，聽天任命。險，謂傾危之道。」佞幸之徒，閎、籍孺之輩，孺，幼小也。閎、籍並人名。餘見逢遇篇注。無德薄才，以色稱媚，盼遂案：閎謂閎孺也。史記佞幸傳：「漢興，高祖至暴伉也，然籍孺以佞幸。孝惠時有閎孺。」史記宋建傳〔一〕亦稱閎藉孺。孺即頑童之意。又案：「以色媚稱」，疑「色」上脱一「面」字。逢遇篇「皮媚色稱」，定賢篇「面色稱媚」，程材篇「恥降意損崇，以稱媚取進」，皆以「媚稱」連文。不宜愛而受寵，不當親而得附，非道理之宜，故太史公爲之作傳。邪人反道而受恩寵，與此同科，故合其名謂之佞幸。史記有佞幸傳。無德受恩，無過遇禍，同一實也。

俱稟元氣，楚詞王逸九思注：「元氣，天氣也。」或獨爲人，或爲禽獸。並爲人，或貴或賤，或貧或富。富或累金，說文：「絫，增也。」絫積字當作「絫」，隸變作「累」。貧或乞食；貴至封侯，賤至奴僕。非天稟施有左右也，「稟施」疑當作「施氣」。人物受性有厚薄也。俱行道德，禍福不均；並爲仁義，利害不同。晉文脩文德，徐偃行仁義，徐偃王志：（博物志引。）「徐君宮人娠而生卵，以爲不祥，棄之水濱。獨孤（史記秦本紀正義、水經濟水

〔一〕「宋建傳」誤，當爲「酈生陸賈列傳」。

注並作「孤獨」。）母有犬名鵠蒼，獵得所棄卵，銜以東歸。獨孤母以爲異，覆煖之，遂蚧成兒。生時正偃，故以爲名。徐君宫中聞之，乃更録取。長而仁智，襲君徐國，仁義著聞。欲舟行上國，乃通溝陳、蔡之間。以己爲天瑞，遂稱徐偃王。」**文公以賞賜，**晉文公納王而誅叔帶，襄王賜以珪鬯弓矢及河内陽樊之地。見左僖二十八年傳及史記晉世家。**偃王以破滅。**滅徐偃王事，諸説不同。史記秦本紀云：「徐偃王作亂，繆王長驅歸以救亂。」趙世家、潛夫論志氏姓篇同，並謂與周繆王同時。謂楚文王滅之者，韓非子五蠹篇、楚辭七諫沈江、説苑指武篇、淮南説山訓高注。謂周穆王使楚文王滅之者，後漢書東夷傳。謂楚莊王滅之者，淮南人間訓。但言周王使楚滅之者，博物志八、水經濟水注引劉成國徐州地理志。謂周穆王與楚文王爲時相去甚遠，及穆王長驅千里爲不合情事者，譙周古史考。（秦本紀正義、趙世家索隱。）案：譙周蓋以楚文王爲春秋時熊貲。然楚文王事，左傳多載之，亦不見滅徐偃王事。梁玉繩以爲仍韓子之誤，盧召弓亦不以譙周爲是。仲任以爲滅於强楚，（見非韓篇。）蓋從韓非之説，而未明言爲楚文耳。韓愈徐偃王廟碑五百家注引樊汝霖説，以爲穆王所與連謀伐徐者爲熊勝，則從史記也。胡克家通鑑外紀注曰：「古時傳説，不必盡合，楚之文王，或亦如晉之文公，不必祇有一也。」其説最通。**魯人爲父報仇，安行不走，追者捨之；**孫曰：淮南人間篇「安行不走」作「徐行而出門，上車而步馬」。此文「安行」即「徐行」也，漢人常語。漢書蒯通傳：「女安行，我今令而家追女矣。」師古曰：「安，徐也。」「走」讀曰「奏」，急趨也。如淳漢書注曰：「走音奏，趣也。」釋名釋姿容：「疾趣曰走。走，奏也。」**牛缺爲盜所奪，**

和意不恐，盗還殺之。吕氏春秋必己篇：「牛缺之邯鄲，遇盗於耦沙之中。盗求其槖中之載，則與之，求其車馬，則與之，求其衣被，則與之。牛缺出而去。盗相謂曰：『今辱之如此，必怨我於萬乘之主，以國誅我，不若追而殺之。』於是趨行三十里，及而殺之。」又見列子説符篇、淮南人間篇。文德與仁義同，不走與不恐等，然文公、魯人得福，偃王、牛缺得禍者，文公、魯人幸，而偃王、牛缺不幸也。

韓昭侯醉卧而寒，典冠加之以衣，覺而問之，知典冠愛己也，以越職之故，加之以罪。見韓非子二柄篇。衛之驂乘者，見御者之過，從後呼車，有救危之義，不被其罪。亦見對作篇。説苑善説篇：桓司馬者，朝朝其君，舉而晏。御呼車，驂亦呼車。御肘其驂曰：「子何越之爲乎？何爲籍呼車？」驂謂其御曰：「當呼者呼，乃吾事也。子當御，正子之轡銜耳。子今不正轡銜，使馬卒然驚，妄轢道中行人，必逢大敵。下車免劍，涉血履肝者，固吾事也，子寧能辟子之轡，下佐我乎？其禍亦及吾身，與有深憂，吾安得無呼車哉？」夫驂乘之呼車，典冠之加衣，同一意也。加衣恐主之寒，呼車恐君之危，仁惠之情，俱發於心。然而於韓有罪，於衛爲忠，驂乘偶，典冠不偶也。

非唯人行，物亦有之。長數仞之竹，大連抱之木，工技之人，裁而用之，或成器而見舉持，或遺材而遭廢棄。非工伎之人有愛憎也，刀斧〔之〕如（加）有偶然也。吴曰：「加」誤爲「如」，又脱「之」字。下文「手指之調有偶適也」，文例正同。蒸穀爲飯，釀飯爲酒，酒之成也，甘苦異味；飯之熟也，剛柔殊和。說文：「盉，調味也。」「和」乃叚字。非庖廚酒人有意異也，手指之調有偶適也。調飯也殊筐而居，甘酒也異器而處，蟲墮一器，酒棄不飲；鼠涉一筐，意林引「涉」作「殘」。飯捐不食。夫百草之類，皆有補益，遭醫人采掇，成爲良藥；據上下文例，「遭」上疑脱「或」字。或遺枯澤，爲火所爍（燎）。陳世宜曰：此承上文「百草之類」言之，當從元本作「燎」。暉按：朱校元本亦作「燎」，陳說是也。等之金也，或爲劍戟，或爲鋒銛。說文：「鏠，兵耑也。」又曰：「銛，鍤屬也。」同之木也，或梁於宮，或柱於橋。俱之火也，或爍脂燭，或燔枯草。均之土也，或基殿堂，或塗軒户。皆之水也，或溉鼎釜，詩匪風傳：「溉，滌也。」或澡腐臭。物善惡同，遭爲人用，其不幸偶，猶可傷痛，況含精氣之徒乎？淮南精神篇曰：「精氣爲人。」虞舜，聖人也，在世宜蒙全安之福，父頑母嚚，頑，廣雅釋詁曰：「愚也。」嚚，說文：「語聲也。」孫星衍曰：「蓋多言也。」弟象敖狂，趙注孟子曰：「象，舜異母弟也。」「敖」，尚書作「傲」。說文云：「倨也。」皮錫瑞曰：「論衡云：『舜兄狂弟傲。』言舜有兄，乃今文家異說。」按：越絶書有此文，論衡無，皮氏誤記。無過見憎，不惡而得罪，事見吉驗篇。不幸甚矣！孔子，舜之次也，生無尺土，周流應聘，削迹絶糧。儒增篇曰：「在陳絶糧，削迹於衛。」盼遂案：事見莊子山木篇。俱以聖才，並

不幸偶。舜尚遭堯受禪，孔子已死於闕里。齊曰：「已」猶「則」也。呂覽本生：「今有聲於此，耳聽之必慊，已聽之。」言耳聽之必快則聽之。韓非難勢：「飛龍乘雲，騰蛇游霧，雲罷霧霽，而龍蛇與螾螘同矣。則失其所乘也。」「則」猶「以」也。墨子貴義：「予子冠履，而斷子之手足，子爲之乎？必不爲。何故？則冠履不若手足之貴也。」「則」亦訓「以」。「以」、「已」字通。事文類聚續集四引漢晉春秋：「闕里在兗州，即孔子所居之故宅也。」水經注二五引從征記：「洙、泗二水交于魯城東北十七里，闕里背洙面泗，南北百二十步，東西六十步，四門各有石闕，北門去洙水百餘步。」盼遂案：「已」字疑誤，與上下不應。**以聖人之才，猶不幸偶，庸人之中，被不幸偶，禍必衆多矣！**「禍」，疑涉「偶」字譌衍。盼遂案：庸人不幸偶，不必有禍。此「禍」當爲「旤」之假字。說文：「㱉，逆惡驚詞也。讀若楚人名多夥。」廣韻三十四果，旤與禍、夥同屬胡火紐。則論衡之「禍」爲「㱉」之假，用爲發語之詞，明矣。

命義篇

墨家之論，以爲人死無命；義詳墨子非命篇。儒家之議，以爲人死有命。言有命者，見子夏言「死生有命，富貴在天」。注命祿篇。言無命者，聞歷陽之都，一宿沉而爲湖；見淮南俶真篇。高注曰：「歷陽，淮南國之縣名，今屬九江郡。歷陽中有老嫗，常行仁義，有兩諸生告過之，謂曰：『此國當没爲湖，嫗視東城門閫有血，便走上山，勿顧也。』自此，嫗數往視門，門吏問之，嫗對〔一〕如其言。東門吏殺鷄，以血涂門。明日，嫗早往，視門有血，便走上山，國没爲湖。（以上從文選辨命論注引。）與門吏言其事，適一宿耳。」晏殊類要六，淮南路類：「歷陽縣有歷水，故曰歷陽。鷄籠山在縣西北三十里。淮南子云：『麻湖初陷之時，有一老母，提鷄籠以登此山，化爲石。』」（此爲歷陽圖經文，御覽四三引。）搜神記六：「歷陽之郡，一夕淪入地中，乃爲水澤，今麻湖是也，不知何年。」御覽一六九引淮南注：「漢明帝時，歷陽化爲麻湖。」當不足徵。盼遂案：三餘札記卷二朱宗萊云：「都，意林作郡。『沈而爲湖』作『化成湖』。」典案：淮南子俶真篇作

〔一〕「對」下原本有「曰」字，據文選辨命論注删。

「夫歷陽之都，一夕反而爲湖」，與此文正同。意林引文非。秦將白起坑趙降卒於長平之下，楊曰：「坑」，韻補與「坑」同。暉按：「坑」，天啓本作「坈」，鄭本訛作「沉」，各本作「坑」。楚詞七諫洪補注：「『坑』，字書作『坑』，俗作『坑』。」四十萬衆，同時皆死；史記秦本紀：「秦攻韓上黨，上黨降趙，因攻趙。使白起擊，大破趙于長平，四十餘萬，盡殺之。」趙世家：「秦人圍趙括，括以軍降，卒四十餘萬，皆阬之。」春秋之時，敗績之軍，左莊十一年傳：「大崩曰敗績。」死者蔽草，尸且萬數；饑饉之歲，説文：「穀不孰爲饑，蔬不孰爲饉。」餓者滿道；温氣疫癘，楊曰：「温」，「瘟」之正字。暉按：説文歺部有「殟」字，凡从「歺」，皆説死之類。聲類曰：「烏殟，欲死也。」廣韻曰：「殟，病也。」是瘟疫字當作「殟」。「温」爲借字，「瘟」爲俗字。公羊注：「痢者，民疾疫也。」「癘」、「痢」字通。千户滅門，如必有命，何其秦、齊同也？

言有命者曰：

夫天下之大，人民之衆，一歷陽之都，一長平之坑，同命俱死，未可怪也。命當溺死，故相聚於歷陽；命當壓死，故相積於長平。猶高祖初起，相工入豐、沛之邦，孫曰：「邦」字漢人所諱，不當用。意林引作「市」。使原本作「市」，不得誤爲「邦」。「邦」疑爲「鄉」之壞字。意林引書，多以意改，不可盡依。多封侯之人矣，史記高紀：「呂后與兩子居田中，有老父過，相呂后曰：『天下貴人。』相孝惠、魯元，亦皆貴。」未必老少男女俱貴而有相也，卓礫

(躒)時見，先孫曰：「礫」當爲「躒」。文選孔融薦禰衡表云：「英才卓躒。」盼遂案：通作「卓犖」。往往皆然。而歷陽之都，男女俱沒；長平之坑，老少並陷，萬數之中，必有長命未當死之人，遭時衰微，兵革並起，不得終其壽。人命有長短，「人」，疑是「夫」字。時有盛衰，衰則疾病，被災蒙禍之驗也。宋、衛、陳、鄭同日並災，左氏昭十八年傳：「夏五月壬午，宋、衛、陳、鄭災。」四國之民，必有禄盛未當衰之人，孫曰：元本無「盛」字，疑當作「禄命」。元本脱「命」字，此作「盛」者，涉上「盛衰」而誤。上文云「萬數之中，必有長命未當死之人」，與此文正相對。下云「故國命勝人命，壽命勝禄命」，並其證。又按：後文「禄盛」連文，作「盛」亦通。暉按：後説是也。朱校元本正有「盛」字。「必有禄盛未當衰」，與上「必有長命未當死」文法同。下云「壽命勝禄命」，即申此禄盛未衰而俱災之故。然而俱災，國禍陵之也。故國命勝人命，壽命勝禄命。人有壽夭之相，亦有貧富貴賤之法，俱見於體。故壽命脩短，皆稟於天；骨法善惡，皆見於體。命當夭折，雖稟異行，終不得長；禄當貧賤，雖有善性，終不得遂。項羽且死，顧謂其徒曰：「吾敗乃命，非用兵之過。」見史記項羽本紀。此言實也。實者項羽用兵過於高祖，高祖之起，有天命焉。

國命繫於衆星，「繫」，宋本作「吉」。朱校元本同。列宿吉凶，國有禍福；衆星推移，人有盛衰。人之有吉凶，猶歲之有豐耗，命(人)有衰盛，「命」當作「人」。命禄篇曰：「吉凶之命，盛衰之禄。」下文曰：「命者，貧富貴賤；禄者，盛衰興廢。」又曰：「命善禄盛。」是盛衰乃就「禄」言之。仲任言禄，如俗言「時運」，與「命」義有别。是此不得言「命有衰盛」，其證一。「人有衰盛」，與下「物有貴賤」，「人」、「物」二字相對文，則此不當作「命有衰盛」，其證二。又此文乃承上「衆星推移，人有盛衰」，冒下「人之盛衰，不在賢愚」爲文，則此不得言「命有衰盛」，其證三。物有貴賤。一歲之中，一貴一賤；「一」猶「或」也。下並同。一壽之間，一衰一盛。物之貴賤，不在豐耗；人之衰盛，不在賢愚。子夏曰「死生有命，富貴在天」，而不曰「死生在天，富貴有命」者，何則？死生者，無象在天，以性爲主。稟得堅彊之性，則氣渥厚而體堅彊，堅彊則壽命長，壽命長則不夭死。盼遂案：下「壽命」二字誤衍。下文「羸窳則壽命短，短則蚤死」，與此爲對文，不重「壽命」字可證。稟性軟弱者，楊曰：程本作「稟氣」，宋本及别本正與通津本同。氣少泊而性（體）羸窳，羸窳則壽命短，短則蚤死。齊曰：「性」當作「體」。「氣少泊而體羸窳」，與上「氣渥厚而體堅彊」正反爲文。氣壽篇：「稟氣渥則其體彊，體彊則其命長。氣薄則其體弱，體弱則命短，命短則多病壽短。」文意正同，是其證。故言「有命」，命則性也。無形篇：「用氣爲性，性成命定。」至於富貴所稟，猶性所稟之氣，得衆星之精。洪範：「庶民惟星。」許慎曰：（古經七四引。）「衆星，庶民之象。」衆星在天，天有其象，得富貴象則富貴，得貧賤象則貧賤，鹽鐵論論菑篇：「列星於天，而人象其行。常星猶公卿，衆星猶萬民。」盼遂案：詩小弁：「天之生我，我辰安在？」鄭箋云：「此言我生所值之辰安所在乎？爲六物之吉凶。」疏云：「六物，歲、時、日、月、星、辰也。」知人稟星氣之説，自西周已然。又案：抱朴子内篇塞難篇云：「命之修短，實由所值，受氣結胎，各有星宿。天道無爲，任物自然，無親無疏，無彼無此也。命屬生星，則其人必好仙道，好仙道者，求之亦必得也。命屬死星，則其人亦不信仙道，不信仙道，則亦不自修其事也。所樂善否，判於所稟，移易予奪，非天所能。譬猶金石之消於爐冶，瓦器之甄於陶竈，雖由之以成形，而銅鐵之利鈍，甕罌之邪正，適遇所遭，非復爐竈之事也。」又辨問篇云：「玉鈐經：主命原由人之吉凶，制在結胎受氣之日，皆上得列宿之精。其值聖宿則聖，值賢宿則賢，值文宿則文，值武宿則武，值貴宿則貴，值富宿則富，值賤宿則賤，值貧宿則貧，值壽宿則壽，值仙宿則仙。又有神仙聖人之宿，有治世聖人之宿，有兼二聖之宿，有貴而不富之宿，有富而不貴之宿，有兼貴富之宿，有先富後貧之宿，有先貴後賤之宿，有兼貧賤之宿，有富貴不終之宿，有忠孝之宿，有兇惡之宿。如此不可具載，其較略如此。爲人生本有定命，張車子之説是也。苟不受神仙之命，則必無好仙之心，未有心不好之而求其事者也，未有不求而得之者也。自古至今，有高才明達而不信有仙者，有平平許人學而得仙者，甲雖多所鑒識而或蔽於仙，乙則多所不通而偏達其理，此豈非天命之所使然乎？」據抱朴此文，則王氏命關星象之説，至東晉益盛爲道家所推衍矣。

故曰「在天」。在天如何？天有百官，史記天官書有中、東、南、西、北各官。（本作「宮」，今依錢大昕校改作「官」。）索隱：「星座有尊卑，若人之官曹列位，故曰天官。」

漢天文志：「經星常宿中外官凡百一十八名，積數七百八十三星，皆有州國官宦物類之象。」**有衆星，天施氣而衆星布精，**張衡靈憲：「衆星列布，體生於地，精成於天。列居錯峙，各有攸屬。在野衆物，在朝衆官。中外之官，常明者百有二十，可名者三百二十，爲星二千五百，微星之數，蓋一萬一千五百二十。庶類蠢蠢，咸得係命。」（天文志注，御覽七引。）**天所施氣，衆星之氣在其中矣。人禀氣而生，含氣而長，**「含」，舊作「舍」，今據各本正。**得貴則貴，得賤則賤。貴或秩有高下，富或貲有多少，皆星位尊卑小大之所授也。**俞曰：抱朴子辨問篇引玉鈐云：「人之吉凶修短，於結胎受氣之日，皆上得列宿之精。其值聖宿則聖，值賢宿則賢，值文宿則文，值武宿則武，值貴宿則貴，值富宿則富，值賤宿則賤，值貧宿則貧，值壽宿則壽，值仙宿則仙。」與此文大旨相近，即後世星命之學所權輿也。**故天有百官，**元本「天」作「人」。朱校同今本。**天有衆星，**楊曰：據上文，「天」字衍。**地有萬民、五帝、三王之精。**禮記大傳鄭注：「王者之先祖，皆感太微五帝之精以生，蒼則靈威仰，赤則赤熛怒，黄則含樞紐，白則白招拒，黑則汁光紀。」公羊宣三年傳疏引感精符注：「堯，翼之星精；舜，斗之星精；禹，參之星精；湯，虚之星精；文王，房星之精。」**天有王梁、造父，**天官書：「漢中四星曰天駟，旁一星曰王良。」春秋合誠圖：「王良主天馬。」晉天文志：「造父騰蛇，王良附路。」「良」，漢志亦作「梁」，字通。**人亦有之，**左傳哀二年：「郵無卹御簡子。」杜注：「郵無卹，王良也。」梁履繩左通補釋曰：「郵無卹，晉語作『郵無正』，蓋趙簡子之子襄子，亦名無恤，嗣立約在哀廿年前，故更名『無正』。其氏爲郵。其稱爲孫無政者，即因孫陽而誤，故亦稱孫郵。其又稱王良者，王良乃星名，與造父俱屬紫微垣，史記天官書所謂『王良策馬』是也。故以王良爲號。亦曰王梁，『梁』、『良』古字通。其託精天駟之説，與傅説騎箕相似，深所不信。至伯樂別是一人，在秦穆時，而非趙簡子之伯樂。此伯樂即孫明，其氏爲李，翻譯名義集第六云『李伯樂』是也。秦伯樂爲孫陽氏，嬴姓。英賢傳曰：『秦穆公子有孫陽伯樂，善相馬。』則以爲姓孫名陽。又以爲伯樂字孫陽，並非也。伯樂，漢書人表作柏樂，亦作博勞，音相同耳。石氏星經云：『伯樂，星名，主典天馬，孫陽善馭，故以爲名。』可知人特以伯樂爲號。秦伯樂蚤以善相馬得此稱，晉伯樂遂承之。凡書傳中亟舉爲口實者，皆秦之伯樂也。此王良爲號無疑。故傳亦謂之子良、郵良，亦謂之尤良。『尤』、『郵』古字通。或謂王良字子期者，因韓非子喻老篇云『趙襄王學御於王子期』而誤也。愚意趙氏當日招致豪儁，爲衆士所歸，其善御及相馬者，有郵無恤、孫明、王子期，必欲並爲一人，何見之隘乎？人表以郵無恤、王良、伯樂列爲三人，固謬。諸家以爲總一人者，尤謬。斷無一人而有郵無恤、王良、子良、郵良、郵無正、孫無政、孫明、孫陽、伯樂、王子期、劉無止、孫郵十二名，若後世之多爲別號者，古人焉有之乎？」盼遂案：吴承仕曰：「『天有百官』以下數語文意不了。」史記天官書及孟子等書皆作王良，獨此及荀子正論篇作王梁，率性篇又云「王良、造父」，知此王梁仍係誤字也。

稟受其氣，故巧於御。

傳曰：「説命有三：一曰正命，二曰隨命，三曰遭命。」盼遂案：「傳曰」之「曰」，衍字。「傳説命」三字既足。正命，謂本禀之自得吉也。性然骨善，故不假操行以求福而吉自至，故曰正命。隨命者，戮力操行而吉福至，縱情施欲而凶禍到，故曰隨命。遭命者，行善得惡，非所冀望，逢遭於外而得凶禍，故曰遭命。孫曰：三命之説，舊義略同，惟「正命」或稱「大命」，或稱「受命」，或稱「壽命」，蓋壽命爲正命，隨遭爲變命也。春秋繁露重政篇曰：「人始生有大命，是其體也；有變命存其間者，其政也。政不齊，則人有忿怒之志，若將施危難之中，而時有隨遭者，神明之所接，絶續之符也。」白虎通壽命曰：「命有三科，以記驗：有壽命以保度，（祭法疏引援神契作「受命」。暉按：公羊襄二九疏引何氏膏肓作「壽命」。又「度」字膏肓同，援神契作「慶」。）有遭命以遇暴，（暉按：「遇」，膏肓作「摘」，援神契作「謫」。）有隨命以應行。（膏肓、援神契並作「督行」。）壽命者，上命也，若言文王受命唯中，身享國五十年。隨命者，隨行爲命，若言怠棄三正，天用勦絶其命矣。又欲使民務仁立義，無滔天，滔天則司命舉過言，則用以弊之。遭命者，逢世殘賊，若上逢亂君，下必災變暴至，天絶人命，沙鹿崩于受邑是也。冉伯牛危行正言，而遭惡疾，孔子曰：『命矣夫，斯人也而有斯疾也，斯人也而有斯疾也。』」太平御覽三百六十引元命苞曰：「壽命，正命也，起九九八十一。有隨命，隨命者，隨行爲命也。有遭命，遭命者，行正不誤，逢世殘賊，君上逆亂，辜咎下流，災譴並發，陰陽散忤，暴氣雷至，滅日動地，絶人命，（暉按：張本作「暴氣絶人，雷至動地」。）沙鹿襲邑是。」（莊子列禦寇篇：「達大命者隨，達小命者遭。」潛夫論論榮篇：「故論士苟定於志行，勿以遭命。」卜列篇：「行有招召，命有遭隨。」此專論隨遭之命也。）孟子盡心章注曰：「命有三名，行善得善曰受命，行善得惡曰遭命，行惡得惡曰隨命。」是三命之說，義並相近，惟趙岐論隨命略異耳。暉按：仲任於隨命，其説略殊，趙岐於義無別，省舉一端耳。

凡人受命，在父母施氣之時，已得吉凶矣。夫性與命異，或性善而命凶，或性惡而命吉。操行善惡者，性也；禍福吉凶者，命也。或行善而得禍，是性善而命凶；或行惡而得福，是性惡而命吉也。性自有善惡，命自有吉凶。使命吉之人，雖不行善，未必無福；凶命之人，楊曰：「凶命」當互倒。雖勉操行，未必無禍。孟子曰：「求之有道，得之有命。」見孟子盡心篇上。性善乃能求之，命善乃能得之。性善命凶，求之不能得也。行惡者禍隨而至，據隨命言之。而盜跖、莊蹻，漢書賈誼傳注引李奇曰：「跖，秦大盜也。」史記伯夷傳正義：「蹠者，黄帝時大盜名。」莊子盜跖篇：「柳下季之弟名。」三説不一。莊蹻有二，一爲盜，一爲將軍。困學紀聞考史以爲二人同名。方以智通雅以爲一莊王時盜，一莊王裔孫。盧文弨以爲盜者在楚威、懷時。按王滇之莊蹻，似當從華陽國志在頃襄王時。（漢書地理志注、史記西南夷傳正義、類聚舟車部、御覽舟部四引同。今本華陽國志南中志作「威王」，後人依史記、漢書西南夷傳改之耳。）其他言大盜者，似是楚國大盜之通名，不必確定爲一時人也。（韓非子喻老篇以爲莊王時。呂氏春秋介立篇高注：「莊蹻，楚成王之大盜。」「成」或「威」

字之譌。淮南主術篇高注：「莊蕎，楚威王之將軍，能爲大盜。」「蕎」即「蹻」字。）呂氏春秋異用篇注：「企足，莊蹻也，大盜名。」蹻字只見於此。橫行天下，聚黨數千，攻奪人物，斷斬人身，無道甚矣，宜遇其禍，乃以壽終。夫如是，隨命之説，安所驗乎？遭命者，行善於内，遭凶於外也。若顏淵、伯牛之徒，舊校曰：一有「何謂乎」字。如何遭凶？顏淵、伯牛，行善者也，當得隨命，福祐隨至，何故遭凶？顏淵困於學，以才自殺；沈濤曰：他書多言顏子早夭，無自殺之語。蓋猶膏以明自煎，蘭以香自焚，顏子好學以死，不啻以才自殺其身耳，初非謂死於非命也。然宋書文九王傳：「景素秀才劉璡上書曰：『曾子孝於其親，而沉於水。』」曾子沉水，書亦不載，則顏子自殺，或亦於傳有之，而今不傳耳。伯牛空居而遭惡疾。論語雍也篇包注：「牛有惡疾，不欲見人。」但「惡疾」之義，疏家無説，旁攷載籍，可舉二通。大戴禮本命篇、公羊莊二十七年傳注並云：「世有惡疾不娶，棄於天也。惡疾棄，不可奉宗廟也。」韓詩曰：「芣苢，傷夫有惡疾也。」薛君章句曰：「詩人傷其君子有惡疾，人道不通。」劉孝標辨命論曰：「冉耕歌其芣苢。」是伯牛惡疾，謂其失人道也。此其一。淮南精神篇曰：「伯牛爲厲。」本書書虛篇、刺孟篇同。羣經義證曰：「『厲』、『癩』聲相近。史記豫讓傳：『漆身爲厲。』注：『音賴。』索隱曰：『賴，惡瘡病也。』古以惡疾爲癩。禮，婦人有惡疾去，以其癩也。芣苢草可療癩，見列子注。故辨命論云：『冉耕歌其芣苢。』韓詩云：『芣苢，傷夫有惡疾。』」此其二。是謂惡疾爲厲也。仲任取後説。及屈平、伍員之徒，盡忠輔上，竭王臣之節，而楚放其身，吴烹其尸。釋名釋喪制曰：「煮之於鑊曰烹，若烹禽獸之肉也。」行善當得隨命之福，乃觸遭命之禍，何哉？言隨命則無遭命，言遭命則無隨命，儒者三命之説，竟〔一〕何所定？且命在初生，骨表著見。今言隨操行而至，此命在末，不在本也。則富貴貧賤皆在初稟之時，不在長大之後隨操行而至也。「則」字上疑有捝文。

正命者，至百而死。氣壽篇：「百歲之命，是其正也。」隨命者，五十而死。此就舊説三分之。氣壽篇曰：「不能滿百者，雖非正，猶爲命也。百歲之身，五十之體，無以異也。」是仲任納隨命於正命。遭命者，初稟氣時遭凶惡也，謂姙娠之時遭得惡〔物〕也，楊曰：「惡」下當脱「物」字。齊曰：「謂」下九字，疑是注語，誤入正文。或遭雷雨之變，長大夭死。

此謂三命。亦有三性：有正，有隨，有遭。正者，稟五常之性也；白虎通情性篇：「人生而應八卦之體，得五氣以爲常，仁義禮智信是也。」顧實曰：「説苑修文篇：『常者質。』以五常爲宇宙之五原質。」隨者，隨父母之性〔也〕；楊曰：「性」下當脱「也」字。遭者，遭得惡物象之故也。「故」字疑涉下文衍，「象之」二字又倒。故姙婦食兔，子生缺脣。淮南説山訓：「孕婦見兔而子缺脣。」博物志曰：「姙娠者不可啖兔肉，又不可見兔，令兒缺脣。」月令曰：「是

〔一〕「竟」，原本作「意」，據通津草堂本改。

月也，仲春之月。**雷將發聲，有不戒其容者，生子不備，必有大凶。**」俞曰：月令「必有凶災」，此云「大凶」，文異而義不殊。月令「不戒其容止」，鄭云：「容止猶動静。」以「動」訓「容」，以「止」訓「静」，字各一義。「容」猶「動」也。説文手部：「搈，動搈也。」「容」與「搈」通，故訓動。此云「不戒其容」，則是容儀之容矣。暉按：吕氏春秋仲春紀、淮南時則訓並與月令文同。此蓋脱譌，非有異文。**瘖聾跛盲，氣遭胎傷，故受性狂悖。**淮南時則訓高注：「以雷電合房室者，生子必有瘖聾（吕氏春秋注作「躄」。）通精癡狂之疾。」釋名釋疾病：「眸子明而不正曰通視。」畢沅疏證曰：「即通精。」此云「盲」，與「通精」義近。産經曰：（葉德輝雙梅景闇叢書輯素女經。）「合陰陽之時，必避九殃。雷電之子，天怒興威，必易服狂。」玉房祕決曰：「人生顛狂，是雷電之子，四月五月大雨霹靂，君子齋戒。小人私合陰陽，生子必顛狂。」**羊舌似我初生之時，**「似」，各本同，王本、崇文本作「食」，本性篇亦作「食」，則此作「似」誤。楊曰：左傳作「楊食我」。暉按：左傳見昭二十八年。杜注云：「楊，叔向邑。」列女傳八亦作「楊食我」，并云：「姓楊氏。」通志氏族略三：「叔向食采揚氏，其地平陽揚氏縣是也。叔向生伯石，字食我，以邑爲氏，曰揚石。」左閔二年傳「羊舌大夫」，杜注：「叔向祖父也。」左昭三年傳：「叔向曰：『肸之宗十一族，唯羊舌氏在。』」正義引世族譜云：「羊舌氏，晉之公族。羊舌，其所食邑名。」又云：「或曰：羊舌氏姓李名果。有人盜羊而遺其頭，不敢不受，而埋之。後盜羊事發，辭連李氏。李氏掘羊頭示之，以明己不食。唯識其舌存，得免，號曰羊舌氏。」梁履繩左通補釋曰：「晉武公子伯僑生文，文生突，羊舌大夫也。晉之公族食邑於羊舌，凡三縣：一曰銅鞮，二曰楊氏，三曰平陽。突生職，職五子：赤、肸、鮒、虎、季夙。（唐書宰相世系表一下。）羊舌氏，靖侯之後，食采於此，故爲羊舌大夫。羊舌，晉邑名，未詳其所。」（通志世族略三。）案：潛夫論志氏姓篇云：「羊舌氏，晉姬姓。」系表、通志所言各異。杜譜唯云公族，疑莫能定也。而列女傳又云：「叔姬者，羊舌子之妻也，叔向、叔魚之母也。羊舌子好正，不容於晉，去而至三室之邑。三室之邑人，相與攘羊而遺之，羊舌子不受。叔姬命其受之。羊舌子受之，曰：『爲肸與鮒亨之。』叔姬曰：『不可。』乃埋之。」是埋羊又爲叔向父羊舌職〔一〕事，傳説不同。盼遂案：「似」爲「食」之聲誤。左氏昭公二十八年、晉語皆作楊食我。論衡本性篇亦作羊舌食我。聲似豺狼，長大性惡，被禍而死。見本性篇。在母身時，遭受此性，丹朱、商均之類是也。性命在本，謂在初稟之時。故禮有胎教之法：子在身時，席不正不坐，割不正不食，非正色目不視，非正聲耳不聽。大戴禮保傅篇：「青史氏之記曰：『古者胎教，王后腹之七月，而就宴室。太師持銅而御户左，太宰持斗〔二〕而御户右。比及三月者，王后所求聲音非禮樂，則太師緼瑟而稱不習。所求滋味者非正味，則太宰倚斗而言曰：「不敢以待王太子。」』」又曰：

〔一〕「羊舌職」，原本作「羊舌之職」，今據左傳删「之」字。

〔二〕「斗」，原本作「升」，據大戴禮改。下同。

「周后妃任成王於身，立而不跂〔一〕，坐而不差，獨處而不倨，雖怒而不詈，胎教之謂也。」及長，置以賢師良傅，教君臣父子之道。大戴禮保傅篇：「傅，傅其德義；師，導之教順。」賢不肖在此時矣。受氣時，母不謹慎，心妄慮邪，「妄」，宋本作「志」。朱校元本同。則子長大，狂悖不善，形體醜惡。素女對黄帝陳五（御）女之法，孫曰：此言男女房中之事，五女之法，於古無徵。「五」當作「御」，聲之誤也。張衡同聲歌：「素女爲我師，儀態盈萬方，衆夫所希見，天姥教軒皇。」雲笈七籤一百軒轅本紀云：「修道養生之法於玄女、素女，受房中之術，能御三百女，授帝如意神方，即藏之崆峒山。」盼遂案：吴承仕曰：「黄帝受圖有五始，見左傳正義引春秋緯及王應麟玉海卷二一。」非徒傷父母之身，乃又賊男女之性。

人有命，有禄，有遭遇，有幸偶。

命者，貧富貴賤也；禄者，盛衰興廢也。以命當富貴，遭當盛之禄，常安不危；以命當貧賤，遇當衰之禄，則禍殃乃至，常苦不樂。

遭者，遭逢非常之變，若成湯囚夏臺，史記夏本紀：「桀召湯而囚之夏臺。」索隱：「獄名，夏曰鈞臺。」文王厄牖里矣。淮南道應篇：「崇侯虎曰：『周伯昌行仁義而善謀，若與之從，

〔一〕「跂」，原本作「跛」，據大戴禮改。

則不堪其殃；縱而赦之，身必危亡，及未成請圖之。』屈商乃拘文王於羑里。」高誘氾論篇注云：「羑里〔一〕，今河南湯陰是也。」地理志「河内蕩陰縣西山，羑水所出，至内黄入蕩，有羑里，西伯所拘也」。字又作「牖」。國策趙策：「拘之牖里之庫。」**以聖明之德，而有囚厄之變，可謂遭矣。變雖甚大，命善禄盛，變不爲害，故稱遭逢之禍。晏子所遭，可謂大矣，直兵指胸，白（曲）刃加頸，**「白」當作「曲」，曲直對文。晏子内篇雜上五：「晏子曰：『曲刃鉤之，直兵推之，嬰不革矣。』」吕氏春秋知分篇：「直兵造胸，曲兵鉤頸。」韓詩外傳二：「直兵推之，曲兵鉤之。」新序義勇篇：「直兵將推之，曲兵將勾之。」並作「曲刃」、「曲〔二〕兵」，是其證。以晏子上下文考之，曲刃指戟，直兵指劍。淺人不明「曲刃」之義而妄改之。後漢書臧洪傳：「晏嬰不降志於白刃。」文與此異，不可比。**蹈死亡之地，當劍戟之鋒，執死得生還。**「執」讀作「墊」。尚書益稷篇：「下民昏墊。」疏引鄭注云：「昏，没也。墊，陷也。」韓詩外傳一：「不由禮，則墊陷生疾。」是「執死」猶言陷死也。莊子徐無鬼篇：「王命相趨射之，狙執死。」「執」亦讀作「墊」。釋文引司馬云：「見執而死。」非也。晏子春秋曰：「崔杼既弑莊公而立景公，杼與慶封相之。劫諸將軍大夫及顯士庶人於太宫之坎上，令無得不盟者。爲壇三仞，埳其下，以甲千列環其内外。盟者皆脱劍而入，維晏子

〔一〕「羑」，原本作「美」，形近而誤，今改。
〔二〕「曲」，原本作「典」，形近而誤，據引文改。

不肯，崔杼許之。有敢不盟者，戟拘其頸，劍承其心。令自盟曰：『不與崔、慶而與公室者，受其不祥。』言不疾，指不至血者死。所殺七人，次及晏子。晏子奉桮血，仰天歎曰：『嗚呼，崔子爲無道而弑其君，不與公室而與崔、慶者，受此不祥。』俛而飲血。崔杼謂晏子曰：『子變子言，則齊國吾與子共之；子不變子言，戟既在脰，劍既在心，維子圖之矣。』晏子曰：『刦吾以刃而失其志，非勇也。回吾以利而倍其君，非義也。崔子！子獨不爲夫詩乎？詩云：「莫莫葛藟，施於條枚，愷悌君子，求福不回。」今嬰且可以回而求福乎？曲刃鉤之，直兵推之，嬰不革矣。』崔杼將殺之。或曰：『不可，子以子之君無道而殺之。今其臣，有道之士也，又從而殺之，不可以爲教矣。』崔子遂舍之。晏子曰：『若大夫爲大不仁而爲小仁，焉有中乎？』趨出，授綏而乘。其僕將馳，晏子撫其手曰：『徐之。疾不必生，徐不必死。鹿生於野，命縣於廚，嬰命有繫矣。』按之成節而後去。」**命善禄盛，遭逢之禍不能害也。**盼遂案：吴承仕曰：「『生還』二字不辭，疑『還』應作『迺』，古文『乃』，形近之誤也，屬下句。」**歷陽之都，長平之坑，其中必有命善禄盛之人，一宿同填而死，**謂同爲土所填塞而死。**遭逢之禍大，命善禄盛不能卻也。譬猶水火相更也，水盛勝火，火盛勝水。**

〔**遇者**〕，**遇其主而用也。**吴曰：上文舉「命禄」、「遭遇」、「幸偶」六目，下即依次釋之。此云「遇其主而用也」，依例，當云「遇者，遇其主而用也」。今無更端指事之詞，疑有脱文。暉按：吴説是也。據上「命者」、「禄者」、「遭者」云云文例，補「遇者」二字。雖有善命盛禄，不遇知己之主，不得效驗。

幸者，謂所遭觸得善惡也。獲罪得脱，幸也；無罪見拘，不幸也。執拘未久，蒙令得出，命善禄盛，夭災之禍不能傷也。

偶也（者），謂事君〔有偶〕也。「也」，元本作「有偶」。吴曰：疑當作「偶者，謂事君有偶也」，始與前文一例。「也」當作「者」。楊説同。以道事君，君善其言，遂用其身，偶也；行與主乖，退而遠，不偶也。退遠未久，上官録召，命善禄盛，不偶之害不能留也。

故夫遭、遇、幸、偶，或與命禄并，或與命〔禄〕離。吴曰：「命」下脱「禄」字。下同。遭遇幸偶，遂以成完〔二〕；遭遇不幸偶，遂以敗傷，此二句，當在下「中不遂成」句上。「遭遇不幸偶」，與下「命禄并」之義不合。是與命〔禄〕并者也。中不遂成，善轉爲惡，若是與命禄離者也。楊曰：「若」字衍。故人之在世，有吉凶之性命，有盛衰之禍福〔禄〕，上文云：「性有善惡，命有吉凶。」是性不得言吉凶，「性」字當删。「禍福」二字並爲「禄」字形誤。原文當爲「有吉凶之命，有盛衰之禄」，總結前文「人有命有禄」云云。命禄篇云：「吉凶之命，盛衰之

〔二〕「成完」，原本作「完成」，據通津草堂本乙。

禄。」語意正同。重以遭遇幸偶之逢，獲從生死而卒其善惡之行，得其胸中之志，希矣。

「生」下疑脱「至」字。

無形篇

人禀元氣於天，各受壽夭之命，以立長短之形，潛夫論敘録篇曰：「禀氣薄厚，以著其形。」猶陶者用土（埴）爲簋廉（廡），「土」爲「埴」之壞字。下文正作「埴」。考工記注：「埴，黏土也。」俞曰：「廉」字無義，必「廡」字之誤。「廡」讀爲「甒」。禮記禮器篇：「君尊瓦甒。」注曰：「瓦甒五斗。」古字每以「廡」爲之。儀禮既夕禮注：「古文甒皆作廡。」是其證也。「廡」、「廉」形似，因而致誤。冶者用銅爲柈杅矣。「柈」，「槃」之俗字。説文云：「槃，承槃也。从木。古文从金。」玉藻：「浴盤名杅。」音義：「杅音雩。」「杅」、「盂」字同。本或誤作「杆」。盼遂案：程榮本「杅」誤作「杆」。宋本與此同。器形已成，不可小大；人體已定，不可減增。用氣爲性，性成命定。體氣與形骸相抱，生死與期節相須。形不可變化，命不可減加。孔子家語五儀解曰：「性命之於形骸，不可易也。」亦此義。以陶冶言之，人命短長，可得論也。

或難曰：陶者用埴爲簋廉（廡），「埴」，宋本、朱校元本同，各本誤作「填」。簋廉（廡）壹成，遂至毀敗，不可復變。若夫冶者用銅爲柈杅，柈杅雖已成器，猶可復爍，柈可得爲尊，尊不可爲簋。齊曰：此言銅雖成器，猶可爍成他形。「不可」疑當作「亦可」。「亦」一作「夾」，與「不」形近而誤。左傳：「王亦能軍。」王引之曰：「亦當作不。」盼遂案：此句有誤，當作「杅可得爲簋」，或「尊可得爲簋」，方與本文形可變化之旨相符。人稟氣於天，雖各受壽夭之命，立以形體，如得善道神藥，形可變化，命可加增。

曰：冶者變更成器，須先以火燔爍，乃可大小短長。人冀延年，欲比於銅器，宜有若鑪炭之化乃易形，形易壽亦可增。人何由變易其形，便如火爍銅器乎？禮曰：「水潦降，不獻魚鼈。」禮記曲禮上文。何則？雨〔一〕水暴下，蟲蛇變化，化爲魚鼈。離本真暫變之蟲，臣子謹慎，故不敢獻。俞曰：曲禮鄭注曰：「不饒多也。」正義曰：「天降下水潦，魚鼈難得，故注云不饒多。或解以爲水潦降下，魚鼈豐足，不饒益其多。」是禮家止此二義。論衡所説，又成一義，亦必漢儒舊説也。臧琳經義雜記二六曰：「水潦驟降，魚鼈宜多。注既言不饒益其多，則鄭意當從或解。孔氏以爲難得，非鄭旨也。論衡與注意雖異，然以水潦降爲魚鼈益多同。且於養生之道，事上之理皆精，漢人之言，終勝俗儒也。」人願身之變，冀若蟲蛇之化乎？夫蟲蛇未化者，不若不化者。「未」疑當作「之」。「夫蟲蛇之化者」，頂承上句。下文云：「蟲蛇未化，人不食也；化爲魚鼈，人則食之。」即申此「蟲蛇之化不若不化」之義，若作「未」，

〔一〕「雨」，原本作「兩」，形近而誤，據通津草堂本改。

則其義難通矣。**蟲虵未化，人不食也；化爲魚鼈，人則食之。〔見〕食則壽命乃短，**「食」上舊校曰：一有「食」字。吴曰：此文應依原校沾一「見」字，見食於人則壽命短。無「見」字，語意不完。**非所冀也。歲月推移，氣變物類，蝦蟇爲鶉，**墨子經説上：「化，若鼃爲鶉。」鼃，蝦蟇屬也。淮南齊俗篇：「蝦蟇爲鶉。」御覽引注云：「老蝦蟇化爲鶉。」又萬畢術〔一〕曰：「蝦蟆得爪化爲鶉。」淮南高注：「蟾蜍，蝦蟆。」非也。蟾蜍，俗名癩癩蛄，身大背黑，上多痱磊，不能跳，不能鳴，行甚遲緩。蝦蟆身小能跳，解作聲，舉動極急，俗名田鷄是也。爾雅「鼁䵹蟾諸」，郭注：「似蝦蟆，居陸地。」是別蟾諸於居水之蝦蟆。蟾諸蝦蟆，截然二物，段玉裁説文注、郝懿行爾雅義疏並有辯證。**雀爲蜄蛤。**説文云：「蜃，大蛤，雉入海〔二〕所化。盒，蜃屬，有三，皆生於海。牡〔三〕厲，千歲雀所化。海蛤者，百歲燕所化。魁蛤，一名復累，老服翼所化。」月令：「九月，爵〔四〕入大水爲蛤；十月，雉入大水爲蜃。」御覽引淮南時則篇許注：「雀，依屋雀，本飛鳥也，隨陽下藏，故爲蛤。」**人願身之變，冀若鶉與蜄蛤魚鼈之類也？人設捕蜄蛤，得者食之。雖身之不化，壽**

〔一〕「萬畢術」，原本誤爲「畢萬術」，今乙。
〔二〕「海」，原本作「水」，據説文改。
〔三〕「牡」，原本脱，據説文補。
〔四〕「爵」，原本脱，據月令補。

命不得長，非所冀也。魯公牛哀寢疾，七日變而成虎；淮南俶真訓：「公牛哀轉病也，七日化爲虎。其兄掩而入覘之，則虎搏而食之。」注：「江、淮之間，（「公牛氏」三字，依吴承仕淮南舊注校理删。）有易病化爲虎，若中國有狂疾者，發作有時也。其爲虎者，便還食人。食人者，因作真虎也；不食人者，更復化爲人。公牛氏，韓人。」文選思玄賦舊注：「牛哀，魯人牛哀也。」與仲任説同。廣韻一東曰：公，姓。「公牛哀，齊公子牛之後。」古今姓氏書辨證説同。通志氏族略三：「牛氏，子姓，宋微子之後，司寇牛父之子孫以王父字爲氏，淮南子有牛哀。」與廣韻説異。**鯀殛羽山，**説文：「殛，誅也。」虞書曰：「殛鯀于羽山。」地理志東海郡祝其縣注：「禹貢羽山在東南，鯀所殛。」**化爲黄能，**舊校曰：「能」音奴來反。左昭七年傳：「堯殛鯀于羽山，其神化爲黄熊，以入于羽淵。」釋文：「熊音雄，獸名，亦作『能』，如字。一音奴來反，三足鼈也。」孔疏：「諸本皆作『熊』字，賈逵云：『熊，獸也。』梁王云：『鮌之所化，是能鼈也。若是熊獸，何以能入羽淵？』但以神之所化，不可以常而言之，若是能鼈，何以得入寢門？先儒既以爲獸，今亦以爲熊獸是也。」段玉裁説文注、陳景華内外傳考正、洪亮吉左傳詁并以「能」字爲是。經義述聞十九：「漢、晉人皆作熊羆之『熊』，無三足鼈之謬説。死僞篇載左傳『其神爲黄熊』之文，而解之曰：『熊羆之占，自有所爲。』則其字爲熊羆之『熊』明矣。此文字正作『熊』，與死僞篇同。且以虎熊並言，則其爲『熊』字無疑。今本『熊』作『能』，加雙行小字於下曰：『能音奴來反。』乃後人所爲，非原本也。豈有死僞作『熊』，而此又作『能』者也？」近人高閬仙先生文選李注義疏曰：「説文及字林皆云：『能，熊屬，足似鹿。』則無論傳文作『熊』作『能』，總是獸而非『鼈』。蓋獸之爲『能』，與三足鼈之『能』，同名而異物也。」今按：此文「能」字，雖不必如王説改作「熊」，然仲任以「熊羆」連言，則其謂熊獸，不謂能鼈。注音「奴來反」，誤也。顧身變者，冀〔若〕牛哀之爲虎，「若」字據上文例補。鯀之爲能乎？盼遂案：「冀」下當有「若」字，上文皆作「冀若」。則夫虎能之壽，不能過人，天地之性，人最爲貴，孝經：「子曰：『天地之性人爲貴。』」變人之形，更爲禽獸，非所冀也。凡可冀者，以老翁變爲嬰兒，其次，白髮復黑，齒落復生，身氣丁彊，孫曰：丁亦彊也。見白虎通五行篇云：「丁者，强也。」潛夫論實邊篇云：「譬猶家人遇寇賊者，必使老小羸軟居其中央，丁彊武猛衛其外。」超乘不衰，乃可貴也。徒變其形，壽命不延，其何益哉？

且物之變，隨氣，「隨」，程本作「應」，宋本及各本同此。若應政治，有所象爲，此應政之説，象變在先，與天人感應説象隨人後不同，故與寒温、譴告、自然等篇之旨不違。非天所欲壽長之故，變易其形也，又非得神草珍藥食之而變化也。人恒服藥固壽，能增加本性，益其身年也。遭時變化，非天之正氣，人所受之真性也。天地不變，日月不易，星辰不没，正也。人受正氣，故體不變。時或男化爲女，女化爲男，由高岸爲谷，深谷爲陵也，「由」讀「猶」。應政爲變，爲政變，盼遂案：悼厂云：「御覽八百八十八引，無此三字。」蓋是。非常性也。漢興，老父授張良書，已化爲石，是以石之精爲漢興之瑞也，事見紀妖篇。猶河精爲人持璧與秦使者，秦亡之徵也。水經渭水注、史記始皇紀索隱、漢書五行志注、郡國志注並以爲江神持璧。紀妖篇亦以爲沉璧於江，江不受而還璧，則亦謂江神。此云河精，義稍不同。蠶食桑老，績而爲蠒，說文云：「績，緝也。」楊曰：「蠒」，「繭」俗字。蠒又化而爲蛾，通津本、王本、崇文本作「蛾」，下同。此從程本。說文䖵部：「䖸，蠶化飛䖸。」虫部：「蛾，羅也。」義指𧕴蠹。蛾、䖸截然兩物，此當作「䖸」。但郭注爾雅已言蛾羅即蠶䖸，今俗仍作蠶蛾，故因之。蛾有兩翼，變去蠶形。蠐螬化爲復育，廣韻一屋云：「蜟，復蜟，蟬未蛻者。出論衡。」按：今本作「育」。奇怪、道虛、論死同。爾雅釋蟲云：「蟦，蠐螬。」郭注：「在糞土中者。」廣雅作「蟦螬」。又廣雅釋蟲云：「復蜟，蛻也。」衆經音義十三引字林曰：「復蜟，蟬皮也。」段成式酉陽雜俎曰：「未蛻時名復育。」說文云：「蛻，它蟬所解皮。」復育轉而爲蟬，蟬生兩翼，不類蠐螬。凡諸命蠕蜚之類，「命」猶「名」也。御覽九四八引作「凡諸蝡類」。多變其形，易其體；至人獨不變者，稟得正也。生爲嬰兒，長爲丈夫，老爲父翁，從生至死，未嘗變更者，天性然也。天性不變者，不可令復變；變者，不可〔令〕不變。楊曰：「不變」上疑脱「令」字。若夫變者之壽，不若不變者。盼遂案：此句當是「若夫不變者之壽，不若變者」。不變者謂人，變者謂蠶蠐螬之類也。人欲變其形，輒增益其年，可也。如徒變其形，而年不增，則蟬之類也，何謂人願之？龍之爲蟲，一存一亡，一短一長；一猶「或」也。龍之爲性

也，變化斯須，輒復非常。由此言之，人，物也，受不變之形，〔形〕不可變更，年不可增減。楊曰：「受不變之」下，疑脱「性」字。「形」字屬下讀，與後文一例。孫曰：「形」字當重。上云：「形不可變化，命不可減加。」下云：「形不可變更，年不可減增。」並其證。劉先生説同。暉按：楊説亦通，此從孫説補。

傳稱高宗有桑穀之異，桑穀之祥，或言高宗武丁，或言中宗太戊。言太戊者：竹書、史記殷本紀、封禪書、漢書五行志、郊祀志、孔子家語五儀解、書序、鄭玄商頌烈祖箋、帝王世紀。言武丁者：尚書大傳、五行志引劉向説、説苑敬慎篇。説苑君道篇並存兩説。仲任於變虚篇、異虚篇、恢國篇作高宗，於感類篇作太戊。於順鼓篇作太戊，又曰「或曰高宗」，亦載二説。呂氏春秋制樂篇、韓詩外傳三又云湯時事。陳喬樅、皮錫瑞以爲湯與太戊、武丁皆各見桑穀之祥，傳者異耳，非古文説在太戊時，今文説在武丁時也。**悔過反政，享福百年，**「百年」，注見氣壽篇。**是虚也。**辯見異虚篇。**傳言宋景公出三善言，熒惑卻三舍，延年二十一載，**宋世家曰：「在景公三十七年。」事見呂氏春秋制樂篇、淮南道應訓、新序雜事篇。**是又虚也。**辯見變虚篇。**又言秦繆公有明德，上帝賜之十九年，**見墨子明鬼篇。**是又虚也。**辯見福虚篇。**〔傳〕稱赤松、王喬好道爲仙，度世不死，**「傳」字據文選盧子諒贈王彪詩注引補。初學記二九引孝經右契：「赤松子時橋，（事類賦引援神契作「時僑」。）名受紀。」搜神記八：「姓赤松，名時喬，字受紀。」淮南齊俗訓作「赤誦子」。誦、松字通。高注：「上谷人也。病癘入山，導引輕舉。」列仙傳：「神農時爲雨師，服水玉，教神農，能入火自燒。至崑山上，常止西王母石室，隨風雨上下。」淮南齊俗訓注：「王喬，蜀武陽人也。爲柏人令，得道而仙。」楚詞遠遊「王喬」，朱子、洪興祖注并以爲王子喬，周靈王太子晉也。與高説異。方以智曰：「漢明帝時葉令王喬，乃飛舄者；周時王子喬，乃吹笙者；神仙傳蜀人王子喬，乃食肉芝者；史記封禪書注，緱氏仙人廟王僑，犍爲武陽人。凡四王喬。」是又虛也。辯見道虛篇。 假令人生立形謂之甲，終老至死，常守甲形。如好道爲仙，未有使甲變爲乙者也。夫形不可變更，年不可減增。何則？形、氣、性，天也。「性」宋本作「於」。 形爲春，氣爲夏。人以氣爲壽，形隨氣而動。氣性不均，則於體不同。牛壽半馬，馬壽半人，然則牛馬之形與人異矣。稟牛馬之形，當自得牛馬之壽；牛馬之不變爲人，則年壽亦短於人。世稱高宗之徒，不言其身形變異，而徒言其增延年壽，故有信矣。「有」當作「不」字。盼遂案：「有信」爲「不信」之誤。上文言虛，此言不信，故相應也。

形之□血氣也，猶囊之貯粟米也。孫曰：「形之」下脱一字。率性篇：「凡含血氣者，教之所以異化也。」書虛篇：「夫地之有百川也，猶人之有血脈也。」論死篇：「人之精神藏於形體之內，猶粟米在囊橐之中也。」祀義篇：「山猶人之有骨節也，水猶人之有血脈也。」語意並同。 一石囊之高大，亦適一石。盼遂案：句首當有「粟米」二字。「粟米一石」四字爲句。如損益粟米，囊亦增減。人以氣爲壽，氣猶粟米，形猶囊也。增減其壽，亦當增減其身，形安得如故？如以人形與囊異，氣與粟米殊，更以苞瓜喻之。「苞」爲「匏」之借字。苞瓜之汁，猶人之血也；其肌，猶肉也。試令人損益苞瓜之汁，令其形如故，耐爲之乎？「耐」、「能」古通，下同。人不耐損益苞瓜之汁，天安耐增減人之年？人年不可增減，高宗之徒，誰益之者，而云增加？如言高宗之徒，形體變易，其年亦增，乃可信也。今言年增，不言其體變，未可信也。何則？人禀氣於天，氣成而形立，則(形)命相須，以至終死，「則」當作「形」。蓋本作「刑」，「形」、「刑」字通，與「則」形近故譌。前文云：「體氣與形骸相抱，生死與期節相須，形不可變化，命不可減增。」即此意。形不可變化，年亦不可增加。以何驗之？人生能行，死則僵仆，死則氣減(滅)，孫曰：「減」當從元本作「滅」。形消而壞。禀〔氣〕生人，「禀」下挩「氣」字。命義篇曰：「人禀氣而生。」上文云：「人禀元氣於天。」又云：「人禀氣於天。」並其證。形不可得變，其年安可增？

人生至老，身變者，髮與膚也。人少則髮黑，老則髮白，白久則黄。髮之變，形非變也。人少則膚白，老則膚黑，釋名釋長幼曰：「八十曰耋。耋，鐵也，皮膚變黑色如鐵也。」黑久則黯，若有垢矣。髮黄而膚爲垢，釋名曰：「九十曰黄耇。黄，鬢髮變黄也；耇，垢也，皮色驪顇恒如有垢者也。」故禮曰：「黄耇無疆。」見儀禮士冠禮。髮（膚）變異，陳世宜曰：上文皆髮膚並舉，此句「髮」下疑脱「膚」字。故人老壽遲死，骨肉不可變更，壽極則死矣。五行之物，可變改者，唯土也。埏以爲馬，埏，水和土也。變以爲人，是謂未入陶竈更火者也。史記大宛傳索隱曰：「更，經也。」如使成器，入竈更火，牢堅不可復變。今人以爲天地所陶冶矣，「以」讀作「已」。形已成定，何可復更也？

圖仙人之形，體生毛，臂變爲翼，見存之杕氏壺、羽人壺，圖象若是。行於雲，則年增矣，千歲不死。盼遂案：「臂變爲翼」，佛家所謂飛天。山海經西山經：「英招之神，虎文鳥翼。」帝江之神，六足四翼。」知飛天之説其來甚舊。今傳世漢石刻，若武梁祠畫象，大將軍竇武墓門畫象，皆刻羽翼仙人游戲雲中。又仲長統昌言云：「得道者生六翮于臂，長毛羽于腹，飛無階之蒼天，度無窮之世俗。」（意林引。）魏文帝樂府折楊柳行云：「上有兩仙童，不飲亦不食。與我一丸藥，光輝生五色。服藥四五天，身體生羽翼。輕舉乘浮雲，倏忽行萬里。流覽觀四海，芒芒非所識。」（沈約宋書樂志引。）則飛天之説，仍盛於東漢以後，直至唐、宋。敦煌石室壁畫，恒見飛天矣。此虚圖也。世有虚語，亦有虚圖。假使之然，蟬蛾之類，「蛾」各本作「娥」，今正。非真正人也。劉先生曰：古書無以「真正」連文，此疑校者旁注「真」字，而寫者誤入正文。海外三十五國，山海經海外經云：「三十九國。」淮南地形訓云：「三十六國。」見談天篇注。有毛民、

羽民，山海經海外東經：「毛民之國，身生毛。」淮南高注：「毛民，其人體半生毛，若矢鏃也，東方國。」海外南經：「羽民國，其爲人長頭，身生羽。」呂氏春秋求人篇注：「羽人，鳥喙，背上有羽翼。」博物志：「羽民國，民有翼，飛不遠，多鸞鳥，民食其卵，去九疑四萬三千里。」啓筮曰：「鳥喙，赤目，白首。」**羽則翼矣。毛羽之民，土形所出，**淮南地形篇：「土地各以類生人。」**非言爲道身生毛羽也。**楚詞遠遊王注：「或曰：『人得道，身生羽毛也。』」抱朴子對俗篇：「古之得仙者，或身生羽翼，變化飛行，失人之本，更受異形，有似雀之爲蛤，雉之化蜃。」是俗有此説，故仲任辯之。**禹、益見西王母，**荀子大略篇：「禹學於西王國。」又見韓詩外傳五、新序雜事五。此文蓋據山海經[一]。別通篇謂禹、益以所見聞作山海經，故云然也。西王母，見爾雅釋地「四荒」。山海經西荒經、穆天子傳則以爲人。前漢紀二十九，杜業曰：「西王母，婦人之稱。」司馬相如大人賦、揚雄甘泉賦則以爲女仙人。並非。譙周古史考、胡應麟筆叢、郎瑛七修類稿、畢沅山海經校注均有辯證。此文亦以爲人，則承襲舊説而誤。**不言有毛羽。**山海經稱其戴勝，虎齒，豹尾。列仙傳稱「人面蓬髮，戴勝，虎爪，豹尾」。**不死之民，亦在外國，**淮南地形篇：「海外有不死民。」注云：「不死民，不食也。」山海經海外南經曰：「不死民，其爲人黑色，壽不死。」**不言有毛羽。毛羽之民，**

[一]「經」，原本作「紅」，形近而誤，今改。

不言不死；不死之民，不言毛羽。毛羽未可以效不死，效，驗也。仙人之有翼，安足以驗長壽乎？

率性篇

率，「衛」之叚字。玉篇：「衛，導也。」盼遂案：性善者勸率無令近惡，性惡者率勉使之爲善，開篇數語，即王氏爲率性篇解題而作。黄暉釋「率」爲「衛」之叚字，疑失之曲。

論人之性，定有善有惡。其善者，固自善矣；其惡者，故可教告率勉，使之爲善。凡人君父審觀臣子之性，善則養育勸率，無令近惡；近惡則輔保禁防，楊曰：下「近」字衍。**令漸於善。**廣雅釋詁：「漸，漬也。」考工記鍾氏注：「漬，染也。」楚詞七諫：「漸染而不自知兮。」王注：「稍漬爲漸。」**善漸於惡，惡化於善，成爲性行。**

召公戒成〔王〕曰：「王」字舊脱，宋本同。今據天啓、錢、黄、王、崇文本增。**「今王初服厥命，於戲！若生子，罔不在厥初生。」**尚書召誥曰：「今王嗣受厥命，我亦惟茲二國命，嗣若功。王乃初服。嗚呼！若生子，罔不在厥初生。」段玉裁曰：「此今文尚書也。『初服厥命』下十四字，蓋節引之。」孫星衍曰：「『王乃初服』，論衡作『今王初服厥命』者，疑並上『今王嗣受厥命』變其詞，非經文異字。」江聲曰：「『王乃初服』，僞孔本若是，王充作『今王初服厥命』。」**「生子」謂十五〔生〕子，**王鳴盛曰：「『初生』似言嬰孩時亦可，而王充以爲『十五子』者，十五歲太子入太學之期。經言『自貽哲命』，當修賢智之德以祈永命，則非嬰孩所能，故王充以太子入太學之期當之。」孫星衍曰：「十五爲太子入學之年，故王充以釋經。『若生子』，謂若養子教之。『初生』謂情欲初生也。」暉按：王説非也。孫氏又因其説，添字解經，以就己義。「十五子」與「生子」義各不同，不得以「十五子」釋「生子」二字。且以「十五子」謂即十五歲之子，義亦不妥。「十五子」當作「十五生子」，誤脱「生」字。下「十五之子」，義亦不通，「之」爲「生」字之譌。古者人君十二而冠，十五生子。詩衛風芄蘭毛傳所謂「人君治成人之事，雖童子猶佩觿，早成其德」。左襄九年傳云：「國君十五而生子，冠而生子，禮也。」五經異義曰：「春秋左氏説，歲星爲年紀，十二而一周於天，天道備，故人君十二可以冠。自夏、殷天子皆以十二而冠。」又云：「國君十五而生子，禮也。二十而嫁，三十而娶，庶人禮也。」譙周曰：「國不可久無儲二，故天子諸侯十二（穀梁文九年傳注引作「五」。）而冠，十五而娶。」淮南氾論篇高注：「國君十二歲而冠，冠而娶，十五生子，重國嗣也。」淮南氾論篇、樂記正義引大戴禮並云：「文王十五而生武王。」是國君十五生子，禮家舊説，故仲任以之釋經。僞孔傳曰：「言王新即政，始行教化，當如子之初生，習爲善則善矣。」與仲任義合。皮錫瑞曰：「左氏傳曰『國君十五而生子』。故仲任以『十五』爲生子之時。周公攝政，抗世子法於伯禽，蓋奉成王爲太子，故召公舉入學之年以爲戒。不以『生子』爲嬰孩之時者，以『自貽哲命』非嬰孩所能也。」既以「十五」爲生子之年，又謂爲太子入學之年，義自牴牾，蓋亦拘於「自貽哲命」句，故欲革王、孫之説而未盡也。經文既明言「生子」，又言「初生」，則不當以十五歲之子當之。盼遂案：「成」下宜有「王」字。召誥作「王乃初服」，與仲任所引略異。「十五子」者，謂十五歲，爲太子入學之年也，禮學記鄭注、白虎通辟雝篇皆有明文。**初生意於善，終以善；初生意於惡，終以惡。**江聲曰：「此今文書説也。」**詩曰：「彼姝者子，何以與之？」**見鄘風干旄。毛傳：「姝，順貌。」「與」作「予」。三家詩攷盧文弨補曰：「足利本作『與』。」同此。列女傳鄒孟軻母傳：「及孟子長，學六藝卒成大儒之名，君子謂孟母善以漸化。詩云：『彼姝者子，何以予之。』此之謂也。」引詩義與充同。**傳言：「譬猶練絲，**淮南説林篇高注：「練，白也。」**染之藍則青，染之丹則赤。」**俞曰：本性篇文與此同。毛傳無此説，所引傳必三家説也。陳啓源毛詩稽古編附録曰：此與毛序「臣子好善，賢者樂告以善道」意略相符。毛氏無此文，必是三家詩説。然魯詩無傳，齊詩有后氏、孫氏傳，韓詩有内、外傳，而外傳今存。充所謂傳，其齊之后氏、孫氏及韓之内傳乎？陳喬樅魯詩遺説考曰：仲任説關雎用魯詩，則此所引詩傳，亦魯詩傳也。論衡書解篇詩家獨舉魯申公，是仲任治魯詩之明證。孔廣森與陳説同。范家相三家詩拾遺四：此韓詩傳。左傳：（定九年。）「竿旄『何以告之』，取其忠也。」家語：（姓生篇。）「竿旄之忠告，至矣哉。」皆取姝子忠告善道之意。此以素絲染練爲喻，正善道之謂。盼遂案：吴承仕曰：本性篇引此詩，作「彼姝之子」。「者」、「之」聲紐同，皆指事詞。**十五之（生）子，**「之」疑是「生」誤。物勢篇：「蟣虱生於人。」今本「生」譌作「之」，是其比。餘説見前。**其猶絲也。其有所漸化爲善惡，猶藍丹之染**

練絲，使之爲青赤也。青赤一成，真色無異。是故楊子哭歧道，「歧」舊作「岐」，今正。列子說符篇：「楊子之隣人亡羊，既率其黨，又請楊子之豎追之。楊子曰：『嘻！亡一羊，何追者之衆？』鄰人曰：『多歧路。』既反，問獲羊乎？曰：『亡之矣。』曰：『奚亡之？』曰：『歧路之中，又有歧焉，吾不知所之，所以反也。』楊子慼然變色，不言移時，不笑竟日。」荀子王霸篇、淮南說林篇、後藝增篇並云「楊朱」。呂氏春秋疑似篇、賈子新書審微篇作「墨子」，蓋傳聞之異。墨子哭練絲也，墨子所染篇：「墨子見染絲而歎曰：『染於蒼則蒼，染於黃則黃。』」又見呂氏春秋當染篇、淮南說林訓。蓋傷離本，不可復變也。人之性，善可變爲惡，惡可變爲善，猶此類也。蓬生麻間，不扶自直；「生」字舊重。楊曰：「生」字誤重，宋本不誤，程本亦重「生」字。暉按：天啓本、錢本、崇文本「生」字不重。此語本荀子勸學篇、大戴禮曾子制言、說苑談叢篇。風俗通及本書程材篇並不重「生」字，今據刪。白紗入緇，說文：「緇，帛黑色也。」不練自黑。華嚴經音義引珠叢：「煑絲令熟曰練。」彼蓬之性不直，紗之質不黑，麻扶緇染，使之直黑。夫人之性猶蓬紗也，在所漸染而善惡變矣。

王良、造父稱爲善御，[不]能使不良爲良也。劉先生曰：上「不」字衍，下文正謂王良、造父能使不良爲良。若作「不能」，則非其旨矣。如徒能御良，其不良者不能馴服，此則駔工庸師服馴爾雅釋言郭注：「駔猶麤也。」「粗」、「駔」聲同。技能，何奇而世稱之？故曰：

「王良登車，馬不罷駑；堯、舜爲政，民無狂愚。」未知何出，亦見非韓篇。傳曰：「堯、舜之民，可比屋而封；桀、紂之民，可比屋而誅。」見陸賈新語無爲篇。亦謂「教化使然也」。「斯民也，三代所以直道而行也。」論語衛靈公篇集解引馬曰：「三代，夏、殷、周也。用民如此，無所阿私，所以云直道而行也。」皇疏引郭象曰：「無心而付之天下者，直道也；有心而使天下從己者，曲法。故直道而行者，毁譽不出於區區之身。」是訓「直」爲曲直之「直」。而此義爲率導教化，非韓篇引經同，是其説不通於此。蓋三家義殊也。禮記玉藻：「君羔幦虎犆。」鄭注曰：「犆，讀如『直道而行』之『直』，直謂緣也。」訓「直」爲「緣」，於此義合矣。漢書貨殖傳：「在民上者，道之以德，齊之以禮，故民有恥而且敬，貴誼而賤利，此三代之所以直道而行，不嚴而治。」師古曰：「直道而行，謂以德禮率下，不飾僞也。」景帝紀贊引經，師古注：「言此今時之人，亦夏、殷、周之所馭，以政化淳壹，故能直道而行。」後漢書韋彪傳：「忠孝之人，持心近厚；鍛鍊之吏，持心近薄。三代之所以直道而行者，在其所以磨之故也。」李賢注：「彪引直道而行者，言古之用賢，皆磨礪選鍊，然後用之。」並與仲任説合，而無毁譽阿私之義。毛奇齡論語稽求篇以此經爲「言舉錯之當公」，以韋彪所云「磨」爲「試」義，謂「必試而後用」。蓋拘於漢書薛宣傳引經「如有所譽，其有所試」，作用人解，而曲爲其説。但依上文所引諸家及仲任經解，當自「斯民也」截爲一章，不必拘此，而使漢人舊義不明。聖主之民如彼，惡主之民如此，竟在化，不在性也。聞伯夷之風者，貪夫廉而懦夫有立志；「貪」，非韓篇同。知實篇作「頑」。錢大昕養新録三曰：「『廉』與『貪』對，不與『頑』對，兩漢人引孟子皆作『貪』。知實篇作『頑』，此淺人妄改。」臧琳經義雜記十七曰：「以下文『懦夫有立志，鄙夫寬，薄夫敦』，皆以相反者言之，則作『貪』爲是。趙氏以『頑』訓『貪』，未詳其所出，而兩漢及唐人皆引作『貪』，知必非無本。」翟灝四書考異曰：「『貪』與『廉』緊相反對，『頑』稍齟齬。」高閬仙先生孟子集解謂「頑」、「貪」義通。暉按：此文及非韓篇並作「貪夫廉」，知仲任所據孟子確本作「貪」，知實篇作「頑」，必經淺人妄改，錢說得之。**聞柳下惠之風者，**孟子趙注：「柳下惠，魯公族大夫，姓展名禽，字季。進不隱己之賢才，必欲行其道也。」文選陶徵士誄注引鄭玄論語注：「柳下惠，魯大夫展禽，食采柳下，謚曰惠。」梁玉繩瞥記二曰：「柳下惠，氏展，名獲，字禽，又字季，謚惠。」而「柳下」之稱，未知是邑是號。趙岐孟子注以「柳下」爲號，廣韻及唐書宰相表云：「食采柳下，遂爲氏。」故左傳、論語疏謂「柳下，食邑名。」莊子盜跖釋文：「一曰邑名。」而藝文類聚八十九引許慎淮南子注云：「展禽之家樹柳，行惠德，號柳下惠。」莊子釋文、荀子成相、大略注並仝其說，以爲居于柳下也。魯地無名「柳」者，展季卑爲士師，亦未必有食邑，當是因所居號之。如戰國策稱梧下先生，陶靖節稱五柳先生之類。**薄夫敦而鄙夫寬。**見孟子萬章下篇、盡心下篇。趙注：「後世聞其風者，頑貪之夫更思廉絜，懦弱之人更思有立義之志；鄙狹者更寬優，薄淺者更深厚也。」**徒聞風名，猶或變節，況親接形面相敦告乎？**「敦」，疑是「教」字形譌，前文：「教告率勉。」

孔門弟子七十之徒，皆任卿相之用，呂氏春秋遇合篇：「七十人者，萬乘之主得一人，用可爲師。」漢儒林傳：「散遊諸侯，爲卿相。」被服聖教，文才雕琢，知能十倍，教訓之功而漸漬之力也。「而」猶「與」也。漢書董仲舒傳師古注：「漸謂浸潤之也。漬謂浸漬也。」未入孔子之門時，閭巷常庸無奇。其尤甚不率者，詩大雅鄭注：「率，循也。」唯子路也。世稱子路無恒之庸人，荀子大略篇：「子貢、季路，故鄙人也。被文學，服禮義，爲天下列士。」亦見尸子勸學篇、韓詩外傳八。未入孔門時，戴雞佩豚，史記弟子傳：「冠雄鷄，佩豭豚。」集解：「冠以雄鷄，佩以豭豚。二物皆勇，子路好勇，故冠帶之。」洪頤煊讀書叢録曰：「莊子盜跖篇：『使子路去其危冠，解其長劍，而受教於子。』『佩豭豚』，謂取豭豚之皮以爲劍飾。」按：抱朴子勗學篇：「仲由冠雞戴豘，䨱珥鳴蟬，杖劍而見，拔刃而舞。」是佩豚非謂劍飾也。勇猛無禮；聞誦讀之聲，摇雞奮豚，揚脣吻之音，聒賢聖之耳，聒，聲擾也。惡至甚矣。孔子引而教之，漸漬磨礪，闓導牖進，「闓」，舊譌作「闔」，據宋本改。元本作「聞」，先孫校作「開」，是也。闓、開字同。「導」，鄭本作「道」。牖、羑字同。尚書顧命馬曰：「羑，道也。」盼遂案：「闔」爲「闓」之形誤。此「闓導」與上下文皆駢字也，宋本正作「闓」。古「闓」與「開」通。元本作「聞」，亦誤。猛氣消損，驕節屈折，卒能政事，序在四科。論語先進篇：「政事，冉有、季路。」斯蓋變性使惡爲善之明效也。

夫肥沃墝埆，土地之本性也。肥而沃者性美，樹稼豐茂；墝而埆者性惡，深耕細鋤，厚加糞壤，勉致人功，以助地力，其樹稼與彼肥沃者相似類也。地之高下，亦如此焉。以钁鍤鑿地，淮南精神訓注：「钁，斫也。」說文：「钁，大鉏也。鉏，立薅斫也。」薅者披去田艸。斫者斤也，斤以斫木。此云鑿地，蓋其用亦如鍫銚。郝懿行曰：「插地取土者，今登、萊間謂之钁頭。」與此合。釋名釋用器：「鍤，插地取土也，或曰鏵。」王念孫曰：「今人呼臿爲鏵鍬。」以埤增下，說文：「埤，增也。」一曰：當作「以錍增土」，「埤」「下」二字形譌。廣雅釋器：「錍謂之銛。」說文：「銛，鍤屬也。」盼遂案：此句當是「以增埤下」。埤，卑隰之地也。則其下與高者齊。如復增钁鍤，則夫下者不徒齊者也，反更爲高，而其高者反爲下。使人之性有善有惡，彼地有高有下，「彼」，疑「猶」字形譌。盼遂案：「彼」當是「譬」字聲訛。勉致其教令，之（不）善則將〔與〕善者同之矣。「之」，疑是「不」字，又脱「與」字。此就不善者言，加以教令，則與善者同。下文就善者言，加以教令，則更過於往善。善以化渥，釀其教令，變更爲善，善則且更宜反過於往善。猶下地增加钁鍤，更崇於高地也。

「賜不受命，而貨殖焉。」「貨殖」有二說。論語先進篇何晏集解曰：「唯財貨是殖。」史記貨殖傳索隱曰：「殖，生也，生資財貨利也。」並以「殖」爲動詞。皇疏：「財物曰貨，種藝曰殖。」則是名詞。下云：「貨財積聚。」是同前說。賜本不受天之富命，命曰：何晏論語集解「不受命」有二說：一謂「賜不受教命，唯貨財是殖」。一謂「雖非天命而偶富」。其後一說即本此也。所加

(以)貨財積聚，「加」字無義，疑當作「以」，形近而誤。知實篇：「子貢善居積，意貴賤之期，數得其時，故貨殖多。」正言其所以貨殖多者，得貨殖之術也。爲世富人者，得貨殖之術也。夫得其術，雖不受命，猶自益饒富。性惡之人，亦不禀天善性，得聖人之教，志行變化。世稱利劍有千金之價，棠谿、魚腸之屬，史記蘇秦傳：「韓之劍戟，皆出棠谿。」集解徐廣曰：「汝南吴房有棠谿亭。」吴越春秋：「越王允常聘歐冶子作名劍五，四曰魚腸。」淮南修務訓注：「文理屈襞若魚腸者。」龍泉、太阿之輩，越絶書外傳紀寶劍：「楚王令風胡子之吴，見歐冶、干將，使之爲鐵劍。歐冶、干將鑿茨山，洩其谿，取鐵英爲三劍，一龍淵，二太阿。」晉太康地理記：「汝南西平有龍淵水，可以淬刀劍，特堅利，故有龍淵之劍。」此作「泉」，沿唐諱未改。其本鋌，衆經音義十一，玄應曰：「鋌，銅鐵之璞，未成器用者也。」山中之恒鐵也，冶工鍛鍊，成爲銛利。銛亦利也。豈利劍之鍛與鍊，乃異質哉？工良師巧，鍊一數至也。試取東下直一金之劍，「東下」未聞。盼遂案：「東」，疑爲「要」之誤。「要」，古「腰」字。篆「要」作𦥔，故與「東」形致混。更熟鍛鍊，足其火，齊其銛，漢書王莽傳注應劭曰：「齊，利也。」銛猶鋒也。猶千金之劍也。夫鐵石天然，尚爲鍛鍊者變易故質，況人含五常之性，賢聖未之熟鍛鍊耳，奚患性之不善哉？古貴良醫者，能知篤劇之病所從生起，而以針藥治而已之。如徒知病之名而坐觀之，何以爲奇？夫人有不善，則乃性命之疾也，無其教治，而欲令變更，豈

不難哉?

天道有真僞，「天」，疑當作「夫」。**真者固自與天相應，僞者人加知巧，亦與真者無以異也。何以驗之?禹貢曰：「璆琳琅玕。」〔璆，玉也。琳，珠也。琅玕，珠之數也。〕者**「璆，玉也」以下十二字，據御覽八〇五引增。「者」字當據御覽引删。仲任於引經文下加以訓釋，（詳儒增篇注。）此其例也。以琳爲珠，故下文以琳與魚蚌之珠、隨侯之珠相較，以琅玕爲珠之數，故下文言真珠不及之。璆琳，舊説並云美玉名。鄭注尚書云「美石」。此謂琳爲珠，未聞。御覽三六引淮南地形篇注：「璆琳琅玕，珠名也。」又與此異。琅玕，珠之數，與説文、郭注爾雅、山海經、尚書僞孔傳、御覽八〇三引淮南地形篇許注説同。**此則土地所生真玉珠也。**段玉裁曰：真玉謂璆琳，真珠謂琅玕。又於説文玉部注曰：鄭注尚書云：「琅玕，珠也。」出於蚌者爲珠，則出於地中者爲似珠。似珠亦非人爲之，故鄭、王謂之真珠也。暉按：段氏未知此有脱文，故强之説。真玉謂璆，真珠謂琳。**然而道人消爍五石，**抱朴子引金簡記曰：「五石者，雄黄、丹砂、雌黄、礬石、曾青也。」又金丹篇曰：「五石者，丹沙、雄黄、白礜、（據御覽作「礜」。）曾青、慈石也。一石輒五轉，而各成五色，五石而二十五色。」吴曰：抱朴子言丹，論衡言玉，神仙家亦有服玉之法，則丹、玉類同矣。**作五色之玉，比之真玉，光不殊别。兼魚蚌之珠，**「兼」，疑涉「魚」字形近譌衍。**與禹貢璆琳，皆真玉珠也。**段玉裁曰：當云「魚蚌之珠，與禹貢琅玕，皆真珠也」。

今文譌牘不可讀。暉按：段說非也，今本不誤。真玉謂璆，真珠謂琳。段氏於説文注引此文「璆琳」下意增「琅玕」二字，亦非。琅玕，珠之數，非真珠也，故此文不及之。**然而隨侯以藥作珠，**史記李斯傳正義引説苑曰：「隨侯行遇大蛇中斷，疑其靈，使人以藥封之，蛇乃能去，因號其處爲斷蛇丘。歲餘，蛇銜明珠〔二〕徑寸，絶白而有光。」淮南覽冥篇高注：「隋侯，漢東之國，姬氏諸侯也。隋侯見大蛇傷斷，以藥傅之。後蛇於江中銜大珠以報之。」孟子盡心下篇疏引韓詩：「隋侯姓祝，字元暢，往齊國，見一蛇在沙中，頭上血出，隋侯以杖挑於水中而去。後回到蛇處，乃見此蛇，銜珠來隋侯前，隋侯意不懌。是夜夢脚踏一蛇，驚起，乃得雙珠。」亦見水經涢水注、搜神記二十。並無以藥作珠之説。**精耀如真，道士之教至，知巧之意加也。陽遂取火於天，五月丙午日中之時，消鍊五石，鑄以爲器，磨礪生光，仰以嚮日，則火來至，**御覽二二引「遂」作「燧」。周禮司烜氏：「以夫遂取明火於日。」鄭注：「夫遂，陽遂也。」淮南天文篇：「陽燧見日，則燃而爲火。」高注：「陽燧，金也，取金杯無緣者熟摩令熱，日中時以當日下，以艾承之，則燃得火也。」藝文類聚火部引淮南舊注曰：「日高三四丈，持以向日，燥艾承之，寸餘，有頃，焦，吹之，即得火。」古今注、搜神記並無鍊五石説。唯太平廣記一六一引淮南許注云：「陽燧，五石之銅精，圓而仰日，即得火。」衆經音義引文同。是與仲任説合。「五石」義見前。抱朴子登涉篇：「以五月丙午日日中，

〔二〕「珠」，原本作「球」，形近而誤，據史記改。

擣五石下其銅，以爲劍。」鑄陽遂，鑄劍，並於五月丙午日鍊銅，蓋相傳有此術也。**此真取火之道也。**「此」，各本並誤作「比」，今從御覽引正。盼遂案：「比」，當是「此」字譌脱。御覽二十二引作「此」。**今妄取**[一]**刀劍之鉤〔偃〕月〔之鉤〕**，先孫曰：「月」，疑當爲「刃」。亂龍篇云：「今妄取刀劍偃月之鉤，摩以向日，亦能感天。」（「月」亦當作「刃」。馬融周禮注説削爲偃曲卻刃。見築氏賈疏。）黄氏日鈔所引已作「月」。暉按：先孫説疑非。亂龍篇作「今妄取刀劍偃月之鉤」，不誤。此文當據補正。若作「刀劍之鉤刃」，則義未妥。刃之鉤曲者，不名爲刀劍也。「偃月之鉤」四字連讀。漢書韓延壽傳：「鑄作刀劍鉤鐔。」注曰：「鉤亦兵器，似劍而曲，所以鉤殺人也。」釋名釋兵曰：「鉤鑲，兩頭曰鉤，中央曰鑲，或推鑲，或鉤引，用之便也。」急就篇有「鑲鉤」，注曰：「其刃卻偃而外利，所以推攘而害人也。」是鉤兵器，形卻偃如偃月，故曰「偃月之鉤」。後漢書荀彧傳注引吴録曰：「孫權聞操來，夾水立塢，狀如偃月。」水經沔水注：「七女池東有明月池，狀如偃月。」又江水注：「魯山左即沔水口，沔左有郤月城，亦曰偃月壘。」此文「偃月之鉤」，猶其義也。今本「偃」字脱，「之鉤」二字錯入「月」字上，文遂不可通矣。**摩拭朗白，仰以嚮日，亦得火焉。夫鉤〔偃〕月〔鉤〕，非陽遂也，**「鉤月」當作「偃月鉤」。説見上。**所以耐取火者，**禮記樂記鄭注：

〔一〕「取」，通津草堂本作「以」。

「耐」，古「能」字也。摩拭之所致也。今夫性惡之人，使與性善者同類乎？可率勉之，令其爲善；使之異類乎？亦可令與道人之所鑄玉、「與」猶「如」也。隨侯之所作珠、人之所摩刀劍鉤〔偃〕月〔鉤〕焉，「鉤月」當作「偃月鉤」。亂龍篇有「刀劍偃月鉤」句。教導以學，漸漬以德，亦將日有仁義之操。

黃帝與炎帝爭爲天子，教熊羆貔虎以戰于阪泉之野，三戰得志，炎帝敗績。見大戴禮五帝德、史記五帝紀。司馬貞曰：「猛獸可以教戰，周禮有服不氏掌教擾猛獸，即古服牛乘馬，亦其類也。」列子黃帝篇：「黃帝與炎帝戰於阪泉之野，帥熊羆狼豹貙虎爲前驅，雕鶡鷹鳶爲旗幟，此以力使禽獸者也。」劉子閱武篇：「貔貅戾獸，黃帝教之戰。」並與仲任說同。裴駰曰：「言教士卒習戰，以猛獸之名名之，用威敵也。」此說近理。堯以天下讓舜，鯀爲諸侯，欲得三公而堯不聽，怒其猛獸，「其」，王本、崇文本改作「甚」，妄也。「怒」，讀若莊子「怒其臂以當車轍」之怒，謂憤激猛獸爲亂。若作「甚」，則失其義。呂氏春秋行論篇誤同。欲以爲亂，比獸之角可以爲城，呂覽高注：「以爲城池之固。」舉尾〔可〕以爲旌，依上句，「以」上補「可」字。此爲駢句，「舉」下省「獸之」二字。呂氏春秋正作「比獸之角，能以爲城；舉其尾，能以爲旌。」高注：「以爲旌旗之表也。」奮心盛氣，阻戰爲彊。夫禽獸與人殊形，猶可命戰，況人同類乎？推此以論，「百獸率舞」，尚書舜典：「擊石拊石，百獸率舞。」鄭玄注曰：「百獸，服不氏所養者。率舞，言音和也，謂音聲之道，與政通焉。」「潭魚出聽」，「六馬仰秣」，見感虛篇注。**不復疑矣。異類以殊爲同，同類以鈞爲異，所由不在於物，在於人也。**

凡含血氣者，教之所以異化也。三苗之民，或賢或不肖，堯、舜齊之，恩教加也。韓詩外傳三：「當舜之時，有苗不服，禹請伐之。舜不許，曰：『吾喻教猶未竭也。』久喻教，有苗氏請服。」亦見大禹謨。（僞孔本。）**楚、越之人，處莊、嶽之間，**孟子趙注：「莊、嶽，齊街里名也。」顧炎武曰：「莊是街名，嶽是里名。左襄二十八年傳：『得慶氏之木百車於莊。』注云：『六軌之道。』『反陳於嶽』注云：『嶽，里名。』」**經歷歲月，變爲舒緩，風俗移也。故曰：「齊舒緩，**地理志：「齊舒緩闊達。」公羊莊十年傳疏引李巡曰：「齊，其氣清舒，受性平均。」又曰：「濟東至海，其氣寬舒，秉性安徐。」**秦慢易，**初學記八引河圖曰：「雍、冀合商羽，端駃烈，人聲捷。」李巡曰：「其氣蔽壅，受性急凶。」**楚促急，**河圖曰：「荆、揚角徵會，氣漂輕，人聲急。」李巡[一]曰：「其氣燥剛，禀性彊梁。」**燕戇投。」**楊曰：「投」疑「没」誤。没，貪也。吴曰：意林引「投」作「敢」，是也。今本作「投」者，草書形近之譌。廣雅：「戇，愚也。敢，勇也。」地理志：「燕俗愚悍少慮。」愚悍、戇敢，義正相應。又按：今本作「戇投」，亦通。「投」借爲「豉」。「豉」从「攴」，「豆」聲，「殳」、「豆」同屬

[一]「巡」，原本作「逃」，形近而誤，今改。

侯部，聲紐亦同，舊多通假。文選長笛賦：「察變於句投。」李注：「『投』與『逗』古字通。」「戇投」即「戇豉」。廣雅：「逗」、「悍」、「敢」同訓「勇」。「戇投」亦猶愚悍矣。王念孫廣雅疏證「豉」字無説，宜以此文證之。暉按：吴後説是。楊説非。以莊、嶽言之，四國之民，更相出入，久居單處，吴曰：「單」字無義，疑當作「羣」。性必變易。夫性惡者，心比木石，木石猶爲人用，況非木石！在君子之迹，庶幾可見。「況非木石」下，疑有脱文。仲任意：性惡者非木石，若加以率勉，雖惡人可冀其有君子之迹。效力篇曰：「千里之跡，斯須可見。」立文正同。

有癡狂之疾，歌啼於路，不曉東西，不睹燥濕，不覺疾病，不知飢飽，性已毁傷，不可如何，前無所觀，卻無所畏也。是故王法不廢學校之官，不除獄理之吏，欲令凡衆見禮義之教。學校勉其前，法禁防其後，使丹朱之志，亦將可勉。何以驗之？三軍之士，非能制也，勇將率勉，視死如歸。且闔廬嘗試其士於五湖之側，皆加刃於肩，御覽四三七引莊子、吕氏春秋用民篇并作「劍皆加於肩」。此「刃」疑是「劍」字，下同。血流至地。句踐亦試其士於寢宫之庭，赴火死者，不可勝數。見吕氏春秋及韓非子外儲説上。夫刃、火，非人性之所貪也，二主激率，念不顧生。是故軍之法輕刺血，文有譌脱。盼遂案：此處有脱，宜作「教軍之法，輕則刺血，重則決脰」，與下文方合。孟賁勇也，聞軍令懼。是故叔孫通制定禮儀，拔劍争功之臣，奉禮拜伏，史記本傳：「天下已定，羣臣飲酒争功，醉或妄呼，拔劍擊柱。叔孫通起朝儀，諸侯王以下，莫不振恐肅敬，無敢失禮。」初驕倨而後遜順，〔聖〕教威德，據下文補「聖」字。盼遂案：黄暉據下文「教」上補「聖」字，文義較完。變易性也。不患性惡，患其不服聖教，自遇而以生禍也。

豆麥之種，與稻粱殊，崇文本「粱」作「梁」。然食能去飢。小人君子，稟性異類乎？譬諸五穀皆爲用，實不異而效殊者，稟氣有厚泊，楊曰：「泊」、「薄」同。暉按：「薄」借爲「泊」，説文作「洦」，淺水。尃、白、百，聲通。故性有善惡也。殘則授（受）不仁之氣泊，而怒則稟勇渥也。吴曰：「授」當作「受」。「不」字衍文。受仁氣泊故殘，稟勇氣渥故怒，文正相對。下文云「仁泊」、「勇渥」，其無「不」字可知。楊曰：「之氣」二字疑衍，與下句一例。暉按：楊説非。「勇」下亦有「之氣」二字，省見上文。仁泊則戾而少愈（慈），莊子天道篇釋文云：「戾，暴也。」「愈」，元本作「慈」。吴曰：作「慈」是。楊曰：「愈」、「俞」同，然也。暉按：吴説是，楊説非。勇渥則猛而無義，而又和氣不足，喜怒失時，計慮輕愚。妄行之人，罪（非）故爲惡。楊曰：「罪」疑「非」訛。「故」與「固」同。人受五常，含五臟，御覽三六三引韓詩外傳：「情藏於腎，神藏於心，魂藏於肝，魄藏於肺，志藏於脾。」皆具於身。稟之泊少，故其操行不及善人，猶〔酒〕或厚或泊也，楊曰：「猶」疑「酒」誤。或脱「酒」字。吴曰：「猶」下當有「酒」字。「猶」、「酒」形近而奪。非厚與泊殊其釀也，麴糵多少使之然也。「糵」，舊作

「孽」，各本誤同。今從王本、崇文本正。下同。是故酒之泊厚，同一麴蘗；人之善惡，共一元氣。氣有少多，元本作「多少」。故性有賢愚。西門豹急，佩韋以自緩；韓詩外傳五：「仁者好韋。」（本作「偉」，從孫詒讓校。）故佩以自緩。董安于緩，帶弦以自促。見韓非子觀行篇。又見後譴告篇。漢張遷碑：「晉陽珮瑋，西門帶絃。」顛倒言之，豈別有據，抑誤記也？急之與緩，俱失中和，然而韋弦附身，成爲完具之人。能納韋弦之教，補接不足，韓非子曰：「能以有餘補不足，以長續短。」則豹、安于之名可得參也。貧劣宅屋，不具墻壁宇達，盼遂案：「達」爲「闥」之壞字。詩齊風「履我闥兮」，傳：「闥，門内也。」説文作「闥」，云：「樓上户也。」「達」疑「途」誤。人指訾之。如財貨富愈，起屋築墻，以自蔽鄣，爲之具宅，「爲」猶「謂」也。人弗復非。

魏之行田百畝，漢溝洫志注：「賦田之法，一夫百畝也。」鄴獨二百，謂鄴地賦田，一夫二百畝，是田惡也。西門豹灌以漳水，史記河渠書：「西門豹引漳水溉鄴，以富魏之河内。」漢溝洫志以引漳水溉鄴，爲史起事，並載起言，西門豹不知用。與史絶異。然褚補滑稽列傳云：「西門豹鑿十二渠，引河水灌民田。」則與史合。蓋此文據史記爲説。括地志曰：「案横渠首接漳水，蓋西門豹、史起所鑿之渠也。」魏都賦曰：「西門溉其前，史起濯其後。」水經濁漳水注亦兼紀之。漢志據吕覽樂成篇。成爲膏腴，則畝收一鍾。漢志師古注：「一畝之收，至六斛四斗。」吴曰：「畝收一鍾。」書、志皆系之鄭國事下，此文貤以説鄴，亦通。盼遂案：吴承仕曰：「此事本之河渠書，而溝洫志獨歸功於史起。左思魏都賦云：『西門溉其前，史起灌其後。』然則西門發之，而史成之也。又按：『畝收一鍾』，書、志皆系之鄭國事下，此文貤以説鄴，亦通。」**夫人之質猶鄴田，道教猶漳水也，**「道」讀「導」。**患不能化，不患人性之難率也。雒陽城中之道無水，水工激上雒中之水，**「雒」，舊作「洛」，今從崇文本正。上文作「雒陽」不誤。洛水在雍州，雒水在豫州，兩水自别，其字亦截然爲二。雒陽居雒水之陽，地在豫州。此作「洛水」者，蓋爲魚豢「漢火德，去水加隹」之説所誤。**日夜馳流，**藝文類聚八引漢官典職曰：「德陽殿周遊容萬人，激洛水於殿下。」蓋即此文所指。**水工之功也。**盼遂案：後漢書張讓傳：「又作翻車渴烏，施於橋西，用灑南北郊路，以省百姓灑道之費。」章懷注：「翻車，設機車以引水。渴烏，爲曲筒以氣引水上也。」仲任所言水工激水，殆此類也。**由此言之，迫近君子，而仁義之道數加於身，孟母之徙宅，蓋得其驗。**列女傳母儀篇：孟母其舍近墓，孟子嬉游爲踴躍築埋。孟母曰：「此非所以居處子。」乃去，舍市旁，其嬉戲爲賈人衒賣之事。復徙，舍學宫之旁，其嬉遊乃設俎豆揖讓進退。孟母曰：「其可以居吾子矣。」

人間之水污濁，在野外者清潔。俱爲一水，源從天涯，或濁或清，所在之勢使之然也。南越王趙他，本漢賢人也，化南夷之俗，背畔王制，史記南越尉佗傳：「自立爲南越王，乘黄屋左纛，稱制與中國侔。」椎髻箕坐，師古曰：「椎髻者，一撮之髻，其形如椎。箕坐，謂伸其兩脚而坐。」曲禮：「坐毋箕。」孔疏：「箕謂舒展兩足，狀如箕舌也。」（箕四星，二爲踵，二爲舌，踵狹而舌廣。）與師古説同。唐子西箕踞軒記曰：「箕踞者，山間之容也。拳腰聳肩，抱膝而危坐，傴僂跼蹐，其圓如箕，故世人謂之箕踞。」非也。甕牖閒評據此以駁師古，失之。好之若性。陸賈説以漢德，懼以聖威，蹶然起坐，師古曰：「蹶然，驚起之貌也。」心覺改悔，奉制稱蕃，其於椎髻箕坐也，惡之若性。前則若彼，後則若此。由此言之，亦在於教，不獨在性也。

吉驗篇

凡人稟貴命於天，必有吉驗見於地，見於地，故有天命也。驗見非一，或以人物，或以禎祥，類聚九十八引風角占曰：「福先見曰祥。」或以光氣。

傳言黄帝姙二十月而生，御覽一三五引帝王世紀曰：「附寶孕二十五月生黄帝於壽丘。」（路史後紀五注引世紀作「二十月」。）史記五帝紀正義、路史後紀黄帝紀並云「二十四月」。金樓子興王篇、御覽三六〇引幽明録、北堂書鈔一與此同。生而神靈，弱而能言；見大戴禮五帝德篇。史記索隱曰：「弱，謂幼弱時也。」長大率諸侯，諸侯歸之；教熊羆戰，以伐炎帝，炎帝敗績。注見率性篇。性與人異，故在母之身，留多十月；命當爲帝，故能教物，物爲之使。

堯體，就之如日，望之若雲。史記索隱以爲言堯德化。大戴禮五帝德孔補注：「如日者，其色温也。如雲者，其容盛也。」蓋即據此爲義。洪水滔天，虵龍爲害，堯使禹治水，竹書：「堯七十五年，司空禹治河。」堯典以堯時用鯀，九載功用不成，至舜時，伯禹作司空，平水土。史記因之。蓋堯七十五年，正舜攝行天子政時，故古書於命禹治水，或言堯，或言舜也。驅虵龍，水治東流，虵龍潛處。有殊奇之骨，故有詭異之驗；有神靈之命，故有驗物之效。天命當貴，故從唐侯入嗣帝后之位。帝王世紀：「帝摯登帝位，封異母弟放勛爲唐侯。摯在位九年，政微弱，而唐侯德盛，諸侯歸之。摯服其義，乃率羣臣造唐而致禪。唐侯自知有天命，乃受帝禪。」

舜未逢堯，鰥在側陋，堯典：「明明揚側陋。師錫帝曰：『有鰥在下，曰虞舜。』」瞽瞍與象謀欲殺之。使之完廩，火燔其下；令之浚井，土掩其上。孟子萬章篇：「父母使舜完廩，捐階，瞽瞍焚廩。使浚井，出，從而揜之。」舜得下廩，不被火災〔二〕；穿井旁出，不觸土害。史記舜本紀：「瞽叟欲殺舜，使舜上塗廩，瞽叟從下縱火焚廩。舜乃以兩笠自扞而下去，得不死。後瞽叟又使舜穿井，舜穿井，爲匿空旁出。」索隱曰：「皇甫謐云：『兩繖。』繖，笠類。列女傳云『二女教舜鳥工上廩』是也。『匿空』，列女傳所謂『龍工入井』是也。」案：劉向列女傳今無此語。金樓子后妃篇：「有虞二妃者，帝堯之二女也。長曰娥皇，次曰女英。瞽瞍使舜塗廩，舜歸告二女：『父母使我塗廩，我其往。』二女曰：『衣鳥工往。』舜既治廩，瞽瞍焚廩，舜飛去。舜入朝，瞽瞍使舜浚井，舜告二女。二女曰：『往哉，衣龍工往。』舜往浚井，石隕於上，舜潛出其旁。」梁武帝通史、

〔二〕「災」，原本作「焚」，據通津草堂本改。

宋書符瑞志並有此説。郭注山海經云：「二女靈達，尚能鳥工龍裳，救井廩之難。」南史江斅辭婚表曰：「何瑀闕龍工之姿，其捐軀於深井。」正用其事。皆怪誕不經之言。**堯聞徵用，**「堯」上，舊校曰：一有「故」字。**試之於職，官治職脩，事無廢亂。**五帝紀曰：「堯乃試舜五典，百官皆治。」餘注正説篇。**使入大麓之野，虎狼不搏，蝮虵不噬；逢烈風疾雨，行不迷惑。**此尚書今文説也。見正説篇注。**夫人欲殺之，不能害，之毒螫之野，禽蟲不能傷。卒受帝命，踐天子祚。**

后稷之時（母），履大人跡，劉先生曰：「時」當爲「母」，御覽三六○引正作「后稷之母」。是其確證。案書篇亦作「后稷之母」。楊説同。**或言衣帝嚳之服，坐息帝嚳之處，**盼遂案：「或言」以下二語，蓋仲任自注之辭。孫仲容云：「論衡本有自注。」信然。**妊身。**御覽九五四引元命包曰：「姜原游閟宮，其地扶桑，履大人跡而生后稷。」注云：「神始從道，道必有跡，而姜原履之，意感，遂生后稷於扶桑之下。」詩生民疏引河圖曰：「姜嫄履大人跡，生后稷。」鄭箋曰：「時有大神之跡，姜嫄履之，足不能滿，履其拇指之處，心體歆歆然。其左右所止住，如有人道感己者也。於是遂有身，而肅戒不復御，後則生子曰棄。」史記周本紀：「姜嫄出野，見巨人跡，心忻然悦，欲踐之，踐之而身動，如孕者。及期而生棄。」列子天瑞篇曰：「后稷生乎巨跡。」春秋繁露三代改制篇曰：「姜原履天之跡，而生后稷。」列女傳曰：「行見巨人跡，好而履之。」公羊宣三年傳何注、楚辭天問王注說並同。生民毛傳曰：「后稷之母，配高辛氏帝焉，從於帝而見於天，將事齊敬也。」不取履大人跡說。又按：毛傳以姜嫄爲帝嚳之妃，后稷爲嚳之子，蓋本大戴禮帝繫篇。孔子家語、世本說同。史記五帝紀及劉歆、班固、賈逵、馬融、服虔、王肅、皇甫謐皆因其說。鄭箋則以姜嫄非帝嚳之妃，后稷非嚳之子，詩疏引張融，更申其說。經義叢鈔載汪家禧說、李惇羣經識小，皆以爲然。仲任此文，亦不據帝繫爲說也。王肅引馬融云：「任身之月，帝嚳崩，後十月而后稷生，蓋遺腹子也。」（見生民疏。）其說又異。蓋無父生子，母系社會如此，解者拘於後世禮俗，故衆說紛歧。**怪而棄之隘巷，**「怪」疑當作「生」，或「怪」上脫一「生」字。姙，懷孕也，尚未出生，何得怪而棄之？詩生民曰：「居然生子，誕寘之隘巷。」周本紀曰：「踐之而身動如孕者，居期而生子，以爲不祥，棄之隘巷。」列子天瑞篇張注：「姜原見大人跡，履之，遂孕，因生后稷。」宋書符瑞志：「姜原見大人迹，履之，遂有身而生男，以爲不祥，棄之阨巷。」案書篇：「姜嫄見大人跡，履之則姙身，生后稷焉。」是諸書紀此事者，必謂其出生後棄之。此文當有「生」字，於義方足。路史後紀九上注引作「嫄衣帝佶之衣，坐帝所而姙，故怪之」。是宋本已誤。**牛馬不敢踐之；寘之冰上，鳥以翼覆之，慶集其身。**「慶」當作「薦」。隸書「薦」作「⿱艹慶」，與「慶」形近而誤。「集」當作「藉」。蓋「薦」譌爲「慶」，淺人則妄改「藉」爲「集」矣。若作「慶集其身」，於義未妥；若作「薦集其身」，意謂鳥雍集身上，則與上文「鳥以翼覆之」，於義爲複。詩生民：「誕寘之寒冰，鳥覆翼之。」毛傳：「大鳥來，一翼覆之，一翼藉之。」楚辭天問王注：「棄之於冰上，有鳥以翼覆薦溫之。」周本紀：「飛鳥以其翼覆薦之。」是諸書紀此事者，並謂鳥以一翼覆其上，以一翼薦藉其下，不使近冰。則此文當作「薦藉其身」無疑。**母知其神怪，乃收養之。長大佐堯，位至司馬。**詩閟宫鄭箋：「后稷長大，堯登用之，使居稷官，後作司馬。」疏引尚書刑德放曰：「稷爲司馬。」御覽二〇九引尚書中候曰：「稷爲大司馬。」皮錫瑞曰：「虞時無司馬，諸書各以意言之。」吴曰：此文及初禀篇、本性篇並以棄爲堯司馬，此據緯説也。堯時本無此官，造緯書者以周官爲比，漢儒信之，故王充、鄭玄皆據以爲説。盼遂案：稷爲司馬，尚書緯刑德放、詩魯頌鄭康成箋皆曾言之，而屈原天問云：「稷爲元子，帝何竺之？投之于冰上，鳥何燠之？何馮弓挾矢，殊能將之？」亦言稷爲司馬總師旅之事也。予著天問校箋詳其事。

烏孫王號昆莫，漢書西域傳曰：「昆莫，王號也，名獵驕靡。」師古曰：「昆莫本是王號，而其人名獵驕靡。」**匈奴攻殺其父，**漢書張騫傳，父名難兜靡，爲大月氏所殺。不言匈奴。**而昆莫生，棄於野，烏銜肉往食之。單于怪之，以爲神，而收長〔之〕。**「之」字據史記大宛傳補。**及壯，使兵，數有功，**史記大宛傳、漢書張騫傳「使」下並有「將」字，疑此文脱。**單于乃復以其父之民予昆莫，[命]令長守於西城。**「命」字涉「令」字僞衍，當據大宛傳删。大宛傳曰：「昆莫之父，匈奴西邊小國也。」單于復以其父之民予昆莫，故曰「長守西城」。此文據史記爲説。漢書張騫傳：「大月氏攻殺難兜靡，奪其地，人民亡走匈奴。子昆莫新生，傅父布就翎侯抱亡置草中，爲求食還，見狼乳之，又烏銜肉翔其旁，以爲神，遂持歸匈奴，單于愛養之。」與史稍異。

夫后稷不當棄，故牛馬不踐，鳥以羽翼覆愛其身；昆莫不當死，故烏銜肉就而食之。

北夷橐離國王侍婢有娠，王欲殺之。孫曰：藝文類聚九、白孔六帖九引並作「高麗」，與魏志東夷傳注作「橐離」同。後漢書作「索離」，注云：「索或作橐。」又與今本論衡同。疑論衡原文作「橐離」，故彙書引作「高麗」，校者或據後漢書改作「橐離」耳。劉先生曰：御覽七三引亦作「高離」。暉按：初學記七引亦作「高離」。婢對曰：「有氣大如鷄子，從天而下，初學記七引作「有氣如鷄子來，吞之」。疑此文「下」下有「吞之」二字，於義方足。御覽七三引作「有氣如鷄子來下之」。類聚九、白帖九引並作「有氣如鷄子來下」。三國志魏志東夷傳注引魏略文同。又後漢書東夷傳作「前見天上有氣大如鷄子來降，我因以有身」。與論衡文同。我故有娠。」「娠」，類聚、白帖、初學記引並作「身」。後產子，捐於猪溷中，猪以口氣噓之，不死；復徙置馬欄中，欲使馬藉殺之，馬復以口氣噓之，不死。王疑以爲天子，隋書百濟傳曰：「以爲神。」令其母收取，奴畜之，名東明，令牧牛馬。東明善射，王恐奪其國也，類聚、白帖、御覽引「奪」並作「害」，魏志注引魏略與此文同。欲殺之。東明走，南至掩淲水，孫曰：「淲」字當從後漢書東夷傳作「㴲」。李注云：「今高麗中有蓋斯水，疑此水是也。」「斯」、「㴲」音近。魏志注作「施掩水」，當作「掩施水」，文誤倒也。隋書百濟傳作「掩水」。暉按：白帖引作「淹水」，類聚、御覽引作「掩水」，並無「㴲」字。盼遂案：「淲」當爲「㴲」，形之誤也。後漢書東夷傳作「掩㴲水」。魏志注引魏略作「掩施水」，今本誤作「施掩水」。梁書高句麗傳、隋書百濟傳、北史百濟傳作「淹滯水」，「施」、「滯」皆與「㴲」聲近也。傳世晉義熙時高麗好大王碑作「夫餘奄利大水」，「利」亦與「㴲」音近。足證「淲」字爲失。**以弓擊水，魚鼈浮爲橋，東明得渡。魚鼈解散，追兵不得渡。因都王夫餘，故北夷有夫餘國焉。**後漢書東夷傳：「夫餘國在玄菟北千里，南與高句驪，東與挹婁，西與鮮卑接，北有弱水，地方二千里，本濊地也。」盼遂案：此段魏略全録其文，見三國魏志夫餘傳注。惟彼文櫜離國作槖離國是也。此作「櫜」，非。槖離即高麗之同音字。梁書高句麗傳亦寫作「櫜」。後漢書扶餘傳誤作「索」，皆坐不知其爲高麗之音而致耳。又按：東明之事，正史外國傳述各族之始祖往往雷同，惟晉安帝義熙十年高麗所立之廣開土好大王紀功碑，及魏書高句麗傳之説爲至奇，且足與論衡互校。今迻録之如次。碑云：「惟昔始祖鄒牟之創基也，出自北夫餘天帝之子。母河伯女郎，剖卵降出，生子有聖才。□□□□□命駕巡車南下，路由夫餘奄利大水。王臨津言曰：『我是皇天之子、母河伯女郎鄒牟王，爲我連茷浮龜。』應聲即爲連茷浮龜。然後造渡于沸流谷，忽本西城山上而建都焉。永東□位，因遣黄龍下來迎王。王子忽本東岡，黄龍負升天」云云。魏書云：「高句麗者，出於夫餘，自言先祖朱蒙。朱蒙，母河伯女，爲夫餘王閉於室中，爲日〔一〕所照，引身避之，日影又逐。既而有孕，生一卵，大如五升。夫餘王棄之與犬，犬不食。棄之與豕，豕又不食。棄之於路，牛馬避之。後棄之野，衆鳥以毛茹之。夫餘王割剖之，不能破，遂還其母。以物裹之，置於暖處，有一男破殼而出。及其長也，字之曰朱蒙，其俗言『朱蒙』者，善射也。夫餘人以朱蒙非人所生，將有異志，請除之，王不聽。夫餘之臣又謀殺之。朱蒙母陰知，告朱蒙曰：『國將害汝，以汝才略，宜遠適四方。』朱蒙乃棄夫餘，東南走。中道遇一大水，欲濟無梁，夫餘人追之甚急。朱蒙告水曰：『我是日子，河伯外孫，今日逃走，追兵垂及，如何得濟？』於是魚鱉並浮，爲之成橋，朱蒙得渡，魚鱉乃解，追騎不得渡。朱蒙遂至普述水，遇見三人，其一人著麻衣，一人著納衣，一人著水藻衣，與朱蒙至紇升骨城，遂居焉，號曰高句麗，因以爲氏焉。」東明之母初姙時，見氣從天下。及生，棄之，猪馬以氣吁之而生之。長大，王欲殺之，以弓擊水，魚鼈爲橋。天命不當死，故有猪馬之救；命當都王夫餘，故有魚鼈爲橋之助也。

伊尹且生之時，其母夢人謂己曰：「臼出水，疾東走，毋顧！」「毋」舊作「母」。楊曰：「母」當作「毋」，程本作「母」誤。暉按：楊説是也。各本誤同，朱校元本字正作「毋」。呂氏春秋本味篇作「毋顧」。楚辭天問王注、列子天瑞篇注並作「無顧」。今據正。明旦，視臼出水，即

〔一〕「日」，原本作「月」，據魏書改。下同。

東走十里。楊曰：「即」，坊本訛作「既」。暉按：各本並誤，朱校元本、天啓本作「即」，與此本同。顧其鄉，皆爲水矣。伊尹命不當没，故其母感夢而走。推此以論，歷陽之都，見命義篇。其策命若伊尹之類，「策」疑爲「秉」形譌。必有先時感動在他地之效。「在」當作「去」。「去」一作「厺」，與「在」形近而誤。此蒙上伊尹母感夢去鄉東走爲文，若作「感動在他地」，則文無義矣。

齊襄公之難，見左莊八年傳。桓公爲公子，與子糾争立。管仲輔子糾，鮑叔佐桓公。管仲與桓公争，引弓射之，中其帶鉤。史記齊世家：「魯聞無知死，發兵送公子糾，而使管仲别將兵遮莒道，射中小白帶鉤。小白佯死。」夫人身長七尺，帶約其要，古腰字。鉤挂於帶，在身所掩，不過一寸之内，既微小難中，又滑澤銛靡，鋒刃中鉤者，莫不蹉跌。管仲射之，正中其鉤中，矢觸因落，楊曰：「中矢」之「中」疑衍，或屬上讀。暉按：朱校元本「矢」作「矣」，疑爲「矣」之壞字，屬上讀。不跌中旁肉。命當富貴，有神靈之助，故有射鉤不中之驗。

楚共王有五子：子招、春秋經傳及國語並作「昭」。子圉（圍）、「圉」疑爲「圍」之形誤，下同。左昭四年傳、史記楚世家、諸侯年表並作「圍」。子干、子晳、棄疾。盼遂案：「子圉」爲「子圍」之譌。左昭元年傳及史記楚世家皆作「子圍」。又「子干」當作「子比」，蓋子比字子干也。五人皆有寵，共王無適立，乃望祭山川，請神決之。乃與巴姬埋璧於太室之庭，史記集解引賈逵曰：「巴姬，共王妾。」杜預曰：「太室，祖廟也。」令五子齊而入拜。「齊」音「齋」。康王跨之；集解引服虔曰：「兩足各跨璧一邊。」子圍（圍）肘加焉；子干、子晳皆遠之；棄疾弱，抱而入，再拜皆壓紐。廣雅曰：「紐謂之鼻。」鄭注周禮曰：「紐，小鼻也。」故共王死，招爲康王，至子失之；史記曰：「子員立，圍絞而殺之。」圍（圍）爲靈王，及身而弑；左昭十三年傳：「王縊於芋尹申亥家。」子干爲王，十有餘日；子干立爲初王，聞棄疾至，自殺。子晳不立，又惧（俱）誅死，「惧」宋本作「俱」，朱校元本同。楊曰：程本作「懼」，與此並誤。暉按：楚世家云：「子晳不得立，又俱誅。」即此文所本。宋、元本作「俱」，是也，當據正。盼遂案：「惧」當依史記楚世家改作「俱」字。「俱誅死」者，子招、子圍、子干、子晳皆不得其死也。皆絶無後。棄疾後立，竟續楚祀，如其神符。其王日之長短，與拜去璧遠近相應也。夫璧在地中，五子不知，相隨入拜，遠近不同，壓紐若神將教跽（諰）之矣。先孫曰：「跽」當爲「諰」。說文言部：「諰，誡也。」

晉屠岸賈作難，誅趙盾之子。史記趙世家：「屠岸賈與諸將攻趙氏於下宮，殺趙朔、趙同、趙括、趙嬰齊。」朔死，其妻有遺腹子。趙世家：「趙朔妻成公姊，有遺腹。」考要曰：「同、括死時，已有趙武，無遺腹之說，未知史遷何據。」及岸賈聞之，索於宮。母置兒於袴中，祝

曰：「趙氏宗滅乎？若當啼；即不滅，「即」猶「若」也。**若無聲。」及索之，而終不啼，遂脱得活。程嬰齊負之，**負匿山中，乃程嬰事。同此難者，有趙嬰齊，故誤混耳。「齊」字當據史記趙世家、説苑復恩篇、新序節士篇删。**匿於山中。**盼遂案：史記趙世家、説苑復恩篇皆作程嬰，則此處「齊」字爲衍文。或古人命名以齊字爲副詞，可增可減，如六朝時之某之、某僧、某道等矣。吴承仕曰：「齊」應作「齎」。食貨志「行者齎」，顔注云：「齎謂將衣食之具以自隨也。」本其義。**至景公時，韓厥言於景公，景公乃與韓厥共立趙孤，續趙氏祀，是爲文子。**據史記文，趙世家、韓世家以景公三年屠岸賈殺趙朔，程嬰、公孫杵臼匿趙孤十五年。左傳以魯成公五年，即晉景公十四年，爲通莊姬放嬰齊；八年，即景公十七年，莊姬譖討同、括，即以韓厥言立武反田。與史全異。史通申左篇、容齋隨筆十、困學紀聞十一、七修類稿下、方以智通雅並辯其誤。又韓世家、趙世家、年表俱以晉景公三年殺趙同、趙括，十七年復趙武田。晉世家則以景公十七年誅趙同、趙括，以韓厥言復武田。獨與左傳相合。是史遷自有抵牾。劉向、王充俱據之不疑，非也。**當趙孤之無聲，若有掩其口者矣。由此言之，趙文子立，命也。**

高皇帝母曰劉媪，嘗息大澤之陂，夢與神遇。王鳴盛曰：「毛詩草蟲云：『亦既覯止。』傳云：『覯，遇也。』鄭箋引易：『男女覯精。』夢與神遇，謂此也。」按：奇怪篇、雷虚篇並謂「與龍遇」，爲龍施氣，是漢人讀「遇」爲「覯精」之證。**是時雷電晦冥，蛟龍在上。及生而有美**

〔質〕。舊校曰：一有「質」字。暉按：有「質」字是也。史記高祖本紀：「高祖爲人，隆準龍顔，美須髯，左股有七十二黑子。」即此所謂有「美質」也。當據補。性好用酒，盼遂案：「用」爲「亯」之借字。説文：「亯，用也。从亯，从自。自知臭。亯，所食也。」嘗從王媪、武負貰酒，漢書注，如淳曰：「武，姓也。俗謂老大母爲阿負。」章太炎文始八曰：「負即婦字，老母稱婦也。」飲醉止卧，媪、負見其身常有神怪。每留飲醉，「醉」，朱校元本、天啓本、程本並同。錢、黄、王、崇文本並作「酒」。史記云：「每酤留飲。」酒售數倍。後行澤中，手斬大蛇，一嫗當道而哭云：朱校元本「哭」作「泣」。「赤帝子殺吾子。」此驗既著聞矣。秦始皇帝常曰：「東南有天子氣。」於是東遊以厭當之。高祖之氣也，盼遂案：宋本「氣」作「起」。與呂后隱於芒、碭山澤間。呂后與人求之，見其上常有氣直起，往求，輒得其處。史記高祖紀：「高祖即自疑，亡匿，隱於芒、碭山澤巖石之間，呂后與人俱求，常得之。」後與項羽約，先入秦關，王之。史記高祖紀：「懷王令沛公西略地，入關，與諸將約，先入定關中者，王之。」韋昭曰：「函谷、武關也。」高祖先至，項羽怨恨。高祖紀：「項羽率諸侯兵西，欲入關，關門閉。聞沛公已定關中，大怒，使黥布等攻破函谷關。」范增曰：「吾令人望其氣，氣皆爲龍，成五采。此皆天子之氣也，急擊之。」語見項羽本紀。御覽八七引楚漢春秋曰：「項王在鴻門，而亞父諫曰：『吾使人望沛公，其氣衝天，五彩相糺，或似雲，或似龍，或似人，此非人臣之氣也，不若殺之。』」高祖往謝項羽，羽與亞父謀殺高祖，使項莊拔劍起舞。項伯知之，因與項莊俱起，每劍加高祖之上，項伯輒以身覆高祖之身，楊曰：「項」，宋本作「者」，屬上讀。朱校元本同。劍遂不得下，殺勢不得成。會有張良、樊噲之救，卒得免脱，事見項羽紀。遂王天下。初姙身，有蛟龍之神；既生，酒舍見雲氣之怪；夜行斬虵，虵嫗悲哭；始皇、吕后望見光氣；項羽謀殺，項伯爲蔽，謀遂不成，遭得良、噲，蓋富貴之驗，氣見而物應，人助輔援也。盼遂案：「助」下當有「而」字，與上句一律。

竇太后弟名曰廣國，年四五歲，家貧，爲人所掠賣，其家不知其所在。傳賣十餘家，至宜陽，爲其主人入山作炭。暮寒，史記外戚世家無「暮」字。漢書無「寒」字。卧炭下百餘人，炭崩盡壓死，孫曰：漢書竇皇后傳「炭」並作「岸」。但廣國爲主人入山作「炭」，故卧炭下也。本書刺孟篇云：「竇廣國與百人俱卧積炭之下，炭崩，百人皆死。」可知論衡原文作「炭」，不作「岸」也。疑漢書「岸」字誤。或即傳聞之異。暉案：史記外戚世家字亦作「岸」。廣國獨得脱。自卜數日當爲侯。孫曰：漢書亦作「日」。劉敞、周壽昌並謂「日」當作「月」，是也。此「日」字亦「月」字之誤。暉按：史記亦作「日」字。從其家之長安，謂從其主人家。聞竇皇后新立，家在清河觀津，乃上書自陳。竇太后言於景帝，召見問其故，言問其往事。果是，乃厚賜之。史記外戚世家：「厚賜田宅金錢。」文帝立，拜廣國爲章武侯。孫曰：「景」、

「文」二字當互易。少君見竇后，在文帝時。景帝立，乃封少君爲章武侯。今以文帝後於景帝，其誤殆可知矣。夫積炭崩，百餘人皆死，廣國獨脱，命當富貴，非徒得活，又封爲侯。

虞子大，虞延字子大，見後漢書本傳。御覽十五引作「陳留虞延字君大」。（此從張本。趙本、明鈔本並作「君人」。）御覽四三三引東觀漢記亦云「字君大」。（今本列傳十二作「子大」。）陳留東莞（昏）人也。先孫曰：後漢書云：「虞延字子大，陳留東昏人也。」蔡中郎集陳留索昏庫上里社銘云：「永平之世，虞延子大（今本捝「大」字，據羅以智蔡集舉正校補。）爲太尉司徒。」續漢書郡國志：「東昏屬陳留郡，東莞屬琅邪國。」此云「東莞」，誤也。當據范書及蔡集訂正。其生時以夜，適免母身，母見其上若一疋練狀，經上天。孫曰：「經」當作「徑」。御覽十五引正作「徑」。劉先生曰：御覽引作「母見其上，氣如一疋絹」。可據增「氣」字。「經」、「徑」古通。暉案：本傳作「其上有物，若一疋練」，「氣」字蓋御覽引增。明以問人，人皆曰：「吉。」貴氣與天通，御覽引無「貴」字。長大仕宦，位至司徒公。本傳：「永平八年，代范遷爲司徒。」後漢紀九作「六年」。

廣文伯，御覽三六一引「廣」作「唐」。河東蒲坂人也。其生亦以夜半時，適生，有人從門呼其父名，父出應之，不見人，有（見）一木杖，「有」當作「見」，各本並誤。「一木」，朱校元本、天啓本同。別本並誤作「大木」。「不見人，見一木杖」，文方相生。御覽三六一引正作「見一木杖」，當據正。植其門側，好善異於衆。盼遂案：悼厂云：「此五字不知何處錯簡。」五字所以狀木杖之美也，初非錯簡。其父持杖入門以示人，人占曰：御覽引「占」上無「人」字。「吉。」文伯長大學宦，位至廣漢太守。文伯當富貴，故父得賜杖，其占者若曰〔以〕杖當〔得〕子〔之〕力矣。劉先生曰：「杖當子力矣」，義不可通。御覽三六一引作「以杖當得子之力矣」，於義爲長，今本「當」下疑脱「得」字。暉按：「其占者若曰」五字，蓋爲「人占曰」注語，誤入正文。「文伯當富貴，故父得賜杖，以杖當得子之力矣」，乃仲任揭明人稟貴命，必有吉驗之旨，（本篇各節文例可證。）非占者之言。御覽三六一引作「入門，以示人。占曰：『吉。』文伯位至廣漢太守，以杖當得子之力矣」。則「杖當子力」，非占者之言，而「其占者若曰」五字爲衍文，明矣。今據删。「以」字、「得」字、「之」字，並依御覽引增。

光武帝，建平元年十二月甲子生於濟陽宮後殿第二內中，東觀漢記帝紀一：「濟陽有武帝行過宮，常封閉，帝將生，皇考以令舍下濕，開宮後殿居之。」蔡邕光武濟陽宮碑文同。並與此合。後漢書光武紀論謂生於縣舍。漢書武帝紀注：「內中，謂後庭之室。」皇考爲濟陽令，時夜無火，室內自明。東觀漢記：「有赤光照室中，明如晝。」皇考怪之，即召功曹吏（史）充蘭，使出問卜工。先孫曰：骨相篇（當作初稟篇。下注同。）亦説此事，「功曹史」作「功曹史」。攷續漢書百官志云：「郡有功曹史，主選署功勞。縣邑諸曹，略如郡員。」則當作「功曹史」。蘭與馬下卒蘇永俱之卜王長孫所。先孫曰：「馬下卒」，骨相篇作「軍下卒」，未知孰是。蔡邕光武濟陽宮碑云：「使卜者王長卜之。」後漢書光武紀論同，皆無「孫」字。宋書符瑞志亦作「王長」。暉按：東觀漢記亦作「王長」，沈濤銅熨斗齋隨筆四曰：論衡作「王長孫」，蓋范書傳寫挩一「孫」字。長孫卜，謂永、蘭曰：「此吉事也，毋多言。」是歲，有禾生〔屋〕景天備火中，先孫曰：「景天備火中」，字有挩誤。後漢書作「是歲，縣界有嘉禾生」。「景天」疑即「界内」二字之誤。宋書符瑞志又云：「嘉禾生産屋景天中。」暉按：奇怪篇亦述此事，云：「嘉禾生於屋。」恢國篇云：「嘉禾滋於屋。」是論衡所紀，原與范書不同。宋書蓋即本此。孫氏據范書以改此文，非也。「景天」，草名。「備火」蓋「景天」旁注，誤入正文。通志昆蟲草木略一，草類：「景天曰戒火，曰火母，曰救火，曰據火，曰慎火，今人皆謂之慎火草。植弱而葉〔一〕嫩，種之階庭，能辟火。」宋志作「嘉禾生産屋景天中」，是所見本尚不誤，今據正。三本一莖九穗，長於禾一二尺，蓋嘉禾也。元帝之初，有鳳凰下濟陽宮，宋書符瑞志：「哀帝建平元年十二月甲子，光武將産，鳳凰集濟陽。」本書指瑞篇：「光武皇帝生於成、哀之際，鳳凰集於濟陽之地。」則元帝爲哀帝之誤可知矣。故〔訖〕今濟陽宮有鳳凰廬。「故」上舊校曰：一有「訖」字。吴曰：原校「訖」字當在「故」字下。東觀漢

〔一〕「葉」，原本作「業」，據通志改。

記：「光武生於濟陽，先是鳳凰集濟陽，故宮中皆盡畫鳳凰。」始與李父等俱起，光武紀：「宛人李通等以圖讖説光武，遂與定謀，乃市兵弩，與李通從弟軼等起於宛。」「父」疑爲「軼」之壞字。東觀漢記曰：「宛大姓李伯玉。」後漢書李通傳：「通士君子相慕也。」又云：「常遣使者以太牢祠通父冢。」此云「李父」，或當時所習稱於通者。盼遂案：「父」爲「公」之誤。李公謂李通、李軼兄弟也。仲任于先烈多稱公，如黄霸亦稱黄公矣。見本書偶會篇。桓譚新論亦稱王莽爲王翁。到柴界中，柴界未聞。盼遂案：「柴」即今俗「寨」字，王維輞川鹿柴是也。遇賊兵惶惑，蓋即甄阜、梁丘賜。走濟陽舊廬。比到，見光若火，正赤，在舊廬道南，光耀憧憧上屬天，有頃，不見。「憧」，王本、崇文本作「幢」，字通。東觀漢記：「帝歸舊廬，望見廬南若火光，以爲人持火，呼之，光遂盛，幢幢上屬天，（此依御覽八七二引，今本作「赫然屬天」。）有頃不見，異之。」盼遂案：後漢書光武紀論云：「及始起兵還舂陵，遠望舍南，火光赫然屬天，有頃不見。」與仲任所説蓋一事，而舂陵之地爲合。此云「濟陽舊廬」，有乖當日情實。王莽時，謁者蘇伯阿能望氣，使過舂陵，「舂」誤作「春」，下同。此據宋本、崇文本改。城郭鬱鬱葱葱。見光武紀論。及光武到河北，東觀漢記：「以帝爲大司馬，遣之河北，安集百姓。」與伯阿見，問曰：「卿前過舂陵，何用知其氣佳也？」伯阿對曰：「見其鬱鬱葱葱耳。」蓋天命當興，聖王當出，前後氣驗，照察明著。盼遂案：「照」當是「昭」之誤。

繼體守文，因據前基，後漢書明帝紀注：「創業之主，則尚武功，以定禍亂。其繼體而立者，則守文德。」穀梁傳曰：「承明繼體，則守文之君也。」稟天光氣，驗不足言。「光」，王本、崇文本作「之」。創業龍興，易乾卦文言曰：「時乘六龍以御天。」東京賦：「乃龍飛於白水。」由微賤起於顛沛，若高祖、光武者，曷嘗無天人神怪光顯之驗乎？

論衡校釋卷第三

偶會篇

命，吉凶之主也，自然之道，適偶之數，非有他氣旁物厭勝感動使之然也。非有他氣感動，旁物厭勝也。厭讀作「壓」。

世謂子胥伏劍，注見逢遇篇。屈原自沉，注見書虛篇。子蘭、宰嚭誣讒，史記屈原傳：「令尹子蘭使上官大夫短屈原於頃襄王。」伯嚭爲吴太宰，故曰宰嚭。餘注見逢遇。吴、楚之君冤殺之也。冤，謂楚頃襄王放逐屈原。殺，謂夫差殺子胥。偶二子命當絶，盼遂案：「偶」字當在「命」字下。下文「二子之命，偶自不長」，同一語法。子蘭、宰嚭適爲讒，而懷王、夫差適信姦也。屈原初放，是懷王信上官大夫之讒。聽子蘭之言而再放，乃在頃襄王時。此承上子蘭誣讒爲文，而言懷王，失之。君適不明，臣適爲讒，二子之命，偶自不長，二偶三合，「三」讀作「參」。寒温篇：「二偶參合，遭適逢會。」（今誤作「二令參偶」。）似若有之，其實自然，非他爲也。

夏、殷之朝適窮，桀、紂之惡適稔；稔，熟也。商、周之數適起，湯、武之德適豐。關龍逢殺，竹書：「帝癸三十年，殺其大夫關龍逢。」通志曰：「桀有暴臣子辛陵轢諸侯，諛臣左師曹觸龍讒賊忠良。關龍逢引黄圖以諫，桀曰：『子又妖言矣。』於是焚黄圖，殺龍逢。」箕子、比干囚死，箕子爲囚奴。比干諫而死。當桀、紂惡盛之時，亦二子命訖之期也。任伊尹之言，納呂望之議，湯、武且興之會，亦二臣當用之際也。人臣命有吉凶，賢不肖之主與之相逢。文王時當昌，呂望命當貴；高宗治當平，傅説德當遂。墨子尚賢中：「傅説被褐帶索，庸築乎傅巖，武丁得之，舉以爲三公，與接天下之政，治天下之民。」非文王、高宗爲二臣生，呂望、傅説爲兩君出也。君明臣賢，光曜相察，上脩下治，度數相得。度數，謂天之歷數。相得，猶言相中、相合也。漢人常語。下「相得」同。

顔淵死，子曰：「天喪予。」子路死，子曰：「天祝予。」公羊哀十四年傳，何注：「祝，斷也。天生顔淵、子路爲夫子輔佐，皆死者，天將亡夫子之證。」此説仲任不取，故於此及問孔篇並辯之。孔子自傷之辭，非實然之道也。孔子命不王，二子壽不長也。不王不長，所稟不同，度數並放，大戴禮曾子大孝篇注：「放猶至。」盼遂案：吴承仕曰：「『放』字無義，疑當爲『效』，形近之譌也。下文『二龍之祆當效』即其證。」適相應也。

二龍之祆當效，周厲適闓櫝；「闓」即「開」字，韋昭曰：「櫝，匱也。」褒姒當喪周國，幽王稟性偶惡。事見國語鄭語及史記周本紀。非二龍使厲王發孽，褒姒令幽王愚惑也，遭逢會遇，自相得也。

僮謠之語當驗，鬬雞之變適生；鸜鵒之占當應，魯昭之惡適成。僮謠之語，見本書異虚篇。左昭二十五年傳：季、郈之鷄鬬，季氏介其鷄，郈氏爲之金距，平子怒，且讓之，故郈昭伯亦怨平子。又季氏之族有淫妻爲讒，使季平子與族人相惡，皆共譖平子，昭公遂伐季氏，爲所敗，出奔齊。漢五行志曰：「先有鸜鵒之謠，而後有來巢之驗。」穀梁昭二十五年傳注引劉向曰：「去穴而巢，此陰居陽位，臣逐君之象也。」仲任不取此説。非僮謠致鬬競，鸜鵒招君惡也，期數自至，人行偶合也。

堯命當禪舜，丹朱爲無道；虞統當傳夏，商均行不軌。非舜、禹當得天下，能使二子惡也，美惡是非適相逢也。

火星與昴星出入，堯典：「日永星火，以正仲夏。」孔傳：「謂夏至之日，火蒼龍之中星，以正仲夏之氣節。」又曰：「日短星昴，以正仲冬。」孔傳：「冬至之日，昴白虎之中星，以正冬節。」昴星低時火星出，昴星見時火星伏，鄭樵六經奥論曰：「凡言見者，見於辰也。凡言伏者，伏於戌也。不特火星爲然，諸星亦然。」非火之性厭服昴也，「厭」讀「壓」。時偶不並，度轉乖也。

正月建寅，斗魁破申，檀弓上疏引春秋斗運樞曰：「北斗七星，第一天樞，第二旋，第三機，第四權，第五衡，第六開陽，第七摇光。第一至第四爲魁，第五至第七爲杓。」非寅建使申破也，轉運之衡衡，北斗也。即書「璿璣玉衡」之衡。漢書律曆志曰：「衡，平也，其在天也，佐助旋機，（北極也。）斟酌建指，以齊七政，故曰玉衡。」後漢書天文志注引星經曰：「璇璣，謂北極星也。玉衡，謂斗九星也。」偶自應也。淮南子天文訓：「寅爲建，主生。申爲破，主衡。」此爲建除法，由太陰推合日辰，故曰偶自然也。

父歿而子嗣，姑死而婦代，非子婦〔嗣〕代代吴曰：「代代」疑當作「嗣代」。或衍一「代」字。使父姑終歿也，老少年次，自相承也。

世謂秋氣擊殺穀草，穀草不任，凋傷而死。此言失實。夫物以春生夏長，秋而熟老，適自枯死，陰氣適盛，與之會遇。何以驗之？物有秋不死者，生性未極也。人生百歲而終，物生一歲而死，〔物〕死謂陰氣殺之，據下文「死」上補「物」字。人終觸何氣而亡？論者猶或謂鬼喪之。夫人終鬼來，物死寒至，皆適遭也。人終見鬼，或見鬼而不死；物死觸寒，或觸寒而不枯。

壞屋所壓，崩崖所墜，非屋精崖氣殺此人也，屋老崖沮，命凶之人，遭𡰥適履。盼遂案：「𡰥」即「居」之俗體字。

月毁於天，螺消於淵。注説日篇。盼遂案：大戴禮本命篇「蚌蛤龜珠與月盛虚」，盧辯注：「月者太陰之精，故龜蛤之屬隨之以盛虧。」風從虎，雲從龍。淮南天文訓，高注：「虎，土物也。風，木風也。木生於土，故虎嘯而谷風至。龍，水物也，雲生水，故龍舉而景雲屬。」又許注曰：（文選廣絶交論注引。）「虎，陰中陽獸，與風同類。」又云：（御覽九二九引。）「龍，陽中陰蟲，與雲同類。」楚詞七諫謬諫王注：「虎，陽物也。谷風，陽氣也。虎悲嘯而吟，則谷風至而應其類也。龍，介虫，陰物也，雲亦陰也。神龍將舉陞天，則景雲覆而扶之，輔其類也。」春秋元命苞曰：「猛虎嘯，谷風起，類相動也。龍之言萌也，陰中之陽也，故言龍舉而雲興。」又管輅别傳：「輅言龍者陽精，以潛爲陰，幽靈上通，和氣感神，二物相扶，故能興雲。虎者陰精，而居于陽，依木長嘯，動於巽林，二氣相感，故能運風。」並與許氏義同。同類通氣，性相感動。

若夫物事相遭，吉凶同時，偶適相遇，非氣感也。

殺人者罪至大辟。殺者罪當重，死者命當盡也。故害氣下降，囚（凶）命先中；「囚」當作「凶」，涉下諸「囚」字而誤。「凶命」與下「厚禄」相對成義。聖王德施，厚禄先逢。是故德令降於殿堂，命長之囚，出於牢中。天非爲囚未當死，使聖王出德令也，聖王適下赦，拘囚適當免死。猶人以夜卧晝起矣，夜月（日）光盡，「夜月光盡」，於理不通，「月」爲「日」之形譌。「夜日光盡」，與下「晝日光明」相對成義。不可以作，人力亦倦，欲壹休息；

晝日光明，人卧亦覺，力亦復足。非天以日作之，以夜息之也，作與日相應，息與夜相得也。

鴈鵠集於會稽，說文鳥部：「鴈，鵝也。」隹部：「雁，鳥也。」許義雁爲鴻雁，鴈爲家禽之鵝，即莊子命豎子殺鴈而烹之者。此鴈當作「雁」，然字不分久矣。去避碣石之寒，通鑑地理通釋：「碣石有三：騶衍如燕，昭王築碣石宫，在幽州薊縣西三十里，寧臺之東，是宫名，非山也。秦築長城，所起曰碣石，此在高麗界中，名爲左碣石。其在平州南三十里者，即古大河入海處，爲禹貢之碣石，亦曰右碣石。」來遭民田之畢，說文：「畢，田网也。」又「率」字下曰：「捕鳥畢也。」是畢爲掩鳥器。小雅毛傳以爲掩兔者，蓋可兩用。蹈履民田，啄食草糧。「啄」，通津本及各本並譌作「喙」，先孫曰：當作「啄」。暉按：宋本、朱校元本正作「啄」，今據正。糧盡食索，春雨適作，避熱北去，復之碣石。儀禮士相見禮疏：「鴈以木落南翔，冰泮北徂，隨陽南北。」象耕靈陵，先孫曰：零、靈字通。史記五帝本紀集解引皇覽云：「舜冢在零陵營浦縣。」傳曰：『舜葬蒼梧，象爲之耕。』」亦如此焉。傳曰：「舜葬蒼梧，象爲之耕。禹葬會稽，鳥爲之佃。」「鳥」，朱校元本、鄭本同。天啓、錢、王、崇文本並誤作「烏」。餘注書虚篇。失事之實，虚妄之言也。辯見書虚篇。

丈夫有短壽之相，娶必得早寡之妻；早寡之妻，嫁亦遇夭折之夫也。世曰：

「男女早死者，夫賊妻，妻害夫。」非相賊害，命自然也。使火燃，以水沃之，可謂水賊火。火適自滅，水適自覆，兩名各自敗，陳世宜曰：「名」即「各」字之譌衍。不爲相賊。盼遂案：「名」爲「者」字之誤。「兩者」謂火與水也。孫人和引陳世宜說，謂「名」爲衍字，大非。吳承仕曰：「『名』疑應作『召』。下文云『與此同召』，是其證。」今男女之早夭，非水沃火之比，適自滅覆之類也。賊父之子，妨兄之弟，與此同召。同宅而處，氣相加凌，羸瘠消單，說文：「殫，極盡也。」「單」，「殫」之借字。至於死亡，何(可)謂相賊。「何」當作「可」。「可謂相賊」，與上「可謂水賊火」文例相同，與下「相賊如何」，義正相承。盼遂案：吳承仕曰：「『何』字當作『可』。上文『以水沃〔一〕火，可謂水賊火』，此云『氣相加凌』，『可謂相賊』，文義正同。誤『可』爲『何』，失之遠矣。」或客死千里之外，兵燒厭溺，氣不相犯，相賊如何？王莽姑姊正君，「姊」字衍。骨相篇正作「王莽姑正君」。漢書王莽傳：「王莽，孝元皇后之弟子也。」莽父王曼，曼乃正君之弟。元后傳：「孝元皇后，王莽之姑也。」「正君」，骨相篇同。元后傳作「政君」，字通。許嫁二夫，盼遂案：「姊」字衍文。正君，元后字。莽乃正君兄王曼之子也。下骨相篇云「王莽姑正君」。二夫死，骨相篇：「許嫁，至期當行時，夫輒死，如此者再。」元后傳：「嘗許嫁未行，所許

〔一〕「沃」，原本作「治」，形近而誤，據正文改。

者死。」前漢紀三同，未言「如此者再」。**當適趙而王薨。**元后傳：「後東平王聘政君爲姬，未入，王薨。」此云「趙王」，骨相篇同。與班書異。按：諸侯王表：「東平思王宇，宣帝子，甘露二年十月乙亥立，三十二年薨。」（鴻嘉元年。）元后傳：「政君，宣帝本始三年生。五鳳中，獻政君入掖庭，年十八矣。」甘露在五鳳後，時政君已入宮，而東平王未立，班氏或誤。然以景十三王傳及諸侯王表攷之，趙敬肅王彭祖後，頃王昌、懷王尊及共王充，皆與王政君年歲不相值。即哀王高以地節四年薨，而是年政君甫六歲，亦不能娶爲妃也。此外又無相當之「趙王」。疑漢書「東平王」乃「平干王」之誤。十三王傳曰：「武帝立敬肅王小子偃爲平干王，（孟康曰：「即廣平。」）是爲頃王，十一年薨。子謬王元嗣，二十五年薨。」諸侯王表曰：「五鳳二年薨。」正政君入掖庭之前二年，與論衡所言情形亦合。豈以元爲趙敬肅王孫，故亦謂之「趙王」歟？**氣未相加，遥賊三家，何其痛也！**漢書食貨志注，晉灼曰：「痛，甚也。」**黄〔次〕公取鄰巫之女，**先孫曰：「黄公」當作「黄次公」，漢書循吏傳：「黄霸字次公。」下文及骨相篇並不挩。**卜（世）謂女相貴，**「卜」當作「世」。相者只謂女相貴，未言因女相貴而次公乃貴也。漢書本傳及後骨相篇可證。下文「世謂宅有吉凶」云云，「世謂韓信、張良」云云，「世謂賴倪寬」云云，文例同。朱校元本「卜」作「工」，疑即「世」之壞字。漢書本傳：「霸少爲陽夏游徼，與善相人者共載出，見一婦人，相者言此婦人當富貴，霸推問之，乃其鄉里巫家女，即娶爲妻。」**故次公位至丞相。**本傳：「五鳳三年，代丙吉爲丞相。」盼遂案：吴承仕曰：「意林引此文作『黄次公』，孫失檢。」**其實不然。次公當貴，行與女會；女亦自尊，故入次公門。偶適然自相遭遇，時也。文有衍誤。上文「度數並放，適相應也」；「遭逢會遇，自相得也」；「老少年次，自相承也」，疑此句法，當與彼同。

無禄之人，商而無盈，農而無播。非其性賊貨而命妨槃也，干禄字書：「槃，穀俗字。」盧文弨鍾山札記三：「穀」作「槃」，見風俗通皇霸篇、吕氏春秋九月紀高注、齊民要術卷十引海内經字从「㱿」，其从「殻」者，轉寫失之。盼遂案：「穀」作「槃」，乃漢以來别字。史晨後碑「王家穀」，「穀」作「槃」。命貧，居無利之貨；禄惡，殖不滋之槃也。世謂宅有吉凶，徙有歲月，實事則不然。辯見難歲篇、詰術篇。天道難知，假令有〔之〕，命凶之人，當衰之家，治宅遭得不吉之地，移徙適觸歲月之忌。「有」下脱「之」字。奇怪篇：「空虚之象，不必有實。假令有之，或時熊羆先化爲人，乃生二卿。」變虚篇：「此非實事也。假使真然，不能至天。」祭意篇：「實論之以爲人死無知，其精不能爲鬼。假使有之，與人異食。」譏日篇：「天道難知。假令有之，諸神用事之日也。」難歲篇：「地形難審。假令有之，亦一難也。」文例正同。一家犯忌，口以十數，坐而死者，必禄衰命泊之人也。

推此以論，仕宦進退遷徙，可復見也。時適當退，君用讒口；時適當起，賢人薦己。故仕且得官也，楊曰：「仕」讀爲「士」。君子輔善；且失位也，小人毁奇。公伯寮愬子路於季孫，孔子稱命；魯人臧倉讒孟子於平公，孟子言天。論語憲問篇：「子曰：

「道之將行也與，命也。道之將廢也與，命也。公伯寮其如命何？』」餘注累害篇、命禄篇。道未當行，與讒相遇；天未與己，惡人用口。故孔子稱命，不怨公伯寮；孟子言天，不尤臧倉，誠知時命當自然也。「自」字於義未妥，傳寫意增。治期篇：「天地歷數當然也。」句義同。

推此以論，人君治道功化，可復言也。命當貴，時適平；期當亂，禄遭衰。治亂成敗之時，與人興衰吉凶適相遭遇。義詳治期篇。因此論聖賢迭起，猶此類也。聖主龍興於倉卒，後漢書光武紀注：「倉卒，謂喪亂也。」良輔超拔於際會。世謂韓信、張良輔助漢王，故秦滅漢興，高祖得王。夫高祖命當自王，信、良之輩時當自興，兩相遭遇，若故相求。是故高祖起於豐、沛，豐、沛子弟相多富貴，注見命義篇。非天以子弟助高祖也，命相小大，適相應也。趙簡子廢太子伯魯，立庶子無恤，事詳紀妖篇。無恤遭賢，命盼遂案：「賢」爲「貴」之形誤，上下文言「貴命」多矣。亦當君趙也。世謂伯魯不肖，不如無恤。伯魯命當賤，知慮多泯亂也。泯亦亂也。韓生仕至太傅，世謂賴倪寬，事見骨相篇。實謂不然，太傅當貴，遭與倪寬遇也。趙武藏於袴中，終日不啼，事見吉驗篇。非或掩其口，閼其聲也，命時當生，睡臥遭出也。故軍功之侯，必斬兵死之頭；曲禮：「死寇曰兵。」釋名：「戰死曰兵。」富家之商，必奪貧室之財。盼遂案：「兵死」二字誤倒，「死兵」與「貧室」對文。削土免侯，罷退令相，萬户以上爲令。罪法明白，舊作「曰」，從天啓、錢、黄、鄭、王、崇文本正。禄秩適極。故厲氣所中，盼遂案：「罷退令相」，當是「罷令退相」之譌。上句「削土免侯」，正其偶文。又案：「曰」爲「白」之誤譌。程榮本作「白」。必加命短之人；凶歲所著，朱校元本作「苦」。必饑虚耗之家矣。

骨相篇「相」讀作「象」。

人曰命難知。命甚易知。知之何用？言何以知之。**用之骨體。人命稟於天，則有表候〔見〕於體。**「表候於體」，文不成義，「候」下當捝「見」字。命義篇：「壽命修短，皆稟於天；骨法善惡，皆見於體。」文義正同。吉驗篇：「人稟貴命於天，必有吉驗見於地。」句法與此一律。是其證。**察表候以知命，猶察斗斛以知容矣。表候者，骨法之謂也。**潛夫論相列篇：「人身體形貌，皆有象類；骨法角肉，各有分部，以著性命之期，顯貴賤之表。」

傳言黃帝龍顔，元命苞：「黃帝龍顔，得天庭陽，上法中宿，取象文昌，戴天履陰，乘教制剛。」宋均注：「顔有龍像，似軒轅也。」（御覽七九。）亦見白虎通聖人篇。史記五帝本紀正義：「生日角龍顔。」**顓頊戴午（干），**方以智通雅曰：「戴午」恐是「戴干」之訛。面額高滿曰戴干。乾鑿度云：「泰表戴干。」鄭氏注：「表者，人形之彰識也。干，盾也。」隋書王劭言：「上有龍顔戴干之表。」禪師有豐干，因貌以爲號。先孫曰：後講瑞篇及白虎通聖人篇文並同。盧文弨校白虎通改「午」爲「干」，云：「乾鑿度云：『泰表戴干。』宋書符瑞志：『首戴干戈。』即此。」案：盧説是也。鄭注乾鑿度云：「干，楯也。」明不當作「戴午」。此「午」亦「干」之誤。路史史皇紀注引春秋孔演圖云：「顓頊戴干。」字不誤。初學記帝王部引春秋元命苞又云：「帝嚳戴干。」並可證此及白虎通之誤。汪繼培潛夫論五德篇注引王紹蘭云：「元命苞言『厥象招摇』，則「干」當作「斗」，字形相涉而誤。戴斗者，頂方如斗也。」近人孫楷第劉子校釋曰：「王説殊誤。五帝紀黄帝章正義引河圖云：『瑶光如蜺，貫月正白，感女樞於幽房之宫，生顓頊，首戴干戈，有文德也。』宋書符瑞志亦云：『女樞生顓頊於若水，首戴干戈，有聖德。』是干者干戈。天官書云：『杓端有兩星，一内爲矛招摇，一外爲天盾鋒。』集解引孟康曰：『招摇爲天矛。』索隱引詩紀歷樞云：『梗河中招摇爲胡兵。』開元占經石氏中官占引黄帝占曰：『招摇爲矛。』然則象招摇者，取其同類，何得據以爲説，而謂之戴斗乎？講瑞篇云：『以麞戴角，則謂之騏驎，戴角之相，猶戴干也。顓頊戴干，堯、舜未必然，今魯獲麟戴角，即後所見麟未必戴角也。』仲任意蓋亦以『干』爲干戈。」暉案：孫説是。白虎通聖人篇云：「顓頊戴干，是謂清明，發節移度，蓋象招摇。」御覽八十引元命苞（元命苞作帝嚳。）宋均注云：「干，楯也。招摇爲天戈，楯相副戴三象見天下以爲表。」帝王世紀云：「高陽首帶干戈。」（路史後紀八注。）並足證成孫説。吴曰：先孫改「午」爲「干」是也。然緯書怪迂，首戴干戈，言不雅馴，似未足信，疑「戴干」當作「𢦏干」。「𢦏」爲「鳶」之異文，「干」即「肩」之假字也。晉語「鳶肩而牛腹」，韋注：「鳶肩，肩井斗出也。」淮南書、列女傳、後漢書並有「鳶肩」之説。此「鳶肩」爲古人常語之證。一也。「肩」、「干」同屬寒部，聲紐亦近，得相通假，詩還篇：「并驅從兩肩兮。」毛傳曰：「獸三歲曰肩。」釋文云：「本亦作豣，音同。」説文正作「豣」。又騶虞正義云：「肩、豣字異，音實同。」

此「肩」、「干」音同得相假借。二也。（歙人呼肩甲爲干髆，讀「肩」爲「干」，正與舊音相近。）「戴」、「鳶」形近多互誤，淮南道應訓「淚注而鳶肩」，論衡道虚篇引作「雁頸而戴肩」。此「鳶」僞「戴」之證。三也。乾鑿度曰：「復表曰角，臨表龍顔，泰表戴干。」劉晝新論命相篇述之則曰：「伏羲日角，黄帝龍顔，帝嚳戴肩。」（「戴」亦「鳶」之譌字。）三事次序正相應。然則緯書諸子所稱「戴干」者，並應作「鳶干」。「鳶干」即「鳶肩」，較然著明矣。鄭玄、宋均雖有「干，楯」（宋均注，見御覽兵部引。）之訓，其所見本已誤，所爲之説，何足據也。暉按：吴謂「戴干」即「鳶肩」，其説確徵。然仲任以戴角之相猶戴干，則仲任義當與鄭玄、宋均説同也。**帝嚳駢齒**，白虎通聖人篇曰：「帝嚳駢齒，上法月參，康度成紀，（御覽三七二引元命苞云「顓頊」，「康度」作「秉度」，是。）配理陰陽。」（白虎通「配」譌作「取」。）鉤命決（御覽三八八。）云：「夫子駢齒。」注曰：「駢齒，象鉤星也。」**堯眉八采**，元命苞：（御覽八十引，亦見白虎通。）「堯眉八彩，是謂通明，歷象日月，璇玉作衡。」尚書大傳曰：「堯八眉。八者，如八字也。」又見淮南修務訓。許注曰：（意林引。）「眉理八字也。」抱朴子祛惑篇：「堯眉八彩，謂直兩眉頭豎似八字耳。」**舜目重瞳**，元命苞：（亦見白虎通。）「舜重瞳子，是謂滋涼，（孔演圖作「重明」。）上應攝提，以象三光。」尸子：「舜兩眸子，是謂重明，作事成法，出言成章。」尚書大傳：「舜四瞳。」荀子非相篇：「舜參眸子。」又見項羽本紀、淮南修務篇、潛夫論五德篇。**禹耳三漏**，白虎通聖人篇引禮説：「禹耳三漏，是謂大通，興利除害，決河疏江。」又見帝王世紀。（類聚十一。）雒書靈準聽曰：「有人大口，兩耳參漏。」注：「謂禹也。」（御覽八二。）淮南修務篇、潛夫論五德篇並作「參漏」。宋書符瑞志作「參鏤」。淮南高注：「參，三也。漏，穴也。」方以智曰：「淮南言『禹耳參漏』，謂『滲漏』，今之漏耳。論衡遂曰『三漏』。」暉按：此乃相承舊說，不始仲任，淮南高注義同，方說非也。**湯臂再肘**，白帖三十引元命苞曰：「湯臂四肘，是謂神剛。（類聚十二引「剛」作「肘」。）象月推移，以綏四方。」禮別名記：「湯臂四肘，是謂神明，探去不義，萬民蕃息。」（白虎通聖人篇「神明」作「柳翼」，「探」作「攘」。）御覽八十三引元命苞作「二肘」，又引雒書靈準聽及北堂書鈔一同。類聚十二引元命苞則作「四肘」，初學記九引帝王世紀同。白虎通聖人篇又作「三肘」，此云「再肘」，各說並異。**文王四乳**，元命苞曰：「文王四乳，是謂含良，蓋法酒旗，布恩舒明。」注：「酒者乳也。能乳天下，布恩之謂也。」（類聚十二。）白虎通聖人篇：「文王四乳，是謂大仁，天下所歸，百姓所親。」又見尸子君治篇、春秋繁露三代改制篇、淮南修務篇、潛夫論五德篇。論語微子篇曰：「周有八士，伯達、伯适、仲突、仲忽、叔夜、叔夏、季隨、季騧。」集解包曰：「周時四乳生八子，皆爲顯仕。」春秋繁露郊祭篇：「周國子多賢，蕃殖至於駢孕男者四，四乳而得八男，皆君子俊雄也。此天之所以興周國也。」此今文家相承之說。文王四乳，蓋即四乳生八子，相傳之訛。初「四乳」義即四產。說文：「乳，字也。」後讀「乳」爲奶乳之乳，則轉爲文王之身有四乳矣。說殊不經。至四乳生八子而興周國者，漢書人表列于周初。晉語：「文王之即位也，詢於八虞。」賈注：「八虞即周八士，皆爲虞官。」是八士爲文王時人，與董仲舒、包咸義合。蓋今文家舊說，展轉爲緯家所承，而生「文王四乳」之說也。（論語釋文引鄭云：「成王時。」劉向、馬融皆以爲宣王時。詩思齊正義引鄭曰：「周公相成王時所生。」並爲古文家說。）尸子曰：「子貢問孔子曰：『古者黃帝四面，信乎？』孔子曰：『黃帝取合己者四人，四方不計而耦，不約而成，此之謂四面也。』」「文王四乳」之説，當亦如此。**武王望陽**，金樓子立言篇引子思曰：「武王望陽。」字又作「羊」。初禀篇：「以四乳論望羊。」語增篇：「武王之相，望羊而已。」白虎通曰：「武王望羊，是謂攝陽，盱目陳兵，天下富昌。」並作「望羊」。羊、陽古通。爾雅「臯陽」，説文作「臯羊」。釋名釋姿容曰：「望羊，望陽也。言陽氣在上，舉頭高似若望之然也。」家語辨樂篇注：「望羊，遠視也。」莊子秋水篇：「望洋向若。」釋文作「盳洋」，引司馬注云：「盳洋猶望羊，仰視貌。」蘇輿曰：「洪範五行傳鄭注：『羊畜之遠視者屬視。』故望遠取義於羊。」又曰：「望陽，言望視太陽也，望陽即望羊。」郭慶藩曰：「『洋』、『羊』皆叚借字，其正字當作『陽』。言望視太陽也。太陽在天，宜仰而觀，故訓爲仰視。」方以智曰：「今曰『羊眼人』。」**周公背僂**，説文人部：「周公韤僂，或言背僂。」白虎通聖人篇：「周公背僂，是謂强後，成就周道，輔相幼主。」（此依御覽三七一引。今本「後」作「俊」，「相」作「於」。）荀子非相篇：「周公之狀，身如斷菑。」楊注：「爾雅云：『木立死曰椔。』椔與菑同。」説文：「僂，厄也。」人背傴僂，有如木之科厄，蓋即背僂之義。**臯陶馬口**，淮南修務訓：「臯陶馬喙，是謂至信，決獄明白，察於人情。」高注：「喙若馬口。」又見白虎通。初學記十二引元命苞：「堯薨，馬喙子得臯陶，聘爲大理。」蓋此説所由生。**孔子反羽**。孫曰：「羽」當作「頨」。牟子理惑論：「仲尼反頨。」廣韻：「頨，孔子頭也。」本書講瑞篇又作「反宇」。禮緯含文嘉（據古微書。）云：「孔子反宇，是謂尼邱，德澤所興，藏元通流。」史記作「圩頂」。暉按：劉子命相篇亦作「反宇」。「羽」、「宇」字通。劉歆鐘律書曰：「羽者，宇也，宇覆之也。」路史後紀十注引世本云：「圩頂反首。」白虎通姓名篇：「孔子首類魯國尼丘山。」是「反宇」謂孔子首如尼丘山。蓋山形如反覆宇之狀也。説文「頨」無「羽」音，讀若「翩」。蓋因孔子首如反羽，故有以「羽」爲聲，而云孔子頭也。孫云：「字當作頨。」非是。「羽」爲「宇」之借字，字當作「宇」。荀子非相篇：「仲尼之貌，面如蒙倛。」注云：「其首蒙茸然，故曰蒙倛。」方以智曰：「反宇，反唇也。」失之。**斯十二聖者，皆在帝王之位，或輔主憂世，世所共聞，儒所共説，在經傳者，較著可信。**

若夫短書俗記，短書注謝短篇。**竹帛胤文，**胤，習也。胤文，謂俗習之文。盼遂案：書虚篇：「桓公用婦人徹胤服，婦人於背，女氣愈瘡。」所云胤服即褻衣，則此胤文殆謂猥褻之文，猶之短書俗記矣。**非儒者所見，衆多非一。蒼頡四目，爲黄帝史。**「蒼」當作「倉」。廣韻：「倉姓，倉頡之後。」春秋時有倉葛，字不从「艸」。蒼頡廟碑亦誤作「蒼」。蒼氏出自蒼舒。路史前紀六注云：「論衡倉頡字盡作倉。」是所見本尚不誤。春秋孔演圖曰：（御覽三六六。）「蒼頡四目，是謂並明。」書傳：（御覽七四九。）「頡首有四目，通於神明。」蒼頡廟碑：「蒼頡，天生德於大聖，四目靈光，爲百王作憲。」**晉公子重耳仳脅，**見左僖二十三年傳、國語晉語。説文作「骿脅」，云：「并幹也。」國語、吴都賦同。御覽三六三引此文作「骿脅」，左傳、史記、本書講瑞篇同。骿、仳並「骿」之借字。説文肉部：「脅，膀也。肋，脅骨也。」廣雅：「幹謂之肋。」**爲諸侯霸。蘇秦骨鼻，**未聞。

爲六國相。張儀仳脅，亦相秦、魏。御覽三七一引「仳」作「駢」。「亦」作「卒」。錢大昕曰：「仳、駢聲相近。」方以智説同。「張儀仳脅」，亦見講瑞篇，他書未見。宋孫奕示兒編十七云：「晉文駢脅，張儀亦駢脅。」蓋即本此。項羽重瞳，云虞舜之後，河圖曰：「怪目勇敢，通瞳大膂，力楚之邦。」（御覽八七。）史記項羽本紀贊，周生曰：「舜目重瞳子，項羽亦重瞳子，羽豈其苗裔。」與高祖分王天下。陳平貧而飲食不足，貌體佼好，「佼」讀爲「姣」。方言：「自關而東，河、濟之間，凡謂好曰姣。」而衆人怪之，曰：「平何食而肥？」史記陳丞相世家：「平少時家貧，有田三十畝，兄伯常耕田，縱平使游學。平爲人長大美色。（據漢書、御覽引增「大」字。）人或謂曰：『貧何食，而肥若是？』」及韓信爲滕公所鑒，免於鈇質，亦以面狀有異。史記本傳：「信坐法當斬，其輩十三人皆已斬，次至信。信乃仰視，適見滕公，滕公壯其貌，釋而不斬。」漢書信傳師古注：「滕公，夏侯嬰。」面壯肥佼，亦一相也。

高祖隆準龍顔美鬚，「準」通作「䪼」。廣雅：「顴，䪼也。」顴即顴骨也。左股有七十二黑子。師古曰：「中國通呼爲黶子，吴、楚俗謂之誌。誌者，記也。」單父呂公善相，單父，縣名。索隱引漢舊儀曰：「呂公，汝南新蔡人。」又相經云：「魏人呂公，名文，字叔平。」相，視也。視其骨狀，以知吉凶貴賤。見高祖狀貌，奇之，因以其女妻高祖，呂后是也，卒生孝惠王、魯元公主。盼遂案：「王」當是「帝」之誤，漢人通言孝惠帝。高祖爲泗上亭長，當去歸之田，

「去」，史、漢並作「告」。孟康曰：「古者名吏休假曰告。」此作「去」，蓋形近之譌。**高祖送徒酈山時，尚爲亭長，則非去官歸田也。與呂后及兩子居田。**盼遂案：悼厂云：「『當去』二字依史記作『常告』，此形近之誤。」**有一老公過，請飲，因相呂后曰：「夫人，天下貴人也。」令相兩子。見孝惠，曰：「夫人所以貴者，乃此男也。」相魯元，曰：「皆貴。」老公去，高祖從外來，呂后言於高祖。高祖追及老公，止使自相。老公曰：「鄉者夫人嬰兒相皆似君，**盼遂案：吴承仕曰：「漢書作『皆以君』，如淳曰：『言并得君之貴相也。以或作似。』師古曰：『如説非也。言夫人兒子以君之故得貴耳，不當作似。』此言呂后、孝惠、魯元三人骨相亦皆自貴，故與高祖相似。若如荀紀云『賴高祖始貴』，然則夫人兒子本無貴相矣。論衡、漢書説同，作『似』是也。顔説失之。」**君相貴不可言也。」**「似」，漢書作「以」，如淳曰：「『以』或作『似』。」師古曰：「言夫人及兒以君之故因得貴耳，不當作似。」史記正作「似」。梁玉繩以漢書、宋書符瑞志作「以」，謂史「似」當作「以」。前漢紀作「夫人兒子蒙君之力也」。王鳴盛據之以從顔説。按：梁、王説並非。此正作「似」，乃本史文，且著一「相」字，則以作「似」爲長。下文云：「體性法相，固自相似。」明當作「似」，不作「以」也。漢書喜用古字，「以」亦當讀作「似」。仲任，漢人，當足據。**後高祖得天下，如老公言。推此以況一室之人，皆有富貴之相矣。**盼遂案：「況」猶「推」也。漢書注：「況，譬也。」荀子非十二子篇注：「況，比也。」與此處同用。

類同氣鈞，性體法相固自相似。異氣殊類，亦兩相遇。富貴之男娶得富貴之妻，女亦得富貴之男。

夫二相不鈞而相遇，則有立死；若未相適，有豫亡之禍也。吴曰：「若」讀爲「乃」。言未相適時，已有豫亡之禍，故相遇而立死也。王莽姑正君許嫁，至期當行時，夫輒死。如此者再。乃獻之趙王，趙王未取又薨。注見偶會篇。清河南宮大有清河，地名。南宮姓，大有名，相者。與正君父穉君善者，名禁，字穉君。漢書元后傳作「稚君」，字同。遇相〔正〕君，曰：「正」字據上下文補。太平廣記二百二十四引正作「遇相正君曰」。「貴爲天下母。」元后傳曰：「禁使卜數者相政君，當大貴不可言。禁心以爲然，迺教書，學鼓琴。」此出相者姓名，可補班書。盼遂案：「遇」疑「偶」之借字。「君」上脱「正」字。正君，元后字也。是時，宣帝世，元帝爲太子，穉君乃因魏郡都尉納之太子，元后傳：「五鳳中，獻政君入掖庭爲家人子。歲餘，會皇太子所愛幸司馬良娣死，皇太后擇可以虞侍太子者，政君與在其中。及太子朝，皇后乃見政君等五人。太子殊無意，彊曰：『此中一人可。』是時政君坐近太子，長御即以爲是。皇后使送政君太子宮。」此云「因魏郡都尉納之」，未聞。太子幸之，生子君上。元后傳：「見丙殿，得御幸，有身。甘露三年，生成帝於甲館畫堂，爲世適皇孫。宣帝愛之，自名曰驁，字太孫。」此云「君上」，未詳。廣記二二四引無「君上」二字。宣帝崩，太子立，正君爲皇后，君上爲太子。廣記引無「君」字。元帝崩，太子立，是爲成帝，盼遂案：班、荀二書成帝紀皆云「帝名驁，字太孫」，不見名字爲「君上」。説者謂「太孫」本非字，乃宣帝寵異成帝之詞。則論衡「君上」之説，足補史闕矣。正君爲皇太后，竟爲天下母。夫正君之相當爲天下母，而前所許二家及趙王，爲無天下父之相，故未行而二夫死，趙王薨。是則二夫、趙王無帝王大命，而正君不當與三家相遇之驗也。

丞相黄次公，故爲陽夏游徼，漢書師古注：「游徼，主徼巡盜賊者也。」與善相者同車俱行，見一婦人，年十七八。相者指之曰：「此婦人當大富貴，爲封侯者夫人。」次公止車，審視之。相者曰：「今此婦人不富貴，卜書不用也。」「今」，猶「若」也。太平廣記二二四引作「令」。「卜書」，廣記同，漢書黄霸傳作「相書」。次公問之，乃其旁里人巫家子也，即娶以爲妻。其後次公果大富貴，位至丞相，封爲列侯。本傳云：「封建成侯。」餘見偶會篇注。夫次公富（當）貴，婦人當配之，「富」當作「當」。偶會篇：「次公當貴，行與女會，女亦自尊，故入次公門。」文義同。故果相遇，遂俱富貴。使次公命賤，不得婦人爲偶，不宜爲夫婦之時，則有二夫、趙王之禍。

夫舉家皆〔有〕富貴之命，「有」字據朱校元本補。然後乃任富貴之事。骨法形體有不應者，則必别離死亡，不得久享介福。故富貴之家，役使奴僮，育養牛馬，必有與衆不同者矣。僮奴則有不死亡之相，牛馬則有數字乳之性，田則有種孳速熟之穀，商則有居善疾售之貨。是故知命之人，見富貴於貧賤，睹貧賤於富貴。案骨節之法，察皮膚之理，以審人之性命，無不應者。

趙簡子使姑布子卿相諸子，莫吉，司馬彪曰：「姑布，姓。子卿，字。」至翟婢之子無恤而以爲貴。史記趙世家：「姑布子卿見簡子，簡子徧召諸子相之。子卿曰：『無爲將軍者。』簡子曰：『趙氏其滅乎。』子卿曰：『吾嘗見一子於路，殆君之子也。』簡子召子無卹。無卹至，則子卿起曰：『此真將軍矣。』簡子曰：『其母賤，翟婢也。奚道貴哉？』子卿曰：『天所授，雖賤必貴。』」無恤最賢，又有貴相，簡子後廢太子，太子，伯魯。而立無恤，卒爲諸侯，襄子是矣。

相工相黥布，當先刑而乃王，史記本傳：「秦時爲布衣少年，有客相之曰：『當刑而王。』乃壯，坐法，黥布笑曰：『人相我，當刑而王，幾是乎。』」盼遂案：「乃」字涉下句「乃封王」而衍。後竟被刑論決黥面，輸作驪山，是也。乃封王。項羽立爲九江王。高祖立爲淮南王。

衛青父鄭季青冒姓衛氏。與楊信公主家僮衛媼通，先孫曰：「楊」，漢書本傳作「陽」，字通。史記作「與侯妾衛媼通」。漢書師古注：「僮，婢女之總稱。」生青。在建章宮時，晉灼曰：「建章，上林中宮名也。」三輔黃圖曰：「建章宮，漢武帝造，周二十餘里，千門萬户。」史、漢并作「青嘗從入至甘泉居室」。建元二年，青給事建章宮，事在此後，蓋仲任記訛。禍虛篇同。鉗徒相之，曰：漢書高紀注：「鉗，以鐵束頸也。」被刑謂之徒。「貴至封侯。」青曰：「人奴之道，「道」，史、漢並作「生」。得不笞罵足矣，安敢望封侯？」其後青爲軍吏，戰數有功，超封增官，遂爲大將軍，封爲萬户侯。事並詳本傳。

周亞夫未封侯之時，爲河内守時。許負相之，曰：孔衍漢魏春秋曰：「許負，河内温縣之婦人，漢高祖封爲明雌亭侯。」（三國志蜀志劉璋傳注、書鈔四八。）裴松之曰：「今東人呼母爲負，衍以許負爲婦人，如爲有似。然漢高祖時封皆列侯，未有鄉亭之爵，此封爲不然。」按：負即婦字，注吉驗篇。「君後三歲而〔侯〕，〔侯〕入（八）〔歲爲〕將相，孫曰：此有捝誤，文義與事實均不應合。史記、漢書並作「後三歲而侯，侯八歲爲將相」。是也。此文「入」字，或即「八」字之譌，上下又脱落數字。暉按：孫説是也。此文乃據史記周勃世家，唯此二句文事并殊，其爲捝誤，而非異文可知。當據補兩「侯」字，「歲爲」二字。「入」改作「八」。持國秉，「持」下舊校曰：一有「重」字。暉按：「重」字涉下文衍。索隱：「秉音柄。」貴重矣，於人臣無兩。其後九歲而君餓死。」亞夫笑曰：「臣之兄已代侯矣，漢書高紀注，張晏曰：「古人相與語自稱臣。」已代侯，言兄勝之已代父爲絳侯也。有如父卒，子當代，亞夫何説侯乎？然既已貴，如負言，又何説餓死？指示我！」許負指其口，有縱理入口，曰：「此餓死法也。」居三歲，其兄絳侯勝〔之〕有罪，孫曰：史記、漢書並作「勝之」，疑此捝「之」字。史記勃世家：「勝之代侯六歲，尚公主，不相中，坐殺人，國除。」文帝擇絳侯子賢者，推亞夫，迺封條侯，續絳侯後。文帝之後六年，匈奴入邊，乃以亞夫爲將軍。至景帝之時，亞夫爲丞相，後以疾免。其子爲亞夫買工官尚方甲盾五百被可以爲葬者，史記索隱〔一〕：「工官即尚方之工，所作物屬尚方，故云工官尚方。」百官志師古注：「尚方，主作禁器物。」又楚元王傳注：「尚方，主巧作金銀之所，若今之中尚署。」張晏曰：「被，具也，五百具甲楯。」取庸苦之，不與錢。庸知其盜買官器，吴曰：「官器」，史、漢並作「縣官器」，是也。應據補。怨而上告其子。景帝下吏責問，因不食五日，嘔血而死。

當鄧通之幸文帝也，貴在公卿之上，賞賜億萬，與上齊體。史記佞幸傳：「鄧通，文帝尊幸之，賞賜巨萬以十數，官至上大夫。帝時時如鄧通家遊戲。」相工相之曰：「當貧賤餓死。」佞幸傳：「文帝使善相者相通，曰：『當貧餓死。』」金樓子雜事下曰：「鄧通從理入口，相者曰：『必餓死。』」史、漢並未言餓死表候，然此與亞夫相同，未審記訛，抑別有據。文帝崩，景帝立，通有盜鑄錢之罪，鄧通盜出徼外鑄錢。景帝考驗，通亡，寄死人家，不名一錢。索隱

〔一〕「索」，原本誤作「杜」，據史記改。

曰：「始天下名鄧氏錢，今皆没入，卒竟無一錢名之也。」

韓太傅爲諸生時，此非韓嬰，嬰以景帝時爲常山太傅，孝文時已爲博士，不得與寬同學。其人未詳。**〔之市〕，**「時」下舊校曰：一有「日之丙」字。（宋本同。程本、王本、崇文本「丙」作「兩」。）暉按：「日」字衍，「丙」爲「市」之壞字，「之丙」當爲「之市」之譌。類要二十二貴相類引「時」下有「之市」二字，是其證。「之市」譌爲「日之丙」，義不可通，校者誤删之。今補正。**借相工五十錢，與之俱入璧雍之中，**類要引「入」作「之」，「璧」作「辟」。下同。**相璧雍弟子誰當貴者。相工指倪寬曰：「彼生當貴，秩至三公。」**類要引「秩」作「後」。齊曰：西漢無璧雍，此云倪寬爲璧雍子弟，誤也。西漢屢欲立璧雍，皆未果。新莽興辟雍，旋亦廢。光武始營立之。詳漢書禮樂志。景十三王傳云：「河間獻王對三雍宮。」是對三雍之制，非召對於三雍宮也。藝文志有獻王對上下三雍宮三篇。倪寬傳：「拜寬爲御史大夫，從東封泰山還，登明堂，寬上壽曰：『間者聖統廢絶，陛下發憤，合指天地，祖立明堂辟雍，宗祀太一。』」似武帝時已立辟雍。然此文自有可疑。據郊祀志，明堂建於元封二年，寬爲御史大夫，時爲元封元年，不得豫言。是並不得謂武帝時有辟雍也。**韓生謝遣相工，通刺倪寬，結膠漆之交，**類要引「交」作「友」。**盡筋力之敬，**

徙舍從寬，深自附納之。寬嘗甚病〔一〕，韓生養視如僕狀，恩深踰於骨肉。後名聞於天下。盼遂案：「名聞於天下」五字，應在下文「舉在本朝」句下，而錯簡在此。倪寬位至御史大夫，州郡丞旨召請，擢用舉在本朝，遂至太傅。

夫鉗徒、許負，及相鄧通、倪寬之工，可謂知命之工矣。故知命之工，察骨體之證，睹富貴貧賤，猶人見盤盂之器，知所設用也。善器必用貴人，惡器必施賤者，尊鼎不在陪廁之側，說文：「尊，酒器也。以待祭祀賓客之禮。鼎，和五味之寶器。」廣韻：「陪，廁也。」盼遂案：廣韻十五灰「陪，廁也」，得仲任此文而明。匏瓜不在堂殿之上，吳曰：「匏瓜」非義，「瓜」常作「瓠」，形之殘也。大雅公劉：「酌之用匏。」毛傳：「儉以質也。」禮記郊特牲：「器用陶匏。」爾雅釋器：「康瓠謂之甈。」注：「瓠，壺也。」廣雅釋器：「瓠、蠡、荳、甗，瓢也。」並以「匏瓠」爲爵，乃酒器之質者，正與「尊鼎」對文。此文以「尊鼎」爲善，以「匏瓠」爲惡，「匏瓜繫而不食」，非此所施。暉按：吳說近是。朱校元本「匏」作「瓠」，則知此文初不作「匏瓜」也。明矣。富貴之骨，不遇貧賤之苦；貧賤之相，不遭富貴之樂，亦猶此也。器之盛物，有斗石之量，猶人爵有高下之差也。器過其量，物溢棄遺；爵過其差，死亡不存。論命者如比之

〔一〕「病」，原本作「疾」，據通津草堂本改。

於器，以察骨體之法，則命在於身形，定矣。

非徒富貴貧賤有骨體也，而操行清濁亦有法理。貴賤貧富，命也；操行清濁，性也。非徒命有骨法，性亦有骨法。惟知命有明相，莫知性有骨法，此見命之表證，不見性之符驗也。

范蠡去越，越絶書外傳記：「范蠡其始居楚也，生於宛橐或三户之虚。」（「三」今譌作「伍」，依呂氏春秋當染篇高注、意林引傅子校改。）列仙傳：「徐人也。」史記越世家正義引會稽典録：「范蠡字少伯，越之上將軍也。本是楚宛三户人。」自齊遺大夫種書，左哀元年傳：「使大夫種。」杜注：「文氏姬姓。」風俗通云：「周文王支孫，以謚爲氏。越大夫文種。」（通志氏族略四。）莊子徐无鬼音義：「大夫種姓文氏，字禽。」（文選豪士賦序注引吳越春秋曰：「姓文，字少禽。」今本無此文。）呂氏春秋當染篇高注：「楚之鄒人。」（畢、錢校並云：「鄒」當作「郢」。）文選豪士賦序注引吳越春秋曰：「文種者，楚南郢人也。」今吳越春秋無之。史記吳世家索隱曰：「大夫，官也。種，名也。劉氏云『姓大夫』，非也。」曰：「飛鳥盡，良弓藏，狡兔死，走犬烹。越王爲人，長頸烏喙，可與共患難，不可與共榮樂。子何不去？」大夫種不能去，稱疾不朝，賜劍而死。事見史記越世家。

大梁人尉繚，尉繚有二：漢書藝文志雜家：「尉繚二十九篇。」注：「六國時。」師古注：「尉姓，繚名。」劉向别録云：「繚爲商君學。」兵形勢家：「尉繚三十一篇。」此尉繚當爲雜家尉繚，非梁惠王時之兵家尉繚。（世本魏無哀王，史記有誤。故據竹書紀年，梁惠王末年，即周慎靚王三年，至始皇十年，中隔八十九年。）説秦始皇以并天下之計。史記始皇紀，尉繚曰：「臣恐諸侯合從，翕而出不意。願王毋愛財物，賂其豪臣，以亂其謀，則諸侯可盡。」始皇從其册，與之亢禮，衣服飲食，與之齊同。繚曰：「秦王爲人，隆準長目，「隆」，史作「蜂」。徐廣曰：「一作隆。」鷙膺豺聲，史「鷙」作「摯」，下衍「鳥」字。少恩，虎視狼心。史記作「少恩而虎狼心」。疑「視」字涉「狼」字譌衍。「少恩」以上言相，以下據相定性。居約，易以下人；得志，亦輕視人。「視」，史作「食」。此義較長。我布衣也，然見我，常身自下我。誠使秦王須得志，「須」字無義，疑涉「得」字譌衍。史無「須」字。天下皆爲虜矣。不可與交游。」「交」，史作「久」。乃亡去。

故范蠡、尉繚見性行之證，而以定處來事之實，處猶定也。詳本性篇注。實有其效，如其法相。由此言之，性命繫於形體，明矣。

以尺書所載，尺書見謝短篇注。世所共見，准況古今，或曰：「准」當作「推」。上文「推此以況一室之人」，非韓篇「推治身以況治國」，三國志吴志胡琮傳「願陛下推況古今」，並其證。暉按：「准況」連文，本書常語。「准況」二字不誤。藝增篇：「意從准況之也。」商蟲篇：「准況衆蟲。」講瑞篇：「準況衆瑞。」自然篇：「人以心准況之也。」譏日篇：「以生人之禮准況之。」知實篇：「直以才智准況之工也。」並爲「准況」連文之證。別通篇：「不推類以況之也。」指瑞篇：「推此以況。」死僞篇：「推生況死。」定賢篇：「推此以況爲君要證之吏。」此以「推此以況」爲文者。**不聞者**盼遂案：「准況」二字連文同義，論衡多有。藝增、商蟲、講瑞、自然、譏日、知實均有准況連文之證。又如指瑞、別通、死僞、定賢等篇均有以准況排比用法。是仲任意以准即況，況亦准，原通用也。**必衆多非一，皆有其實。稟氣於天，立形於地，察在地之形，以知在天之命，莫不得其實也。**

有傳孔子相澹臺子羽、史記弟子傳：「澹臺滅明，武城人，字子羽。」**唐舉占蔡澤**荀子非相篇：「梁有唐舉。」亦相李兑者。廣雅一下：「占，視也。」占猶瞻也。**不驗之文，**韓非子顯學篇：「澹臺子羽，君子之容也，與久處而行不稱其貌；宰予之辭，雅而文也，與久處而智不充其辯。(「久處」，今作「處久」，下「久」字無，依薛居正孔子集語引説苑校正。)故孔子曰：『以容取人，失之子羽；以言取人，失之宰予。』」史記蔡澤傳：「唐舉相蔡澤，曰：『曷鼻，巨肩，魋顔，蹙齃，膝攣，吾聞聖人不相，殆先生乎？』蔡澤知其戲之，乃曰：『富貴吾所自有。』」唐舉以蔡澤不當貴，後乃相秦，故曰不驗。**此失之不審。何（相）隱匿微妙之表也。**「何」爲「相」形譌。若作「何」，上下文義不接。相之表候，寄於内外形聲，故曰：「相隱匿微妙之表。」**相或在内，或在外，或在形**

體，或在聲氣。潛夫論相列篇：「人之相法，或在面部，或在手足，或在行步，或在聲音。面部欲溥平潤澤，手足欲深細明直，行步欲安穩覆載，聲音欲温和中宫，頭面手足，身形骨節，皆欲相副稱。」察外者，遺其内；在形體者，亡其聲氣。尚書舜典注：「在，察也。」廣雅釋詁：「𢦏，視也。」俞樾湖樓筆談五曰：「𢦏即在字。」孔子適鄭，與弟子相失，孔子獨立鄭東門。史記孔子世家作「郭東門」，白虎通壽命篇作「郭門外」，家語困誓篇作「東郭門外」，字并作「郭」，疑「鄭」爲「郭」字形譌。鄭人或問子貢曰：「鄭人」，韓詩外傳九、家語（今本作「或人謂子貢曰」。此從史記索隱。）并云「姑布子卿」。問猶謂也。孔子世家、白虎通、家語并作「謂」。齊策「或以問孟嘗君」，注：「問，告也。」「東門有人，其頭似堯，其項若臯陶，〔其〕肩類子産。有「其」字，方與上文一律，據史記、白虎通、家語補。然自腰以下，不及禹三寸，傫傫若喪家之狗。」「傫」俗字，當作「儽」。説文：「儽，垂貌。」亦疲憊之義。玉藻「喪容纍纍」，鄭注：「纍纍，羸憊也。」字亦作「儡」，作「傫」。説文：「儡，相敗也。」廣雅：「傫傫，疲也。」老子：「儡儡兮若無所歸。」子貢以告孔子，孔子欣然笑曰：「形狀未也，盼遂案：吴承仕曰：「『未』疑應作『末』」，言鄭人見其表，不見其裏也。上文言察外遺内，下文言不見形狀之實，俱與本末之義相應。」如喪家狗，然哉！然哉！」夫孔子之相，鄭人失其實。鄭人不明，法術淺也。孔子[之]失〔之〕子羽，「之」字當在「失」字下。韓非子顯學篇、薛氏孔子集語引説苑、家語子路初見篇并作「失之子羽」。之猶於也。「孔子失之子羽」，與下「唐舉惑於蔡澤」，文法一律。唐舉惑於蔡澤，猶鄭人相孔子，不能具見形狀之實也。以貌取人，失於子羽；以言取人，失於宰予也。四句於義無屬，當爲「失之子羽」句注語，誤入正文。

初稟篇

國語韋昭注曰："「稟，受也。」恢國篇曰：「初稟以爲，王者生稟天命。」盼遂案：卷十九恢國篇云：「論衡初稟以爲，王者生稟天命。」案即此篇之解題也。

人生性命當富貴者，初稟自然之氣，養育長大，富貴之命效矣。

文王得赤雀，尚書中候我應曰：（據玉函山房輯佚書。）「周文王爲西伯，季秋之月，甲子，赤鳥銜丹書，入豐鄗，止於昌户，王乃拜稽首受最曰：『姬昌，蒼帝子，亡殷者紂也。』」又見墨子非攻下、尚書帝命驗。（史周本紀正義引。）呂氏春秋應同篇述此事，作「赤烏」，與武王火流爲烏事相混，蓋「鳥」「烏」字誤。竹書云：「在帝辛三十二年。」金樓子興王篇云：「四十三年春正月庚子朔。」**武王得白魚赤烏，**泰誓：（據孫星衍輯。）「太子發升於舟，中流，白魚入於王舟，王跪取，出涘以燎之。既渡，至於五日，有火自上復於下，至於王屋，流爲烏，其色赤。」又見尚書璇璣鈐、大傳五行傳、史記周本紀、漢書董仲舒傳、終軍傳、王逸楚辭注。後漢光武紀注引尚書中候云：「魚長三尺。」金樓子興王篇〔二〕云：「長一尺四寸。」**儒者論之，以爲雀則文王受命，魚烏則武王受命，**漢書董仲舒傳載其對策曰：「白魚入於王舟，有火復於王屋，流爲烏，此蓋受命之符也。」鄭注泰誓曰：（詩思文疏。）「白魚入舟，天之瑞也。魚無手足，象紂無助。白者，殷正也。天意若曰：

〔二〕「興」，原本作「與」，形近而誤，今改。

『以殷予武王，當待無助。今尚仁人在位，未可伐也。』得白魚之瑞，即變稱王，應天命定號也。有火爲烏，天報武王以此瑞。書説曰：『烏有孝名，武王率父大業，故烏瑞臻。』」**文、武受命於天，天用雀與魚烏命授之也。天用赤雀命文王，文王不受，天復用魚烏命武王也。**元命包曰：「西伯既得丹書，於是稱王，改正朔。」洛誥鄭注：「文王得赤雀，武王俯取白魚，受命皆七年而崩。」皮錫瑞曰：「仲任所引，乃今文家博士之説，雖仲任不取其義，然可見今文家説與鄭説同。」

若此者，謂本無命於天，脩己行善，善行聞天，天乃授以帝王之命也，故雀與魚烏，天使爲王之命也，王所奉以行誅者也。如實論之，非命也。如儒者言，是隨操行而至，此命在末，不在本也，故曰非命。**命，謂初所稟得而生也。人生受性，則受命矣。性命俱稟，同時並得，非先稟性，後乃受命也。何以明之？**

棄事堯爲司馬，注見吉驗篇。**居稷官，故爲后稷。**史記周紀：「舜曰：『棄，爾居稷。』」（今史記、周語「居」並依譌孔尚書誤改作「后」，今據列女傳改。詩思文疏引鄭曰「汝居稷官」，與論衡句同，並可證譌孔之妄。）號曰后稷。」五經異義曰：「稷是田正。」漢百官表注應劭曰：「后，主也。爲此稷官之主也。」**曾孫公劉居邰，**公劉爲稷曾孫，史周紀、大雅鄭箋説同，但古今人表有

「慶節」，云「公劉子，湯時人」。鬻子曰：「湯得慶詛。」慶詛即慶節〔一〕。吳越春秋亦以公劉爲夏時人，則其與遠距堯、舜時稷，不止三四代也。**後徙居邠。**史周紀：「公劉子慶節國於豳。」**後孫古公亶甫三子：**孟子趙注、吕氏春秋審爲篇高注并云：「亶父號古公。」詩疏引中候稷起法〔二〕曰：「亶父以字爲號。」是亶父本無號。惠棟曰：「古公，故公也。說文：『古，故也。』穀梁傳云：『踰年不即位，是有故公也。』猶言先王先公。」下文云「太王古公」，仲任蓋亦以爲號。**太伯、仲雍、季歷。季歷生文王昌。昌在襁褓之中，**張華博物志曰：「襁，織縷爲之，廣八寸，長丈二，以約小兒於背上。」韋昭漢書注：「緥，若今時小兒腹衣。」**聖瑞見矣。**史記周紀正義曰：「尚書帝命驗云『季秋之月，甲子，赤爵銜丹書入酆，止昌户，其書』云云。此蓋聖瑞。」按：此說未確，赤爵之瑞，在文王爲西伯時。周本紀云：「太任生昌，有聖瑞。」則瑞在初生，故仲任據以爲說。蓋即雒書靈準聽云「蒼帝姬昌，日角鳥鼻」，帝王世紀云「龍顏，虎眉，四乳」之義。（并見史正義。）**故古公曰：「我世當有興者，其在昌乎！」於是太伯知之，**知古公欲立王季以傳昌。**乃辭之吳，文身斷髮，**說苑奉使篇：「剪髮文身，爛然成章，以像龍子者，將避水神也。」淮南泰族篇注：「越人以箴刺皮爲龍文，所以爲尊榮之也。」又原道篇注：「文身刻畫其體，納墨其中，爲蛟龍

〔一〕「慶」，原本作「誌」，據上文改。

〔二〕「法」，原本作「注」，據詩疏改。

之狀也。」以讓王季。事詳四諱篇。文王受命，謂此時也，天命在人本矣，謂在初生之時。太王古公見之早也。

此猶爲未，當作「末」。盼遂案：「未」爲「末」之誤字。異虛篇「此尚爲近」與此同一文法。末者，晚也。言文王昌在襁褓之中，聖瑞見，太王古公知之已晚，實則文王在母體之中早已受命也。骨相篇云「形狀末也」，「末」亦譌作「未」。文王在母身之中已受命也。謂受命母體中，即四乳、龍顏之瑞。王者一受命，內以爲性，外以爲體。體者，面輔骨法，說文：「酺，頰也。」「輔」借字。廣雅：「輔謂之頰。」生而稟之。吏秩百石以上，續漢書百官志：「三老游徼，秩百石。」百官表師古注：「漢制，一百石者，月俸十六斛穀。」王侯以下，百官志：「皇子封王。」又云：「列侯承秦爵，以賞有功。後諸王得推恩分衆子土，國家爲封，亦爲列侯。」郎將大夫，百官表：「郎掌守門户，出充車騎，有議郎、中郎、侍郎、郎中。」又曰：「中郎有五官、左、右三將，郎中有車、户、騎三將。」又曰：「郎中令屬官有大夫，有太中大夫、中大夫、諫大夫。」以至元士，百官志：「公府掾，比古元士、三命者也。」外及刺史太守，百官表：「監御史，秦官，掌監郡，漢省。丞相遣史分刺州，武帝置部刺史。」又曰：「郡守，秦官，掌治其郡，景帝時更名太守。」居祿秩之吏，稟富貴之命，生而有表見於面，有骨法之表候。故許負、姑布子卿輒見其驗。見骨相篇。仕者隨秩遷轉，遷轉之人，或至公卿，命祿尊貴，位望高大。王者尊貴之率，漢人「率」通作「帥」。高大之最也。生有高大之命，其時身有尊貴之奇，初生之時。古公知之，見四乳之怪也。文王四乳，見骨相篇。夫四乳，聖人證也，在母身中，稟天聖命，豈長大之後，脩行道德，四乳乃生？以四乳論望羊，武王望羊，見骨相篇。亦知爲胎之時已受之矣。劉媪息於大澤，夢與神遇，遂生高祖，見吉驗篇。此時已受命也。光武生於濟陽宮，夜半無火，内中光明。吉驗篇云：「室内自明。」軍下卒蘇永「軍」，吉驗篇作「馬」。謂公（功）曹史充蘭曰：朱曰：「公」，當從吉驗篇作「功」，各本並誤。「此吉事也，毋多言！」事見吉驗篇。「此吉事也」，吉驗篇以爲王長孫語。後漢光武紀論、蔡邕濟陽宮碑、東觀漢記並同。此文系之充蘭，失之。此時已受命〔也〕。「也」字據上文例增。獨謂文王、武王得赤雀魚烏乃受命，非也。

上天壹命，王者乃興，不復更命也。得富貴大命，自起王矣。何以驗之？富家之翁，貲累千金，生有富骨，治生積貨，下「生」疑當作「産」。命禄篇：「治産貧富。」「治産不富。」至於年老，成爲富翁矣。夫王者，天下之翁也，稟命定於身中，猶鳥之別雄雌於卵殼之中也。卵殼孕而雌雄生，盼遂案：「孕」爲「孚」之誤字。日月至而骨節彊，彊則雄，自率將雌。雄非生長之後，或教使爲雄，然後乃敢將雌，盼遂案：「雄非」之「雄」爲衍字。此言雄彊自能將雌，非待生長之後也。世人熟於雌雄成言，遂沾「雄」字耳。此氣性剛彊自爲之矣。夫王者，天下之雄也〔一〕，其命當王，王命定於懷姙，猶富貴骨生，有鳥雄卵成也。孫曰：「有」字衍。非唯人、鳥也，萬物皆然。草木生於實核，出土爲栽蘖，爾雅釋詁：「哉，始也。」「哉」與「栽」同，故出土萌芽爲栽。芽米謂之蘖。稍生莖葉，成爲長短巨細，皆由實核。王者，長巨之最也。依上文例，「王」上疑挩「夫」字。朱草之莖如鍼，續博物志曰：「朱草狀如小桑，栽長三四尺，枝葉皆丹，汁如血，朔望生落如蓂莢，周而復始，可以染絳，黼黻成文章。」抱朴子金丹篇：「朱草狀似小棗，長三四尺，枝葉皆赤，莖似珊瑚。喜生名山岩石之下，刻之，汁流如血。」援神契曰：「德至草木〔二〕，則朱草生。」（禮運孔疏。）紫芝之栽如豆，成爲瑞矣。王者稟氣而生，亦猶此也。

或曰：「王者生稟天命，及其將王，天復命之。猶公卿以下，詔書封拜，乃敢即位。赤雀魚烏，上天封拜之命也。天道人事，有相命使之義。」

自然無爲，天之道也。命文以赤雀，武以白魚，是有爲也。管仲與鮑叔分財取多，事見史記管晏列傳。鮑叔不與，管仲不求，謂不求其同意。內有以相知，視彼猶我，

〔一〕「也」，原本作「矣」，據通津草堂本改。
〔二〕「木」，原本作「未」，據孔疏改。

取之不疑。聖人起王，猶管之取財也。「管」下疑有「仲」字。朋友彼我無有授與之義，「有」字疑寫者誤增。「無授與之義」，與下「有命使之驗」相對爲文。上天自然，有命使之驗，是則天道有爲，朋友自然也。當漢〔高〕祖斬大虵之時，「高」字今以意增。斬大虵，已見吉驗篇。誰使斬者？豈有天道先至，而乃敢斬之哉？勇氣奮發，性自然也。夫斬大虵，誅秦殺項，說文：「殊，斷也。」字通作「誅」。謂斷絶秦祀也。高祖未殺降王子嬰，訓誅殺，非。同一實也。荀子正名篇：「狀變而實無別，而爲異者，謂之化。有化而無別，謂之一實。」周之文、武受命伐殷，亦一義也。高祖不受命使之將，說文：「將，帥也。」「帥」、「逵」字通。逵，先導也。獨謂文、武受雀魚之命，誤矣。

難曰：「康叔之誥曰：各本作「康王之誥」，今從崇文本校改。段玉裁曰：「『王之』二字衍。或云『王』當作『叔』。」皮錫瑞曰：「今文尚書『康王之誥』有但作『康誥』二字者。（據史記周本紀。）此引康誥之文，作「康王之誥」，自屬誤衍二字，然亦當以二篇皆云『康誥』，故致誤也。」暉案：康誥，周公戒康叔而作。此引即周公誥語，非出於康叔。「康叔之誥」四字，知目其篇。變康誥爲康叔之誥者，嫌與另一康誥不別。彼變稱康王之誥，此變稱康叔之誥，義正同。後人不審，妄改「叔」作「王」耳，非衍「王之」二字也。『冒聞于上帝，帝休，天乃大命文王。』尚書康誥之詞。蔡沈傳「冒」字上屬「怙」字爲句，妄也。趙岐孟子盡心下篇注引書亦以「冒聞於上帝」爲句。書君奭篇亦有此語。胡廣侍中箴：「勖聞上帝，賴兹四臣。」謂孔傳亦以「冒聞」連讀。戴鈞衡曰：「『冒聞』猶『上聞』、『升聞』之義。」休，喜也。**如無命史（使），**「史」爲「使」之壞字。上文云：「有相命使之義，」又云：「有命使之驗。」**經何爲言『天乃大命文王』？」**

所謂「大命」者，非天乃命文王也，聖人動作，天命之意也，與天合同，若天使之矣。尚書大傳曰：「天之命文王，非啍啍然有聲音也。文王在位，而天下大服，施政而物皆聽，令則行，禁則止，動搖不逆天之道，故曰天乃大命文王。」爲仲任所本，今文説也。**書方激勸康叔，勉使爲善，故言文王行道，上聞於天，天乃大命之也。詩曰「乃眷西顧，此惟予度」，**大雅皇矣文。劉先生曰：「度」，毛作「宅」。仲任引今文作「度」。漢書韋玄成傳臣瓚注：「古文宅、度同。」潛夫論班祿篇引「宅」亦作「度」。暉按：潛夫論宋、元本作「度」，王謨本誤作「宅」。「予」，毛作「與」。馮登府曰：「齊、魯詩並作予。」詩大東毛傳：「睠，反視也。」睠、眷字同。毛傳：「宅，居也。」陳奂曰：「『宅居』與『度居』同。西土有安居下民之道，故天眷而與之。」其説非也。古文作「與宅」，今文作「予度」，字別義殊。予，天自謂。度，究度。周書祭公解：「皇皇上帝度其心。」是其義。潛夫論班祿篇引詩釋之曰：「究度而使之居。」則「度」不訓「居」。朱彬經傳考證曰：「言天睠焉西顧，惟此爲帝所度。所謂簡在帝心，與有虞殷自天，帝度其心，義并同。」其説是也。二王並習今文，所引蓋三家詩遺説也。**與此同義。天無頭面，眷顧如何？人有顧**

睨，睨，衺視也。以人俲天，事易見，故曰「眷顧」。「天乃大命文王」，眷顧之義，實天不命也。何以驗之？「夫大人與天地合其德，與日月合其明，與四時合其序，與鬼神合其吉凶，先天而天不違，後天而奉天時。」自「大人」至此，易乾卦文言之詞。如必須天有命，乃以從事，安得先天而後天乎？「而」猶「與」也。以其不待天命，直以心發，故有先天後天之勤；「勤」，疑「動」之誤。言合天時，故有不違奉天之文。盼遂案：此文當是以其不待天命，直以心發，故有先天後天之言；動合天時，故有不違奉天之文。後人誤「動」作「勤」，又誤與「言」字互倒，遂拮据鮮通矣。論語曰：「大哉！堯之爲君！唯天爲大，唯堯則之。」泰伯篇述孔子之詞。集解引孔曰：「則，法也。美堯能法天而行化。」王者則天不違，奉天之義也。推自然之性，與天合同，是則所謂「大命文王」也。自文王意，「自」字疑在「意」上，與下句一律。文王自爲，非天驅赤雀，使告文王，云當爲王，乃敢起也。然則文王赤雀，及武王白魚，非天之命，昌熾祐也。仲任以初興之瑞爲祐。見宣漢篇、恢國篇。

吉人舉事，無不利者。人徒不召而至，瑞物不招而來，黯然諧合，若或使之。出門聞告（吉），孫曰：「告」爲「吉」形誤。卜筮篇云：「猶吉人行道逢吉事，顧睨見祥物。」與此意同。吳説同。顧睨見善，自然道也。文王當興，赤雀適來；魚躍烏飛，武王偶見，非天使雀至、白魚來也，吉物動飛，而聖遇也。「聖」下疑挩「人」字。指瑞篇云：「聖人聖物，生於盛衰，聖王遭出，聖物遭見，（今本挩誤，校見彼篇。）猶吉命之人，逢吉祥之類也，其實相遇，非相爲出也。」與此意同。白魚入于王舟，王陽曰：「偶適也。」漢書：「王吉，字子陽。」時人稱爲王陽。漢書王尊傳、楊泉物理論（意林引。）並云「王陽」。此述王陽語，不見本傳。白魚入于王舟，爲武王伐紂之瑞，豈子陽論其事歟？光祿大夫劉琨，後漢書儒林傳、陳留耆舊傳（御覽八六八。）并作「昆」。前爲弘農太守，虎渡河，光武皇帝曰：「偶適自然，非或使之也。」俞曰：後漢書本傳：「詔問昆曰：『前在江陵，反風滅火，後守弘農，虎北渡河，行何德政，而致是事？』昆對曰：『偶然耳。』」此以昆對光武語爲光武之言，蓋傳聞之失，當以史爲正。故夫王陽之言「適」，光武之曰「偶」，可謂合於自然也。

本性篇章炳麟辨性上篇：「儒者言性有五家：無善無不善，是告子也。善，是孟子也。惡，是孫卿也。善惡混，是揚子也。善惡以人異殊上中下，是漆雕開、世碩、公孫尼、王充也。」

情性者，人治之本，禮樂所由生也。故原情性之極，禮爲之防，樂爲之節。白虎通禮樂篇：「禮所以防淫佚，節其侈靡；樂所以崇和順，比物飾節。」性有卑謙辭讓，故制禮以適其宜；情有好惡喜怒哀樂，故作樂以通其敬。盼遂案：悼厂云：「『敬』疑是『和』字之訛。莊子天下篇『樂以德和』，又荀子樂論篇於樂與和之説尤多，不應王氏獨異也。」禮所以制，樂所爲作者，情與性也。孫曰：此承上制禮作樂而言，疑當作「禮所以爲制，樂所以爲作者，情與性也」。今本殘脱，文義不明。暉按：孫説非也。玉篇：「以，爲也。」爲，亦猶「以」也。詳經傳釋詞。上言「所以」，下言「所爲」，互文也。此承上爲文，意謂所以制禮作樂者，因欲適性之宜，通情之敬也。文義甚明。若依孫説，以禮因性故曰制，樂因情故曰作，殊失王氏之旨。須頌篇：「禮者上所制，故曰制；樂者下所作，故曰作。」是禮所以爲制，樂所以爲作者，初非因「性」與「情」也。盼遂案：「所爲」猶「所以」也，爲、以古通用。「樂所爲作」，即樂所以作也。孫氏改爲「禮所以爲制，樂所以爲作」，失辭矣。昔儒舊生，著作篇章，莫不論説，莫能實定。

周人世碩藝文志：「世子二十一篇，名碩，陳人也。七十子之弟子。」此云周人，與漢志異。

以爲「人性有善有惡，舉人之善性，養而致之則善長；舊校曰：一有「無固」字。〔惡〕性，惡養而致之則惡長」。孫曰：本作「惡性，養而致之則惡長」，與上「善性，養而致之則善長」對文。今作「性惡」，蓋誤倒也。王應麟漢書藝文志考證引此，正作「惡性」，知宋本尚未倒也。暉按：孫説是也。玉海五三引亦作「惡性」。又按：以下文例之，此文蓋述世子語。如此，則〔情〕性各有陰陽，「性」上舊校曰：一有「情」字。陳世宜曰：玉海五三引正有「情」字。暉按：王應麟漢書藝文志考證引無「情」字，豈與揖玉海時所據本不同邪？善惡在所養焉。故世子作養〔性〕書一篇。陳世宜曰：玉海五三引「養」下有「性」字，當據補。暉按：王應麟漢書藝文志考證卷五引無「性」字。密子賤、漆雕開、公孫尼子之徒，藝文志：「宓子十六篇。」注：名不齊，字賤。孔子弟子。」趙策作服子。顏氏家訓書證篇：「虙子賤，俗字爲『宓』，或復加『山』。」史記弟子傳：「漆雕開，字子開。」鄭玄曰：「魯人。」家語弟子解云：「蔡人，字子若。」藝文志、人表並作「漆雕啟」，蓋名啓，字子開。史公避景帝諱，家語不足據。漢志儒家：「漆雕子十三篇。」注：孔子弟子漆雕啓後。」云其後者，蓋書爲後人記啓説也。又：「公孫尼子二十八篇。」注：七十子之弟子。」隋志注：「似孔子弟子。」三書並佚，馬國翰有輯本。亦論情性，與世子相出入，皆言性有善有惡。孟子告子篇：「或曰：『有性善，有性不善。』」蓋即謂此輩。近人陳鐘凡諸子通誼下、論性篇以世碩之倫謂性善惡混，非也。揚雄主善惡混，世碩主有善有惡，兩者自異。故仲任以世碩頗得其正，而揚雄未盡性之理。

孟子作性善之篇，孟子外書有性善篇，趙岐以爲後世依託者。以爲「人性皆善，及其不善，物亂之也」。以下文孫卿「作性惡之篇，以爲『人性惡，其善者，僞也』」例之，知此述孟子語。謂人生於天地，皆禀善性，長大與物交接者，舊校曰：一有「欲」字。放縱悖亂，不善日以生矣。

若孟子之言，人幼小之時，無有不善也。微子曰：「我舊云孩子，王子不出。」尚書微子篇「孩」作「刻」。此作「孩」者，今文經也。示兒編十三以爲仲任誤引經文，失之。紂爲孩子之時，微子睹其不善之性，性惡不出衆庶，長大爲亂不變，故云也。劉先生曰：陳喬樅云：「論衡稱『微子曰』者，目尚書之篇名，非以此爲微子之言也。『微子睹其不善之性』句，『微子』下脱一『父』字。」魏源云：「『微子睹其不善之性』句，『微子』字誤，當作『父師』。」他若王氏尚書後案、江氏尚書集注、劉氏尚書集解，并斥仲任此説爲謬。段玉裁云：「此今文尚書，『刻』字作『孩』，其説如此。但古文尚書，此語出父師口，仲任系諸微子，疑今文尚書多『微子若曰』四字。」孫星衍云：「充時猶見古文尚書章句，當本歐陽、夏侯之義。」愚以爲仲任今文經師，本書所引尚書説，多本之夏侯、歐陽舊義，至可寶貴。既釋云「紂爲孩子之時，微子睹其不善之性」，則「微子」二字不誤，亦非尚書篇名，孫説得其誼，餘并臆説，不可從也。孫星衍曰：「『性惡不出衆庶』者，釋名云：『出，推也，推而前也。』言其資質不能在衆庶之前。」**羊舌食我初生之時**，左昭二十八年傳，羊舌食我作「楊食我」。杜預曰：「食我，叔向子，伯石也。」晉語八韋注同。列女傳作「伯碩」。「石」、「碩」古通。**叔姬視之**，列女傳八：「叔姬，羊舌子之妻，叔向、叔魚之母。」俞曰：左昭三年傳正義曰：「世族譜云：『羊舌氏，晉之公族也。羊舌，其所食邑名。』」唯言晉之公族，不言出何公也。今以此文證之，叔向之母姬姓，則羊舌氏非晉公族。洪亮吉曰：世族譜云：「叔向，晉之公族。」今論衡云向母姬姓，是向之父取于同姓也。列女傳、潛夫論〔一〕并云叔向母爲叔姬。**及堂，聞其啼聲而還，曰：「其聲，豺狼之聲也，野心無親。非是莫滅羊舌氏。」遂不肯見。及長，祁勝爲亂，食我與焉。**盼遂案：一本「祁」上有「與」字，非也。下文明有「與」字，讀去聲，參與也。淺人不察，因誤於上句沾「與」字，有牀上安牀之嫌矣。**國人殺食我，羊舌氏由是滅矣。**左昭二十八年傳：「祁勝與鄔臧通室，祁盈執之。勝使人言於晉侯，晉侯執祁盈。盈之臣乃殺勝。晉殺祁盈，及食我。食我，祁盈之黨，助亂，故殺之。」此文似謂食我爲祁勝黨，列女傳同，與左氏違異。「祁」上舊校曰：一有「與」字。暉案：列女傳八，正作「及長，與祁勝爲亂，晉人殺食我」。爲此文所本。「食我與焉」句，疑爲注語，誤入正文，校者則删此「與」字。**紂之惡，在孩子之時；**

〔一〕「論」，原本作「傳」，涉上「傳」字誤，今改。

食我之亂，見始生之聲。孩子始生，未與物接，誰令悖者？丹朱生於唐宫，「生」，通津本誤作「土」，此從天啓本、錢、黄、鄭、王各本改。堯封於唐，故曰唐宫。見吉驗篇注。商均生於虞室，堯典：「釐降二女于嬀汭，嬪于虞。」疏引皇甫謐曰：「今河東太陽山西虞地是也。」水經河水注四：「軨橋東北有虞原，原上道東，有虞城，堯妻舜以嬪于虞者也。」嬀汭與虞，於地爲一，道元既前載嬀汭出于歷山，此紀誤也。盼遂案：「土」爲「出」之誤字。草書「出」字作㞢，故易相淆。程榮本作「生」，亦通。唐、虞之時，可比屋而封，見率性篇注。所與接者，必多善矣，二帝之旁，必多賢矣，然而丹朱傲，商均虐，並失帝統，歷世爲戒。且孟子相人以眸子焉，心清而眸子瞭，心濁而眸子眊。孟子離婁篇：「存乎人者，莫良于眸子。眸子不能掩其惡，胸中正則眸子瞭，胸中不正則眸子眊焉。」趙注：「眸子，目瞳子也。瞭，明也。眊者，蒙蒙目不明之貌。」人生目輒眊瞭，眊瞭禀之於天，不同氣也，非幼小之時瞭，長大與人接乃更眊也。更，變也。黄震曰：「孟子以眸子觀人正否。眸子禀於天不同，與性善説自異。」性本自然，善惡有質，孟子之言情性，未爲實也。

然而性善之論，亦有所緣。或仁或義，性術乖也；動作趨翔，性識詭也。面色或白或黑，身形或長或短，至老極死，不可變易，天性然也。皆知水土物器形性不同，而莫知善惡稟之異也。劉先生曰：「或仁或義」上，疑脱「人稟天地之性，懷五常之氣」十一字。「動作趨翔」下，疑敓「或重或輕」四字。下文可證。暉按：「或仁」以下五十九字，原爲下文，誤奪在此。「性善之論，亦有所緣」，乃就孟子之説，推原其義。下「一歲嬰兒」云云，正證成性善之論。下「告子之言，亦有緣也」，舉「詩曰」以證之；「性惡之言，亦有緣也」，舉嬰兒無推讓之心以證之，與此文例正同。此五十九字，乃謂人本有善惡之質，以水土物器身形爲比，與孟子善性之説，義正相反。則與「亦有所緣」義不相貫，其證一。下文自「人稟天地之性」，至「天性然也」，與此文全同。一篇之中，重出如許文字，而義又别無所託，文理不通，其證二。「皆知水土物器形性不同」句，與上句義不相屬。仁義動作，只言及性，白黑長短，只言及形，所云「水土」無指。下文有「九州田土之性，水潦清濁之流」，故以「水土」承之。則知當次於彼，而錯於此也，其證三。一歲嬰兒，句上舊校曰：一有「告子曰」字。暉案：不當有，説已見上。無争奪之心，長大之後，或漸利色，「漸」義，見率性篇注。狂心悖行，由此生也。

告子與孟生同時，墨子公孟篇有告子。孟子告子篇趙注：「名不害，兼治儒墨之道者，嘗學於孟子。」趙氏蓋隱據墨子而以兩者爲一人。王應麟、洪頤煊説并同。孫詒讓曰：「以年代校之，墨子書告子，自與墨子同時。後與孟子問答者，當另爲一人。」閻若璩、毛奇齡并謂浩生不害非告子，趙注自相矛盾，而云名不害。朱子亦沿其誤。其論性無善惡之分，譬之湍水，決之東則東，決之西則西。夫水無分於東西，猶人〔性〕無分於善惡也。「人」下當有「性」字。此文正論人性。下文「夫告子之言，謂人之性與水同也。使性若水，可以水喻性」。明此文正以性喻水，非以人喻水也。今本此文「人」下脱「性」字，則仲任之論，失所據矣。孟子告子篇：「人性之無分於善不善也，猶水之無分於東西也。」正作「人性」，是其切證。「決之東則東，決之西則西」，孟子告子篇作「決諸東方則東流，決諸西方則西流」。世説新語卷下之下注引孟子同此。疑所見本若是。趙注：「湍者，圜也。謂湍湍瀠水也。」

夫告子之言，謂人之性與水同也。使性若水，可以水喻性，猶金之爲金，木之爲木也。人善因（固）善，惡亦因（固）惡，兩「因」字並爲「固」字形近而誤。「人善固善，惡亦固惡」，乃仲任所謂上下兩品者。下文「極善極惡，非復在習，聖化賢教，不能復移」，即此人有固善固惡之義。若作「因」，則失其旨。上文：「性本自然，善惡有質。」下文：「而莫知善惡稟之異也。」是善惡之質，乃稟受不同，故人性有固善固惡。初稟天然之姿，受純壹之質，故生而兆見，善惡可察。無分於善惡，可推移者，謂中人也，不善不惡，須教成者也。故孔子曰：「中人以上，可以語上也；中人以下，不可以語上也。」論語雍也篇。告子之以決水喻者，徒謂中人，不指極善極惡也。孔子曰：「性相近也，習相遠也。」論語陽貨篇。夫中人之性，在所習焉，習善而爲善，習惡而爲惡也。至於極善極惡，非復在習，故孔子曰：「惟上智與下愚不移。」論語陽貨篇。性有善不善，聖化賢教，不能復移易也。孔子，道德之祖，諸子之中最卓者也，説文：「卓，高也。」而曰「上智下愚不移」，故知告子之言，未得實也。

夫告子之言，亦有緣也。詩曰：「彼姝之子，何以與之。」亦見率性篇，上「之」字，作「者」。其傳曰：「譬猶練絲，染之藍則青，染之朱則赤。」已注率性篇。夫決水使之東西，猶染絲令之青赤也。丹朱、商均已染於唐、虞之化矣，然而丹朱傲而商均虐者，至惡之質，不受藍朱變也。

孫卿有反孟子，作性惡之篇，漢避宣帝諱，改「荀」爲「孫」，名況，時人尊號曰「卿」。以爲「人性惡，其善者，僞也」。見荀子性惡篇。性惡者，以爲人生皆得惡性也；僞者，長大之後，勉使爲善也。荀子正名篇：「慮積焉，能習焉，而後成，謂之僞。」此義正合。楊注以「僞」爲「矯」，失之甚也。

若孫卿之言，人幼小無有善也。「小」下疑有「之時」二字。上文「若孟子之言，人幼小之時，無有不善也」，與此文法一律。〔后〕稷爲兒，劉先生曰：意林、御覽八二三引「稷」上有「后」字。今據增。以種樹爲戲；種，殖。樹，蒔也。史記周紀：「棄爲兒時，其游戲好種樹麻菽，及長，遂好耕農。」孔子能行，以俎豆爲弄。史記孔子世家：「孔子爲兒嬉戲，常陳俎豆，設禮容。」

石生而堅，蘭生而香。〔生〕稟善氣，長大就成，孫曰：「稟」上脱「生」字。「長大」之義，即承「生」字言之。意林引有「生」字。當據補。朱、吴説同。故種樹之戲，爲唐司馬；注見吉驗篇。俎豆之弄，爲周聖師。稟蘭石之性，故有堅香之驗。夫孫卿之言，未爲得實。然而性惡之言，〔亦〕有緣也。孫曰：「有」上當有「亦」字。上云：「孟子之言情性，未爲實也。然而性善之論，亦有所緣。」又云：「故知告子之言，未得實也。夫告子之言，亦有緣也。」並有「亦」字。一歲嬰兒，無推讓之心，見食，號欲食之；睹好，啼欲玩之。長大之後，禁情割欲，勉厲爲善矣。劉子政非之曰：「如此，則天無氣也。陰陽善惡不相當，則人之爲善，安從生？」未知何出。義亦不明。

陸賈曰：「天地生人也，以禮義之性。人能察己所以受命則順，順之謂道。」嚴可均鐵橋漫稿五：「今新語十二篇無此文。論衡但云陸賈，不云新語，或當在漢志之二十三篇中。」暉案：案書篇：「新語皆言君臣政治得失。」是新語乃政務之書，今存見者正如是。此引，則論性命，故不在其中。

夫陸賈知人禮義爲性，人亦能察己所以受命。以上下文例求之，此二句，乃複述引語，揭明其義。下「性善者不待察而自善」云云，則抒己見。是此文當作「夫陸賈之言，謂人禮義爲性」，與下文「若仲舒之言，謂孟子見其陽，孫卿見其陰也」；「夫子政之言，謂性在身而不發，情接於物」，文同一律。蓋「之」以聲誤爲「知」，校者則妄删「言謂」二字，遂使此文無複述引語之句，而與前後文例不符矣。性善者，不待察而自善；性惡者，雖能察之，猶背禮畔義。「畔」、「叛」字通。義挹於善，義不明。不能爲也。盼遂案：次「義」字涉上文而衍。「挹於善不能爲」，即下「性惡不爲，何益於善」之意，加「義」字則不通。故貪者能言廉，亂者能言治。盜跖非人之竊也，莊蹻刺人之濫也，非，亦刺也，讀作「誹」。明能察己，口能論賢，性惡不爲，何益於善？陸賈之言，未能得實。陸賈所云，只爲知善，不足明性善。性善、知善自異。方苞原人上明性善之説〔一〕，舉元兇劭、柳璨臨刑時語以證之。不知人智類能明善惡之分，故性惡之口，時出善言。其義早爲陸生所發，亦早爲仲任所破。

董仲舒覽孫、孟之書，作情性之説曰：「天之大經，一陰一陽；人之大經，一情一性。性生於陽，情生於陰。孝經援神契：「性生於陽以理執，情生於陰以繫念。」（御覽八八一。）説文：「情，人之陰氣，有欲者；性，人之陽氣，性善者也。」白虎通情性篇：「性者陽之施，情者陰之化。人稟陰陽氣而生，故内懷五性六情。」並與董氏義同。陰氣鄙，陽氣仁。文選東京賦注引廣雅曰：「鄙，固陋不惠。」鹽鐵論鍼石篇：「争而不讓，則入於鄙。」師古曰：「鄙，謂不通。」非

〔一〕此句有誤，疑當爲：「方苞，上元人，明性善之説。」方苞寄籍上元。

也。鉤命決曰："情生於陰，欲以時念也。性生於陽，以就理也。陽氣者仁，陰氣者貪，故情有利欲，性有仁也。"(白虎通引。)曰性善者，是見其陽也；謂惡者，是見其陰者也。"情性篇未見，今傳春秋繁露已佚其大半矣。一曰："非篇名。"繁露深察名號篇、實性篇尚見其旨。深察名號篇曰："人之誠有貪有仁，仁貪之氣，兩在於身。天有陰陽之施，身亦有貪仁之性，與天道一也。"又曰："身之有性情也，若天之有陰陽也。"又漢書董仲舒傳："性命之情，或夭或壽，或仁或鄙。"師古曰："仁鄙，性也。"

若仲舒之言，謂孟子見其陽，孫卿見其陰也。處二家各有見，可也；處，猶審度辨察也。見經義述聞卷三十一、俞樾讀法言。不處人情性〔情性〕有善有惡，未也。"情性"二字不當重出。仲舒正論"性生於陽，情生於陰"，非"不處人情性"也。"情性有善有惡"，正仲任所主，非爲"未也"。是二字重出，則文義不通。"不處人情性有善有惡未也"十一字爲句。奇怪篇："言其不感動母體，可也；言其開母背而出，妄也。"與此文例正同。夫人情性，同生於陰陽，其生於陰陽，有渥有泊。玉生於石，有純有駮；情性〔生〕於陰陽，安能純善？劉先生曰："'情性於陰陽'，義不可通。'情性'下疑脱'生'字。上文：'夫人情性，同生於陰陽，其生於陰陽，有渥有泊。''情性'下並有'生'字，是其證也。"盼遂案："'性'下當有'生'字。"仲舒之言，未能得實。

劉子政曰：「性，生而然者也，告子曰：「生之謂性。」荀子正名篇曰：「生之所以然謂之性。」中庸曰：「天命之謂性。」王制疏引孝經説曰：「性者，生之質。」義與子政并同。定性之質，衆説同歸；其質若何，所見紛矣。在於身而不發；情，接於物而然者也，出形〔出〕於外。孫曰：「出形」當作「形出」，下文并作「形出」可證。樂記曰：「人生而静，天之性也；感於物而動，性之欲也。」爲子政所本。形外，則謂之陽；不發者，則謂之陰。」

夫子政之言，謂性在身而不發。情接於物，形出於外，故謂之陽；性不發，不與物接，故謂之陰。夫如子政之言，乃謂情爲陽，性爲陰也。與仲舒義違。不據本所生起，不依據性所禀受者。苟以形出與不發見定陰陽也。「苟」猶「但」也。見經傳釋詞。「形出」與「不發」，并承述上文，「見」字疑傳寫誤增。必以形出爲陽，性亦與物接，造次必於是，顛沛必於是。論語里仁集解引馬曰：「造次，急遽也。顛沛，僵仆也。」謂雖急遽僵仆，不離於性也。惻隱不忍，不忍仁之氣也；「不忍」二字，衍文，蓋寫者重出也。「惻隱不忍，仁之氣也」，與下「卑謙辭讓，性之發也」文法一律。下「惻隱卑謙，形出於外」，正分承此文。若「不忍」二字未衍，則「惻隱」二字乃成副詞。當以「不忍」承之，而不當以「惻隱」也。是其證。卑謙辭讓，性之發也，有與接會，故惻隱卑謙，形出於外。謂性在内，不與物接，恐非其實。不論性之善惡，徒議外内陰陽，理難以知。且從子政之言，以性爲陰，情爲陽，夫人禀情

（性），「情」當作「性」，人性稟受於天，本書時見此義。命義篇「稟得堅强之性」，「稟性軟弱者」，率性篇「君子小人，稟性異類乎」，本篇下文「稟性受命」，「人稟天地之性」，并作「稟性」，是其證。竟有善惡不也？「不」讀作「否」。

自孟子以下，至劉子政，鴻儒博生，聞見多矣，然而論情性竟無定是。唯世碩、儒公孫尼子之徒，先孫曰：「儒」字衍。漢書藝文志儒家云：「世子二十一篇，名碩。公孫尼子二十八篇。」上文亦云：「周人世碩以爲人性有善有惡。」頗得其正。由此言之，事易知，道難論也。酆文茂記，楊曰：「酆」讀作「豐」。繁如榮華；恢諧劇談，漢書揚雄傳晉灼注：「劇，疾也。」劇談，疾言也。甘如飴蜜，未必得實。

實者，人性有善有惡，猶人才有高有下也，高不可下，下不可高。謂性無善惡，是謂人才無高下也。稟性受命，同一實也。無形篇：「用氣爲性，性成命定。」命有貴賤，性有善惡。謂性無善惡，是謂人命無貴賤也。九州田土之性，禹貢鄭注曰：「地當陰陽之中，能吐生萬物者曰土，據人工作力競得而田之則曰田。」爾雅釋文引李曰：「田，陳也，謂陳列種穀之處。」善惡不均，故有黃赤黑之别，上中下之差；禹貢曰：「兖州，厥土黑墳，厥田爲中下。徐州，厥土赤墳，厥田爲上中。雍州，厥土惟黄壤，厥田爲上上。」水潦不同，故有清濁之流，東西南北之趨。人稟天地之性，懷五常之氣，注見物勢篇。或仁或義，性術乖也；

動作趨翔，或重或輕，性識詭也。禮記樂記：「聲音動静，性術之變。」疏：「性術，性之道路。」後漢書馬融傳論：「識能匡欲者鮮矣。」李注：「識，性也。」面色或白或黑，身形或長或短，至老極死，不可變易，天性然也。〔皆知水土物器形性不同，而莫知善惡稟之異也〕。此十九字，據上文補。自「九州田土」以下，正論水土物器形性不同，故以此文結之。今奪入上文，遂使此義未足。率性篇曰：「稟氣有厚泊，故性有善惡。」即「善惡稟異」之義。

余固以孟軻言人性善者，「固」讀作「故」。中人以上者也；孫卿言人性惡者，中人以下者也；揚雄言人性善惡混者，法言修身篇曰：「人之性也，善惡混。修其善，則爲善人；修其惡，則爲惡人。」中人也。韓愈原性全襲此義。若反經合道，經，常也。公羊桓十一年傳：「權者，反於經，然後有善者也。行權有道。」陸淳春秋微旨序曰：「事或反經，而志協於道。」則可以爲教；盡性之理，則未也。

物勢篇

儒者論曰：「天地故生人。」此言妄也。如鄭注易坤靈圖云：「天故生聖君。」夫天地合氣，人偶自生也；猶夫婦合氣，子則自生也。夫婦合氣，非當時欲得生子，情欲動而合，合而生子〔一〕矣。後漢書孔融傳，融與禰衡曰：「父之於子，當有何親？論其本意，實爲情欲發耳。子之於母，亦復奚爲？譬如寄物瓶中，出則離矣。」持論正同。盼遂案：吴承仕曰：「問孔篇云：『猶人之娶也，主爲欲也，禮義之言，爲供親也。』」後漢書孔融傳路粹奏融曰：「融云『父之於子，當有何親？論其本意，實爲情欲發耳。子之於母，亦復奚爲？譬如物寄缻中，出則離矣。』」今考文舉之放言，殆本諸仲任斯論歟？且夫婦不故生子，以知天地不故生人也。然則人生於天地也，猶魚之（生）於淵，蟣虱之（生）於人也，劉先生曰：御覽九一一引作「猶魚生泉，蟣虱生於人也」。兩「之」字並作「生」，正與上句「人生於天地」之義相承，疑當從之。因氣而生，種類相產。朱校元本「種」作「衆」。萬物生天地之間，皆一實也。

〔一〕「生子」，原本作「子生」，據通津草堂本乙。

傳（或）曰：天地不故生人，人偶自生，劉先生曰：此仲任設論之辭，非所謂儒者傳書語也。「傳」當作「或」，字之誤耳。若此，論事者何故云盼遂案：自此至「文不稱實，未可謂是也」凡十五句，皆難者相駁詰之辭，主「天地故生人」之論也。「若」字上脱「難曰」二字。論衡於論辯之文，例不省曰字。「天地爲鑪，萬物爲銅，陰陽爲火，造化爲工」乎？賈誼語，見漢書本傳。義本莊子大宗師。案陶冶者之用火爍銅燔器，故爲之也；盼遂案：吴承仕曰：「賈誼鵩鳥賦曰：『天地爲鑪，造化爲工，陰陽爲炭，萬物爲銅。』論衡雖本於彼，要亦相承之舊物，故李善注引莊子語釋之。」而云天地不故生人，人偶自生耳，可謂陶冶者不故爲器，而器偶自成乎？夫比不應事，未可謂喻；文不稱實，未可謂是也。

曰：是喻人稟氣不能純一，若爍銅之下形，「形」讀作「型」。雷虚篇曰：「冶工之消鐵，以土爲形，燥則鐵下。」淮南修務篇曰：「純鈞、魚腸之始下型，擊則不能斷，刺則不能入。」盼遂案：吴承仕曰：「形假爲型。説文：『型，鑄器之法也。』下文云『模範爲形』正同。」燔器之得火也，非謂天地生人與陶冶同也。興喻人皆引人事。「興」字於義無取，疑涉上文「與」字僞衍。盼遂案：興、喻同意。周禮大司徒曰皆興注〔一〕：「興者，託事於物。」論語「詩可以興」注：「引

〔一〕此句有誤，當作「周禮大師『曰興』注」。

譬連類也。」此興、喻同類之證。黄氏謂「興」爲衍字，失之。人事有體，不可斷絕。陶冶一事，有「可故作」與「不可故生」二象，不可剖截爲二，故曰「不可斷絕」。下文「頭目手足」，即喻此義。以目視頭，頭不得不動；以手相足，「相」亦視也。足不得不搖。目與頭同形，手與足同體。今夫陶冶者，初埏埴作器，老子注：「埏，和也。」又釋文：「埴，黏土也。」必模範爲形，「範」，「笵」之叚字。説文：「笵，法也。」衆經音義二玄應曰：「以土曰型，以金曰鎔，以木曰模，以竹曰笵。一物材別也。」故作之也；燃炭生火，必調和鑪竈，故爲之也。及銅爍不能皆成，器燔不能盡善，不能故生也。

夫天不能故生人，則其生萬物，亦不能故也。天地合氣，物偶自生矣。夫耕耘播種，故爲之也；及其成與不熟，偶自然也。何以驗之？如天故生萬物，當令其相親愛，不當令之相賊害也。招魂王注：「賊亦害也。」

或曰：五行之氣，春秋繁露五行相生篇：「天地之氣，合而爲一，分爲陰陽，判爲四時，列爲五行。行者行也，其行不同，故謂之五行。」白虎通五行：「行者，欲言爲天行氣之義也。」淮南本經篇注：「五行，金木水火土也。水屬陰行，火爲陽行，木爲煥行，金爲寒行，土爲風行。五氣常行，故曰五行。」三説義同。洪範孔疏：「謂之行者，在天則五氣流行，在地世所行用也。」於「氣行」之外，又備「用行」之義。而於左昭二十五年傳疏則曰：「五物爲世所用行，故謂之五行。」是廢「氣行」舊説，非也。**天生萬物。**謂天行氣生物。白虎通五行篇：「水位在北方，北方者，陰氣在黄泉之下，任養萬物。水之爲言準也，養萬物平均有準則也。木在東方，東方者，陽氣始動，萬物始生。木之爲言觸也，陽氣動躍，觸地而出也。火在南方，南方者，陽在上，萬物垂枝。火之爲言委隨也，言萬物布施；火之爲言化也，陽氣用事，萬物變化也。金在西方，西方者，陰氣始起。金之爲言禁也，言秋時萬物陰氣所禁止也。土在中央，土之爲言吐也，主吐含萬物。」（今本白虎通多脱誤，此依月令疏引正。）**以萬物含五行之氣，五行之氣，更相賊害。**萬物各稟一行。月令鄭注曰：「麥實有孚甲，屬木。（吕覽孟春紀、淮南時則篇注，并云屬金。）菽實孚甲堅合，屬水。（淮南注屬火。）稷，五穀之長，屬土。麻實有文理，屬金。黍秀舒散，屬火。」又云：「羊，火畜也。（吕覽、淮南注土畜。）鷄，木畜。（淮南注屬火。）牛，土畜。犬，金畜。彘，水畜。」洪範五行傳行、畜配象與鄭同。孔穎達曰：「陰陽取象多塗，故午爲馬，酉爲鷄，不可一定。」水、火、金、木、土，即相刻之次。白虎通五行篇：「五行所以相害者，天地之性。衆勝寡，故水勝火也；精勝堅，故火勝金；剛勝柔，故金勝木；專勝散，故木勝土；實勝虚，故土勝水也。」

曰：天自當以一行之氣生萬物，令之相親愛，不當令五行之氣反使相賊害也。

或曰：欲爲之用，故令相賊害；賊害相成也。故天用五行之氣生萬物，人用萬物作萬事。不能相制，不能相使；不相賊害，不成爲用。金不賊木，木不成用；火不爍金，金不成器，故諸物相賊相利。含血之蟲，相勝服，相齧噬，相啖食者，皆五行

〔之〕氣使之然也。「行」下意增「之」字。上下文並作「五行之氣」可證。

曰：天生萬物，欲令相爲用，不得不相賊害也，則生虎狼蝮蚰及蜂蠆之蟲，衆經音義二引三蒼曰：「蝮蛇色如綬文，文間有鬐鬣，鼻上有針，大者長七八尺，有牙，最毒。」廣雅釋蟲：「蠆，蠍也。」毒蟲。**皆賊害人，天又欲使人爲之用邪？且一人之身，含五行之氣，故一人之行，有五常之操。五常，五行之道也。**「五行」舊作「五常」，各本誤同。吴曰：崇文局本改作「五行之道」是也。樂記「道五常之行」，鄭注云：「五常，五行也。」正義以木仁、金義等釋之，此論義同。暉按：朱校元本正作「五行之道」，今據正。易乾鑿度：「孔子曰：『八卦之序成立，則五氣變形，故人生而應八卦之體，得五氣以爲五常。』」按：五氣即五行之氣。潛夫論相列篇曰：「一人之身，而五行八卦之氣具焉。」盼遂案：「五常，五常之道也」，無義，疑當是「五藏，五行之道也」。五經異義引今文尚書歐陽説：「肝，木也。心，火也。脾，土也。肺，金也。腎，水也。」又引古文尚書説：「脾，木也。肺，火也。心，土也。肝，金也。腎，水也。」此五藏與五行相關之道。仲任治今文歐陽、夏侯尚書，故應有是論議。下文云：「五藏在内，五行氣俱。」正與此語相承。**五藏在内，五行氣俱。**白虎通情性篇：「人生而應八卦之體，得五氣以爲常，仁義禮智信是也。人本含六律五行氣而生，故内有五藏六府。五藏，肝心肺腎脾也。元命苞曰：『肝者木之精，肺者金之精，心者火之精，腎者水之精，脾者土之精。』」此今文歐陽尚書説。鄭注月令、高注淮南時則訓同。五經異義載古尚書説：「脾，木也。肺，火也。心，土也。肝，金也。腎，水也。」仲任今文家，知主前説。如論者之言，含血之蟲，懷五行之氣，輒相賊害；一人之身，胸懷五藏，自相賊也？一人之操，行義之心，自相害也？「行」疑爲「仁」字形譌。且五行之氣相賊害，含血之蟲相勝服，其驗何在？

曰：「曰」上疑有「或」字，方與前文一律，此乃或者之言。寅，木也，其禽虎也。戌，土也，其禽犬也。丑、未，亦土也，丑禽牛，未禽羊也。木勝土，故犬與牛羊爲虎所服也。亥，水也，其禽豕也。巳，火也，其禽虵也。子亦水也，其禽鼠也。午亦火也，其禽馬也。水勝火，故豕食虵；火爲水所害，故馬食鼠屎而腹脹。蔡中郎集月令問答云：「凡十二辰之禽，五時所食者，必家人所畜，丑牛，未羊，戌犬，酉鷄，亥豕而已。其餘龍虎以下，非食也。」王應麟曰：「『吉日庚午，既差我馬』，午爲馬之證也。『季冬出土牛』，丑爲牛之證也。」困學紀聞集證曰：「乾鑿度，孔子曰：『復表日角。』鄭注云：『表者，人體之章識也。名復者，初震爻也。震之體在卯，日出於陽，又初應在六四，於辰在丑爲牛，牛有角，復人表象。』是丑爲牛之證。史記陳世家，周太史筮敬仲完，卦得觀之否，云：『若在異國，必姜姓。』正義曰：『六四變此爻是辛未，觀上體巽，未爲羊，巽爲女，女乘羊，故爲姜。』是未爲羊之證。九家易注説卦曰：『犬近奎星，蓋戌宿值奎也。』是戌爲犬之證。易林坤之震亦云：『三年生狗，以成戌母。』」吴越春秋闔閭内傳曰：「吴在辰位龍，故小城南門上作龍。越在巳地，其位虵也，故南大門上有木虵。」以上皆十二生肖配辰見諸傳籍者。間有出於漢前。趙氏陔餘叢考據論衡此文，謂始自後漢。陳樹德曰：「書史：『相如作凡將篇，妙辯六律，測尋二氣，采日辰之禽，屈伸其體，升伏其勢，像四時之氣，爲之興降，曰氣候直時書。後漢東陽公徐安子，搜諸史籀，得十二時書，皆像神形也。』許慎說文解支幹之字，皆以陰陽之氣說之，蓋因氣候直時書義也。日辰之禽，屈伸其體以像之，只『巳』、『亥』可見，餘則遞變而不可究矣。」楊慎曰：「子鼠丑牛十二屬之說，自然之理，非後所能爲。觀篆字『巳』作蛇形，『亥』作豕形，餘可推矣。」方以智曰：「以十二生肖配十二辰，爲人命所屬，或曰皆不全之物。子鼠，目少光，齒利。丑牛，少齒，四蹄，足生骨四岐，實兩交剪蹄也。寅虎，短項，五爪最利。卯兔，缺脣，四蹄，耳長。辰龍，虧聰，五爪，小耳。巳蛇，無足，雙舌。午馬，虧膽，獨蹄，圓蹄也。未羊，乙木上視，虧瞳，四蹄。申猴，虧脾，五爪。酉鷄，隱形，無外腎，虧小腸，四爪。戌犬，虧大腸，善走。亥猪，無筋，謂强筋也。」又引王逵曰：「子爲陰極，幽潛隱晦，配鼠，藏跡。午爲陽極，顯陽剛健，配馬快行。丑爲陰，俯而慈愛，配牛舐犢。未爲陽，仰而秉禮，配羊跪乳。寅三陽，陽勝則暴，配虎性暴。申三陰，陰勝則黠，配猴性黠。卯酉爲日月二門，二肖皆一竅。兔舐雄毛則孕，感而不交也。鷄合踏而無形，交而不感也。辰巳陽極而變化，龍爲盛，蛇次之，故龍蛇配辰巳，龍蛇者，變化之物也。戌亥陰斂而拘守，狗爲盛，豬次之，故狗豬配戌亥，狗豬者，圈守之物也。」近人郭沫若甲骨文字研究，釋支干曰：「十二辰文字，其義可知者，如『子』當作『兇』，丑爲爪，寅爲矢，辰爲耨，『巳』當作『子』，午爲索，未爲穗，酉爲壺尊，戌爲戉。其不可知者，則『卯』當讀『劉』，申有重義，當屬孳乳，亥象異獸之形，但不知『二首六身』爲何物。辰龍巳蛇之說，爲在十二肖獸輸入之後。十二肖獸，始見論衡物勢、言毒、譏日三篇。新莽嘉量銘『巳』已作「𠃉」，酷似蛇形，則西漢時已有之。印度、巴比倫、埃及均有之。殆漢時西域諸國仿巴比倫之十二宮而制定，再向四周傳播。其入中國，當在漢武帝通西域時。」

曰：審如論者之言，含血之蟲，亦有不相勝之効。廣雅釋言：「效，驗也。」「效」、「効」字通。此書效多訓驗，後不再出。**午，馬也。子，鼠也。酉，雞也。卯，兔也。水勝火，鼠何不逐馬？金勝木，雞何不啄兔？亥，豕也。未，羊也。丑，牛也。土勝水，牛羊何不殺豕？巳，虵也。申，猴也。火勝金，虵何不食獼猴？**「獼猴」即「猕猴」。廣雅釋獸：「猱狙，猕猴也。」「獼」轉爲「母」，說文：「爲，母猴也。」「母」又音轉爲「馬」。猶呼「母」爲「媽」也。馬猴今語猶存。馬有大義，如馬藍、馬薊之類。初學記引孫炎爾雅注：「猱，母猴也。」吴都賦劉逵注：「猱似猴而長尾。」**獼猴者，畏鼠也。嚙獼猴者，犬也。鼠，水。獼猴，金也。水不勝金，獼猴何故畏鼠也？戌，土也。申，猴也。**盼遂案：當是「申，金也」，與上下文義方合。星禽之說，非此所施。**土不勝金，猴何故畏犬？**閻若璩曰：「獨不及辰之禽龍。」今按十二生肖，此見十一，龍見言毒篇。彼文曰：「辰爲龍，巳爲蛇。」

東方，木也，其星倉龍也；占經二三引淮南天文訓許注：「木冒地而生也。」說文：「木冒地而生，東方之行。」高誘注：「木色蒼，龍順其色也。」盼遂案：「倉」當爲「蒼」之譌脱。**西方，金也，其星白虎也；南方，火也，其星朱鳥也；**高注：「朱鳥，朱雀也。」夢溪筆談曰：「朱雀，或謂鳥朱者，或謂之長離，或云鳥即鳳也。」朱亦棟羣書札記曰：「謂朱鳥即鳳鳥者是。」**北方，水也，其星玄武也。**玄武，龜也。**天有四星之精，**文耀鉤曰：「東宮蒼帝，其精爲龍。南宮赤帝，其精爲朱鳥。西宮白帝，其精白虎。北宮黑帝，其精玄武。」（史記天官書索隱。）李巡曰：「大辰，蒼龍宿。」史記正義曰：「柳八星爲朱鳥。南斗六星，牽牛六星，並玄武之宿。」天官書：「參爲白虎。」**降生四獸之體，含血之蟲，以四獸爲長。**大戴禮易本命及樂緯（禮運疏。）曰：「羽蟲三百六十，鳳凰爲長。毛蟲三百六十，麟爲之長。甲蟲三百六十，龜爲之長。鱗蟲三百六十，龍爲之長。」禮運曰：「麟鳳龜龍，謂之四靈。」並以麟屬西方金。此云「白虎」者，五經異義曰：「公羊説，麟木精。左氏説，麟中央軒轅大角之獸。陳欽説，麟是西方毛蟲。許慎謹按，禮運云：『麟鳳龜龍，謂之四靈。』龍，東方也。虎，西方也。鳳，南方也。龜，北方也。麟，中央也。鄭駁云：古者聖賢言事，亦有効，三者取象天地人，四者取象四時，五者取象五行，今云四靈，則當四時，明矣。虎不在靈中，空言西方虎，麟中央，得無近誣乎。」仲任則同許説。取象於天，虎爲金行，故屬西方，乃本淮南天文訓。其義較鄭氏取象四時爲長。又按：蒼龍、朱鳥、玄武並言獸。上文云：「其禽虎也。」遭虎篇云：「虎亦諸禽之雄也。」講瑞篇云：「野禽並角。」指瑞篇云：「鳳凰麒麟，仁聖禽也。」是應篇云：「一角之羊，何能聖於兩角之禽。」讖日篇云：「子之禽鼠。」是於毛蟲之獸，而謂之禽。所以然者，曲禮「鸚鵡能言，不離飛鳥；猩猩能言，不離禽獸」。正義曰：「爾雅云：『二足而羽謂之禽，四足而毛謂之獸。』今鸚鵡是羽曰禽，猩猩四足而毛，正可是獸，今並云『禽獸』者，凡語有通別，別而言之，羽則曰禽，毛則曰獸。所以然者，禽者，擒也，言鳥力小，可擒捉而取之。獸者，守也，言其力多，不易可擒，先須圍守，然後乃獲，故曰獸也。通而爲説，鳥不可曰獸，獸亦可曰禽。故鸚鵡不曰獸，而猩猩通曰禽也。故易云：『王用三驅失前禽。』則驅走者亦曰禽也。又周禮司馬職云：『大獸公之，小禽私之。』以此而言，則禽不必皆鳥也。又康成注周禮（冢宰庖人。）云：『凡鳥獸未孕曰禽。』周禮又云：『以禽作六摯，卿羔，大夫鴈。』白虎通云：『禽者，鳥獸之總名。』（今本佚，御覽九一四亦引。）以此諸經證禽名通獸者，以其小獸可擒，故得通名禽也。」按：孔疏以獸可通名禽，是也。説文云：「禽，走獸總名。」謂禽不可通名獸，則非。曲禮朱鳥、玄武、青龍、白虎，鄭注謂之四獸，正與仲任此文同，可證。孔氏於彼疏云：「朱雀是禽，而總言獸者，通言耳。」其説得之。蓋獸爲鳥獸昆蟲之通稱。考工記云：「天下之大獸五：脂者，膏者，臝者，羽者，鱗者。」**四獸含五行之氣最較著，案龍虎交不相賊，鳥龜會不相害。**

以四獸驗之，以十二辰之禽效之，五行之蟲以氣性相刻，則尤不相應。

凡萬物相刻賊，含血之蟲則相〔勝〕服，「服」上疑脱「勝」字。上文云：「含血之蟲，相勝服，相齧噬。」又云：「五行之氣相賊害，含血之蟲相勝服。」並其證也。**至於相啖食者，自以齒牙頓利，**頓讀作「鈍」。**筋力優劣，**「筋」，俗「筋」字。**動作巧便，**巧便，捷速也。**氣勢勇桀。**桀猶强也。説文：「棄，从入、桀。桀，黠也。軍法入桀曰棄。」段注：「凡黠者必强。入桀者以弱勝强。」是桀有强義。儒增篇：「人桀於刺虎，怯於擊人。」桀亦猶强也。**若人之在世，勢不與適，**適讀作「敵」。**力不均等，自相勝服。以力相服，則以刃相賊矣。夫人以刃相賊，猶物以齒角爪牙相觸刺也。力强角利，勢烈牙長，則能勝；氣微爪短，誅膽小距頓（銖），**楊曰：「誅」恐是「味」字。劉盼遂曰：「誅」爲「銖」之誤字。淮南鴻烈齊俗訓：「其兵戈銖而無刃。」注：「楚人謂刀頓爲銖。」廣雅釋詁：「誅，鈍也。」是「爪短」與「距銖」爲駢辭，「頓」字實「銖」字之旁注，後人誤羼入正文，復譌「銖」爲「誅」。暉按：楊説非，劉説是也。盼遂案：吴承仕曰：「『誅』當作『味』。味，鳥口也。此句仍有誤文，無可據校。」「誅」爲「銖」之誤字。淮南子齊俗訓：「其兵戈銖而無刃。」注：「楚人謂刃頓爲銖。」廣雅釋詁：「銖，鈍也。」是「爪銖」與「距頓」爲駢辭，「短」字自「銖」之旁注，後人誤羼正文耳，亟宜刊去。楊守敬校云：「誅爲味之誤字。」誤與吴同。**則服畏也。人有勇怯，故戰有勝負，勝者未必受金氣，負者未必得木精也。孔子畏陽虎，卻行流汗，**未知何出。亦見言毒篇。盼遂案：畏陽虎事，各書無考，疑仲任用莊子盜跖篇事，而誤記爲陽虎也。盜跖篇曰：「孔子再拜趨走，出門上車，執轡三失，目茫然無見，色若死灰，據軾低頭，不能出氣。」與仲任此文甚爲吻合也。**陽虎未必色白，孔子未必面青也。**白，西方色，金也。青，東方色，木也。金刻木，故云。**鷹之擊鳩雀，鴞之啄鵠鴈，**莊子齊物論釋文司馬彪曰：「鶪，小鳩。」毛詩草木疏云：「大如班鳩，緑色。」**未必鷹鶪生於南方，而鳩雀鵠鴈産於西方也，**南方火，西方金。火刻金，故云。**自是筋力勇怯相勝服也。**劉先生曰：勇可以相勝服，而怯不可以相勝服，御覽九二六引此文「怯」作「壯」，於義爲長，疑當從之。暉按：今本不誤。相者，兼辭也。相勝服，「相勝」、「相服」也。對承「勇怯」二字，怯者服，而勇者勝也。上文「力不均等，自相勝服」，勇怯即力不均之義。御覽誤也。

一堂之上，必有論者；一鄉之中，必有訟者。訟必有曲直，論必有是非，非而曲者爲負，是而直者爲勝。亦或辯口利舌，辭喻横出爲勝；或詘弱綴跲，蹥蹇不比者爲負。孫曰：「綴」蓋「躓」之借字。説文：「躓，跲也。」綴、躓聲紐同。暉案：「綴」爲「蹳」之借字。「綴」、「蹳」并从「叕」聲。廣雅釋詁二：「蹳、蹶，跳也。」釋詁三：「蹷，敗也。」莊子人間世：「爲顛而滅，爲崩而蹶。」説文：「蹶，僵也。」曲禮鄭注：「蹶，行遽貌。」蹶、蹷并从「欮」聲，與「叕」并在古音十五部，音同義通，並爲遽行皃，義轉爲仆躓。不必讀作「躓」也。禮記中庸：「言前定則不跲。」即此「綴跲」之義。鄭注：「跲，躓也。」正義曰：「字林云：『跲，躓也。』躓謂倒蹶也。將欲發言，豫前思定，然後出口，則言得流行，不有躓蹶也。」「綴跲」與「蹥蹇」義稍違異，「綴跲」爲言不前定而敗，猶遽行而仆也。「蹥蹇」則爲口吃而不能遽談。易蹇卦六四爻：「往蹇來連。」釋文：「蹇，序卦皆云『難也』。連，馬云：『亦難也。』鄭云：『遲久之義。』」漢書序傳：「紛屯亶與蹇連兮。」屯亶、蹇連，並艱險義。倒言則爲「連蹇」。漢書揚雄傳解嘲曰：「孟軻雖連蹇，猶爲萬乘師。」「連蹇」

謂口吃也。（此从王先謙説。）口吃亦爲言之難。衆經音義一引通俗文曰：「言不通利謂之謇吃。」列子力命篇：「𧬈極淩誶。」張注：「𧬈極，訥澀之貌。」方言：「𧭈，吃也。或謂𨇾。」郭注：「語𨇾難也。」蹇、謇、𧬈、𧭈字並通。「比」，漢書諸侯王表注云：「相接次也。」「不比」，謂話斷續不接。盼遂案：「綴」爲「黜」之借字。方言：「黜，短也。」郭注：「蹶黜，短小貌。」廣雅亦云：「黜，短也。」故與「跆」爲同類。孫氏謂「綴」爲「躓」借，於音理違矣。吴承仕曰：「『綴』讀爲無尾屈之屈，短也，亦以『叕』爲之。淮南子人間訓：『愚人之思叕。』高注：『叕，短也。』正本此。」**以舌論訟，猶以劍戟鬭也。利劍長戟，手足健疾者勝；頓刀短矛，手足緩留者負。**

夫物之相勝，「夫」舊作「天」，今據各本正。**或以筋力，或以氣勢，或以巧便。小有氣勢，口足有便，則能以小而制大；大無骨力，**「骨力」於義未安，疑爲「筋力」之誤，上文並作「筋力」。説文：「力，筋也，治功曰力。」**角翼不勁，則以大而服小。鵲食蝟皮，**史記龜筴傳：「蝟辱於鵲。」説苑辨物篇曰：「鵲食蝟。」續博物志云：「蝟能跳入虎耳，見鵲便自仰腹受啄。」淮南説山篇曰：「鵲矢中蝟。」「中」，殺也。未驗實否。**博勞食蛇，**方以智曰：「伯勞，苦吻鳥也。字又作『伯鷯』、『伯趙』、『博勞』，即鶪鳩姑苦也。夏小正作『伯鷯』，詩疏作『博勞』。郭璞注爾雅曰：『鶪，似鶷鶡而大。』張華曰：『伯勞形似鴝鵒，鴝鵒喙黄，伯勞喙黑。』許慎曰：『鸜鴿似鶪有幘。』張、許説則似百舌，郭説則似苦鳥。鶪單栖鳴則蛇結，而百舌不能制蛇，當以郭説爲正。則今之苦吻子也。如鳩黑色，以四月鳴曰苦苦，又名姑惡，俗以婦被姑苦死而化。」暉按：伯勞喜食蟲，食蛇未驗。呂氏春秋仲夏紀高注：「伯勞夏至後，應陰而殺蛇，磔之於棘，而鳴於上。」與仲任説同。蝟、虵不便也。蚊虻之力，不如牛馬，意林、御覽九四五引並作「蚊蝱不如牛馬之力」。較今本義長。蚊虻無力可言也。牛馬困於蚊虻，説文䖵部：「蝱，齧人飛蟲，以昬時出，俗作蚊。蝱，齧牛蟲。」「虻」，「蝱」俗字。國語楚語：「譬如牛馬處暑之既至，蝱䗈之既多，而不能掉其尾。」説苑曰：「蚊蝱走牛羊。」蚊虻乃有勢也。鹿之角，足以觸犬，獼猴之手，足以搏鼠，廣雅釋詁：「搏，擊也。」然而鹿制於犬，獼猴服於鼠，角爪不利也。燕山録曰：（續博物志。）「猿有手可以捕鼠，而制於鼠，鹿有角可以觸犬，而制於犬。」故十年（圍）之牛，孫曰：「十年」於義無取，「十年」當作「十圍」，蓋圍殘爲韋，又誤爲年。意林，御覽八九九、事類賦二二引並作「圍」。劉先生曰：御覽八九〇引亦作「圍」。爲牧豎所驅；長仞之象，意林引「長」作「數」。爲越僮所鉤，盼遂案：「長仞」，意林引作「數仞」是也。「長」與「數」草書形近。無便故也。故夫得其便也，則以小能勝大；無其便也，則以彊服於羸也。羸，弱也。

奇怪篇

儒者稱聖人之生，不因人氣，更稟精於天。詩生民疏引五經異義：「詩齊、魯、韓，春秋公羊説，聖人皆無父，感天而生。左氏説，聖人皆有父。謹案：堯典『以親九族』，即堯母慶都感赤龍而生堯，堯安得九族而親之。禮讖云：『唐五廟。』知不感天而生。玄之聞也，諸言感生得無父，有父則不感生，此皆偏見之説也。商頌曰：『天命玄鳥，降而生商。』謂娀簡吞鳦子生契，是聖人感生，見於經之明文。劉媪是漢太上皇之妻，感赤龍而生高祖，是非有父感神而生者也？天氣因人之精，就而神之，又何多怪？」許慎於説文亦主感生説，曰：「古之神聖人母，感天而生子。」此稱儒者，三家詩及公羊説也。**禹母吞薏苡而生禹，故夏姓曰姒；**御覽皇親部一、續博物志引禮含文嘉曰：「禹母脩己吞薏苡而生禹，因姓姒氏。」路史後紀十二注引書帝命驗云：「白帝以星感。脩紀山行，見流星貫昴，感生姒戎文命禹。」孝經鉤命訣云：「命星貫昴，脩紀夢接生禹。」**卨母吞燕卵（子）而生卨，**「燕卵」當作「燕子」。下諸「燕卵」字并同。因吞薏苡而生則姓苡，（此從詰術篇。作「姒」，疑非其舊。）因吞燕子而生則姓子，取意正同。下文云：「以周『姬』況夏、殷，亦知『子』之與『姒』，非燕子、薏苡也。」正作「燕子」。若作「燕卵」，則當有「卵者，子也」之訓，而殷姓子之義乃明；今無「卵者，子也」之文，則知此文原作「燕卵」，不作「燕子」。詰術篇、講瑞篇、恢國篇述此事，並作「燕子」。日鈔引此文及下文「燕卵，鳥也」，又「遭吞薏苡、燕卵、履大人跡也」，并作「燕子」，俱爲切證。**故殷姓曰子；**史記殷本紀：「簡狄行浴，見玄鳥墮其卵，簡狄取吞之，因孕生契。姓子氏。」集解引禮緯曰：「祖以玄鳥生子也。」御覽八三引尚書中候云：「玄鳥翔水，遺卵於流，娀簡食吞，生契封商。」注：「玄鳥，燕也。」「卨」，古「契」字。漢書古今人表作「卨」。**后稷母履大人跡而生后稷，故周姓曰姬。**褚少孫續三代世表引詩傳（索隱謂即詩緯。）曰：「湯之先爲契，無父而生。契母與姊妹浴於玄丘水，有燕銜卵墮之，契母吞之生契，姓曰子氏。子者茲，茲益大也。后稷無父而生，姜嫄出見大人蹟而履踐之，生后稷，姓曰姬氏，姬者本也。」餘見吉驗篇注。盼遂案：此說本之春秋繁露三代改制篇。實則「跡」古音在支部，「姬」古音在之部，絶不相通。漢文支、之不分，故仲任得附會之，謂「姬」之音出於「跡」矣。吴承仕曰：「周本紀號曰后稷，別姓姬氏。集解引禮緯曰：『祖以履大跡而生。』裴駰引禮緯以説姬姓，然則論衡亦本緯文矣。」

詩曰「不坼不副」，是生后稷。大雅生民文。毛傳：「言易也。凡人在母，母則疾，生則坼副菑害其母，横逆人道。」説文引詩作「不𡍮不疈」，云：「𡍮，裂也。副，判也，籀文作疈。」林義光詩經通解曰：「『坼』讀爲『屰』。『坼』篆作『𡍮』，从『屰』得聲。『副』讀爲『幅』，幅者横也。『不屰不幅』，謂子生不逆不横，而毛詩誤作『不坼不副』。凡子在胞中，以頭向下爲順，而俗見則謂頭本居上，以孕滿十月，始轉向下。后稷未及期而生，宜有逆生横生之事，今不然者，故爲周人所驚。」趙氏吾亦廬稿義同。許慎訓「𢪛」爲「裂」，與毛詩同。並古文説也。下引説云：「后稷順生。」是讀「𢪛」爲「逆」，蓋三家義也。説者又曰：「禹、卨逆生，闓母背而出；淮南修務篇高注「禹母脩己感石而生。禹折胸而出。契母有娀氏之女簡翟吞燕卵而生契，愊背而出。」路史後紀十二注引蜀王本紀：「禹母吞珠孕禹，坼（路史誤「拆」，此从初學記。）疈而生於塗山。」御覽八二引世紀：「脩己吞神珠薏苡，胸坼而生禹。」又三七一引世紀：「簡狄浴玄丘之水，燕遺卵，吞之，剖背生契。」春秋繁露三代改制篇：「禹生發於背，契生發於胸。」（「生」誤「先」，从孫詒讓校。）盼遂案：春秋繁露三代改制質文篇：「禹主地法夏而王，祖錫姓爲姒氏。至禹〔一〕生發於背。」又云：「契先發於胸。」毛詩生民傳：「生則坼副，災害其母，橫逆人道。」知此説盛行於東、西漢矣。后稷順生，不坼不副。不感動母體，故曰『不坼不副』。逆生者，子孫逆死；順生者，子孫順亡。故桀、紂誅死，赧王奪邑。言之有頭足，故人信其説；明事以驗證，故人然其文。

讖書又言：「堯母慶都野出，赤龍感己，遂生堯。」蒼頡篇曰：「讖書，河、洛書也。」讖文曰：「讖，驗也。」（文選思玄賦舊注。）春秋合誠圖曰：「堯母慶都，蓋大帝之女，生於斗維之野，常在三河之南。天地大雷電，有血流潤大石之中，生慶都。身形長丈，有似大帝，常有黃雲覆蓋之。夢食不飢。（路史「夢」作「蔑」。）及年二十，寄伊長孺家，出觀三河之首，常若有神隨之者。有

〔一〕「禹」，原本作「於」，據春秋繁露改。

赤龍負圖出，慶都讀之，云：『赤受天運。』下有圖人，衣赤衣，面光，八彩，鬢鬚尺餘，長七尺二寸，鋭上豐下，足履翼星，署曰：『赤帝起，成天下寶。』」（淮南修務篇注引作「成元寶」。）奄然陰雨，赤龍與慶都合婚，有娠，龍消不見。既乳，視貌，堯如圖表。及堯有知，慶都以圖與堯。」（御覽八十引，文多誤。據路史後紀十注引正。）初學記九引詩含神霧曰：「慶都與金龍合婚，生赤帝伊祁堯。」隸釋帝堯碑云：「帝堯者，其先出自塊隗翼火之精，有神龍首出於常羊，（下缺）爰嗣八九，慶都與赤龍交而生伊堯。」成陽靈臺碑云：「昔者慶都，兆舍穹精，氏姓曰伊，游觀河濱，感赤龍交，始生堯。」又見御覽一三五引河圖。高祖本紀言：「劉媼嘗息大澤之陂，夢與神遇。是時雷電晦冥，太公往視，見蛟龍於上。廣雅釋魚：「有鱗曰蛟龍。」天問王注同。王念孫曰：「蛟龍爲二物，此非確訓。」案：此文所辯，不及於蛟，明是一物。吴汝綸曰：「上林賦『蛟龍赤螭』并舉，是一物也。」其説甚是。已而有身，盼遂案：「於」疑「居」之聲誤，下文「蛟龍居上」其證也。遂生高祖。」史記文。其言神驗，文又明著，世儒學者，莫謂不然。

如實論之，虛妄言也。

彼詩言「不坼不副」，言其不感動母體，可也；言其闓母背而出，妄也。夫蟬之生〔於〕復育也，闓背而出。無形篇曰：「蠐螬化爲復育，復育轉而爲蟬。」論死篇曰：「蟬之未蛻也爲復育。」是蟬由復育而生。亦見廣雅釋蟲。此云：「蟬之生復育。」其次正先後相反。御覽九五一引作「蟬生於復育」。「生」下當據補「於」字。「出」，御覽引同，王本、崇文本誤作「生」。王引之廣雅疏證曰：「今樹上蟬皮皆背裂，知其闓背而出。」天之生聖子，與復育同道乎？兔吮（舐）毫而懷子，廣韻十一暮、爾雅釋獸疏並引作「兔舐毫而孕」。白帖九七、初學記二九、御覽九〇七、事文類聚三七引並作「兔舐雄毫而孕」。博物志四曰：「兔舐毫望月而孕，口中吐子，舊有此說。」「吮」當據改作「舐」。説文：「吮，欶也。」釋名釋飲食曰：「嗽，促也，用口急促也。」吮，循也，不絕口，稍引滋汋，循咽而下也。」是吮爲勺口嗽吸也。嗽，音山角反，今語猶存。若吴起、鄧通之吮嗽癰血是也。施於毛物，義則未妥。説文：「舓，以舌取食也。」「舓」即「舐」。兔舐毫，若牛舐犢也。及其子生，從口而出。白帖、初學記、御覽引「而」並作「中」。廣韻、爾雅疏、事文類聚引並作「而」。案禹母吞薏苡，卨母嚥鷰卵（子），與兔吮毫同實也，禹、卨之母生〔子〕，宜皆從口，此承上「及其生子，從口而出」爲言，「生」下當有「子」字。一曰：「母」字涉上文衍。不當闓背。夫如是，闓背之説，竟虚妄也。世間血刃死者多，未必其先祖初爲人者，生時逆也。秦失天下，閻樂斬胡亥，趙高命閻樂誅胡亥，胡亥自殺也。項羽誅子嬰，秦之先祖伯翳，豈逆生乎？〔夫〕如是，「夫」字據上文例補。爲順逆之説，以驗三家之祖，以禹、契、稷爲驗。誤矣。

且夫薏苡，草也；説文作「蓄苢」，云：「一曰蓄英。」本艸經草部上品有薏苡人，味甘，微寒，主風溼痺下氣，除筋骨邪氣，久服輕身益氣。陶隱居云：「生交阯者，子最大。徐土呼爲薢珠。」續博物志曰：「薏苡一名薢珠。收子，蒸令氣餾，暴乾挼取之，作麪，主不饑。」燕卵（子），鳥也；劉先生曰：「燕卵」不得言鳥。御覽九二二引無「卵」字，疑當從之。暉按：御覽引作「鷰鳥也，形，非氣也。」漏引「薏苡、大人跡」，故得隨意删節。此乃薏苡、燕卵、大人跡三者并舉，承上爲文，不得獨省言「燕」。下文云：「三者皆形，非氣也。」若作「鷰」，則不得言其無氣矣。「燕卵」當作「燕子」，黄氏日鈔引此文正作「燕子」，是其證。餘詳上文。大人跡，土也，三者皆形，非氣也，安能生人？說聖者，以爲稟天精微之氣，故其爲有殊絶之知。今三家之生，以草，以鳥，以土，可謂精微乎？天地之性，唯人爲貴，則物賤矣。今貴人之氣，更稟賤物之精，安能精微乎？夫令鳩雀施氣於鴈鵠，終不成子者，何也？鳩雀之身小，鴈鵠之形大也。今燕之身不過五寸，薏苡之莖不過數尺，二女吞其卵、實，安能成七尺之形乎？爍一鼎之銅，以灌一錢之形，不能成一鼎，明矣。今謂大人天神，故其跡巨。巨跡之人，一鼎之爍銅也；姜原之身，一錢之形也，使大人施氣於姜原，姜原之身小，安能盡得其精？不能盡得其精，則后稷不能成人。

堯、高祖審龍之子，子性類父，龍能乘雲，堯與高祖亦宜能焉。萬物生於土，各似本種。不類土者，生不出於土，土徒養育之也。母之懷子，猶土之育物也。盼遂案：孔融物寄缻中之説，殆本於此。堯、高祖之母，受龍之施，猶土受物之播也，物生自類本種，夫二帝宜似龍也。且夫含血之類，相與爲牝牡，牝牡之會，會，交也。皆見同類之物，精感欲動，乃能授施。若夫牡馬見雌牛，〔雄〕雀見雄牝鷄，楊曰：「雄」在「牛」字下。暉按：元本、朱校元本、崇文本正如楊校，今據正。盼遂案：吴承仕曰：「疑是『雄雀見牝雞』。」二語宜是「牡馬見牝牛，雌雀見雄雞」，吴説與元本合。不相與合者，異類故也。今龍與人異類，何能感於人而施氣？

或曰：「夏之衰，二龍鬬於庭，異虚篇作「戰於庭」。鄭語作「同於庭」。史記周紀、天問王注並云「止於庭」。吐漦於地。韋昭曰：「漦，龍所吐沫，龍之精氣也。」五行志引劉向曰：「漦，血也。一曰沫也。」龍亡漦在，櫝而藏之。至周幽王發出龍漦，此厲王事也。異虚篇誤同。盼遂案：發龍漦事，諸書皆謂厲王，仲任則作幽王。本書異虚篇記此事亦作幽王。惟偶會篇云「二龍之妖當效，周厲適闓櫝」，獨作厲王，恐出後人所改。化爲玄黿，韋曰：「黿或爲蚖。蚖，蜥蜴也，象龍。」按：史記亦作「黿」。師古曰：「黿似鼈而大，非蛇及蜥蜴。」入於後宫，與處女交，遂生褒姒。玄黿與人異類，何以感於處女而施氣乎？」夫玄黿所交非正，故褒姒爲禍，周國以亡。以非類妄交，則有非道妄亂之子。今堯、高祖之母，不以道接會，何故二帝賢聖，與褒姒異乎？陳啓源毛詩稽古編〔一〕附録：「以時世考之，龍漦之妖，亦見其妄。」

或曰：「趙簡子病，五日盼遂案：「五日」當作「七日」。本書紀妖篇及史記趙世家皆云趙簡子病五日不知人，居二日半簡子悟，則病得七日也。又記秦穆公病亦七日而悟。知此當作七日，明矣。不知人。覺言，我之帝所，有熊來，帝命我射之，中熊，〔熊〕死；「中熊熊死」與「中羆羆死」句法一律。各本脱一「熊」字，當據史記趙世家、本書紀妖篇增。有羆來，我又射之，中羆，羆死。後問當道之鬼，鬼曰：『熊羆，晉二卿之先祖也。』范氏、中行氏之祖也。熊羆，物也，與人異類，何以施類（氣）於人，而爲二卿祖？」「施類」當作「施氣」。上文「今龍與人異類，何以感於人而施氣」，句義正同。夫簡子所射熊羆，二卿祖當亡，簡子當昌之秋（妖）也。「秋」當作「妖」。「妖」一作「祅」，「祅」、「秋」形近而誤。紀妖篇正論之曰：「是皆妖也。」并以爲妖象非實。下文「空虚之象，不必有實」，即承「妖」字爲義。論死篇：「枯骨鳴，或以爲妖也。」「妖」今誤「秋」，正其比。盼遂案：「秋」當是「妖」之誤。「妖」亦作「祅」，易誤爲「秋」。簡子見之，若寢夢矣，空虚之象，不必有實。假令有之，或時熊羆先化爲人，乃生二卿。魯公牛哀病化爲虎。注見無形篇。人化爲獸，亦如獸爲人。「爲」上疑有「化」字。玄黿

〔一〕「編」，原本誤作「篇」，今改。

入後宮，殆先化爲人。天地之間，異類之物相與交接，未之有也。

天人同道，好惡均心。人不好異類，則天亦不與通。人雖生於天，猶蟣虱生於人也，「蟣」，朱校元本、程本、天啓本、崇文本同。錢、黄、王本並誤「蟻」。人不好蟣虱，天無故欲生於人，盼遂案：「天無故欲生于人」不辭，疑「生」字爲衍文，本作「人不好蟣虱，故天無欲于人」。何則？異類殊性，情欲不相得也。「相得」猶言相合也。天地，夫婦也，天施氣於地以生物。人轉相生，精微爲聖，皆因父氣，不更禀取。如更禀者爲聖，卨、后稷不聖。卨、后稷雖更禀取，不謂聖人。如聖人皆當更禀，十二聖不皆然也。見骨相篇。堯、禹、湯、臯陶四，并下文所列八。黄帝、帝嚳、帝顓頊、帝舜之母，何所受氣？文王、武王、周公、孔子之母，何所感吞？

此或時見三家之姓，曰姒氏、子氏、姬氏，則因依放，盼遂案：「放」今「仿」字，謂依仿此三家之姓而生怪説。空生怪説，猶見鼎湖之地，而著黄帝升天之説矣。辯見道虚篇。失道之意，還反其字。蒼頡作書，「蒼」當作「倉」，説見骨相篇。世本：（御覽二三五。）「沮誦、蒼頡作書。」説文序：「黄帝之史倉頡見鳥獸蹏迒之迹，知分理之可相別異也，初造書契。」與事相連。姜原履大人跡，跡者基也，説文：「迹，步處也。」莊子天運篇：「夫迹，履之所出。」小爾雅廣言：「跡，蹈也。」「跡」、「迹」字同。易繫辭下傳注：「基，所蹈也。」故曰：「跡者基也。」吴曰：苡似、子子，皆以聲近爲説，跡屬魚，姬屬之，韻部獨遠，以跡、姬互訓，亦唯漢人始有之耳。**姓當爲「其」下「土」，乃爲「女」旁「𦣞」**，舊誤作「巨」，各本並同。王本、崇文本校改作「𦣞」，是。説文：「姬，黄帝居姬水，因水爲姓，从女，𦣞聲。」晉語四，司空季子曰：「少典取於有蟜氏，生黄帝、炎帝。黄帝以姬水成，炎帝以姜水成，成而異德，故黄帝爲姬，炎帝爲姜。」段玉裁云：「先儒以爲，有德者則復賜之祖姓，便紹其後，故后稷賜姓曰姬。」是后稷紹黄帝之德，故姓曰姬，非緣大人跡也。然後儒多信此説。如白虎通姓名篇：「禹姓姒氏，祖以薏生。殷姓子氏，祖以玄鳥子生也。周姓姬氏，祖以履大人跡生也。」并承禮緯之誤。盼遂案：「巨」爲「𦣞」誤。説文：「姬，从女，𦣞聲。」後人少見「𦣞」字，因改之耳。程榮本作「臣」，亦非。**非基跡之字。**御覽八四引元命苞宋衷注曰：「姬之言基也。」褚少孫引詩傳曰：「姬者，本也。」是漢人有訓「姬」爲「基跡」者，强符履跡之義。廣雅釋言：「姬，基也。」亦纂漢人舊詁。**不合本事，疑非實也。以周「姬」況夏、殷，亦知「子」之與「姒」，非燕子、薏苡也。或時禹、契、后稷之母，適欲懷妊，遭吞薏苡、燕卵（子）、履大人跡也。**「遭」，日鈔引作「偶」，路史後紀九上注引作「適」。「遭」猶偶適也，本書常語。「燕卵」當作「燕子」，説見上。**世好奇怪，古今同情，不見奇怪，謂德不異，**褚少孫曰：「言生於卵、人迹者，欲見其有天命精誠之意。」**故因以爲姓。世間誠信，因以爲然；聖人重疑，**盼遂案：論語孔子曰「多聞闕疑，慎言其餘」，又曰「吾猶及史之闕文也」，是皆聖人重疑之證。因不復定；世士淺論，因不復辨；「辨」、「辯」通。儒生是古，因生其說。彼詩言「不拆不副」者，言后稷之生，不感動母身也。儒生穿鑿，因造禹、契逆生之說。

「感於龍」，「夢與神遇」，猶此率也。率猶類也。堯、高祖之母，適欲懷妊，遭逢雷龍載雲雨而行，時人神其說，訓「遇」爲「構遇」，謂高祖母與龍構精，詳吉驗篇注。仲任不然其說，訓「遇」爲「逢遇」，謂與龍適遭逢耳。人見其形，遂謂之然。夢與神遇，得聖子之象也。遇，逢遇。夢見鬼合之，合，交合。非夢與神遇乎？遇，構遇。安得其實？「野出感龍」，及「蛟龍居上」，或堯、高祖受富貴之命，龍爲吉物，遭加其上，吉祥之瑞，受命之證也。光武皇帝產於濟陽宮，鳳凰集於地，嘉禾生於屋。已見吉驗篇。聖人之生，奇鳥吉物之爲瑞應。必以奇吉之物見而子生，謂之物之子，是則光武皇帝嘉禾之精，鳳凰之氣歟？

案帝繫之篇，大戴禮〔二〕篇目。及三代世表，史記表目。禹，鯀之子也；帝繫曰：「鯀生文命，是爲禹。」卨、稷皆帝嚳之子，其母皆帝嚳之妃也，帝繫曰：「帝嚳上妃曰姜嫄，產后

〔二〕「戴」，原本作「載」，形近而誤，今改。

稷。次妃曰簡狄，產契。」毛詩生民鄭箋不從此說，見吉驗篇注。及堯，亦嚳之子。帝繫曰：「帝嚳次妃曰陳豐氏，產帝堯。」帝王之妃，何爲適草野？古時雖質，禮已設制，帝王之妃，何爲浴於水？夫如是，言聖人更稟氣於天，母有感吞者，虛妄之言也。

實者，聖人自有種世族，仁如文、武各有類。「世」字、「仁」字衍，當作「聖人自有種族，如文、武各有類」。上文：「文王、武王之母，何所感吞。」意謂文、武各有父而生，故此云：「如文、武各有類。」意林引「項羽重瞳，自知虞舜苗裔」句下有「聖人自有種族」句。即引此文，以意移後也。盼遂案：「仁如」當是「仁恕」之訛。黃氏以「世」字、「仁」字爲衍文，非是。孔子吹律，自知殷後；「殷後」，北堂書鈔一一二引作「殷、商苗裔」，類聚五作「殷苗裔」，御覽十六及三六二、玉海六作「殷之苗裔」。疑「殷後」當作「殷、商苗裔」，與下文一律。實知篇：「孔子生不知其父，吹律自知殷宋大夫子氏之世。」春秋孔演圖，孔子曰：「丘援律而吹，因得羽之宮。」（書鈔一一二。）項羽重瞳，自知虞舜苗裔也。離騷王注：「苗，胤也。裔，末也。」太史公曰：「羽豈舜苗裔。」此云「自知」，未聞。盼遂案：意林引「苗裔」下有「聖人自有種族，堯與高祖安得是龍子」十五字，宜補。五帝、三王皆祖黃帝；此本大戴帝繫篇、史記三代世表。春秋歷命序、王符潛夫論、鄭玄、張融並不謂然。黃帝聖人，本稟貴命，故其子孫皆爲帝王。帝王之生，必有怪奇，不見於物，則效於夢矣。

論衡校釋卷第四

書虚篇

須頌篇曰："古有虚美，誠心然之，信久遠之僞，忽近今之實，斯蓋三增、九虚所以成也。"對作篇曰："九虚、三增，所以使俗務實誠也。"

世信虚妄之書，以爲載於竹帛上者，皆賢聖所傳，無不然之事，故信而是之，諷而讀之；睹真是之傳，與虚妄之書相違，則并謂短書不可信用。短書，見謝短篇注。盼遂案：此云短書者，仲任謂世俗以真是之傳爲短書也。夫幽冥之實尚可知，沈隱之情尚可定，顯文露書，是非易見，籠總并傳，非實事，用精不專，無思於事也。

夫世間傳書諸子之語，多欲立奇造異，作驚目之論，以駭世俗之人；爲譎詭之書，譎詭，乖異也。以著殊異之名。

傳書言：延陵季子出游，韓詩外傳十云："游於齊。"吴越春秋云："去徐而歸。"見路有遺金。當夏五月，有披裘而薪者。季子呼薪者曰："薪者"，外傳作"牧者"。下同。"取彼地金來。"薪者投鐮於地，瞋目拂手而言曰：字林曰："瞋，張目。""何子居之高，視之下，儀貌之壯（莊），語言之野也？孫曰：「壯」當作「莊」。「莊」、「野」對文。韓詩外傳十作「貌之君子而言之野也」，是其義。吾當夏五月，披裘而薪，高士傳「薪」上有「負」字。豈取金者哉？」季子謝之，請問姓字。薪者曰：「子皮相之士也！何足語姓字？」遂去不顧。見韓詩外傳、吴越春秋。（今本佚，書鈔一二九、類聚八三、御覽六九四。）世以爲然，殆虚言也。

夫季子恥吴之亂，吴欲共立以爲主，終不肯受，去之延陵，終身不還，公羊襄二十九年傳：「謁也、餘祭也、夷昧也，與季子同母者四。季子弱而才，兄弟皆愛之，同欲立之以爲君。謁曰：『今若是迮而與季子國，季子猶不受也。請無與子而與弟，弟兄迭爲君，而致國乎季子。』皆曰：『諾。』故諸爲君者，皆輕死爲勇，飲食必祝，曰：『天苟有吴國，尚速有悔於予身。』故謁也死，餘祭也立；餘祭也死，夷昧也立；夷昧也死，則國宜之季子者也。季子使而亡焉。僚者，長庶也，即之。季子使而反，至而君之爾。闔廬曰：『先君之所以不與子國而與弟者，凡爲季子故也。將從先君之命與？則國宜之季子者也；如不從先君之命，則我宜立者也。僚惡得爲君乎？』於是使專諸刺僚，而致國乎季子。季子不受，曰：『爾弑吾君，吾受爾國，是吾與爾爲篡也。爾殺吾兄，吾又殺爾，是父子兄弟相殺，終身無已也。』去之延陵，終身不入吴國。」何注：「延陵，吴下邑。不入吴國，不入吴朝也。」廉讓之行，終始若一。許由讓天下，見莊子讓王篇。不嫌貪封侯；

伯夷委國饑死，見史本傳。**不嫌貪刀鉤。**吴曰：左氏傳云：「錐刀之末，盡争之矣。」杜注：「錐刀，喻小事也。」刀鉤猶云錐刀矣。劉盼遂曰：「嫌」，「慊」之借字。嫌亦貪也，「嫌貪」騈字。孟子：「行有不慊於心。」趙注：「慊，快也。」齊策：「齊桓公夜半不嗛。」高注：「嗛，快也。」慊、嗛、嫌，同聲通用。下文諸「嫌」字同。暉按：劉訓「嫌」爲「貪」，以爲「嫌貪」騈字，非也。淮南氾論篇：「孔子辭廩丘，終不盜刀鉤；許由讓天子，終不利封侯。」爲此文所襲。此云「貪」，猶淮南言「盜」言「利」也。不得以「嫌貪」連讀。下文「何嫌一叱生人取金於地」，句無「貪」字，明非「嫌貪」騈字。「何嫌貪地遺金」，若依劉説，則「地遺金」三字殊爲不詞。當以「不嫌」連讀，下「何嫌」同。嫌，得也，易坤卦釋文：「嫌」，荀、虞、陸、董作「兼」。國策秦策二注：「兼，得也。」「嫌」、「兼」通用。「許由讓天下，不嫌貪封侯」，言許由既能讓天下，則不得貪封侯也。今語謂事之不至於此，猶曰「不得」。下文云：「季子能讓吴位，何嫌貪地遺金。」又云：「棄其寶劍，何嫌一叱生人取金於地。」談天篇：「人生於天，何嫌天無氣。」儒增篇：「能至門庭，何嫌不窺園菜。」書解篇：「材能以其文爲功於人，何嫌不能營衛其身。」諸「嫌」字並當訓作「得」。若依劉説訓爲「貪」，則上列諸文，有不可解矣。盼遂案：「嫌貪」二字平列，「嫌」亦「貪」也。孟子：「行有不慊于心。」趙注：「慊，快也。」齊策：「齊桓公夜半不嗛。」高注：「嗛，快也。」慊、嗛與嫌，古皆通用。下文「季子能讓吴位〔二〕，何嫌

〔二〕「位」，原本作「國」，據正文改。

貪地遺金」，「季子不負死者，棄其寶劍，何嫌一叱生人，取金于地」，諸「嫌」字皆同。廉讓之行，大可以況小，小難以況大，況，比也。季子能讓吴位，何嫌貪地遺金？

季子使於上國，道過徐，徐君好其寶劍，未之即予。還而徐君死，解劍帶冢樹而去，見史記吴世家及本書祭意篇。廉讓之心，恥負其前志也。季子不負死者，棄其寶劍，何嫌一叱生人取金於地？

季子未去吴乎，公子也；已去吴乎，延陵君也。季札，吴王壽夢季子，封延陵。公子與君，出有前後，車有附從，不能空行於塗，明矣。既不恥取金，何難使左右，而煩披裘者？

世稱柳下惠之行，言其能以幽冥自脩潔也。荀子大略篇：「柳下惠與後門者同衣而不見疑。」毛詩巷伯傳：「嫗不逮門之女，而國人不稱其亂。」賢者同操，故千歲交志。置季子於冥昧之處〔一〕，尚不取金，況以白日，前後備具，取金於路，非季子之操也。

或時季子實見遺金，憐披裘薪者，欲以益之；呂氏春秋貴當篇注：「益，富也。」或時言取彼地金，欲以予薪者，不自取也。世俗傳言，則言季子取遺金也。

〔一〕「處」，原本作「中」，據通津草堂本改。

傳書或言：御覽八九七、事類賦二一引「傳」並作「儒」。**顏淵與孔子俱上魯太山，**御覽、事類賦引並作「東山」。韓詩外傳、左昭十八年傳疏、續博物志述此事並作「泰山」，與此文合。**孔子東南望，吳閶門外有繫白馬，**三國志吳志吳主傳注：「昌門，吳西郭門，夫差所作。」應劭漢官儀載馬第伯封禪儀記曰：「太山吳觀者，望見會稽。」（續漢百官志注。）蓋亦臆説。事文類聚後集三八引家語曰：「顏淵望吳門馬，見一疋練，孔子曰：『馬也。』然則馬之光景一疋長耳。故後人號馬爲一匹。」盼遂案：「閶」字，宜依宋本改作「昌」，方與下文一律。**引顏淵指以示之，曰：「若見吳昌門乎？」**若讀「爾」。**顏淵曰：「見之。」孔子曰：「門外何有？」曰：「有如繫練之狀。」**御覽八九七引作：「見一疋練，前有生藍。孔子曰：『噫，此白馬盧芻。』使人視之，果然。」事類賦二十一引作：「曰：『一疋練，前有生藍。』子曰：『白馬盧芻也。』」韓詩外傳亦云：「淵曰：『見一匹練，前有生藍。』子曰：『白馬蘆芻也。』」（今本佚。御覽八一八引。）正與御覽、事類賦引文合。疑此下脱「前有生藍」云云。但唐李石續博物志七曰：「顏淵曰：『見之，有繫練之狀。』」即引此文，而與今本合，豈一本如是歟？**孔子撫其目而正（止）之，因與俱下。**「正」，續博物志作「止」，與「因與俱下」義正相生。韓非子十過篇：「師延鼓琴，師曠撫止之。」史記樂書：「師曠撫而止之。」正與此「撫其目而止之」句例同。今作「正」，形誤，當據正。唐陸廣微吳地記：「孔子登山，望東吳閶門，歎曰：『吳門有白氣如練。』今置曳練坊及望館坊因此。」（「望館」，姑蘇志作「望舒」。）下而顏淵髮白齒落，遂以病死。蓋以精神不能若孔子，彊力自極，精華竭盡，故早夭死。蓋本韓詩外傳。（今本佚。類聚九三、史記貨殖傳索隱、御覽八一八、曾慥類説三八引。）

世俗聞之，舊校[一]曰：一有「人」字。皆以爲然。如實論之，殆虛言也。

案論語之文，不見此言[二]；考六經之傳，亦無此語。夫顏淵能見千里之外，與聖人同，孔子、諸子，何諱不言？

蓋人目之所見，不過十里；過此不見，非所明察，遠也。傳曰：「太山之高巍然，去之百里，不見蝩（埵）螺（堁），遠也。」先孫曰：「蝩螺」當作「埵堁」。淮南説山訓云：「泰山之容，巍巍然高，去之千里，不見埵堁，遠之故也。」高注云：「埵堁猶塵（今本作「席」，譌。）。」暉按：吴承仕云：「『席』當作『坲』。翳也。」即仲任所本。後説日篇云：「太山之高，參天入雲，去之百里，不見埵塊。」「堁」、「塊」義亦同。（孫奭孟子音義引丁公音云：「『堁』，開元文字音『塊』。」則「堁」、「塊」古通。）盼遂案。案魯去吴，千有餘里，使離朱望之，孟子離婁篇趙注：「離婁，古之明目者，蓋以爲黄帝時人。離婁即離朱，能視於百步之外，見秋毫之末。」離朱，見莊子天地

〔一〕「校」，原本作「據」，據本書文例改。

〔二〕「言」，原本作「事」，據通津草堂本改。

篇。終不能見，況使顔淵，何能審之？

如才庶幾者，論語先進篇：「回也其庶乎。」何晏云：「庶幾聖道。」易繫辭傳曰：「顔氏之子，其殆庶幾乎。」王弼云：「庶幾慕聖。」此據才言，則與何説相合。明目異於人〔二〕，疑當作「目明」。則世宜稱亞聖，論語先進篇皇疏引劉歆曰：「顔回，亞聖。」文選應休璉與侍郎曹長思書注引新論曰：「顔淵有高妙次聖之才，聞一知十。」不宜言離朱。人目之視也，物大者易察，小者難審。使顔淵處昌門之外，望太山之形，終不能見，況從太山之上，察白馬之色？色不能見，明矣。非顔淵不能見，孔子亦不能見也。何以驗之？耳目之用，均也。目不能見百里，則耳亦不能聞也。盼遂案：上下文皆言目見之事，此語側重耳聞，自相刺繆。當是「耳不能聞百里，則目亦不能見也」，後人誤倒置之。陸賈曰：「離婁之明，不能察帷薄之內；淮南説山篇注：「帷即幕。上曰幕，旁曰帷。」國語韋注：「薄，簾也。」師曠之聰，字子野。晉平公樂太師。不能聞百里之外。」今新語無此文，蓋引他著。昌門之與太山，非直帷薄之內，百里之外也。

秦武王與孟説舉鼎不任，絶脉而死。見史記秦本紀。舉鼎用力，力由筋脉，筋脉

〔二〕「人」，原本作「衆」，據通津草堂本改。

不堪，絶傷而死，道理宜也。今顔淵用目望遠，望遠目睛不任，宜盲眇，髮白齒落，非其致也。盼遂案：吴承仕曰：「『致』疑當作『效』，形近之譌。」髮白齒落，用精於學，勤力不休，氣力竭盡，故至於死。伯奇放流，首髮早白，詩云：「惟憂用老。」小雅小弁文。毛序曰：「小弁，刺幽王也。太子之傅作焉。」孟子告子篇趙注：「伯奇仁人，而父虐之，故作小弁之詩。」與此説同，蓋魯詩説也，故與毛異。劉履恂秋槎札記曰：「王充謂伯奇放流作小弁詩。説苑：（自注：據文選陸士衡君子行李注引。）『王國君，前母子伯奇，後母子伯封，兄弟相愛。後母欲其子爲太子，言王曰：「伯奇好妾。」王上臺視之。後母取蜂，除其毒，而置衣領之中，往過伯奇。伯奇往視，袖中殺蜂。王見，讓伯奇。伯奇出，使者就袖中有死蜂。使者白王，王見蜂，追之，已自投河中。』案：伯奇以讒而死，非放逐，安得作小弁詩？此毛詩序所以可貴。」暉按：仲任言「伯奇放流」，語非無據。劉氏謂「以讒而死，非放逐」，非也。漢書中山靖王勝傳，勝聞樂聲而泣，對曰：「宗室擯卻，骨肉冰釋，斯伯奇所以流離，詩云：『我心憂傷，惄焉如擣。假寢永歎，唯憂用老。心之憂矣，疢如疾首。』」亦引小弁之詩。師古注曰：「伯奇，周尹吉甫之子也。事後母至孝，而後母譖之於吉甫，吉甫欲殺之，伯奇乃亡走山林。」後漢書黄瓊傳，瓊上疏曰：「伯奇至賢，終於流放。」注引説苑曰：（今本佚。）「王國君，前母子伯奇，後母子伯封。後母欲其子立爲太子，説王曰：『伯奇〔二〕好妾。』王不信。其母曰：『今伯奇於後園，妾過其旁，王上臺視之，即可知。』王如其言。伯奇入園，後母陰取蜂十數，置單衣中，過伯奇邊曰：『蜂螫我。』伯奇就衣中取蜂殺之。王遥見之，乃逐伯奇也。」揚雄琴清英曰：「尹吉甫子伯奇至孝，後母譖之，自投江中，衣苔帶藻，忽夢見水仙賜其美藥，唯念養親，揚聲悲歌，船人聞而學之，吉甫聞船人之聲，疑思伯奇，作子安之操。」（御覽五八八琴部。）蔡邕琴操：「履霜操者，尹吉甫之子伯奇所作也。吉甫娶後妻，生子曰伯封，乃譖伯奇於吉甫，放之於野。伯奇清朝履霜，自傷無罪見逐，乃援琴而鼓之。宣王出游，吉甫從之，伯奇乃作歌以言感之於宣王。王聞之，曰：『此孝子之辭也。』吉甫乃求伯奇於野，而感悟，遂射殺後妻。」餘見前累害篇注。是魯詩説自與毛異。劉向亦治魯詩，不得執之相難。又范家相三家詩拾遺卷一文字考異謂論衡作「唯憂用耆」。案今本正作「老」，詩攷三引同，未審范見何本。

伯奇用憂，而顔淵用睛，暫望倉卒，安能致此？又見後實知篇。

儒書言：舜葬於蒼梧，禹葬於會稽者，巡狩年老，道死邊土。漢書主父偃傳注：「道死，謂死於路也。」禮記檀弓：「舜葬於蒼梧之野。」山海經謂：「舜葬於蒼梧山陽。」淮南齊俗篇云：「舜葬蒼梧市。」墨子節葬篇：「道死，葬南己之市。」呂氏春秋安死篇云：「葬於紀市。」墨子與呂覽説同。古書於舜葬地，多稱蒼梧。至其道死之由，則衆説不一。墨子言：「因西教七戎。」淮

〔二〕「奇」，原本作「子」，據後漢書黃瓊傳注改。

南修務訓云：「舜征三苗，遂死蒼梧。」檀弓鄭注云：「舜征有苗而死，因留葬焉。」御覽八一引帝王世紀說同，並不言巡狩。史記五帝紀：「舜南巡狩，崩於蒼梧之野。」劉向列女傳：「舜陟方，死於蒼梧。」舜典僞孔傳：「升道南方巡狩，死於蒼梧之野。」淮南齊俗訓高注同。並言舜巡狩道死也。禹葬地，諸書並云會稽。道死之由，墨子節葬篇云：「禹東教乎九夷。」（當作「於越」。）則與巡狩義異。史記夏本紀贊曰：「禹會諸侯江南，計功而崩。」吴越春秋無余外傳：「禹五年改定，周行天下，歸還大越，登茅山，以朝四方羣臣。將老，命羣臣曰：『葬我會稽。』因崩。」越絕書外傳紀地傳文略同，蓋并爲仲任所據者也。聖人以天下爲家，不别遠近，不殊内外，故遂止葬。

夫言舜、禹，實也；言其巡狩，虛也。

舜之與堯，俱帝者也，共五千里之境，見藝增篇注。同四海之内；二帝之道，相因不殊。漢書董仲舒傳載其對策曰：「道不變，禹繼舜，舜繼堯，三聖相受。」堯典之篇，舜巡狩，東至岱宗，南至霍山，舜典：「五月南巡守，至于南岳。」僞孔傳云：「南岳衡山。」此云霍山者，白虎通巡狩篇引尚書大傳：「五岳，謂岱山、霍山、華山、恒山、嵩山也。」說苑辨物篇同。并今文書說。西至太華，北至恒山。以上見今舜典。引稱「堯典」者，古舜典本合於堯典。百篇書自有舜典，後經亡佚，僞孔傳妄分堯典「慎徽五典」以下爲舜典。孟子萬章篇引書「二十有八載，放勳乃殂落」云云，今見舜典，而稱舜典，正與此合。以爲四嶽者，四方之中，諸侯之來，並會嶽下，幽深遠近，無不見者。聖人舉事，求其宜適也。禹王如舜，事無所改，巡狩所至，以復如舜。孫曰：「以」疑「亦」字之誤。草書形近致譌。舜至蒼梧，禹到會稽，非其實也。

實〔者〕舜、禹之時，「者」字據下文例增，「實者」，本書常語。鴻水未治。堯傳於舜，舜受爲帝，與禹分部，行治鴻水。堯崩之後，舜老，亦以傳於禹。舜南治水，死於蒼梧；禹東治水，死於會稽。孟子滕文公上：「堯時洪水，堯舉舜敷治。舜使禹疏九河，決汝、漢。」史夏紀：「堯求治水者，得鯀，功用不成。更得舜，舜巡狩，視鯀治水無狀，殛之，更舉禹。」諸書所記略同。此云「分部行治」，未聞。賢聖家天下，故因葬焉。白虎通巡狩篇曰：「王者巡狩崩于道，歸葬何？夫太子當爲喪主，天下皆來奔喪，京師四方之中也。即如是，舜葬蒼梧，禹葬會稽，於時尚質，故死則止葬，不重煩擾也。」皮錫瑞曰：「據班孟堅及仲任此文，則今文家以爲巡狩，與史公義同。而仲任自爲説，以爲治水。然舜、禹崩時，已無水患，舜、禹分部治水，其事絶不見他書，臆説也。淮南修務訓云：『南征三苗，道死蒼梧。』韋昭國語注云：『野死，謂征有苗，死於蒼梧之野。』帝王世紀云：『有苗氏叛，南征，崩於鳴條。』則皆以爲征苗，不但巡狩。堯典云：『三載考績，三考黜陟幽明，庶績咸熙。分北三苗。陟方乃死。』以經考之，『三考黜陟，分北三苗』之後，即繼以『陟方乃死』之文，則舜之陟方，必爲考績，并分北三苗而往，故國語云：『勤民事而野死。』今文説以爲巡狩、征苗是也。」

吴君高説：君高見案書篇注。**會稽本山名，夏禹巡狩，會計於此山，因以名郡，故曰會稽。**越絶書外傳紀越地傳：「禹巡狩太越，上苗山，大會計，爵有德，封有功，更名苗山曰會稽。」爲此文所本。又吴越春秋無余外傳：「禹周行天下，歸還大越，登茅山，乃大會計，遂更名茅山曰會稽之山。」史夏本紀贊載：「或言禹會諸侯江南，計功而崩，命曰會稽。會稽者，會計也。」并與君高説同。史記集解引皇覽曰：「會稽山，本名茅山，在縣南，去縣七里。」十道志曰：「會稽山本名茅山，一名苗山。」水經漸江水注：「即古防山，一名茅山，亦曰棟山。」在今浙江山陰縣南。

夫言因山名郡，可也；言禹巡狩，會計於此山，虚也。越絶書吴地傳：「吴古故從由拳辟塞，度會夷，奏山陰。」俞樾曰：「會夷即會稽之異文。王充力辨夏禹巡狩會計之説，而未知古有會夷之名。」

巡狩本不至會稽，安得會計於此山？宜聽君高之説，誠「會稽」爲「會計」，盼遂案：「宜」爲「且」之誤字。此承上文「不至會稽」之言，而進一層辨詰之也。**禹到南方，何所會計！如禹始東，死於會稽，**「始」字於義無取。「禹死」與「會計」事不相涉，此文當作「如禹東治水於會稽」，意謂：「如禹東治水於會稽而會計，則舜亦巡狩蒼梧，何所會計？」故下文以舜事詰之。蓋「治」、「始」二字形近而譌，又誤奪在「東」字上，復脱「水」字。「死」字涉上文「禹東治水，死於會稽」而衍。**舜亦巡狩，至於蒼梧，安所會計？百王治定則出巡，**白虎通巡狩篇曰：

「巡者循也，狩者牧也，爲天下循行守牧民也。道德太平，恐遠近不同化，幽隱有不得所者，故必親自行之，謹敬重民之至也。」巡則輒會計，是則四方之山皆會計也。

百王太平，升封太山。五經通義曰：「易姓而王致太平，必封泰山，禪梁父，荷天命以爲王，使理羣生，告太平於天，報羣神之功。」太山之上，封可見者七十有二，紛綸湮滅者不可勝數。史記司馬相如傳封禪文索隱胡廣曰：「紛，亂也。綸，没也。」韓詩外傳曰：「可得而數者，七十餘人；不得而數者，萬數也。」桓譚新論（初學記十三。）曰：「太山之有刻石凡千八百餘處，而可識知者七十有二。」如審帝王巡狩則輒會計，會計之地如太山封者，四方宜多。

夫郡國成名，猶萬物之名，不可説也。獨爲會稽立歟？周時舊名吳、越也，爲吳、越立名，從何往哉？六國立名，狀當如何？天下郡國且百餘，縣邑出萬，此據漢時言也。地理志：「承秦三十六郡。後稍分析，至孝平，凡郡國一百三，縣邑千三百一十四。」續郡國志謂自世祖迄和帝，各有省置。鄉亭聚里，皆有號名，賢聖之才莫能説。君高能説會稽，不能辯定方名，會計之説，未可從也。

巡狩考正法度，禹時吳爲裸國，斷髮文身，注見初稟篇。考之無用，會計如何？

傳書言：舜葬於蒼梧，象爲之耕；禹葬會稽，鳥爲之田。「鳥」，宋、元本、通津本並誤作「鳥」。程、王、崇文本、前偶會篇、御覽八九〇引此文字並作「鳥」，今據正。田讀作「佃」，下同。**蓋以聖德所致，天使鳥獸報祐之也。**劉賡稽瑞引墨子佚文：「舜葬於蒼梧，象爲之耕；禹葬於會稽，鳥爲之耘。」吴越春秋無余外傳：「禹老，命葬會稽，崩後，天美禹德，而勞其功，使百鳥還爲民田，大小有差，進退有行。」又見越絶書。御覽四一引郡國志：「九疑山有九峯，六曰女英，舜葬於此峯下，七曰蕭韶峯，峯下即象耕鳥耘之處。」（今續漢書郡國志只云「營道南有九疑山」，注：「舜之所葬。」）郡國志：「會稽山在山陰南，上有禹冢。」水經四十漸江水注：「鳥爲之耘，春拔草根，秋啄其穢。」

世莫不然。〔如〕考實之，殆虚言也。「如」字據上下文例增。御覽八九〇引此，下有「五帝、三王皆有功德，何獨於舜、禹也」。（張刻本有「禹」字，趙本脱。）兩句，疑是意引下文，非今本誤脱。盼遂案：「考實之」有誤，本書多作「而實考之」，或「如實考之」，此當是脱一字，而又誤倒也。

夫舜、禹之德，不能過堯。堯葬於冀州，或言葬於崇山。史記司馬相如傳：「歷唐堯於崇山兮。」正義曰：「崇山，狄山也。海外經：『狄山，帝堯葬其陽。』」墨子節葬篇：「堯葬蛩山之陰。」吕氏春秋安死篇云：「葬穀林。」注：「堯葬成陽，此云穀林，成陽山下有穀林。」史記五帝紀集解引皇覽曰：「堯冢在濟陰城陽。」劉向曰：「堯葬濟陰，丘壠皆小。」史記正義引郭緣生述征記：「城陽縣東有堯冢，亦曰堯陵，有碑。」括地志云：「堯陵在濮州雷澤縣西三里。雷澤縣本漢陽城縣也。」地理志、郡國志并云濟陰郡成陽有堯冢。水經注、帝王世紀并然此説。是説者多以成陽近是。路史後紀十注以王充説妄甚。冀州鳥獸不耕，盼遂案：「或言葬於崇山」六字，蓋後人傍注，誤入正文，因又于「鳥獸」上添「冀州」二字，此八字並宜刊去。而鳥獸獨爲舜、禹耕，何天恩之偏駮也？

或曰：「舜、禹治水，不得寧處，故舜死於蒼梧，禹死於會稽。勤苦有功，故天報之；遠離中國，故天痛之。」夫天報舜、禹，使鳥田象耕，何益舜、禹？天欲報舜、禹，宜使蒼梧、會稽常祭祀之。使鳥獸田耕，不能使人祭，祭加舜、禹之墓，田施人民之家，天之報祐聖人，何其拙也？且無益哉！由此言之，鳥田象耕，報祐舜、禹，非其實也。

實者，蒼梧多象之地，日人藤田豐八謂：舜死象耕傳説，來自印度，弟象敖，即獸象之人格化。會稽衆鳥所居。禹貢曰：「彭蠡既瀦，陽鳥攸居。」彭蠡故城，在今江西都昌縣北。「瀦」今文，揚雄揚州箴引書同，古文作「豬」。鄭注曰：「南方謂都爲豬。陽鳥，謂鴻鴈之屬，隨陽氣南北。」吕氏春秋孟春紀：「候雁北。」高注云：「候時之雁，從彭蠡來，北過至北極之沙漠。」仲秋紀：「候雁來。」注云：「從北漠中來，過周洛，之彭蠡。」季秋紀注云：「候時之雁，從北方來，南之彭蠡。」季冬紀：「雁北鄉。」注云：「雁在彭蠡之澤，是月皆北鄉，將來至北漠也。」淮南時則篇注略同。仲任與高氏同習今文，亦以彭蠡爲鴻雁所常居之地，與鄭注義同，蓋今古説無異。天地之

情，鳥獸之行也。象自蹈土，鳥自食苹（草），「苹」字元本作「草」。朱校同。先孫曰：作「草」是，當據正。劉先生曰：御覽八九〇引字正作「苹」，是宋人所見本固作「苹」。暉按：天啓本、趙刻、張刻、御覽并作「草」。**土蹶草盡，**先孫曰：「蹶」當爲「撅」。「撅」與「掘」同。逸周書周祝篇云：「貑有爪而不敢以撅。」後效力篇云：「鍤所以能撅地者，跖蹈之也。」暉按：御覽八九〇引作「蹷」。「撅」、「蹶」聲同字通。**若耕田狀，壤靡泥易，**小爾雅廣言：「靡，細也。」易，夷平也。**人隨種之，世俗則謂爲舜、禹田。海陵麋田，**地理志：「海陵屬臨淮郡。」廣雅釋獸：「麋，獸名，似鹿。」郡國志廣陵郡東陽縣注：「縣多麋。」引博物志曰：「十千爲羣，掘食草根，其處成泥，名麋畯，民人隨此畯種田，不耕而獲，其收百倍。」**若象耕狀，**盼遂案：續漢書郡國志徐州廣陵郡東陽縣注引博物記曰：「麋十千爲羣，掘食草根，其處成泥，名曰麋畯，隨畯種稻，其收百倍。」仲任云海陵者，二邑地接，同濱高郵湖，故可互言。**何嘗帝王葬海陵者耶？**

傳書言：白帖七、類聚九、御覽六十、事類賦六、事文類聚十五、合璧事類八引「傳」并作「儒」。**吴王夫差殺伍子胥，煑之於鑊，**盼遂案：俞樾曰：「案子胥之死，左傳止曰『使賜之屬鏤以死』，國語始言『使取申胥之尸盛以鴟夷，而投之於江』，然上文但言吴王還自伐齊。乃訊申胥曰云云，并不載賜劍之事。賈誼新書耳痺篇『伍子胥見事之不可爲也，何籠而自投水』，則又以爲自投於水矣。是子胥之死，言人人殊，而鑊煮之説，惟見此書，疑傳聞過實也。」本書命義篇：「屈平、子胥，楚放其身，吳烹其尸。」刺孟篇：「比干剖，子胥烹，子路菹。」是仲任于子胥被戮之事，別有所聞，不如俞說也。**乃以鴟夷橐投之於江。**白帖、事文類聚、合璧事類引「乃」并作「盛」，「橐」并作「囊」。按：「橐」義亦可通。秦策：「伍子胥橐載而出。」注：「橐，革囊。」其改「橐」作「囊」，蓋習聞「無底曰橐」之訓，然於古無徵，詳見劉氏秋槎札記。史記伍子胥傳集解應劭曰：「取馬革爲鴟夷，鴟夷榼形。」正與「革囊曰橐」義合。**子胥恚恨，驅水爲濤，**白帖、類聚、事文類聚、合璧事類引「驅」并作「臨」。下同。吳越春秋夫差內傳「子胥死，投之江中，子胥因隨流揚波，依潮來往，蕩激崩岸」。**以溺殺人。**後漢書張禹傳：「禹拜揚州刺史，當過江，行部中。士民皆以江有子胥之神，難於濟涉。禹將度，吏固請，不聽。禹厲聲曰：『子胥如有靈，知吾志在理察枉訟，豈危邦哉？』遂鼓楫而過。」謝承後漢書：（御覽六十。）「吳郡王閎渡錢塘江，遭風，船欲覆，閎拔劍斫水罵伍子胥，風息得濟。」是當時有子胥溺人說。**今時會稽丹徒大江，**地理志：「丹徒屬會稽郡。」「大江」即今鎮江丹徒之揚子江。**錢唐浙江，**漢志：「錢唐，縣名，屬會稽郡。」浙江，水名。續漢書郡國志「山陰縣有浙江」。浙江通志杭州府山川條引萬曆錢唐縣志云：「錢唐江在縣東南，本名浙江，今名錢唐江。其源發黟縣，曲折而東以入於海。潮水晝夜再上，奔騰衝激，聲撼地軸，郡人以八月十八日傾城觀潮爲樂。」又引蕭山縣志：「浙江在縣西十里，其源自南通徽州黟縣來經富陽，入縣境，北轉海甯入於海。」虞喜志林：（御覽六五。）「今錢唐江口，折山正居江中，潮水投山下，折而西。一云江有反濤，水勢折歸，故云浙江。史記云『江水至會稽、山陰爲浙江』，是也。」御覽六〇、事類賦六引並作「今會稽錢塘丹徒江」，誤，不足據。**皆立子胥之廟。**「廟」，御覽、事類賦引并作「祠」。史記本傳：「吳人憐之，立祠於江上。」正義引吳地記：「越軍於蘇州東南三十里三江口，又向下三里，臨江北岸立壇，殺白馬祭子胥，杯動酒盡，後人因立廟於此江上。今其側有浦，名上壇浦。至晉會稽太守麋豹，移廟吳廓東門内道南，今廟見在。」輿地記：（御覽七四。）「夫差殺子胥，後悔之，與羣臣臨江作壇，創設祭奠，百姓因以立廟。」汪中述學廣陵曲江證：「越之北，至今之石門浙江，非吳地。吳、越交兵凡三十二年，内、外傳所謂江，並吳江也。吳殺子胥，投其尸於江，亦吳江也。吳投子胥之尸，豈有舍其本國南竟五十里之吳江，乃入隣國三百餘里投之浙江哉？此文謂大江、浙江并祭子胥，乃在東漢之世。」**蓋欲慰其恨心，止其猛濤也。**俞曰：子胥之死，左傳止曰「使賜之屬鏤以死」，國語始言「使取申胥之尸，盛以鴟夷，而投之於江」。然上文但言「吳王還自伐齊，乃訊申胥曰」云云，并不載賜劍之事。賈誼新書耳痺篇：「伍子胥見事之不可爲也，何籠而自投水。」則又以爲自投於水矣。是子胥之死，言人人殊，而鑊烹之説，惟見此書，疑傳聞過實也。暉按：賜劍、投江，史記本傳、吳越春秋夫差内傳則兩者並述。本書偶會篇言「子胥伏劍」，感虛篇「子胥刎頸」，逢遇篇、累害篇言「誅死」，蓋亦「伏劍」之義。命義篇、刺孟篇、死僞篇則言「烹死」，與此文同。他書並未經見，未知何本。

夫言吳王殺子胥，投之於江，實也；言其恨恚驅水爲濤者，虛也。

屈原懷恨，自投湘江，王逸離騷章句曰：「屈原不忍以清白久居濁世，遂赴汨淵，自沈而死。」七諫注：「汨水在長沙羅縣，下注湘水中。」地理志：「長沙國有羅縣。」注引盛弘之荆州記：「縣北帶汨水，水原出豫章艾縣界，西流注湘，沿汨西北去縣三十里，名爲屈潭，屈原自沉處。」**湘江〔一〕不爲濤；申徒狄蹈河而死，**盼遂案：事見荀子不苟篇、莊子外物篇〔二〕、韓詩外傳卷一、淮南子説山篇。**河水不爲濤。**申徒，官。狄，名也。史記留侯世家：「良爲韓申徒。」徐廣曰：「申徒即司徒，申、司字通。」元和姓纂三：「申徒狄，夏賢也。湯以天下讓，狄以不義聞己，自投於河。」通志氏族略引風俗通與姓纂略同。莊子外物篇：「湯與務光天下，務光怒之。紀他聞之，帥弟子而踆於窾水，申徒狄因以踣河。」是並以爲殷初時人，抗志自潔者。莊子盜跖篇：「申徒諫而不聽，負石自投於河，爲魚鱉所食。」淮南説山篇注：「殷末人，不忍見紂亂，故自沈於淵。」漢書鄒陽傳師古注引服虔曰：「殷末介士。」莊子大宗師釋文云：「殷時人。」是又以爲殷末人，諫紂不聽者。韓詩外傳一稱申徒狄非其世，將自投於河，引關龍逢、王子比干、子胥、泄冶以自況。新序節士篇同。史記鄒陽傳索隱引韋昭云：「六國時人。」即據外傳爲説。是申徒狄何時人，凡説有三。**世人必曰：「屈原、申徒狄不能勇猛，力怒不如子胥。」夫衛葅子路，**淮南繆稱篇注：「死衛侯輒之難。」淮南精神訓：「季路葅於衛。」高注：「季路仕於衛，衛君父子争國，季路死。衛人醢之，以爲

〔一〕「江」，原本作「水」，據通津草堂本改。
〔二〕「物」，原本作「務」，據莊子改。

醬，故曰葅。」御覽八六五引風俗通曰：「子路尚剛好勇，死，衛人醢之，孔子覆醢。」而漢烹彭越，史記黥布傳：「漢誅梁王彭越，醢之，盛其醢，偏賜諸侯。」子胥勇猛，不過子路、彭越，然二士不能發怒於鼎鑊之中，白帖七、事文類聚十五引「士」并作「人」。以烹湯葅汁瀋漎旁人。説文：「瀋，汁也。」疑當作「以烹湯葅瀋漎旁人」。「汁」即「瀋」之旁注，羼入正文。「漎」讀作「摐」。史記司馬相如傳集解引漢書音義：「摐，撞也。」盼遂案：吴承仕云：「『漎』應作『摐』。廣雅：『摐，撞也。』史、漢字亦作『鏦』。此從水者，涉上文湯汁瀋等字而誤，疑傳寫之失也。」子胥亦自先入鑊，白帖七、事文類聚十五引作「鼎鑊」。〔後〕乃入江，孫曰：「後」字脱，語意不貫。藝文類聚九、白帖七引并有「後」字，當據補。暉按：事文類聚引亦有「後」字。在鑊中之時，其神安居？豈怯於鑊湯，勇於江水哉？白帖、事文類聚引「勇」上并有「而」字。何其怒氣前後不相副也？

且投於江中，何江也？有丹徒大江，有錢唐浙江，注見前。有吴通陵江。漢書地理志：「吴縣，屬會稽郡。」「通陵江」未詳。或疑爲「廣陵江」之誤，不敢從也。或言投於丹徒大江，無濤。欲言投於錢唐浙江，浙江、山陰江、山陰江即今錢清江。清一統志曰：「浙江紹興府錢清江在山陰縣西北四十里。上流即浦陽江。」上虞江嘉泰會稽志：「上虞江在縣西二十八里，源出剡縣，東北流入，分三道，一出曹娥江，一自龍山下出舜江，又北流至三江口，入於海。」皆有濤。三江有濤，豈分橐中之體，散置三江中乎？人若恨恚也，仇讎未死，子孫遺在，可也。今吳國已滅，夫差無類，吳爲會稽，立置太守，秦因吳地置會稽郡，漢循之。子胥之神，復何怨苦？爲濤不止，欲何求索？吳、越在時，分會稽郡，越治山陰，吳都。今吳、餘暨以南屬越，漢志：「吳、餘暨并縣名，屬會稽郡。」元和郡縣志：「餘暨本名餘槩，吳王弟夫槩邑。」唐天寶元年改蕭山。錢唐以北屬吳。錢唐之江，浙江也。兩國界也。山陰、上虞，在越界中，子胥入吳之江爲濤，當自上（止）吳界中，吳曰：「上」當作「止」，形近而譌。何爲入越之地？怨恚吳王，發怒越江，違失道理，無神之驗也。

且夫水難驅，而人易從也。生任筋力，死用精魂，子胥之生，不能從生人營衞其身，自令身死，筋力消絶，精魂飛散，安能爲濤？使子胥之類數百千人，乘船渡江，不能越水；一子胥之身，煑湯鑊之中，骨肉糜爛，成爲羹葅，何能有害也？周宣王殺其臣杜伯，趙（燕）簡子（公）殺其臣莊子義，先孫曰：「趙簡子」當作「燕簡公」。殺莊子儀事見墨子明鬼篇。本書訂鬼篇不誤。「義」二篇同。抱朴子論仙篇亦云：「子義掊燕簡。」墨子作「儀」，古字通。死僞篇作「趙簡公」，亦誤。其後杜伯射宣王，莊子義害簡子（公），「子」當作「公」，説已見上。餘注見死僞篇。事理似然，猶爲虚言。今子胥不能完體，爲杜伯、子義之事以報吴王，而驅水往來，豈報讎之義，有知之驗哉？俗語〔一〕不實，成爲丹青，盼遂案：「丹青」二字，始見漢書王莽傳。説文青字解云：「丹青之信，言必然。」丹青之文，賢聖惑焉！

夫地之有百川也，猶人之有血脉也。臨安志曰：「王充以爲水者地之血脉，隨氣進退。此未必然。大抵天包水，水承地，而一元之氣升降於太空之中，地乘水力以自持，且與元氣升降。方其氣升而地沉，則海水溢上而爲潮，及其氣降而地浮，則海水縮而爲汐。」血脉流行，汎揚動靜，自有節度。百川亦然，其朝夕往來，盼遂案：「朝夕」即「潮汐」之古字。猶人之呼吸，氣出入也，天地之性，自古有之。經曰：「江、漢朝宗於海。」禹貢文。段玉裁曰：「説文水部曰：『淖，水朝宗於海也。从水，朝省聲。衍，水朝宗于海皃〔二〕也。从水行。』按：『淖』者今之『潮』字，以『淖』釋『朝宗于海』，此今文尚書説也。」孫星衍曰：「朝，説文作『淖』，云：『水朝宗於海。』御覽引説文：『淖，朝也。』疑古文有作『淖』者。説文云：『潨，小水入大水也。』疑『宗』之本字。虞翻注易『習坎有孚』曰：『水行往來，朝宗於海，不失其時，如月行天。』則是謂『朝宗』爲『潮

〔一〕「語」，原本作「説」，據通津草堂本改。
〔二〕「皃」，原本作「兒」，據説文改。

宗』，潮〔一〕爲潮水，與仲任義同。蓋今文説也。」皮錫瑞曰：「如段説，則當讀『朝』爲『潮』，『朝宗』二字不連。而鄭注訓『宗』爲『尊』，以『朝宗』爲尊天子之義，與揚子雲説合，蓋亦今文家説。而王仲任、虞仲翔義不同者，歐陽、夏侯之説異也。」**唐、虞之前也，其發海中之時，漾馳而已；**漾，猶永。詩「江之永矣」，韓詩作「漾」。薛章句：「漾，長也。」**入三江之中，**入者，潮入也。段玉裁曰：「洚水之時，江、漢不與海通，海淖不上，禹治之，始通。禹貢於揚州曰：『三江既入。』三江者，北江、中江、南江也。既入者，入于海也。於荆州曰：『江、漢朝宗于海。』言海淖上達，直至荆州也。」「三江」衆説不同。詳日知録、經史問答、蕭穆敬孚類稿、阮元浙江圖考、焦循禹貢鄭注釋、成蓉鏡禹貢班義述。**殆小淺狹，水激沸起，故騰爲濤。廣陵曲江有濤，**汪中曰：「廣陵，漢縣，今爲甘泉及天長之南竟。江，北江也。今潮猶至湖口之小孤山而回，目驗可知。」朱彝尊謂曲江爲今浙江，汪中述學、劉寶楠愈愚録並辯其誤。**文人賦之。**如枚乘七發。**大江浩洋（溔），**「洋」當作「溔」。古書以「洋洋」連文，狀大水貌。無以「浩洋」連文者。「洋」爲「溔」之形譌。（日鈔引已誤。）淮南覽冥篇：「水浩溔而不息。」「溔」今亦譌作「洋」，是其比。司馬相如上林賦：「灝溔潢漾。」郭璞曰：「皆水無涯際貌也。」左思魏都賦：「河、汾浩涆而皓溔。」李注引廣雅曰：「皓溔，大也。」灝、皓並與「浩」通。盼遂案：或校謂「洋」爲「汗」誤，非也。淮南覽冥訓「水浩洋而不息」，

〔一〕「潮」，原本無，據文義補。

史記河渠書「浩浩洋洋兮，閭殫爲河」，皆浩洋連用之證。曲江有濤，竟以隘狹也。吳殺其身，爲濤廣陵，子胥之神，竟無知也。溪谷之深，流者安洋；司馬相如上林賦云：「灝溔潢漾，安翔徐回。」「安翔」即「安洋」也。淺多沙石，激揚爲瀨。夫濤、瀨，一也，謂子胥爲濤，誰居溪谷爲瀨者乎？案濤入三江，〔江〕岸沸踊，「江」字當重，今據日鈔引補。中央無聲。盼遂案：「岸」下脱一「涯」字，「岸涯」與「中央」對文。下文「子胥之身聚岸涯」，（依孫詒讓校，今本誤「漼」。）正是其證。必以子胥爲濤，子胥之身，聚岸漼（涯）也？先孫曰：「漼」當作「涯」，形近而誤。（黄氏日鈔引已誤。）濤之起也，隨月盛衰，小大滿損不齊同。如子胥爲濤，子胥之怒，以月爲節也？三江時風，揚疾（侯）之波亦溺殺人，先孫曰：「揚疾」義不可通。「疾」當作「侯」。（黄氏日鈔所引已誤。）感虛篇云：「傳書言，武王伐紂，渡孟津，陽侯之波，逆流而擊。」（事見淮南子覽冥訓。）暉按：孫校「疾」當作「侯」，是也。「揚」當作「陽」。蓋「侯」譌作「疾」，淺人則妄改「陽」作「揚」矣。韓策二：「塞漏舟而輕陽侯之波，則舟覆矣。」論語摘輔象曰：「陽侯司海。」宋均注：「陽侯，伏羲之臣，蓋大江之神者。」（路史後紀六注。）亦見陶潛聖賢羣輔録。漢書揚雄傳注應劭曰：「陽侯，古之諸侯，有罪，自投江，其神爲大波。」楚辭九章哀郢：「凌陽侯之氾濫兮。」王注：「陽侯，大波之神。」淮南覽冥訓注：「陽侯，陵陽國侯也。（吳承仕曰：「陵」字衍。）其國近水，休水而死。其神能爲大波，有所傷害，因謂之陽侯之波。」俞樾曰：「陽陵自是漢侯國。史記高祖功臣表有陽侯傅寬是也。高注以說古之陽侯，殆失之矣。春秋閔二年『齊人遷陽』，杜注曰：『國名。』正義曰：『世本無陽國，不知何姓。杜世族譜土地名闕，不知所在。』古之陽侯，當即此陽國之侯。水經『沂水南逕陽都縣故城東，縣故陽國城。』是其所在矣。」**子胥之神，復爲風也？秦始皇渡湘水遭風，問湘山何祠。左右對曰：「堯之女，舜之妻也。」**史記始皇紀：「上問博士曰：『湘君何神？』博士對曰：『堯女，舜之妻。』」劉向列女傳曰：「二妃死於江、湘之間，俗謂之湘君。」與秦博士說同。韓愈黃陵廟碑因之。楚辭九歌王注以湘君爲湘水神，湘夫人爲舜二妃。檀弓上鄭注：「離騷所謌湘夫人，舜妃也。」鄭、王說同。其必知秦博士說，而故不從者，當有所據。洪興祖謂娥皇爲正妃，爲湘君，女英降曰夫人，以鄭玄亦謂二妃爲湘君。按：檀弓鄭注云：「舜不告而娶，不立正妃。」則洪說失之。史記索隱謂「湘君當是舜」，亦臆說也。**始皇大怒，**「大」，舊誤作「太」。**使刑徒三千人，斬湘山之樹而履之。**史記末云「履之」。盼遂案：「履」當爲「覆」之誤字。「覆」讀禮「覆亡國之社」之「覆」。**夫謂子胥之神爲濤，猶謂二女之精爲風也。**

傳書言：御覽六三引「傳」作「儒」。**孔子當泗水之（而）葬，**孫曰：「之」當作「而」，御覽五五六引正作「而」。暉按：孫說是。紀妖篇、晏殊類要四引此文，亦並作「而」。魯語上韋注：「泗水在魯城北。」皇覽冢墓記（御覽五六〇。）云：「孔子冢，魯城北便門外，南去城十里。」**泗水爲**

之卻流。此言孔子之德，能使水卻，不湍其墓也。世人信之。是故儒者稱論，御覽五五六引「稱」作「講」。皆言孔子之後當封，以泗水卻流爲證。御覽引「泗水」在「封」字下。如原省之，殆虛言也。

夫孔子死，孰與其生？生能操行，慎道應天；吴曰：「慎」讀作「順」，「順」、「慎」聲近字通。繫辭：「慎斯術也。」釋文云：「慎本作順。」藝增篇：「美周公之德，能慎天地。」原校曰：「一作順。」是其證。死，操行絶，天祐至德。「天祐至德」，當作「無德致祐」。「無」一作「无」，與「天」形近而誤。「至」、「致」字通。校者不明字誤，故妄乙「德祐」二字，遂失其旨矣。「無德致祐」與「慎道應天」句法一律。生能操行，故能慎道以應天；死則操行絶矣，當無德以招致瑞祐。故下文以「招致瑞應，皆以生存」承之。故五帝三王，招致瑞應，皆以生存，不以死亡。孔子生時，推排不容，再逐於魯。在陳絶糧。削迹於衛。忘味於齊。伐樹於宋。故嘆曰：「鳳鳥不至，河不出圖，吾已矣夫！」見論語子罕篇。生時無祐，死反有報乎？孔子之死，五帝三王之死也，五帝三王無祐，孔子之死，獨有天報，是孔子之魂聖，五帝之精不能神也。「五帝」下，疑當有「三王」二字。

泗水無知，爲孔子卻流，天神使之；然則孔子生時，天神〔何〕不使人尊敬？孫曰：「不」上脱「何」字，否則與「然則」語氣不相應矣。御覽六三引作「孔子生時，何不使之尊敬乎」。（暉按：趙本作「天神何不使之尊敬乎」，更可證成孫說。孫氏蓋據張本。）雖節引本文，而不脫「何」字，可以借證。如泗水卻流，天欲封孔子之後，孔子生時，功德應天，天不封其身，乃欲封其後乎？

是蓋水偶自卻流。江河之流，有回復之處，百川之行，或易道更路，與卻流無以異，則泗水卻流，不爲神怪也。

傳書稱：御覽九二六引「傳」作「儒」。魏公子之德，仁惠下士，兼及鳥獸。方與客飲，有鸇擊鳩，鳩走，巡於公子案下。御覽引作「鳩逃公子案下」。「逃」較「巡」，於義爲長。鸇追擊，殺於公子之前。公子恥之，即使人多設羅，御覽引作「使人設罔捕鸇」。疑「羅」下當有「捕鸇」二字。得鸇數十枚，責讓以擊鳩之罪。擊鳩之鸇，低頭不敢仰視，公子乃殺之。列士傳：（類聚六九、又九十一、御覽九二六。）「魏公子無忌方食，有鳩飛入案下。公子怪之，此有何急來歸無忌耶？使人於殿下視之，左右顧望，見一鷂在屋上飛去。公子縱鳩，鷂逐而殺之。公子暮爲不食。曰：『鳩避患，歸無忌，竟爲鷂所得，吾負之，爲吾捕得此鷂者，無忌無所愛。』於是左右宣公子慈聲。旁國左右，捕得鷂二百餘頭，以奉公子。公子欲盡殺之，恐有辜。乃自按劍至其籠上曰：『誰獲罪無忌者耶？』一鷂獨低頭不敢仰視，乃取殺之。盡放其餘。名聲流布，天下歸焉。」

世稱之曰：「魏公子爲鳩報仇。」此言虛也。

夫鸇，物也，說文：「鸇，鷐風也。」爾雅釋鳥：「晨風，鸇。」郭注：「鸇屬。」詩晨風疏引舍人注：「鸇，鷙鳥也。」陸機詩蟲魚疏：「鸇似鷂，青黄色，燕頷，句喙，嚮風摇翮，乃因風飛，急疾，擊鳩鴿燕雀食之。」情心不同，音語不通。聖人不能使鳥獸爲義理之行，公子何人，能使鸇低頭自責？鳥爲鸇者以千萬數，向擊鳩蜚去，安可復得？能低〔一〕頭自責，是聖鳥也；曉公子之言，則知公子之行矣。知公子之行，則不擊鳩於其前。人猶不能改過，鳥與人異，謂之能悔，世俗之語，失物類之實也。或時公子實捕鸇，鸇得，人持其頭，變折其頸，疾痛低垂，不能仰視，緣公子惠義之人，則因褒稱，言鸇服過。蓋言語之次，空生虛妄之美；功名之下，常有非實之加。

傳書言：齊桓公妻姑姊妹七人。管子小匡篇：「桓公謂管仲曰：『寡人有汙行，不幸好色，姑姊妹有未嫁者。』」荀子仲尼篇：「齊桓内行，則姑姊妹之不嫁者七人。」晏子春秋：「齊景公問於晏子曰：『吾先君桓公淫女公子，不嫁者九人。』」「七」作「九」，與荀子不同。漢書地理志云：

〔一〕「低」，原本作「抵」，形近而誤，據通津草堂本改。

「襄公淫亂，姑姊妹不嫁。」公羊莊二十年傳何注：「齊侯淫，諸姑姊妹不嫁者七人。」亦謂襄公。此文蓋據荀子。

此言虛也。

夫亂骨肉，犯親戚，無上下之序者，禽獸之性，則亂不知倫理。案桓公九合諸侯，一正(匡)天下，吳曰：「正」當作「匡」，宋人避諱改爲「正」。後文作「一匡天下」，此作「正」者，明本失改耳。鄭玄論語注以「九合」爲實數，據穀梁傳：「衣裳之會十一。」去北杏與陽穀爲九會。（見憲問篇皇疏。又釋廢疾云：「自柯之明年，葵丘以前，去貫與陽穀爲九合。」）皇侃、陸德明、劉炫、邢昺諸説并與鄭略同。困學紀聞六、菣厓考古録、論語釋故、論語後録并據史記、穀梁、管子以實九合之事。宋翔鳳論語發微謂：「管子、晏子并以『一匡』、『九合』對舉，『九』者數之究，『一』者數之總，言諸侯至多而已。九合天下至大，而能一匡。九合不必陳其數，一匡不必指其事。」朱亦棟説同。論語集注據左僖二十六年傳讀「九」爲「糾」。按：晏子問下篇、管子小匡篇、戒篇、荀子王霸篇、國策齊策、韓非子十過篇、奸劫篇、呂氏春秋審分篇、大戴禮保傅篇、韓詩外傳六、又八、又十、淮南氾論篇、史記齊世家、蔡澤傳，并以「九合」、「一匡」爲駢句，則「九」不爲「糾」矣。其謂實數者亦誤。九者數之極，詳汪中述學釋三九。宋説是也。道之以德，「道」讀「導」。將之以威，説文寸部：「將，帥也。」以故諸侯服從，莫敢不率，左宣十二年傳杜注：「率，遵也。」非內亂懷鳥獸之性者所能爲也。夫率諸侯朝事王室，恥上無勢而下無禮也。外恥禮之不存，内何犯禮而自壞？外内不相副，則功無成而威不立矣。

世稱桀、紂之惡，不言淫於親戚。實論者謂夫桀、紂惡微於亡秦，亡秦過泊於王莽，鄒伯奇語，見恢國篇。「泊」讀「薄」。無淫亂之言。盼遂案：宋本無「過」字，「泊」字作「洎」，是也。桓公妻姑姊〔妹〕七人，上下文並作「姑姊妹」，此疑脱一「妹」字。〔是〕惡浮於桀、紂，而過重於秦、莽也。「是」字據宋本、朱校元本增。「惡浮」與「過重」對文，宋本、朱校元本無「浮」字，非。春秋采毫毛之美，貶纖芥之惡，語見説苑至公篇。桓公惡大，不貶何哉？魯文姜，齊襄公之妹也，襄公通焉。左桓十八年傳服注：「旁淫曰通。」春秋經曰：「莊二年冬，夫人姜氏會齊侯於郜。」左氏、穀梁作「禚」。此據公羊。郜，齊地。春秋何尤於襄公，説文：「訧，罪也。」一作「尤」。而書其奸？左氏傳曰：「書姦也。」穀梁曰：「婦人既嫁不踰竟，踰竟非正也。婦人不言會，言會非正也。」公羊何注：「書者，婦人無外事，外則近淫。」何宥於桓公，隱而不譏？如經失之，如，若也。傳家左丘明、公羊、穀梁何諱不言？

案桓公之過，多内寵，内嬖如夫人者六。有五公子争立，齊亂，公薨三月乃訃。宋、元本作「赴」。朱校同。事見左僖十七年傳。世聞内嬖六人，嫡庶無别，則言亂於姑姊妹七人矣。

傳書言：御覽七四二引「傳」作「儒」。齊桓公負婦人而朝諸侯。藝文類聚三五、御覽

三七一、黄氏日鈔引「而」並作「以」。此言桓公之淫亂無禮甚也。燕策一：「桓公負婦人而名益尊。」鮑彪注：「桓公好内而霸。即王充論衡所引齊桓公負婦人以視朝者，是也。」朱亦棟羣書札記曰：「史記管仲列傳：『其爲政也，善因禍而爲福，轉敗而爲功。桓公實怒少姬，南襲蔡，管仲因而伐楚，責包茅不入貢於周室。』據此，則所謂『負婦人而名益尊』者，即蔡姬事也。」按：朱説近是。左僖三年傳：「齊侯與蔡姬乘舟于囿，蕩公。公懼，變色，禁之不可。公怒，歸之。未之絶也，蔡人嫁之。」四年傳：「齊侯以諸侯之師侵蔡，蔡潰，遂伐楚。師進，次于陘。夏，楚子使屈完如師，師退，次于召陵。齊侯陳諸侯之師，與屈完乘而觀之。屈完及諸侯盟。」韓非子外儲説左上曰：「蔡女爲桓公妻，桓公與之乘舟，夫人蕩舟，桓公大懼，禁之不止，怒而出之，乃且復召之。因復更嫁之。桓公大怒，將伐蔡，仲父諫曰：『夫以寢席之戲，不足以伐人之國，功業不可冀也，請無以此爲稽也。』桓公不聽。仲父曰：『必不得已，楚之菁茅，不貢於天子三年矣，君不如舉兵爲天子伐楚，楚服，因還襲蔡，曰：「余爲天子伐楚，而蔡不以兵聽從，因遂滅之。」此義於名而利於實，故必有爲天子誅之名，而有報讎之實。』」「桓公負婦人而名益尊」，當即此事。負，恨也。婦人，蔡姬也。後人誤讀「負」爲「荷負」，則生桓公負婦人于背以朝諸侯之説矣。仲任力辯其妄，而不就此事論之，何也？

夫桓公大朝之時，負婦人於背，其游宴之時，何以加此？方脩士禮，崇厲肅敬，負婦人於背，何以能率諸侯朝事王室？葵丘之會，桓公驕矜，當時諸侯畔者九國。

公羊僖九年傳：「葵丘之會，桓公震而矜之，叛者九國。震之者何？猶曰振振然。矜之者何？猶曰莫若我也。」睚眦不得，舊校曰：一有「所載」字。文選長楊賦注引晉灼曰：「睚眦，瞋目貌，又猜忌不和貌。」左哀二十四年傳：「公〔二〕如越，得太子適郢。」杜注：「得，相親說也。」九國畔去，況負婦人，淫亂之行，何以肯留？

或曰：「管仲告諸侯〔曰〕：御覽三七一引作「管仲曰」，七四二引作「管仲告諸侯曰」，並有「曰」字，當據補。『吾君背有疽創，類聚三五引「創」作「瘡」，御覽引同。說文刃部：「刃，傷也。或作創。」徐曰：「俗別作瘡。」不得婦人，瘡不衰愈。』元本「瘡」作「創」，朱校同。御覽三七一引無「衰」字。七四二引作「瘡惡不愈」。諸侯信管仲，故無畔者。」夫十室之邑，必有忠信若孔子。當時諸侯，千人以上，必知方術治疽，不用婦人，管仲爲君諱也。諸侯知仲（苟）爲君諱而欺己，宋本「仲」作「苟」，朱校元本同。按：宋、元本是也，今本則後人妄改。當據正。必恚怒而畔去，何以能久統會諸侯，成功於霸？

或曰：「桓公實無道，任賢相管仲，故能霸天下。」夫無道之人，與狂無異，信讒遠賢，反害仁義，安能任管仲？能養人令之？成事：「成事」冒下文。劉畋曰：「漢時

〔二〕「公」，原本作「如」，據左傳改。

人言行事、成事，皆謂已行、已成事也。王充書亦有之。」（見彼校漢書翟方進傳。）又於陳湯傳曰：「行事者，言已行之事，舊例成法也。漢時人作文言行事、成事者，意皆同。」王念孫讀書雜志曰：「行者，往也，行事即往事，亦作近事，亦作故事。」**桀殺關龍逢，紂殺王子比干。無道之君，莫能用賢。使管仲賢，桓公不能用；用管仲，故知桓公無亂行也。有賢明之君，故有貞良之臣。臣賢，君明之驗，奈何謂之有亂？**

難曰：「衞靈公無道之君，時知賢臣。論語憲問篇：「子曰：『衞靈公之無道，久也。』康子曰：『夫如是，奚而不喪？』孔子曰：『仲叔圉治賓客，祝鮀治宗廟，王孫賈治軍旅。夫如是，奚其喪？』」**管仲爲輔，何明桓公不爲亂也？」夫靈公無道，任用三臣，僅以不喪，非有功行也。桓公尊九九之人，**韓詩外傳三：「齊桓公設庭燎，爲使士之欲造見者。東野鄙人有以九九見者。桓公因禮之。」又見説苑尊賢篇。漢書梅福傳注：「九九算術，若九章、五曹之輩也。」**拔寧戚於車下，**呂氏春秋舉難篇：「寧戚欲干齊桓公，窮困無以自進，於是爲商旅，將任車，以至齊。暮宿於郭門之外。桓公郊迎客，夜開門，辟任車。寧戚飯牛，居車下，擊牛角，疾歌。桓公聞之，曰：『之歌者，非常人也。』命後車載之。寧戚見，説桓公以爲天下。」晏子春秋問篇：「桓公聞寧戚歌，舉以爲大田。」又見淮南道應篇、新序雜事篇。**責苞茅不貢，運兵攻楚，**左僖四年傳：「齊侯伐楚，楚子使與師言曰：『不虞君之涉吾地也，何故？』管仲曰：『爾貢包茅不入，王祭不共，無以縮酒，寡人是徵。』」杜注：「包，裹束也。茅，菁茅也。束茅而灌之以酒，爲縮酒。」史記封禪書：「江、淮之間，一茅三脊。」盼遂案：吴承仕曰：「『運』疑爲『連』。」**九合諸侯，一匡天下，千世一出之主也，而云負婦人於背，虚矣。**

説尚書者曰：「周公居攝，帶天子之綬，戴天子之冠，負扆南面而朝諸侯。」皮錫瑞曰：「漢書翟方進傳，王莽依周書作大誥曰：『惟居攝二年十月甲子，攝皇帝位，若曰。』按：王莽大誥皆用今文尚書説也。大傳曰：『周公身居位，聽天下爲政，管叔疑周公。』居位即居攝也。史公説，以爲周公作大誥，在踐阼攝政之後，故可稱王。鄭注云：『王謂攝也。周公居攝，命大事，則權代王也。』鄭言居攝之年，與史記、大傳先後皆異，而以王爲周公攝王，則與今文義同。仲任此文所引，即王家尚書説。」暉按：漢書王莽傳上載書君奭篇説曰：「周公服天子之冕，南面而朝羣臣，發號施令，常稱王命。」禮記明堂位：「周公朝諸侯於明堂之位。天子負斧依南鄉而立。」又見周書明堂解、荀子儒效篇、淮南子氾論篇、齊俗篇。**户牖之間曰扆，南面之坐位也。**爾雅釋宫云：「牖户之間謂之扆。」明堂位鄭注：「斧依，爲斧文屏風於户牖之間。」曲禮下：「天子當依而立，諸侯北面而見。」正義：「依狀如屏風，以絳爲質，高八尺，東西當户牖之間，繡爲斧文也。」覲禮鄭注云：「如今綈素屏風也。有繡斧文，所以示威。」孫星衍曰：「大戴〔一〕盛德篇説明堂之則，一室

〔一〕「戴」，原本作「載」，形近而誤，今改。

而有四户八牖，則是每室皆有二牖夾户，故云設黼扆牖間。謂二牖之間，正當北户以屏風也。諸家説户牖之間，以爲一户一牖之間，失之。」負扆南面鄉坐，扆在後也。盼遂案：「鄉」字衍文，「負扆南面坐」句絶。蓋「鄉」爲「面」之傍注，後闌入正文者也。周禮撢人「使萬民和悦而正王面」，鄭注：「面，鄉也。」孟子「東面而征西夷怨」，趙注：「面者，向也。」皆面訓鄉之證。桓公朝諸侯之時，或南面坐，婦人立於後也。世俗傳云，則曰負婦人於背矣。此則夔一足、宋丁公鑿井得一人之語也。

唐、虞時，夔爲大夫，性知音樂，調聲悲善。龍城札記二曰：古人音喜悲。當時人曰：「調樂如夔，一足矣。」世俗傳言：「夔一足。」韓非子外儲説左下：「魯哀公問於孔子曰：『吾聞古者有夔一足，其果信有一足乎？』孔子對曰：『不也，夔非一足也。夔者忿戾惡心，人多不説喜也。雖然，其所以得免於人害者，以其信也。人皆曰：「獨此一，足矣。」夔非一足也，一而足也。』」一曰：哀公問於孔子曰：『吾聞夔一足，信乎？』曰：『夔，人也，何故一足？彼其無他異，而獨通於聲。堯曰：「夔一而足矣！」使爲樂正。故君子曰：「夔有一足」，非一足也。』」吕氏春秋察傳篇則載後説，孔叢子、風俗通正失篇同。按：莊子秋水篇云：「夔謂蚿曰：『吾以一足趻踔而行。』」又逸文云：「聲氏之牛夜亡，而遇夔，止而問焉：『我有足，動而不善，子一足而超踴，何以然？』夔曰：『以吾一足王于子矣。』」山海經云：「東海之内，有流波之山，有獸，狀如牛，蒼色無角，一足能走，出入水則必風雨，目光如日月，其聲如雷，其名曰夔，黃帝以其皮冒鼓，聲聞五百里。」則夔固有一足者。夔聲如雷，皮可冒鼓，故有夔通於聲之説。由獸而人格化，古史多有此例。春秋時尚存有夔一隻脚之傳説，經孔子解作「一而足」，則夔儼然是人，千古不疑矣。顧頡剛疑禹是蟲，余意禹蓋鰲鼉之類，與此可相發明。舜典所載朱虎熊羆龍，舊説是舜臣名，余疑皆禹、夔之類也。**案秩宗官缺，帝舜博求，衆稱伯夷，伯夷稽首讓於夔、龍。**今見舜典。**秩宗卿官，漢之宗正也。**舜典僞孔傳：「秩，序。宗，尊也。主郊廟之官。」史記五帝紀集解引鄭注：「秩宗，主次秩尊卑。」百官表：「宗正，秦官，掌親屬。王莽并其官於秩宗。」事物紀原五：「宗正，周官也。在周禮實小宗伯之職。」漢書高帝紀：「七年二月，置宗正官，以序九族。」史記文帝紀正義：「漢置九卿，一曰太常，七曰宗正。」周禮春官宗伯先鄭注以爲漢之太常。鄭語韋注：「秩宗之官，於周爲宗伯，漢爲太常，（今僞「宰」，依路史後紀十注引正。）掌國祭祀。」是鄭衆、韋昭並以秩宗即漢之太常，非宗正也。與充説異。皮錫瑞曰：「漢書百官表云：『王莽改太常曰秩宗。』依古也。莽蓋用今文尚書，以漢之太常典禮故也。伯夷不與舜同宗，仲任以漢之宗正當之，似誤。」暉按：皮説是也。王莽並宗正於秩宗，又改太常爲秩宗，光武未遑更革，故仲任云然歟？**斷足，足非其理也。**秩宗，國之禮官，典祭祀。穀梁傳曰：「有天疾者不可入宗廟。」今斷足，故云非其理。吴曰：衍一「足」字。盼遂案：吴承仕曰：「衍一『足』字」下文「秩宗之官，不宜一足」，即申釋此語。又引孫蜀卿云：「第二『足』字，爲『實』字形近之誤，近是。」**且一足之人，何用行也？**

夏后孔甲，田于東〔陽〕蒖（萯）山，舊校曰：「蒖」一作「莫」。先孫曰：事見呂氏春秋〔一〕音初篇。彼云：「夏后氏孔甲田于東陽萯山。」此「東」下當有「陽」字，「蒖」、「莫」並「萯」之誤。（指瑞篇作「首山」，亦誤。）暉按：御覽八二、又七六二引呂氏春秋，注：「萯，音倍。」水經五河水注引呂氏此文，下解曰：「皇甫謐帝王世紀以爲即東首陽山也。蓋是山之殊目矣。」又云：「帝堯修壇河、洛，升于首山，即于此也。」路史前紀三注云：「今東陽有萯山，孔甲畋處。世紀云：『即東陽首山。』」是萯山一名首山，孫謂指瑞篇作「首山」誤，非也。郡國志泰山郡南城縣有東陽城，注：「即孔甲田其地。」杜氏土地名曰：「東陽，或曰泰山南城縣西東安城，是也。」讀史方輿紀要曰：「東陽城在山東沂州費縣西南七十里，魯邑也。呂氏音初篇：『孔甲田于東陽。』即此邑也。今爲關陽鎮。」劉子命相篇云：「孔甲田于箕山。」**天雨晦冥，入于民家，主人方乳。**高誘曰：乳，產也。**或曰：「后來，**「后」，宋、元本、朱校元本並同。程本以下誤作「後」。呂氏春秋及後指瑞篇字正作「后」。**之子必貴。」**高曰：之，其也。**或曰：「不勝，之子必賤。」孔甲曰：「爲余子，孰能賤之？」遂載以歸。析橑，斧斬其足，卒爲守者。**橑，薪橑也。呂氏春秋曰：「子長成

〔一〕「秋」，原本作「初」，涉下篇名而誤，今改。

人，幕動，拆橑，斧斫斬其足，遂爲守門者。」金樓子云：「斫木而傷足。」劉子命相篇云：「析薪，斧斬其左足。」盼遂案：「守」下當從呂氏春秋音初篇補「門」字。周禮掌戮：「刖者使守囿。」下文「故爲守者」、「守者斷足」，亦同。孔甲之欲貴之子，有餘力矣；斷足無宜，故爲守者。今夔一足，無因趨步，坐調音樂，可也；秩宗之官，不宜一足，猶守者斷足，不可貴也。孔甲不得貴之子，伯夷不得讓於夔焉。

宋丁公者，宋人也。未鑿井時，常有寄汲，計之，日去一人作。自鑿井後，不復寄汲，計之，日得一人之作，故曰：「宋丁公鑿井得一人。」俗傳言曰：「丁公鑿井，得一人於井中。」呂氏春秋察傳篇：「宋之丁氏，家無井，而出溉汲，常一人居外。及其家穿井，告人曰：『吾穿井，得一人。』有聞而傳之者曰：『丁氏穿井得一人。』國人道之，聞之於宋君。宋君令人問之於丁氏。丁氏對曰：『得一人之使，非得一人於井中也。』」又見風俗通正失篇。「寄汲」，呂氏春秋、風俗通作「溉汲」。夫人生於人，非生於土也。穿土鑿井，無爲得人。推此以論，負婦人之語，猶此類也。

負婦人而坐，則云婦人在背；知婦人在背非道，則生管仲以婦人治疽之言矣。使桓公用婦人徹胤服，「胤」，元本作「胷」，朱校同。疑是。徹，去也。婦人於背，「婦」上疑脱「負」字。女氣瘡可去，以婦人治疽。「以」上疑有脱字。盼遂案：此文當是「婦人於背，女氣愈瘡，可云以婦人治疽」。後脱「愈」字，「云」又譌爲「去」，遂不可通。**方朝諸侯，桓公重衣，婦人襲裳，**通俗文曰：「重衣曰襲。」**女氣分隔，負之何益？桓公思士，作庭燎而夜坐，**御覽三七一引「作」作「設」。韓詩外傳三、説苑尊賢篇、漢書王褒傳述此事，亦並作「設」。禮記郊特牲：「庭燎之百，由齊桓公始也。」正義：「於庭中設火，以照燎來朝之臣夜入者，因名火爲庭燎也。」詩小雅庭燎毛傳：「庭燎，大燭。」儀禮燕禮：「甸人執大燭於庭。」鄭注：「燭，燋也。甸人掌共薪蒸者，庭大燭爲位廣也。」賈疏：「古者無麻燭而用荆燋，故少儀云：『主人執燭抱燋。』鄭云：『未爇曰燋，但在地曰燎，執之曰燭，於地廣設之則曰大燭，其燎亦名大燭。』」**以思致士，**御覽引作「以致賢士」。**反以白日負婦人見諸侯乎？**「人」下朱校元本有「以」字。

傳書言：聶政爲嚴翁仲刺殺韓王。韓策二：「嚴遂陰交聶政，謀刺韓相傀。東孟之會，韓王及相皆在焉。聶政刺韓傀，兼中〔二〕哀侯。」韓非子内儲説下六微篇：「韓廆相韓哀侯，嚴遂重於君，二人甚相害也。嚴遂乃令人刺韓廆於朝。韓廆走君而抱之。遂刺韓廆，而兼哀侯。」史記聶政傳索隱引高誘曰：「嚴遂字仲子。」此云「翁仲」，異文。御覽四八三引琴操，謂聶政爲父報仇，以刺韓王，非爲嚴遂所使也。其説又異。

此虚也。

〔二〕「中」，原本作「仲」，據戰國策韓策改。

夫聶政之時，韓列侯也。列侯之三年，聶政刺韓相俠累。「三」，元本作「二」，朱校同，非也。此文據史記韓世家。聶政傳集解徐廣曰：「韓列侯三年三月。」索隱引高誘曰：「韓傀，俠累也。」黄丕烈曰：「俠侯，爵號。傀、累，聲轉也。」錢大昕曰：「俠累合爲傀音。」十二年，列侯卒，史記云：「十三年。」與聶政殺俠累，相去十七年，相去十年，云「十七」，誤。盼遂案：有誤。而言聶政刺殺韓王，短書小傳，竟虚不可信也。俞曰：國策言「聶政刺韓傀，兼中烈侯」。史記韓世家：「烈侯三年，聶政殺韓相俠累。烈侯十三年卒，子文侯立。文侯卒，子哀侯立。哀侯六年，韓嚴弑其君。」是烈侯不見弑，哀侯固見弑也。據刺客傳，又以聶政事在哀侯時。且聶政之刺，乃嚴仲子使之，豈即所謂「韓嚴弑其君」者乎？然則國策所載，自是當時之實，但誤以哀侯爲烈侯耳。暉按：剡川本國策正作「哀侯」，俞氏據鮑刻之誤。刺客傳云在哀侯時，乃本韓策、韓非子。其與世家、年表異者，國策吴師道補注、史記張照考證以爲嚴遂使聶政刺俠累，與韓嚴弑哀侯，截然兩事，國策合而爲一，史記分而兼存。此説近是。俞氏疑即一事，梁玉繩史記志疑以爲烈侯時事，而必以作哀侯爲非，並肊説也。

傳書又言：燕太子丹使刺客荆軻刺秦王，朱校元本無「使」字。不得，誅死。見燕策三、史記荆軻傳。後高漸麗復以擊筑見秦王，御覽七四二引「麗」作「離」，下同。與國策、史記合。漢書高帝紀注應劭曰：「筑，狀似琴，而大頭，安弦，以竹擊之，故曰筑。」淮南泰族篇注：

「筑，二十一弦。」秦王説之；知燕太子之客，乃冒其眼，御覽引「冒」作「膠」。史記作「矐」，索隱曰：「以馬屎燻，令失明。」使之擊筑。漸麗乃置鉛於筑中以爲重，當擊筑，秦王膝進，不能自禁，漸麗以筑擊秦王顙。文選潘安仁西征賦注引「顙」作「中臏」。西征賦亦云：「潛鉛以脱臏。」秦王病傷，文選注、御覽引「傷」并作「瘡」。與下文合。三月而死。「病死」，史記、國策并未見。

夫言高漸麗以筑擊秦王，實也；言中，秦王病傷三月而死，虚也。

夫秦王者，秦始皇帝也。始皇二十年，燕太子丹使荆軻刺始皇，始皇殺軻，明矣。「明」字無義，疑爲「荆」字，又誤倒。二十一年，使將軍王翦攻燕，得太子首；二十五年，遂伐燕，而虜燕王嘉。史記始皇紀：「得燕王喜，虜代王嘉。」此文誤。後不審何年，高漸麗以筑擊始皇，不中，誅漸麗。見燕策三、史記荆軻傳。當二(三)十七年，「二」當作「三」。始皇紀正作「三十七年」。實知篇不誤。游天下，盼遂案：「二十」爲「三十」誤字。史記始皇本紀：「三十七年十月，始皇出遊，親巡天下。七月，崩于沙丘平臺。」論衡正舉此事也。到會稽，至琅邪，北至勞、盛山，始皇紀作「榮成山〔一〕」。「成」、「盛」古通。郊祀志「盛山」，封禪書、

〔一〕「榮」，原本作「勞」，據史記改。

五帝紀、地理志作「成山」。于欽齊乘曰：「斿、成，二山名。古人立言尚簡，南斿而北盛，則盡乎齊東境矣。」盼遂案：史記作「榮成山」，或仲任意不與史同，以爲斿山、成山也。「盛」與「成」古通。並海，西至平原津而病，漢書武帝紀師古注：「並讀曰傍，依傍也。」按：紀妖篇作「旁海」。到沙丘平臺，始皇崩。以上據史記始皇紀。夫讖書言始皇還，到沙丘而亡；亦見實知篇。傳書又言病筑瘡三月而死於秦。一始皇之身，世或言死於沙丘，或言死於秦，其死，言恒病瘡。或言病筑瘡死於秦。傳書之言，多失其實，世俗之人，不能定也。

變虛篇

盼遂案：本篇止論宋景公三徙火星一事。

傳書曰：宋景公之時，熒惑守（在）心。劉先生曰：「守」疑當爲「在」。呂氏春秋制樂篇、淮南子道應篇、新序雜事篇并作「在心」。下文亦云：「熒惑在心，何也。」此不得獨作「守心」。呂氏春秋高注：「熒惑，五星之一，火之精也。心，東方宿，宋之分野。」公懼，召子韋而問之，曰：「熒惑在心，何也？」高曰：「子韋，宋之太史，能占宿度者。」淮南注：「司星者。」子韋曰：「熒惑，天罰也；史記天官書索隱引春秋文耀鉤曰：「赤帝赤熛怒之神，爲熒惑，位南方，禮失則罰出。」盼遂案：「天罰」，疑當爲「天使」。下文皆作「天使」，且申説熒惑所以爲天使之故，可證。惟呂覽制樂、淮南道應皆作「罰」不作「使」。然仲任此文自據異本，後人因執呂覽等書改論衡，而未盡耳。心，宋分野也，禍當君。天官書亦云：「火守房心，王者惡之。」火即熒惑。雖然，可移於宰相。」公曰：「宰相，所使治國家也，而移死焉，不祥。」祥，善也。子韋曰：「可移於民。」公曰：「民死，寡人將誰爲（君）也？句脱「君」字，語意不明。呂氏春秋、淮南、新序并有「君」字，當據增。高注：「傳曰：『后非衆無以守邑。』故曰：『將誰爲君乎。』」寧獨死耳！」子韋曰：「可移於歲。」公曰：「民饑，必死。爲人君而欲殺其民以自活也，其誰以我爲君者乎？　是寡人命固盡也，子毋復言！」子韋退（還）走，北面再拜，「退走」當作「還走」。「退」一作「逻」，與「還」形近而誤。説苑復思篇云：「將軍還走北面而再拜曰。」句法正同。呂氏春秋、淮南子、新序并作「還走」，是其切證。　曰：「臣敢賀君。天之處高而耳（聽）卑，處既高，而耳復卑，義不可通。朱校元本、天啓本、程、何、錢、黄各本誤同。王本、崇文本作「聽卑」，與呂氏春秋、淮南、新序合。下文亦云：「天處高而聽卑。」當據正。盼遂案：吴承仕曰：「下文複述子韋之言，作『處高而聽卑』，此處作『耳』，非。程榮本作『聽』。」君有君人之言三，天必三賞君。今夕，星必徙三舍，君延命二十一年。」元本「延命」字倒。公曰：「奚知之？」對曰：「君有三善（言），故有三賞，「善」下當有「言」字。景公只有三善言，非有三善也。呂氏春秋正作：「有三善言，必有三賞。」淮南云：「君有君人之言三，故有三賞。」亦只謂有言三也。意林引作「宋景公有三善言，獲二十一年」，即節引此文，「善」下有「言」字，足資借證。下文正辯却熒惑宜以行，不以言，若無「言」字，則所論失據矣，更其確證。新序誤與此同。星必三徙，[三]徙行七星，星當一年，三七二十一，孫曰：當作「徙行七星」。「三」字涉上句「三徙」而衍。一星當一年，七星則七年矣。若三徙行七星，則僅得七年，不得二十一年矣。呂氏春秋、淮南、新序並作「舍行七星」。（淮南「星」誤「里」，從王念孫説校改。）高注：「星，宿也。」王念孫曰：「古謂二十八宿爲二十八星。七星，七宿也。」故君命延二十一歲。臣請伏於殿（陛）下以伺之，呂氏春秋、淮南、新序并作「陛下」。後譴告篇同。則此「殿」爲「陛」之誤，非異文也。星必不徙，必猶若也。史記天官書：「兵必起，合鬥其直。」匈奴傳〔一〕：「必我行也，爲漢患者。」諸「必」字義同。臣請死耳。」是夕也，火星果徙三舍。天官書索隱引韋昭曰：「火，熒惑。」此文據淮南子。

如子韋之言，則延年審得二十一歲矣。星徙審，則延命，延命明，則景公爲善，天祐之也，盼遂案：上「延命」下，脱一「明」字。則夫世間人能爲景公之行者，則必得景公祐矣。此虛言也。何則？皇天遷怒，使熒惑本景公身有惡而守心，則雖聽子韋言，猶無益也。使其不爲景公，則雖不聽子韋之言，亦無損也。

齊景公時有彗星，見左昭二十六年傳。使人禳之。杜注：「祭以禳除之。」晏子曰：「無益也，秖取誣焉。杜曰：「誣，欺也。」天道不闇，左傳、晏子外篇七并作「謟」。杜云：「疑也。」陳樹華曰：依論衡，則「闇」與「諂媚」字同韻，或左傳古本作「諂」。暉按：新序雜事篇正作「諂」。不貳其命，若之何禳之也？且天之有彗，以除穢也。杜〔二〕注：「星象似箒，故有

〔一〕「奴」，原本作「胸」，據史記改。
〔二〕「杜」，原本作「林」，形近而誤，今改。

除穢之象。」左昭十七年傳，申須曰：「彗所以除舊布新也。」君無穢德，又何禳焉？若德之穢，禳之何益？左傳、晏子並作「損」。新序同此。詩曰：『惟此文王，小心翼翼，鄭箋：「翼翼，恭慎貌。」昭事上帝，聿懷多福；「懷」讀爲「遺」。陳風匪風：「懷之好音。」毛傳：「懷，歸也。」廣雅曰：「歸，遺也。」懷、歸、遺，古音並同。「聿懷多福」，謂上帝遺文王以多福。厥德不回，毛傳：回，違也。以受方國。』四方皆歸之。詩大雅大明篇文。君無回德，左傳、晏子、新序並作「違德」。回、違古通，邪也。但作「回」，與上文「不回」、下文「回亂」合。李賡芸曰：此必本之古本左傳。方國將至，何患於彗？詩曰：『我無所監，夏后及商，用亂之故，民卒流亡。』杜曰：「逸詩也。言追監夏、商之亡，皆以亂故。」盼遂案：今毛詩無此文，疑出魯詩大雅召旻篇，仲任治魯詩者也。若德回亂，民將流亡，祝史之爲，無能補也。」公說，乃止。齊君欲禳彗星之凶，猶子韋欲移熒惑之禍也；宋君不聽，猶晏子不肯從也，則齊君爲子韋，晏子爲宋君也。同變共禍，一事二人，天猶賢宋君，使熒惑徙三舍，延二十一年，盼遂案：「延」下當依上下文例補「命」字。獨不多晏子，舊校曰：「多」一作「爲」。使彗消而增其壽，何天祐善偏駮不齊一也？

人君有〔善言〕善行，孫曰：「有」下挩「善言」二字，（或在「善行」二字下。）下二句即承此文言之。善行動於心，善言出於意，同由共本，一氣不異。宋景公出三善言，則其先三善言之前，於一句中，並出「先」、「前」二字，於義未妥。「先」疑「于」字之誤。一曰：「出」字形譌。必有善行也。盼遂案：「先」疑爲「出」之誤。「出三善言」，疊上文也。有善行，必有善政。政善，則嘉瑞臻，福祥至，熒惑之星，無爲守心也。使景公有失誤之行，以致惡政，惡政發，則妖異見，熒〔惑〕之守心，孫曰：「熒」下脱「惑」字。□桑穀之生朝。句上疑脱「猶」字。無接續詞，則義不相屬矣。高宗消桑穀之變，以政不以言；見異虛篇。景公卻熒惑之異，亦宜以行。景公有惡行，故熒惑守心。不改政修行，坐出三善言，安能動天？天安肯應？何以效之？使景公出三惡言，能使熒惑守（食）心乎？「守」當作「食」。説見下。夫三惡言不能使熒惑守（食）心，宋本「守」作「食」，朱校元本同。後文云：「如景公出三惡言，熒惑食心乎。」與此正合。「食」字對「退徙」爲義。熒惑守心，爲善言卻，爲惡言則當進而食之。「食」讀月蝕之蝕，今涉諸「守心」而誤，則失〔一〕其旨，當據正。三善言安能使熒惑退徙三舍？以三善言獲二十一年，如有百善言，得千歲之壽乎？非天祐善之意，應誠爲福之實也。

子韋之言：「天處高而聽卑，君有君人之言三，天必三賞君。」夫天，體也，與地

〔一〕「失」，原本作「夫」，形近而誤，今改。

無異。諸有體者，耳咸附於首。體與耳殊，未之有也。天之去人，高數萬里，說日篇：「天之去地，六萬餘里。」使耳附天，聽數萬里之語，弗能聞也。人坐樓臺之上，察地之螻蟻，尚不見其體，安能聞其聲？何則？螻蟻之體細，不若人形大，御覽九四七引無「細」字，「大」作「夫」，屬下爲句，非。聲音孔氣，不能達也。今天之崇高，非直樓臺，人體比於天，非若螻蟻於人也。謂天非若螻蟻於人也。劉先生曰：此九字衍，或注語誤入正文，遂使文義隔斷。御覽九四七引無此九字，尤其明證。謂天聞人言，隨善惡爲吉凶，誤矣。四夷入諸夏，因譯而通。說文：「譯，傳四夷之語也。」同形均氣，語不相曉，雖五帝三王，不能去譯獨曉四夷，況天與人異體，音與人殊乎？人不曉天所爲，天安能知人所行？使天體乎？耳高，不能聞人言；使天氣乎？氣若雲煙，安能聽人辭？

說災變之家曰：沈濤曰：「災變家」當爲「變復家」之誤。「說」字屬上爲句。暉按：此與異虛篇「說災異之家」句法同，沈說非。「人在天地之間，猶魚在水中矣。其能以行動天地，猶魚鼓而振水也。魚動而水蕩，□□□氣變。」魚動蕩水，不能變氣，「氣變」上疑脱「人行而」三字。「魚動而水蕩，人行而氣變」對文。下文云「今人操行變氣，遠近宜與魚等」可證。此非實事也。假使真然，不能至天。魚長一尺，動於水中，振旁側之水，不過數尺。大若（者）不過與人同，「若」字無義，當作「者」。盼遂案：「若」疑爲「者」誤。「大者」對上「魚長」

一尺而言。所振蕩者，不過百步，而一里之外，澹然澄靜，離之遠也。今人操行變氣，遠近宜與魚等，氣應而變，宜與水均。以七尺之細形，形中之微氣，不過與一鼎之蒸火同，說文：「烝，火氣上行也。」此假「蒸」爲之。從下地上變皇天，何其高也？

且景公，賢者也。賢者操行，上不及聖，下不過惡人。盼遂案：「聖」下脫「人」字，致與下文不合。世間聖人，莫不堯、舜；惡人，莫不桀、紂。堯、舜操行多善，無移熒惑之效；桀、紂之政多惡，有反景公脫禍之驗。「有反」疑倒。盼遂案：「有反」二字宜互倒。景公出三善言，延年二十一歲，是則堯、舜宜獲千歲，桀、紂宜爲殤子。今則不然，各隨年壽，堯、舜、桀、紂，皆近百載。是竟子韋之言妄，延年之語虛也。

且子韋之言曰：「熒惑，天使也；淮南天文訓：「熒惑常以十月入太微，受制而出行列宿，司無道之國。」心，宋分野也，禍當君。」若是者，天使熒惑加禍於景公也，如何可移於將、相若歲與國民乎？若猶與也。天之有熒惑也，猶王者之有方伯也。天官書索隱引天官占云：「熒惑，方伯象，司察妖孽。」諸侯有當死之罪，使方伯圍守其國。國君問罪於臣，臣明罪在君，雖然，可移於臣子與人民。設國君計其言，「計」字疑誤。盼遂案：「計」爲「許」之壞字。令其臣歸罪於國。謂國君白任其罪。盼遂案：「國」下脫「人」字。國人謂臣子與人民也。下文累言國人是其證。方伯聞之，肯聽其言，釋國君之罪，更移以付國人乎？方伯不聽者，自國君之罪，非國人之辜也。方伯不聽，自國君之罪，盼遂案：「自國君之罪」五字，當是「非國人之辜」，鈔録時涉上文而誤耳。「非國人之辜」，故方伯不肯聽其獄。果「自國君之罪」，則原爲方伯所職守，何故不聽之乎？上文「方伯聞之，肯聽其言，釋國君之罪，更移以付國人乎」，即此事也。熒惑安肯移禍於國人？若此，子韋之言妄也。

曰：「景公〔不〕聽乎言，庸何〔不〕能動天？」此爲設難之詞，脱兩「不」字，義不可通。成事：景公不聽子韋之言，此云「聽乎言」，殊無事證。此文明「人不動天」之旨，故設何以不能動天之難。若脱「不」字，則義無屬。下文「諸侯不聽其臣言」，即承「不聽乎言」爲義；「方伯不釋其罪」，即承「不能動天」爲義。盼遂案：「曰」疑爲「況」字之誤。古「況」止作「兄」，與「曰」字形相近。「公」下應有「不」字，作「況景公不聽乎言」。使諸侯不聽其臣言，引過自予。方伯聞其言，釋其罪，委之去乎？方伯不釋諸侯之罪，熒惑安肯徙去三舍？夫聽與不聽，皆無福善，星徙之實，未可信用。天人同道，好惡不殊，人道不然，則知天無驗矣。言天道者，必有驗於人事。

宋、衛、陳、鄭之俱災也，見左昭十八年傳。杜注：「天火曰災。」氣變見天。昭公十七年有星孛于大辰，謂即此象也。梓慎知之，請於子産，裨竈請，非梓慎也。此文誤。有以除之，解除也。子産不聽。天道當然，人事不能卻也。使子産聽梓慎，四國能無災乎？

堯遭鴻水，時臣必有梓慎、子韋之知矣，然而不卻除者，堯與子産同心也。

案子韋之言曰：「熒惑，天使也；心，宋分野也，禍當君。」審如此言，禍不可除，星不可卻也。若夫寒温失和，風雨不時，政事之家，謂之失誤所致，可以善政賢行變而復也。變復，見感虚篇注。若熒惑守心，若必死，下「若」字，疑「者」字誤。猶亡禍安可除？亡，國亡也。修政改行，安能卻之？善政賢行，尚不能卻，出虚華之三言，謂星卻而禍除，增壽延年，享長久之福，誤矣。

觀子韋之言景公，言熒惑之禍，「景公言」三字疑衍。非寒暑風雨之類，身死命終之祥也。國語周語注：「祥猶象也。」國且亡，身且死，祅氣見於天，容色見於面。宋、元本下「見」字并作「陽」。朱校同。面有容色，雖善操行不能滅，死徵已見也。在體之色，不可以言行滅；在天之妖，安可以治除乎？人病且死，色見於面，人或謂之曰：「此必死之徵也。雖然，可移於五鄰，若移於奴役。」若猶或也。當死之人，正言不可，容色肯爲善言之故滅，而當死之命，肯爲之長乎？氣不可滅，命不可長，然則熒惑安可卻？景公之年安可增乎？由此言之，熒惑守心，未知所爲，故景公不死也。

且言「星徙三舍」者，何謂也？星三徙於一（三）舍乎？「一舍」，朱校元本作「三舍」。按：上文既明言「星徙三舍」，則此不得據不知問「星三徙於一舍」。疑當從元本作「星三徙於三舍乎」。一徙歷於三舍也？案子韋之言曰：「君有君人之言三，天必三賞君。今夕，星必徙三舍。」若此，星竟徙三舍也。夫景公一坐有三善言，坐猶因也。星徙三舍，如有十善言，星徙十舍乎？熒惑守心，爲善言卻，如景公復出三惡言，熒惑食心乎？爲善言卻，爲惡言進，無善無惡，熒惑安居不行動乎？

或時熒惑守心爲旱災，熒惑，赤帝精，故云。不爲君薨。子韋不知，以爲死禍，信俗至誠之感。熒惑之處「之處」當是「去處」，「去」字，草書極近「之」字。下文「子韋知星行度適自去」，正作「去」也。星，必偶自當去，景公自不死，世則謂子韋之言審，景公之誠感天矣。

亦或時子韋知星行度適自去，自以著己之知，明君臣推讓之所致，見星之數七，上文云：「徙行七星。」謂每徙經七星。呂氏、淮南、新序義并同。仲任似失其旨。因言星〔徙〕七(三)舍，[復]得二十一年，「星七舍」，當作「星徙三舍」。若作「七舍」，則七七四十九，不得二十一年矣。星之數七，星徙三舍，三七故得二十一年。「復」字於義無着，即「徙」字誤奪。「星徙三舍」，上文屢見。因以星舍計年之數，是與齊太卜無以異也。

齊景公問太卜曰：「子之道何能？」對曰：「能動地。」晏子往見公，公曰：「寡人問太卜曰：『子道何能？』對曰：『能動地。』地固可動乎？」晏子外篇、淮南道應訓并無「固」字。晏子嘿然不對。晏子、淮南「嘿」作「默」。出見太卜曰：「昔吾見鉤星在房、心之間，地其動乎？」淮南亦作「房心」。王念孫曰：當作「駟心」。晏子外篇正作「昔吾見鉤星在四心之間」。「四」與「駟」同。暉按：譴告篇、變動篇、恢國篇并作「房心」，則「房」字不誤。仲任所據淮南然也。天官書亦云：「鉤星出房心間，地動。」房、駟異名同實，房四星而稱爲四，猶心三星而稱爲三。晏子作「四」，淮南作「房」，當各依本書。畢沅以「四」爲誤，亦失之。高注：句星，客星也。房，駟。句星守房心，則地動也。太卜曰：「然。」晏子出，太卜走見公。盼遂案：「公」下當有「曰」字。下文「臣非能動地，地固將自動」二語，即太卜對公之言。脱一「曰」字，則意不貫。〔曰〕：劉先生曰：當依晏子、淮南增「曰」字。「臣非能動地，地固將自動。」夫子韋言星徙，猶太卜言地動也。地固且自動，太卜言己能動之；星固將自徙，子韋言君能徙之。使晏子不言鉤星在房、心〔間〕，則太卜之姦對不覺。「間」據朱校元本補。宋無晏子之知臣，故子韋之一言，遂爲（售）其〔欺〕是（耳）。先孫曰：「遂爲其是」，義不可通。黄氏日鈔引作「售其欺耳」。疑當作「遂售其欺耳」。今本「售」譌「爲」，「耳」譌「是」，又脱「欺」字。

案子韋書録序秦盼遂案：「秦」爲「奏」之誤字。「子韋書録序奏」者，蓋亦劉向、劉歆校上録、略之文歟？漢書藝文志陰陽家有宋司星子韋三篇，歷來輯劉氏録、略者失引此文。亦言：「録序秦」爲子韋書名。字譌，未知所當作。漢志陰陽家有宋司星子韋三篇。「子韋曰：『君出三善言，熒惑宜有動。』於是候之，果徙舍。」不言「三」。朱云「徙三舍」。或時星當自去，朱校元本作「徙」。子韋以爲驗，實動離舍，世增言「三」。既空增三舍之數，又虚生二十一年之壽也。

論衡校釋卷第五

異虛篇

盼遂案：本篇止論殷高宗桑穀生亡一事。

殷高宗之時，高宗，武丁。或言中宗太戊。注詳無形篇。**桑穀俱生於朝，**「穀」，變虛篇誤同。天啓本以下作「穀」，亦誤。無形篇、順鼓篇、感類篇作「穀」，是也。説文木部：「榖，楮也。从木，㱿聲。」小雅鶴鳴毛傳：「穀，惡木也。」正義引陸機疏云：「幽州人謂之穀桑，荆、揚人謂之穀，中州人謂之楮。殷中宗時，桑穀共生是也。今江南人績其皮以爲布，又擣以爲紙，謂之穀皮紙，絜白光澤，其裏甚好。其葉初生時可以爲茹。」焦氏筆乘曰：「史記：『桑穀共生。』穀，樹名，皮可爲紙。穀从『木』，音構。穀从『禾』，音谷。穀从『米』，音叨。今多混。」方以智曰：「穀一曰構，其高大皮駁，實如楓實，熟則紅。」**七日而大拱。**史記殷本紀、封禪書、漢書郊祀志上並作「一暮大拱」。吕氏春秋制樂篇作「比旦而大拱」。尚書大傳、漢書五行志、説苑敬慎篇、書僞孔傳、孔子家語五儀解并與此同。韓詩外傳三作「三日」，蓋字之誤。大傳鄭玄注：「兩手搤之曰拱。生七日而見其大滿兩手也。」**高宗召其相而問之，相曰：「吾雖知之，弗能言也。」問祖己。祖己曰：「夫桑穀者，野草也，**鄭注：「此木也，而云草，未聞。」劉氏以爲屬草妖。」沈赤然寄傲軒讀書隨筆曰：「傳言桑穀俱生於朝，疑桑穀本是二物。穀不可言木也。草可該木，桑何不可謂之草？」按沈説「穀不可言木」，是讀五穀之「穀」，而不知「穀」爲「穀」誤。穀，木名，非草。而生於朝，意朝亡乎？」漢書五行志中之下載劉向説曰：「殷道既衰，高宗承敝而起，盡涼陰之哀，天下應之。既獲顯榮，怠於政事，國將危亡，故桑穀之異見。桑猶喪也。穀猶生也。殺生之秉，失而在下，近草妖也。一曰：野木生朝而暴長，小人將暴在大臣之位，危亡國家，象朝將爲虛之應也。」後説，即祖己之義。高宗恐駭，側身而行道，思索先王之政，明養老之義，興滅國，繼絶世，舉佚民，桑穀亡。三年之後，諸侯以譯來朝者六國，尚書大傳、説苑敬慎篇并同。説苑君道篇作「七國」，家語五儀解作「十有六國」，皇甫謐云「七十六國」，説各殊異。遂享百年之福。見氣壽篇注。此文據尚書大傳。高宗，賢君也，而感桑穀生而問祖己，行祖己之言，修政改行，桑穀之妖亡，諸侯朝而年長久。脩善之義篤，故瑞應之福渥。

此虛言也。

祖己之言，朝當亡哉！盼遂案：「哉」爲「者」之形誤。此語爲起下之辭。夫朝之當亡，猶人當死。人欲死，怪出；國欲亡，期盡。人死命終，死不復生，亡不復存。祖己之言政，天啓本、程、何、錢、黃本并作「政」。王本、崇文本作「改」，非。何益於不亡？高宗之脩行，何益於除禍？夫家人見凶脩善，不能得吉；高宗見妖改政，安能除禍？除禍且不能，況能招致六國，延期至百年乎？故人之死生，在於命之夭壽，不在行之善惡；國之存亡，在期之長短，不在於政之得失。「於」字依上文例，當在「期」字上。

案祖己之占，桑穀爲亡之妖，亡象已見，雖脩孝（教）行，孫曰：「孝」字於義無取。高宗脩政改行，以消桑穀，非孝行也。「孝」疑「教」之壞字。其何益哉？何以效之？魯昭公之時，昭公二十五年。鸜鵒來巢，運斗樞曰：「巢于榆。」（公羊傳疏。）師己採文、成之世童謡之語，師己，魯大夫。文、成，魯先君文公、成公也。今左傳「成」作「武」，傳寫之譌。唐石經、漢五行志、史通、文選幽通賦注引傳，并與此合。有鸜鵒之言，見今有來巢之驗，則占謂之凶。其後昭公爲季氏所逐，出於齊，郈昭伯與季平子因鬬鷄有隙。又季氏之族有淫妻爲讒，使季平子與族人相惡，皆譖平子。昭公遂伐季氏，爲所敗，出奔齊，次於乾侯。見左昭二十五年傳。國果空虛。都有虛驗，「虛」讀作「墟」。指瑞篇：「魯國之都，且爲丘墟。」盼遂案：「虛驗」當是「應驗」，涉上句「虛」字而譌。「虛」字，漢隸作「虗」，形與「應」近。故野鳥來巢，師己處之，「處」，義見本性篇。禍意〔一〕如占。盼遂案：「意」爲「竟」之誤。使昭公聞師己之言，脩行改

〔一〕「意」，原本作「竟」，據通津草堂本改。

政爲善，居高宗之操，終不能消。盼遂案：「居」字爲「若」字之誤。何則？鸜鵒之謡已兆，出奔之禍已成也。鸜鵒之兆，已出於文、成之世矣。根生，葉安得不茂？源發，流安得不廣？文選張茂先勵志詩注引「源」上有「自」字，則「流」字句絶，非也。此尚爲近，未足以言之。

夏將衰也，二龍戰於庭，吐漦而去。注奇怪篇。夏王櫝而藏之。夏亡，傳於殷；殷亡，傳於周，傳此器也。皆莫之發。至幽王之時，當作厲王。奇怪篇誤同。發而視之，漦流于庭，化爲玄黿，走入後宫，與婦人交，鄭語：「府之童妾，未既齔而遭之，既笄而孕，當宣王時而生。不夫而育，懼而棄之。爲弧服者取之，逃于褒。褒姁入于王。」遂生褒姒。褒姒歸周，厲王惑亂，當作幽王。國遂滅亡。盼遂案：「幽王」與「厲王」互倒。仲任蓋因習語幽、厲連言，遂倒寘耳。幽、厲王之去夏世，以爲千數歲，「以」、「已」字通。二龍戰時，幽、厲、褒姒等未爲人也。周亡之妖，已出久矣。妖出，禍安得不就？瑞見，福安得不至？若二龍戰時言曰：「余褒之二君也。」史記集解引虞翻曰：「龍自號褒之二先君也。」是則褒姒當生之驗也。龍稱褒，褒姒不得不生，生則厲王不得不惡，當作幽王。偶會篇不誤。惡則國不得不亡。〔亡〕徵已見，「亡」字脱，語義未足。變虛篇：「亡象已見。」句法與同。本書重文常脱。韓非子亡徵篇：「亡徵者，非曰必亡，言其可亡也。」盼遂案：宜疊「亡」字，「亡徵已見」爲句。雖五聖十賢相與卻之，終不能消。善惡同實：善祥出，國必興；惡祥見，朝必亡。「詳」猶「象」也。謂惡異可以善行除，是謂善瑞可以惡政滅也。河源出於崑崙，漢書張騫傳：「古圖書名河所出曰昆侖。」西域傳：「河有兩源：一出葱嶺山，一出于闐。」徐松曰：「其實河有三源：出葱嶺者，尚有南河、北河之分，與于闐河而三也。」詳爾雅釋水郝疏。其流播於九河。爾雅釋水：「徒駭、太史、馬頰、覆鬴、胡蘇、簡絜、鉤盤、鬲津爲九河也。」使堯、禹卻以善政，終不能還者，水勢當然，人事不能禁也。河源不可禁，二龍不可除，則桑穀不可卻也。

王命之當興也，猶春氣之當爲夏也；其當亡也，猶秋氣之當爲冬也。見春之微葉，吴曰：「微葉」當作「微蘖」，形近而誤。下文「其猶春葉」，誤同。盼遂案：「微葉」疑當是「微芽」之誤。下「春葉秋實」之「葉」，亦「芽」之誤。知夏有莖葉；覩秋之零實，零，落也。知冬之枯萃。桑穀之生，其猶春葉秋實也，必然猶驗之。「猶」字疑涉上文衍。今詳修政改行，何能除之？盼遂案：「詳」疑「設」之誤。

夫以周亡之祥，見於夏時，又何以知桑穀之生，不爲紂亡出乎？或時祖己言之，當作「之言」，傳寫誤倒。信野草之占，失遠近之實；高宗問祖己之後，側身行道，六國諸侯，偶朝而至。高宗之命，自長未終，則謂起桑穀之問，改政脩行，享百年之福矣。

夫桑穀之生，殆爲紂出。亦或時吉而不凶，故殷朝不亡，高宗壽長；祖己信野草之占，謂之當亡之徵。

漢孝武皇帝之時，漢書武帝紀：「元狩元年冬十月，行幸雍，祠五時也。」獲白麟，〔一角〕戴兩（肉）角而共（五）觝（趾），「戴兩角而共觝」，當作「一角戴肉而五趾」。「兩肉」、「共五」、「觝趾」并形近而誤，「一」字脱，「角」字誤奪在「兩」字下，文遂不可通矣。公羊哀公十四年傳注：「麟狀如麕，一角而戴肉。」下文云：「野獸而共一角。」則不得云「戴兩角」矣。「共觝」二字無義。漢書終軍傳：「獲白麟，一角而五蹄。」注：「每一足而有五蹄也。」（前漢紀十二同。）史記封禪書、褚少孫補武帝紀：「獲一角獸，若麃然，有司曰：『蓋麟云。』」即此事也。後講瑞篇、指瑞篇并云：「一角而五趾。」使謁者終軍議之。軍曰：「夫野獸而共一角，象天下合同爲一也。」野獸皆兩角，今此獨一，故云「而共」。漢書本傳載終對曰：「今野獸并角，明同本也。」春秋感精符曰：「麟一角，明海內共一主也。」（類聚九八。）軍説所據。麒麟，野獸也；桑穀，野草也，俱爲野物，獸、草何別？終軍謂〔野〕獸爲吉，吴曰：「獸」上脱「野」字，上文云「麒麟，野獸也。桑穀，野草也」可證。祖己謂野草爲凶。

高宗祭成湯之廟，指瑞篇同。他書并無「之廟」二字。有蜚雉升鼎〔耳〕而雊。「鼎」下當有「耳」字，各本俱脱。書序、大傳、史記殷本紀、漢書郊祀志、五行志、前漢紀二四、本書指瑞篇并有「耳」字，是其證。說文云：「雊，雄雉鳴也。雷始動，雉乃鳴，而雊其頸。」**祖己以爲遠人將有來者，**大傳：（御覽九一七。）「武丁祭成湯，有雉飛升鼎耳而雊，問諸祖己。祖己曰：『雉者，野鳥也，不當升鼎。今升鼎者，欲爲用也。遠方將有來朝者乎！』武丁思先王之道，編髮重譯，至者六國。」**說尚書家謂雉凶，**漢書五行志：「劉向以爲雉雊鳴者，雄也。以赤色爲主。於易離爲雉，雉南方，近赤祥也。劉歆以爲羽蟲之孽。易有鼎卦，鼎，宗廟之器，主器奉宗廟者，長子也。野鳥自外來，入爲宗廟器主，是繼嗣將易也。一曰：鼎三足，三公象，而以耳行，野鳥居鼎耳，小人將居公位，敗宗廟之祀。野鳥入廟，敗亡之異也。」鄭玄曰：「鼎，三公象也，又用耳行。雉升鼎耳而鳴，象視不明。天意若曰：當任三公之謀以爲政。」（高宗肜日疏引。）與漢志所載一說義稍不同。并爲視之不明，羽蟲之孽。（僞孔傳以爲耳不聽之異，不足據。五行傳：「聽之不聽，有介蟲之孽。」漢志以爲「魚孽」，非謂雉也。）又漢書外戚傳許皇后傳：「書云：『高宗肜日，粵有雊雉。』祖己曰：「惟先假王，正厥事。」』即飭椒房及掖庭也。」師古曰：「謂祖己之言，皆以戒後宮也。」杜欽傳欽上疏及五行傳王音等說，義同。又孔光傳：「上天聰明，苟無其事，變不虛生。書曰：『惟先假王，正厥事。』言異變之來，起事有不正也。」史記殷本紀：「武丁懼，祖己曰：『王勿憂，先修政事。』」諸說義雖不同，俱以雉爲凶祥也。譴飭椒房，乃劉向、谷永等說。（許后傳及谷永傳可見。）孔光、安國後，是謂雉爲凶者，或以爲古文尚書說也，故與大傳異。皮錫瑞曰：「據論衡此文，則漢時今文家已非一解，王仲任不能定其說。說尚書者或云雉吉，或云雉凶，其義雖異，而皆可通。蓋上天示變，則疑於凶；修德禳災，則轉爲吉。史記一書，多同今文，武帝、王音、杜欽、劉歆皆爲今文說。歆雖傳古文尚書，而五行傳所載皆今文之義。」議駮不同。且從祖己之言，雉來吉也。雉伏於野草之中，草覆野鳥之形，若民人處草廬之中，可謂其人吉而廬凶乎？民人入都，不謂之凶；野草生朝，何故不吉？

雉則民人之類，如謂含血者吉，長狄來至，是吉也，何故謂之凶？公羊文十一年傳曰：「狄者何？長狄也。兄弟三人，一者之魯，一者之齊，一者之晉。何以書？記異也。」何注：「魯成就周道之封，齊、晉霸尊周室之後。長狄之操，無羽翮之助，別之三國，皆欲爲君，比象周室衰，禮樂廢，大人無輔助，有夷狄行。」五行志下之上：「劉向以爲，是時周室衰微，三國爲大，可責者也。天戒若曰：『不行禮義，大爲夷狄之行，將至危亡。』近下人伐上之痾也。』劉歆以爲人變，屬黄祥。一曰：『屬蠃蟲之孽。』一曰：『天地之性，人爲貴，凡人爲變，皆屬皇極。下人伐上之痾云。』京房易傳曰：『君暴亂，疾有道，厥妖長狄入國。』又曰：『豐其屋，下獨苦，長狄生，世主虜。』」如以從夷狄來者不吉，介葛盧來朝，是凶也。僖公二十九年來朝魯。杜預曰：「介，東夷國也。葛盧，介君名也。」公、穀并不言「朝」，謂不能乎朝也。此據左氏。如以草木者爲凶，朱草、蓂莢出，博物志：「和氣相感，則生朱草。」餘注初稟篇。蓂莢見是應篇。是不吉也。朱草、蓂莢皆草也，宜生於野，而生於朝，是爲不吉，何故謂之瑞？一野之物，來至或出，吉凶異議。朱草、蓂莢，善草，故爲吉，則是以善惡爲吉凶，不以都野爲好醜也。

周時天下太平，越嘗獻雉於周公，御覽四夷部六引尚書大傳：「交趾之南，有越裳國。周公居攝六年，制禮作樂，天下和平，越裳以三象重譯而獻白雉。」漢書賈捐之傳師古注：「論衡作『越嘗』。」按：儒增篇作「越裳」，講瑞、宣漢、恢國三篇并作「越常」，此作「越嘗」，字并通也。韓詩外傳五、説苑辯物篇、尚書大傳、（文選王元長曲水詩序注、後漢書馬融傳注引。）孝經援神契（類聚祥瑞部引。）并作「越裳」。張晏據「衣裳」之字，謂「越不著衣裳，慕中國化，遣譯來著衣裳，故曰越裳」，失之穿鑿。清一統志曰：「安南國，周時爲越裳氏地。」高宗得之而吉。「高宗」二字，不應複出，涉上下文而衍。此據周公得雉之吉，以證桑穀之祥，無涉高宗。雉雊之吉，已辯見上文。又高宗有雉雊鳴，不當言「得之」，並其證。雉亦野草之物，何以爲吉？如以雉所（耿）分（介）有似於士，吴曰：「所分」二字無義，「所分」當作「耿介」，形近之譌也。士相見禮：「冬用雉。」鄭注云：「士摯用者，取其雉耿介，交有時，別有倫也。」正義云：「士之義亦然。」義取耿介，不犯上也。」大宗伯：「士執雉。」鄭注云：「取其守介而死。」釋文云：「介或作分。」舊籍傳寫，「介」、「分」多相亂。此文「介」誤爲「分」，淺人不了，又誤改「耿」爲「所」矣。士耿介似雉，故摯用雉以表德，此禮家舊説也。暉按：釋名釋首飾曰：「鷩雉，山雉也，性急憋，不可生服，必自殺，故畫其形於衣，以象人執耿介之節也。」亦可證成吴説。則麐亦仍有似君子，吴曰：麐似君子，疑是詩三家遺説。左氏昭元年傳：「子皮賦野有死麕之卒章。」杜解云：「義取君子徐以禮來，無使我失節，而使狗驚吠。」疑杜蓋有所本。公孫術(述)得白鹿，先孫曰：「術」當作「述」，後漢書述傳未載。暉按：東觀漢記二三亦無此事。吴曰：「鹿」疑當作「麕」，承上「麕似君子」而言。占何以凶？然則雉之吉凶未可知，則夫桑穀之善惡未可驗也。桑穀或善物，象遠方之士，將皆立於高宗之廟(朝)，「廟」當作「朝」，傳寫誤也。桑穀生朝，故據「朝」言之。禮終則制廟，是與下「高宗享長久」之義相違矣。故高宗獲吉福，享長久也。

説災異之家，以爲天有災異者，所以譴告王者，義詳譴告篇。信也。當有脱文。或「信」字衍。夫王者有過，異見於國；異，先事而至者。不改，災見草本；災，隨事而至者。不改，災見於五穀；不改，災至身。左氏春秋傳曰：「國之將亡，鮮不五稔。」左昭元年傳載秦后子言曰：「國無道而年穀和熟，天贊之也。鮮不五稔。」即此文所引。杜注：「鮮，少也。少尚當歷五年，多則不啻。」是以五稔爲五年。與下「趙孟視蔭曰：『朝夕不相及，誰能待五』」義正相屬。此文則謂五穀熟也，與「年穀和熟」義正相承，然與趙孟之言不相屬，未知仲任何據。説文禾部引春秋傳曰「鮮不五稔」，解云：「稔，穀熟也。」義與此同。災見於五穀，五穀安得熟？不熟，將亡之徵。災亦有且亡五穀[不]熟之應。「不」字涉上文「不熟」而衍。五穀熟爲且亡之災，承上「國之將亡，鮮不五稔」爲義也。若作「五穀不熟」，則與「不熟，將亡之徵」義重，而「亦」字無着矣。下文：「夫不熟，或爲災，或爲福。」爲災者，不熟將亡之徵也；爲福者；且亡五穀孰，故不孰爲福也。天(夫)不熟，「天」，宋本作「夫」，是。或爲災，或爲福，禍福之實未可知，桑穀之言安可審？

論説之家，著於書記者，皆云：「天雨穀者凶。」説苑辯物篇：「趙簡子曰：『翟雨穀三日。大哉，妖亦足以亡國矣。』」京房曰：「燕丹回於秦，天雨粟於燕，後秦滅之。」書傳曰：盼遂案：事見淮南子本經篇。又「書傳」爲「傳書」之誤倒，論皆作「傳書」。「蒼頡作書，天雨穀，鬼夜哭。」注感虚篇。「穀」彼作「粟」，義同。此方(乃)凶惡之應。「方」當作「乃」，形近而誤。此釋作書鬼哭也。感虚篇曰：「此言文章興，而亂漸見，致其妖變。」是其義也。和者，盼遂案：「方」爲「乃」之誤字。天[何]用成穀之道。「何」涉「用」字譌衍。説文：「禾，嘉穀也。㠯二月始生，八月而孰，得之中和，故謂之禾。」是其義。從天降而和，「而」猶「以」也。盼遂案：「何」當爲「偶」之誤。且猶謂之善，和氣且猶謂善。氣壽篇曰：「和氣爲治平。」故云善也。況所成之穀，從雨下乎？謂天雨穀。極論訂之，何以爲凶？夫陰陽和則穀稼成，不則被災害。「不」讀作「否」。陰陽和者，穀之道也，何以謂之凶？絲成帛，縷成布。賜人絲縷，猶爲重厚，況遺人以成帛與織布乎？夫絲縷猶陰陽，帛布猶成穀也。賜人帛，不謂之惡，天與之穀，何故謂之凶？夫雨穀吉凶未可定，桑穀之言未可知也。

使暢草生於周之時，天下太平，〔倭〕人來獻暢草。先孫曰：「使暢草生於」五字，疑衍。「暢」即「鬯」之借字。（詳前山海經。）後儒增篇云：「周時天下太平，倭人貢鬯草。」恢國篇亦云：「倭人貢暢。」超奇篇又云：「暢草獻於宛。」此「人」上疑脱「倭」字。説文鬯部：「遠方鬱人所貢。」與王説異。暉按：據感類篇，知是周公時事。「宛」、「鬱」字通。超奇篇與許説同。説詳彼篇。唯「倭人」未審。後漢書東夷傳謂：「倭在韓東南大海中。」即今日本，與鬱地殊。**暢草亦草野之物也，**詩江漢毛傳、周禮春官鬯人先鄭注并云：「鬯，香草也。」王度記曰：（周禮鬱人疏。）「天子以鬯，諸侯以薰，大夫以蘭芝，士以蕭，庶人以艾。」禮緯云：「秬鬯之草。」中候云：「鬯草生郊。」（大雅江漢疏。）徐幹中論云：「煮鬯燒薰，以揚其芬。」皆以鬯爲草名，與仲任説合。周禮春官〔一〕鬯人鄭注、説文鬯部皆以釀秬爲酒曰鬯，與王説不同。孔穎達江漢疏：「言暢草者，蓋亦謂鬱爲鬯草，鬯是酒名，書傳香草無稱鬯者，鄭説爲長。」**與彼桑穀何異？如以夷狄獻之則爲吉，使暢草生於周家，肯謂之〔不〕善乎？**「肯」猶「可」也。「之」下當有「不」字，傳寫誤脱。尋上下文義自明。**夫暢草可以熾釀，**呂氏春秋仲冬紀：「湛饎必潔。」注：「饎，炊也。『饎』讀熾火之『熾』。」「熾」、「饎」音近字通。方言七：「火孰曰爛，氣孰曰饎。」火孰，今言燒烤也。氣孰，今言蒸也。

〔一〕「春」，原本作「序」，據周禮改。

暢之成酒，其法爲氣孰也。**芬香暢達者**，大雅江漢箋、周禮鬯人注、説文解字并云：「芬香條暢。」義同。**將祭，灌暢降神。**將祭，謂祼奠時也。考工記下鄭注：「祼之言灌也。」祼謂始獻酌奠也。」大雅文王毛傳：「祼，灌鬯也。」疏：「以鬯酒灌尸，故言灌鬯。」説文：「鬯芬芳條暢，（今作「攸服」，從段改。）以降神也。」白虎通攷黜篇曰：「鬯者，以百草之香，鬱金合而釀之，成爲鬯。陽達於牆屋，陰入於淵泉，所以灌地降神也。」**設自生於周朝，與嘉禾、朱草、蓂莢之類不殊矣。**封禪書云：「嘉禾者，大禾也。」史記周本紀集解引鄭玄曰：「二苗同爲一穗。」朱草、蓂莢，已見前。**然則桑亦食蠶，蠶爲絲，絲爲帛，帛爲衣，衣以入宗廟爲朝服，**論語鄉黨篇：「朝服而立於阼階。」皇疏：「朝服者，玄冠緇布，衣素積裳，是鄉大夫之祭服也。」**與暢無異，何以謂之凶？**

衛獻公太子至靈臺，新序節士篇「衛」作「晉」。左僖十五年傳：「乃舍諸靈臺。」杜注：「在京兆鄠縣，周之故臺。」洪亮吉曰：「詩含神霧云：『作邑於豐，起靈臺。』易乾鑿度：『伐崇，作靈臺。』孔穎達疏：『是靈臺在豐邑之都内也。』水經渭水注：『豐水又北逕靈臺西。』括地志：『雍州長安縣有靈臺，高二丈，周四百二十步。』」**蛇遶左輪。御者曰：「太子下拜。吾聞國君之子，蛇遶車輪左者速得國。」**朱校元本無「車」字。新序作「繞左輪者」。**太子遂不下（行），**「不下」，義未妥。「下」當作「行」。「不行」與下「反乎舍」義正相承。新序正作「不行」，可證。盧文弨據此文改「行」爲「下」，非。**反乎舍。御人見太子，太子曰：「吾聞爲人子者，盡和順於**

君，新序無「於」字。不行私欲，共嚴承令，「共」讀作「恭」。新序正作「恭」。又「令」作「命」，義較長。不逆君安。盼遂案：「共嚴」即「恭莊」也，「共」爲「恭」之古文，「嚴」爲明帝諱「莊」之代字。今吾得國，是君失安也。見國之利而忘君安，非子道也；得國而拜，其非君欲。廢子道者不孝，逆君欲則不忠，而欲我行之，殆吾欲〔吾〕國之危明矣。」「吾欲」二字誤倒。「殆欲」承「而欲」爲義。若作「吾欲」，則上與「而欲」，下與「明矣」，語氣不貫。新序正作「殆欲吾國之危明矣」。當據正。投（拔）殿（劍）將死，「投殿」不得言將死。「投殿」當作「拔劍」，形近而誤。新序正作「拔劍將死」，是其證。其御止之，不能禁，遂伏劍而死。夫蝕遶左輪，審爲太子速得國，太子宜不死，獻公宜疾薨。今獻公不死，太子伏劍，御者之占，俗之虛言也。或時蝕爲太子將死之妖，御者信俗之占，故失吉凶之實。夫桑穀之生，與蝕遶左輪相似類也。蝕至實凶，御者以爲吉；桑穀實吉，祖己以爲凶。

禹南濟於江，淮南精神訓高注：「濟，渡也。」水經三十五江水注：「大江右得龍穴水口，北對虎洲洲北有龍巢，地名，禹南濟江，黃龍夾舟，故水地取名。」有黃龍負舟，舟中之人五色無主。禹乃嘻笑而稱曰：「我受命於天，竭力以勞萬民。高注：「勞，憂也。」生，寄也；死，歸也。死，歸也，何足以滑和？」劉先生曰：下「死歸也」三字衍。淮南精神篇、御覽九百四十六引此文，并不重「死歸也」三字。是其證。暉按：吕氏春秋知分篇作：「生，性也；死，命也，余何憂於龍焉。」吴越春秋無余外傳：「生，性也；死，命也，爾何爲者。」文義并與此同。不重「死命也」三字，並足證成劉先生説。高曰：「人壽蓋不過百年，故曰寄。死滅没化不見，故曰歸。滑，亂也。和，適也。」**視龍猶蝘蜓也，**高曰：「蝘蜓，蜥蜴也。或曰守宫。」**龍去而亡（患）。**各本「亡」下并脱「患」字。淮南作「龍乃弭耳掉尾而逃」。吕氏春秋：「龍俛耳低尾而逝。」吴越春秋：「龍曳尾舍舟而去。」校者蓋據彼文，讀「亡」爲「往亡」，而誤删「患」字，不知此句非録舊文也。「龍去而亡」，「去」、「亡」於義重複。「亡」音「無」，「亡患」承上文「舟中之人五色無主」句爲言。下文云：「古今龍至皆爲吉，而禹獨謂黄龍凶。」與此文義正相貫。御覽九四六引正作「龍去而亡患」，（明鈔本亦脱「患」字。張本「亡」作「無」，趙本、天啓本作「亡」。）是其明證。**案古今龍至皆爲吉，而禹獨謂黄龍凶者，見其負舟，舟中之人恐也。夫以桑穀比於龍，吉凶雖反，蓋相似。野草生於朝，尚爲不吉，殆有若黄龍負舟之異，故爲吉而殷朝不亡。**

晉文公將與楚成王戰於城濮，左僖廿八年傳杜預曰：「衛地。」**彗星出楚，楚操其柄，以問咎犯。咎犯對曰：「以彗鬭，倒之者勝。」**「倒」，宋本作「到」，非。倒之者勝，謂當彗之末者勝。説苑權謀篇：「城濮之戰，文公謂咎犯曰：『彗星見，彼操其柄，我操其標。』咎犯曰：『以掃則彼利，以擊則我利。』」淮南兵略篇：「武王伐紂，慧星出，而授殷人其柄，然而得天下。」注：

「慧星柄在東方，可以掃西方。」事與此類。文公夢與成王搏，杜曰：「搏，手搏。」成王在上，盬其腦。杜曰：「盬，啑也。」問咎犯，咎犯曰：「君得（見）天而成王伏其罪，說苑權謀篇作「君見天而荆王伏其罪」，即此文所本。「得」當作「見」，寫者習於傳文而妄改之也。下文云：「殆有若對彗見天之詭。」是此文原作「見天」之明證。後卜筮篇：「咎犯曰：『吉，君得天，楚伏其罪。』」文與左氏傳合，乃據傳文，故作「得天」也。章炳麟劉子政左氏説謂仲任「得」「見」并從，二字古通，不以此字爲譌，失之。戰必大勝。」文公從之，大破楚師。嚮令文公問庸臣，必曰不勝。何則？彗星無吉，淮南冥覽訓高注：「彗星爲變異，人之害也。」搏在上無凶也。孫曰：當作「搏在下，凶也」。此指文公言之，當云「在下」。「上」字涉上文「在上」而誤。「無」字涉上句「無吉」而衍。下文云：「猶晉當彗末，搏在下，爲不吉也。」是其證。暉按：此指成王言之，義亦可通。夫桑穀之占，占爲凶，上「占」字當作「生」。或衍一「占」字。盼遂案：衍一「占」字。猶晉當彗末、搏在下爲不吉也。然而吉者，殆有若對彗、見天之詭，詭，異也。故高宗長久，殷朝不亡。

使文公不問咎犯，咎犯不明其吉，戰以大勝，世人將曰：「文公以至賢之德，破楚之無道，天雖見妖，卧有凶夢，猶滅妖消凶以獲福。」殷無咎犯之異知，而有祖己信常之占，故桑穀之文，傳世不絶，轉禍爲福之言，到今不實。

感虚篇

儒者傳書言：「堯之時，十日並出，萬物燋枯。堯上射十日，九日去，一日常出。」淮南本經訓：「堯之時，十日並出，焦禾稼，殺草木，堯乃使羿上射十日。」高注：「十日並出，羿射去九。」天問王注引淮南「射十日」下，有「中其九日，日中九烏皆死，墮其羽翼，故留其一日也」。山海經海外東經郭注、書鈔一四九、藝文類聚一所引略同。是今本淮南有脱誤，此文乃據其完本。「十日並出」，亦見山海經海外東經、大荒東經、歸藏鄭母經、（山海經郭注。）莊子齊物論。方以智曰：「羿射日，（句。）落九烏。以『羿射』爲句，一日而落九烏，非『射日』也。後人誤讀耳。」此亦祛惑之論。路史後紀十注亦謂歸藏、楚詞「羿彈十日」，非天之日。然據山海經謂爲羲和君子，則仍爲舊説所惑。郭沫若釋支干曰：「山海經大荒東經云：『有女子名曰羲和，方浴日于甘淵。羲和，帝俊之妻，生十日。』王國維云：『帝俊即帝嚳。』帝嚳爲殷人所自出，則十日傳説必爲殷人創生，而以屬之於其祖者也。」又曰：「太陽日出夜入，出不知所自來，入不知所自往，而日日周旋，古人苦於索解，故創爲十日之説以解之。」

此言虚也。

夫人之射也，不過百步，矢力盡矣。日之行也，行天星度，天之去人，以萬里數，「日之行也」以下，日鈔引作「日之行天，去人以萬里數」。「以萬里數」，以萬爲數也。仲任以爲天地相去六萬里。説日篇：「天之去地，六萬餘里。」又曰：「天之去人，六萬餘里也。」（今誤作「萬里餘也」。校見彼篇。）談天篇：「天之離天下，六萬餘里。」堯上射之，安能得日？使堯之時，天地相近，不過百步，則堯射日，矢能及之；過百步，不能得也。「得」猶「中」也。假使堯時天地相近，堯射得之，猶不能傷日，傷日何肯去？下「傷」字，涉上文衍。何則？日，火也。使在地之火，附一把炬，人從旁射之，雖中，安能滅之？地火不爲見射而滅，天火何爲見射而去？

此欲言堯以精誠射之，精誠所加，金石爲虧，毁也。蓋誠無堅則亦無遠矣。夫水與火各一性也，能射火而滅之，則當射水而除之。洪水之時，流（氾）濫中國，「流」，宋本作「氾」，朱校元本、程本作「氾」，當據正。孟子滕文公下：「當堯之時，水逆行，氾濫於中國。」爲民大害，堯何不推精誠射而除之？堯能射日，使火不爲害，不能射河，使水不爲害。夫射水不能卻水，則知射日之語，虛非實也。

或曰：「日，氣也，射雖不及，精誠滅之。」夫天亦遠，使其爲氣，則與日月同；使其爲體，則與金石等。以堯之精誠，滅日虧金石，上射日（天）則能穿天乎？齊曰：

「上射日」當作「上射天」。此爲仲任設詞。仲任意：天與金石日月等，堯既能滅日虧金石，使堯射天，能穿天乎？後人以堯射日不射天，改之，反誤。世稱桀、紂之惡，射天而毆地；史記褚補龜策傳曰：「紂以韋爲囊，囊盛其血，與人懸而射之，與天帝爭彊。」譽高宗之德，政消桑穀。見異虛篇。今堯不能以德滅十日，而必射之，是德不若高宗，惡與桀、紂同也，安能以精誠獲天之應也？

傳書言：「武王伐紂，渡孟津，陽侯之波，注見書虛篇。逆流而擊，疾風晦冥，人馬不見。於是武王左操黄鉞，右執白旄，淮南「執」今作「秉」，後人依牧誓妄改也。牧誓孔曰：「鉞以黄金飾斧。」馬曰：「旄，牛尾。」瞋目而麾之曰：「麾」，淮南泰族篇同。覽冥訓作「撝」。尚書後案曰：「『麾』字不成文理。說文手部云：『摩，旌旗所以指摩也。從手，靡聲。』此秉旄爲指，字當從之。」畢沅曰：「『麾』即『摩』之異文。『摩』即『摩』之省。」離騷王注：「舉手曰麾。」或言以手教曰麾。」畢說是也。『余在，天下誰敢害吾意者！』王念孫曰：「『害』讀爲『曷』，曷，止也。言誰敢止吾意也。爾雅：『曷、遏，止也。』」於是風霽波罷。」淮南作「濟」。時則訓注：「濟，止也。」說文：「霽，雨止也。」「濟」、「霽」字通。此借「霽」爲之。文據淮南覽冥訓。

此言虛也。

武王渡孟津時，士衆喜樂，前歌後舞，天人同應。大誓：「前師乃鼓拊譟，師乃慆。

前歌後舞，格於上天下地。」（依孫星衍輯。）人喜天怒，淮南天文篇：「天之偏氣，怒者爲風。」後漢書郎顗傳：「風者號令，天之威怒。」是當時説感應者，有風爲天怒之説，故據以爲義。非實宜也。前歌後舞，未必其實；麾風而止之，迹近爲虚。

夫風者，氣也，洪範正義引鄭曰：「風，土氣也。凡氣非風不行，猶金木水火非土不處。故土氣爲風。」陳櫟曰：「莊子：『大塊噫氣，其名爲風。』是風爲土氣之證。」馬其昶曰：「内經云：『風出地氣。』」論者以爲天地之號令也。翼氏風角曰：「風者天之號令，所以譴告人君。」（後漢書蔡邕傳注。）風俗通、（書鈔一五一引。）洪興祖離騷補注引河圖、離騷及七諫王注、蔡中郎集陳政事疏并有此説。武王誅紂是乎？天當安静以祐之。如誅紂非乎？而天風者，怒也。武王不奉天令，求索己過，瞋目言曰：「余在，天下誰敢害吾（意）者！」孫曰：此乃復述武王之言，「吾」下蓋脱「意」字。重天怒，「重」猶「加」也。增己之惡也，風何肯止？父母怒，子不改過，瞋目大言，父母肯貰之乎？貰，赦也。如風天所爲，禍氣自然，當作「氣偶自然」。「偶」、「禍」形譌，字又誤倒。偶會篇：「自然之道，適偶之數。」即其義。是亦無知，不爲瞋目麾之故止。夫風猶雨也，使武王瞋目以旄麾雨而止之乎？「而」讀作「能」，古通。一曰：「雨」字形譌。武王不能止雨，則亦不能止風。

或時武王適麾之，風偶自止，世褒武王之德，則謂武王能止風矣。

傳書言：御覽四引「傳」作「儒」。**「魯襄〔陽〕公與韓戰，**盼遂案：本書對作篇引淮南書言「魯陽戰而日暮」，亦作「魯陽」，知仲任本作「魯陽」，此作「襄」者，後人誤改。魯陽當時郡國名，故稱魯陽公，或魯陽子。**戰酣，日暮，**淮南覽冥篇注：「酣，對戰合樂時也。」**公援戈而麾之，**御覽引無「公」字，與淮南覽冥訓合。「麾」，淮南作「撝」。**日爲之反三舍。」**俞曰：淮南覽冥訓高注：「魯陽，楚之縣公。」漢書地理志：「南陽郡魯陽。」師古曰：「即淮南所云『與韓戰，日反三舍』者也。」然則，魯陽非魯也。國語楚語：「惠王以梁與魯陽文子。」韋昭注：「文子，平王之孫，司馬子期子，魯陽公也。」墨子耕柱篇：「子墨子謂魯陽文君曰。」魯陽文君即魯陽文子。與韓戰者，未知即此人否。要非魯之襄公也。孫曰：「魯襄公」本作「魯陽公」。下文同。與淮南子、地理志注並合。今作「襄」者，音近之誤也。對作篇亦説此事，正作「魯陽公」。御覽四引亦作「陽」。是原文作「魯陽」，可無疑矣。俞樾頗惑於此，蓋未深考耳。暉按：魯陽公與韓遘戰，即楚魯陽文子，酈道元已著於水經滍水注，俞氏或未之撿。朱亦棟羣書札記曰：「其地在魯山之陽，南陽魯陽有魯山。楚縣尹皆僭稱公，故曰魯陽公。」

此言虚也。

凡人能以精誠感動天〔者〕，「者」字據御覽四引補。**專心一意，委務積神，精通于天，天爲變動，然尚未可謂然。〔魯〕襄〔陽〕公志在〔於〕戰，**「魯」、「陽」、「於」三字，據御覽引補正。爲日暮一麾，安能令日反？使聖人麾日，日終不反，〔魯〕襄〔陽〕公何人？「魯」、「陽」二字，據御覽引補正。而使日反乎？

鴻範曰：「星有好風，星有好雨。」史記集解引馬曰：「箕星好風，畢星好雨。」僞孔傳同。日月之行，則有冬有夏。孔傳：「日月之行，冬夏各有常度。」正義曰：「張衡、蔡雍、王蕃等説渾天者皆云，周天三百六十五度四分度之一。天體圓如彈丸，北高南下。北極去地上三十六度，南極入地下三十六度。北極去南極直徑一百二十二度弱，其依天體隆曲。南極去北極一百八十二度强，正當天之中央。南北二極中等之處，謂之赤道，去南北極各九十一度。春分日行赤道，從此漸北。夏至赤道之北二十四度，去北極六十七度，去南極一百一十五度，日行黑道。從夏至日以後，日漸南至，秋分還行赤道，與春分同。冬至行赤道之南二十四度，去南極六十七度，去北極一百一十五度，其日之行處，謂之黄道。又有月行之道，與日道相近，交路而遇，半在日道之裏，半在日道之表。其當交則兩道相合，交去極遠處，兩道相去六度。此其日月行道之大略也。」仲任説方天者，其日月行道與渾天説有無異同，今不可考。月之從星，則有風雨。「有」，洪範、本書説日、明雩篇并作「以」。孔傳「月經於箕則多風，離於畢則多雨」。鄭曰：（依孫星衍輯。）「風，土也，爲木妃。雨，水也，爲金妃。故星好焉。中央土氣爲風，東方木氣爲雨，箕屬東方木，木克土，土爲妃，尚妻之所好，故箕星好風也。西方金氣爲陰，尅東方木，木爲妃，屬西方，尚妻之所好，故畢星好雨也。是土十爲木八妻，木八爲金九妻，故月離於箕，風揚沙，月離於畢，俾滂沱。」夫星與日月同精，晉書天文志曰：「皆陰陽之精。」日月不從星，經言「月之從星」，此并言「日月」者，鄭曰：（洪範疏。）「不言日者，日之從星，不可見故也。」仲任是據實象言之。星輒復變。其説未聞。明日月行有常度，不得從星之好惡也，安得從〔魯〕襄（陽）公之所欲？「魯」字脱，「襄」當作「陽」。校見上。

星之在天也，爲日月舍，淮南覽冥訓高注：「舍，次宿也。」文選郭璞遊仙詩注引淮南許注：「二十八宿，一宿爲一舍。」猶地有郵亭，續百官志注引漢官儀曰：「十里一亭，亭長亭候。五里一郵，郵間相去二里半，司姦盜。」又引風俗通曰：「亭，留也，蓋行旅宿會之所館。」説文曰：「郵，竟上行書舍也。」爲長吏廨也。漢書百官表：「秩四百石至二百石，是爲長吏。」師古曰：「吏，理也，主理其縣内也。」光武紀注：「長吏，謂縣令長及丞尉也。」二十八舍有分度，東方：角、亢、氐、房、心、尾、箕。北方：斗、牛、（牽牛。）女、（須女。）虚、危、室、（營室。）壁。（東壁。）西方：奎、婁、胃、昴、畢、觜、（觜巂。）參。南方：井、（東井。）鬼、（輿鬼。）柳、星、張、翼、軫。李石續博物志：「二十八宿，爲其有二十八星當度，故立以爲宿。」一舍十度，或增或減。淮南天文訓：「星分度：角十二，亢九，氐十五，房五，心五，尾十八，箕十一四分一。斗二十六，牽牛八，須女十二，虚十，危十七，營室十六，東壁九。奎十六，婁十二，胃十四，昴十一，畢十六，觜巂二，參九。東井三十三，輿鬼四，柳十五，星七，張、翼各十八，軫十七。」言日反三舍，乃三十度也。日，日行一度，一麾之間，反三十日時所在度也？　如謂舍爲度，三度亦三日行也，一麾之間，令日卻三日也？

宋景公推誠出三善言，熒惑徙三舍，實論者猶謂之虛。　論見變虛篇。　〔魯〕襄〔陽〕公爭鬭，惡日之暮，以此一戈麾，無誠心善言，日爲之反，殆非其意〔實〕哉！　「意」字無義，當作「實」，形之誤也。「殆非其實」，本書常語。與上「猶謂之虛」相應爲文。　且日，火也，聖人麾火，終不能卻，魯襄〔陽〕公麾日，安能使反？

或時戰時日正卯，戰迷，謂日之暮。　麾之，轉左曲道，四字當誤。　日若卻。　世好神怪，因謂之反，不道所謂也。　道，云也。「謂」、「爲」字通。不云所爲，言不云日爲精誠却也。

傳書言：「荆軻爲燕太子謀刺秦王，白虹貫日。　史記鄒陽傳集解引列士傳曰：「荆軻發後，太子自相氣，見虹貫日，不徹。曰：『吾事不成矣。』後聞軻死，事不立，曰：『吾知其然也。』」郎顗曰：「凡日傍色氣白而純者名曰虹。」　衛先生爲秦畫長平之事，太白蝕昴。」　蘇林曰：「白起爲秦伐趙，破長平軍，欲滅趙，遣衛先生說昭王益兵糧，乃爲應侯所害，事用不成，其精誠上達於天，故太白爲之蝕昴。昴，趙分也，將有兵，故太白食昴。食，干歷之也。」此引鄒陽獄中上書文。此言精〔誠〕感天，各本脫「誠」字，今以意增。　天爲變動也。　鄒陽謂如此。

夫言白虹貫日，太白蝕昴，實也。　言荆軻之謀，衛先生之畫，史記鄒陽傳索隱引

「畫」作「策」。感動皇天，故白虹貫日，太白蝕昴者，虚也。變動篇亦辯之。

夫以筯撞鐘，干禄字書：「筯，箸俗字。」御覽七六〇引作「箸」。以筭擊鼓，説文：「筭，長六尺，計曆數者。」不能鳴者，句上，御覽引有「鐘鼓」二字。所用撞擊之者小也。今人之形，不過七尺，以七尺形中精神，欲有所爲，雖積鋭意，猶筯撞鐘、筭擊鼓也，安能動天？精非不誠，所用動者小也。且所欲害者，人也，人不動，天反動乎？

問曰：「人之害氣，能相動乎？」曰：「不能。」「豫讓欲害趙襄子，盼遂案：句前當有「曰」字，今脱。此文爲難者之語，與上文持不能説者爲辨詰也。襄子心動；趙策一：「讓變姓名，爲刑人，入宫塗厠，欲以刺襄子。襄子如厠，心動，執問塗者，則豫讓也。」貫高欲篡高祖，盼遂案：篡，劫也。史記衛將軍驃騎傳：「與壯士篡奪之。」法言：「鴻飛冥冥，弋人何篡。」皆劫奪之誼。高祖心亦動。史記張耳陳餘傳：「趙相貫高謀殺高祖。高祖過趙，貫高等乃壁人柏人。高祖過，欲宿，心動，問曰：『縣名爲何？』曰：『柏人。』『柏人者，迫人。』乃去。」二子懷精，故兩主振感。」振，動也。豫讓以下，難者之詞。「曰」字省。見古書疑義舉例。曰：禍變且至，身自有怪，非適人所能動也。「適」讀作「敵」。何以驗之？時或遭狂人於途，以刃加己，狂人未必念害己身也，然而己身先時已有妖怪矣。由此言之，妖怪之至，禍變自凶之象，非欲害己者之所爲也。且凶之人，卜得惡兆，筮得凶卦，出門見不吉，占危

（候）睹禍氣。「危」字義不可通，字當作「候」。「候」一作「侯」，「矦」、「危」形近而誤。列子周穆王篇注：「候，占也。」藝文志序雜占曰：「候善惡之徵。」禍氣見於面，猶白虹、太白見於天也。變見於天，妖出於人，上下適然，自相應也。

傳書言：「燕太子丹朝於秦，不得去，從秦王求歸。秦王執留之，與之誓曰：『使日再中，天雨粟，令烏白頭，馬生角，厨門木象生肉足，亦見變動篇、是應篇。史記荆軻傳索隱引「厨」作「廐」，「象」作「烏」，誤。乃得歸。』當此之時，天地祐之，日爲再中，天雨粟，烏白頭，馬生角，厨門木象生肉足。秦王以爲聖，乃歸之。」燕丹子曰：「燕太子丹質於秦，秦王遇之無禮，不得意，欲求歸，秦王不聽，謬言：『令烏白頭，馬生角，乃可許耳。』丹仰天嘆，烏即白頭，馬生角。秦王不得已而遣之。爲機發之橋，欲陷丹，丹過之，橋爲不發。夜到關，關門未開，丹爲雞鳴，衆雞皆鳴，遂得逃歸。」（據平津館本。）張華博物志所載略同。風俗通正失篇以爲，此乃閭閻小論所飭成者。

此言虛也。

燕太子丹何人？而能動天？聖人之拘，不能動天；太子丹，賢者也，何能致此？

夫天能祐太子，當脱「丹」字。下同。生諸瑞以免其身，則能和秦王之意，以解其難。見拘一事而易，生瑞五事而難。瑞數五。見上。舍一事之易，爲五事之難，何天之不憚勞也？

湯困夏臺，「困」當作「囚」。命義篇正作「囚」。朱校元本作「因」，足證今本「困」爲「囚」之譌。文王拘羑里，注累害篇。孔子厄陳、蔡。注逢遇篇。三聖之困，天不能祐，使拘之者睹祐知聖，出而尊厚之。或曰：「拘三聖者，不與三〔聖〕誓，吴曰：「三」爲「之」字誤。孫曰：「誓」上脱「聖」字。暉按：孫説是。三聖心不願，故祐聖之瑞，無因而至。天之祐人，猶借人以物器矣，人不求索，則弗與也。」曰：太子願天下瑞之時，「下」字於義未安，五瑞非盡由天下也，疑爲「生」字形誤。上文「生諸瑞以免其身」、「生瑞五事而難」，并作「生瑞」，是其證。豈有語言乎？心願而已。然湯閉於夏臺，文王拘於羑里時，心亦願出；孔子厄陳、蔡，心願食。天何不令夏臺、羑里關鑰毁敗，湯、文涉出；盼遂案：「涉」爲「步」之譌。「步出」言安步而出，與下文「孔子食飽」爲同類。文選古詩十九首「步出上東門」，梁父吟「步出齊東門」，皆「步出」連言之證。雨粟陳、蔡，孔子食飽乎？

太史公曰：「世稱太子丹之令天雨粟，馬生角，大抵皆虚言也。」史記荆軻傳贊：「世言荆軻，其稱太子丹之命天雨粟，馬生角也，大過。」(「軻」)字句絶。「世言荆軻」，蓋指司馬相如等。「其稱」，蓋即漢志雜家所載荆軻論五篇中所稱述者。吴汝綸以「命」字句絶，非也。太史公書漢世實事之人，而云「虛言」，近非實也。謂燕丹五瑞非實也。

傳書言：「杞梁氏之妻嚮城而哭，城爲之崩。」齊侯襲莒，杞梁死之，見左襄二十三年傳。左氏只云：「齊侯歸，遇杞梁之妻於郊。」杜注：「妻行迎喪。」檀弓下云：「杞梁死，其妻迎其柩於路，而哭之哀。」孟子告子下、韓詩外傳六、説苑雜言篇只言其善哭，并無向城哭及城崩之説。列女傳貞順篇：「杞梁死，其妻無所歸，枕其夫之屍於城下而哭，十日城崩。」（後漢書劉瑜傳注引作「七日」。）説苑善説篇：「華周杞梁戰而死，其妻悲之，向城而哭，隅爲之崩，城爲之阤。」立節篇文略同。仲任蓋據劉向説也。孟子告子下趙注、後漢書劉瑜傳亦有「城崩」語。湘川記：（合璧事類二八引。）「杞梁死，其妻無子，乃求夫屍於城下。聞之者皆揮淚，十日城崩而死。」云「求屍」，又與劉向説異。孟子孫奭疏始言其妻名「孟姜」。劉開廣列女傳十三「杞植之妻孟姜。植婚三日，即被調至長城，久役而死。姜往哭之，城爲之崩，遂負骨歸葬而死」。同一母題，展轉附會。今俗曲孟姜女即歌此事也。陳士元孟子雜記曰：「杞梁，左傳作『杞殖』，人表作『杞植』，中華古今註云：『杞植字梁。』薛氏人物考云：『杞梁一名殖。』」梁玉繩瞥記曰：「杞梁妻善哭，趙注本説苑、列女傳，言哭夫而城爲之崩。正義著其名爲孟姜。據列女傳云：『就夫之屍於城下。』正義云：『向城而哭。』則城者，莒城也。（暉按：水經沭水注以爲莒城。）左傳云：『遇於郊。』檀弓云：『迎柩於路。』説苑云：『聞之而哭。』則城是齊之城。故崔豹古今注曰：『都城也。』似當依齊城解。乃馬縞中華古今注以爲長城。貫休詩：『築人築土一萬里，杞梁貞婦啼烏烏。』寰宇記：『平州盧龍縣長城東西長萬里，杞梁妻哭，城崩，得失骨，即此城也。』時代懸隔，誕謬之甚。（或指齊長城，然莊公時未築也。）」**此言杞梁從軍不還，其妻痛之，嚮城而哭，至誠悲痛，精氣動城，故城爲之崩也。**説苑善説篇載孟嘗君曰：「誠能刑於内，則物應於外。」即此義。

夫言嚮城而哭者，實也；〔言〕城爲之崩者，虚也。「城」上脱「言」字。「言某者實也，言某者虚也」，本書常語。今意增。變動篇亦辯其虚。

夫人哭悲，莫過雍門子。淮南覽冥篇注：「雍門子，名周，善彈琴，又善哭。雍門，齊西門也。居近之，因以爲氏。」潛夫論志氏姓篇：「齊之雍門氏，姜姓。」古今姓氏書辨證引世本曰：「齊頃公生子夏勝，以所居門爲雍門氏。」**雍門子哭對孟嘗君，**淮南子覽冥篇、繆稱篇並云：「以哭見孟嘗君。」蓋此文所本。説苑善説篇、桓譚新論、（文選豪士賦序注。）文選陸士衡於承明作與士龍詩注引淮南繆稱訓並作「以琴見」。據説苑、新論所述，并無哭事，則作以琴見是也。淮南覽冥訓高注：「哭猶歌也。」蓋欲符其事，强爲之解。據此文，則當讀本意。漢書景十三王傳：「雍門子微吟。」蘇林云：「母死，無以葬，見孟嘗君而微吟。」與「哭對」義近，蓋并别有本也。**孟嘗君爲之於邑。**高誘曰：「歔唈，失聲也。」於邑、歔唈字通。**蓋哭之精誠，故對嚮之者悽愴感慟（動）也。**「慟」當作「動」。謂振動，非悲慟也。下云「能動孟嘗之心」可證。**夫雍門子能動孟嘗之心，不能感孟嘗衣者，**「衣」上「之」字，蒙上文省。**衣不知惻怛，不以人心相關通也。**

「以」猶「與」也。「關」、「貫」字通。今城，土也，土猶衣也，無心腹之藏，安能爲悲哭感慟（動）而崩？「慟」當作「動」。使至誠之聲能動城土，則其對林（草）木〔而〕哭，「林」當作「草」。「艸」、「林」形誤。下「折草破木」，「夫草木水火」，即承此爲文，可證。「而」字據下「嚮水火而泣」文例增。能折草破木乎？嚮水火而泣，能涌水滅火乎？夫草木水火，與土無異，然杞梁之妻不能崩城，明矣。

或時城適自崩，杞梁妻適哭，下世好虛，不原其實，故崩城之名，至今不滅。

傳書言：「鄒衍無罪，見拘於燕，當夏五月，仰天而歎，天爲隕霜。」淮南子：「鄒衍事燕惠王，盡忠。左右譖之，王繫之，仰天而哭，五月天爲之下霜。」（今本佚。後漢書劉瑜傳引。）此與杞梁之妻哭而崩城，無以異也。謂亦精誠感動。言其無罪見拘，當夏仰天而歎，實也；言天爲之雨（霣）霜，虛也。此復述傳言，「雨」當作「霣」。「隕」、「霣」同字，「霣」殘，譌爲「雨」也。下「獨能雨霜」誤同。下文：「一仰天歎，天爲隕霜。」累害篇：「當夏不隕霜，鄒衍之罪不除。」並作「隕」，是其證。變動篇亦辨其虛。夫萬人舉口，並解吁嗟，猶未能感天，鄒衍一人，冤而壹歎，安能下霜？鄒衍之冤，不過曾子、伯奇。曾子見疑而吟，莊子外物篇：「人親莫不欲其子之孝，而孝未必愛，故孝己憂而曾參悲。」釋文引李頤曰：「曾參至孝，爲父所憎，嘗見絶糧而後蘇。」鹽鐵論曰：「曾子傍山而吟，山鳥下翔。」倉頡篇云：「吟，歎也。」（文選蘇子卿古詩注。）伯奇被逐而歌。注見累害篇、書虚篇。疑、〔逐〕與拘同，吟、歌與歎等，孫曰：此承上文「曾子見疑而吟，伯奇被逐而歌」二句言之。「疑」下定脱「逐」字。疑而吟，指曾子；逐而歌，指伯奇；拘而歎，指鄒衍，意正一貫。脱去「逐」字，上下文義不相應矣。曾子、伯奇不能致寒，鄒衍何人，獨能雨（霣）霜？「雨」當作「霣」。校見上。

被逐之冤，尚未足言。申生伏劒，晉語二：「申生雉經于新城之廟。」韋注：「雉經，頭槍而懸死也。」左僖四年傳云「縊」，義同。公、穀、史記晉世家並無明文。此云「伏劒」，不足據也。子胥刎頸，注見逢遇篇。實孝而賜死，謂申生。誠忠而被誅，謂子胥。且臨死時，皆有聲辭。晉語二：「申生將死，使猛足言於孤突曰：『申生有罪，不聽伯氏，以至於死。』」史記吴世家：「子胥將死，曰：『樹吾墓上以梓，令可爲器。抉吾眼，置吴東門，以觀越滅吴也。』」聲辭出口，與仰天歎無異，天不爲二子感，動獨爲鄒衍動，上「動」字傳寫誤增。前文「能動孟嘗之心，不能感孟嘗衣」，後文「能小相動，不能大相感」，並以「感」、「動」對言。豈天痛見拘，不悲流血哉？伯（何）奇冤痛相似，而感動不同也？「伯奇」二字，義不可通。「伯」爲「何」字形譌。「奇」字涉上「伯奇」而衍。下文並以「何某某也」句詰之，可證。盼遂案：「伯」爲「何」之形誤，「奇」

爲「其」之音誤，「也」與「邪」古同用。上文言「申生伏劍，子胥刎頸，實孝而賜死，誠忠而被誅。天不爲二子感動，獨爲鄒衍」，故此處詰問「何其寃痛相似而感動不同邪」。後人因上文屢有曾子、伯奇之名，遂誤改「何其」作「伯奇」，不顧其語意之不安也。

夫熯一炬火，「熯」，類聚九、張刻御覽六八引並作「[illegible]」，即「然」字。趙刻御覽引作「燻」，義並可通。「炬」俗字，當作「苣」。說文：「苣，束葦燒，从艸，巨聲。」華嚴經音義上引珠叢云：「苣即古之炬字。」說文無「炬」字。白帖三引正作「笸」。所見本近古。（从「竹」，傳寫亂也。）**爨一鑊水，**白帖三作「一尺冰」。類聚九「水」亦作「冰」。**終日不能熱也；倚（持）一尺冰，置庖厨中，**孫曰：白帖三引「倚」作「持」，近是。暉按：「持」、「置」義相承，「倚」字文不可通，形近誤也。當據白帖引正。**終夜不能寒也。**孫曰：御覽六十八引作「終日而不熱也，終夜而不寒也」，皆非也。原文當作「終日不而熱也，終夜不而寒也」。「不而」即「不能」，仲任多假「而」爲「能」。本書「不能」之語，或作「不而」，或作「不能」，或誤作「而不」，皆淺人不達古語而妄改也。今本此文作「不能」，御覽引作「而不」，並失古本。事類賦八引此文去二「而」字，可以悟矣。暉按：白帖三、類聚九引亦並去二「而」字。**何則？微小之感，不能動大巨也。今鄒衍之歎，不過如一炬、尺冰，**白帖引「一炬」作「管火」。**而皇天巨大，不徒鑊水庖厨之醜類也。**醜亦類也。**一仰天歎，**白帖引與今本同。類聚九引作「一夫仰歎」，孫曰義並得通。**天爲隕霜，**白帖引「隕」作「雨」，非也。何天之易感，霜之易降也？

夫哀與樂同，喜與怒均。衍興怨痛，使天下霜，使衍蒙非望之賞，仰天而笑，能以冬時使天熱乎？變復之家曰：沈濤銅熨斗齋隨筆七：變復家蓋亦五行占驗之流。史記日者傳數諸占家之名，有五行家，堪輿家，建除家，叢辰家，曆家，天人家，太一家，而無變復家。後漢書郎顗傳：「臣伏見光禄大夫江夏黄瓊，明達變復。」楊賜傳：「惟陛下慎經典之誡，圖變復之道。」章懷於顗傳注謂「明于變異銷復之術」，於賜傳注謂「變改而修復」。二注不同，由不知變復爲陰陽五行家之一術耳。又周舉傳策問曰：「變復之徵，厥効何由。」方術樊英傳：「每有災異，詔輒下問變復之效。」三國志魏志和洽傳：「消復之術，莫大於節儉。」消復即變復也。暉按：三國志蜀志劉焉傳注陳壽益部耆舊傳曰：「董扶資游、夏之德，述孔氏之風，內懷焦、董消復之術。」魏志高堂隆傳，隆對曰：「聖主覩災責躬，退而修德，以消復之。」會稽典録：（類聚一百。）「郡遭大旱，夏香諫曰：『自古先聖畏懼天異，必思變復，以濟民命。』」明雩篇曰：「旱久不雨，禱祭求福，若人之疾病，祭神解禍，此變復也。」據此，可知其義矣。「人君秋賞則温，夏罰則寒。」義見寒温篇。寒不累時，則霜不降；温不兼日，則冰不釋。一夫冤而一歎，天輒下霜，何氣之易變，時之易轉也？

寒温自有時，不合變復之家。且從變復之説，變復家謂喜怒賞罰，招致寒温。寒温、譴告、變動三篇力闢之，此則權因其說。或時燕王好用刑，寒氣應至；而衍囚拘而歎，歎時霜適自下。世見適歎而霜下，則謂鄒衍歎之致也。

傳書言：「師曠奏白雪之曲，而神物下降，風雨暴至，平公因之癃病，晉國赤地。」淮南覽冥篇文。高誘曰：「神物，即神化之物，謂玄鶴之屬來至，無頭鬼類操戈以舞也。癃病，篤疾。赤地，旱也。」白雪，注見下。暉按：玄鶴，見韓非子。無頭鬼，未聞。說文：「癃，罷病也。」史記平原君虞卿傳：「有罷癃之病。」素問謂小便不通。或言：「師曠清角之曲，一奏之，有雲從西北起；玄雲也。再奏之，大風至，大雨隨之，裂帷幕，破俎豆，墮廊瓦。坐者散走，平公恐懼，伏乎廊室。「乎」，紀妖作「於」，與韓非子十過篇、史記樂書合。御覽七六七引莊子逸文亦記此事。晉國大旱，赤地三年，平公癃病。」韓非子十過篇文。夫白雪與清角，或同曲而異名，淮南俶真篇高注：「清角，商聲也。」文選南都賦注引許慎淮南注：「清角，弦急，其聲清也。」其禍敗同一實也。傳書之家，載以爲是；世俗觀見，信以爲然。原省其實，殆虛言也。

夫清角何音之聲，而〔能〕致此？「而」下脱「能」字。前文「魯陽公何人，而使日反」、「燕太子丹何人，而能動天」，與此句例同。下文「實者樂聲不能致此」，與此相應爲文。〔曰〕：「清角，木音也，「清角，木音也」以下十七字，仲任設辭，以答上文「清角何音」之問。「三尺之木」以下，

又破其説。「清角」上當有「曰」字。今本脱之，則文不可通矣。今增。春秋繁露五行五事篇：「風者，木之氣也，其音角。」**故致風而(雨)。**「而」當作「雨」，形近而誤。上文「清角之曲，再奏之，大風至，大雨隨之」，下文「奏清角時，天偶風雨」，並其證。**如木爲風，**此五行家説也。風，土也，爲木妃，木尅土，尚妻所好，故木爲風。素問五常政大論注：「風，木化也。」淮南天文篇注：「風，木風也。」**雨與風俱。三尺之木，數絃之聲，**廣雅釋樂：「神農氏琴，長三尺六寸六分，上有五弦，曰宫、商、角、徵、羽。文王增二弦，曰少宫、少商。」初學記引琴操亦云：「長三尺六寸六分，廣六寸，五弦。」此云「三尺」，舉成數也。高誘於淮南覽冥篇注云：「白雪，太乙五十弦琴瑟樂名也。」吴承仕淮南舊注校理據世本、封禪書，謂「琴」字誤衍。今按：仲任云長三尺，則知是「琴」。諸書並言瑟長七尺二寸也。高誘淮南俶真篇注云：「白雪，太乙五弦之琴。」是與仲任説同。覽冥訓注誤衍「十」字、「瑟」字。云「太乙」，蓋别有本。後人以爲直據史記，故妄增之。**感動天地，何其神也？此復一哭崩城，**謂杞梁妻。**一歎下霜之類也。**謂鄒衍。

師曠能鼓清角，必有所受，非能質性生出之也。其初受學之時，宿昔習弄，非直一再奏也。審如傳書之言，師曠學清角時，風雨當至也。齊曰：「當」疑爲「常」字之誤。

傳書言：「瓠芭鼓瑟，淵(淫)魚出聽；「淵」當作「淫」，唐人諱「淵」，筆省，與「淫」形近，故相亂也。荀子勸學篇作「流魚」。「流」爲「沈」字之譌。大戴禮勸學篇正作「沈魚」。「沈」即「淫」

也，聲近字通。（尚書微子篇「沈湎于酒」，「沈湎」即「淫湎」。說詳經義述聞。王先謙荀子集解謂：「沈魚，魚沈伏也。流爲沈之借字。」其説非也。文選七命注引荀子正作「鱏魚」，「鱏」、「淫」聲近字通。司馬相如上林賦「浸潭促節」，漢書作「浸淫」，則知荀子原不作「流」，而「沈」字亦不能如王説也。陶方琦亦云：「流」借爲「沈」。二字聲不相近，其説亦非。）後漢書馬融傳注引韓詩外傳亦作「淫魚」。今外傳六作「潛魚」，「淫」、「潛」聲近。文選別賦注引外傳作「淵魚」，與此文誤同。「淫」、「淵」形譌也。淮南説山篇高注本作「淫魚」。許注本作「潛魚」，説文魚部引傳同。本書率性篇作「潭魚」。「鱏」爲本字，説文魚部有「鱏」。沈、淫、潭並以聲叚借也。（段玉裁謂淫爲大，失之。）是仲任以前舊籍，無有作「淵」者，則此文之誤，明矣。淮南説山篇高注：「瓠巴，楚人也，善鼓瑟。」文選長笛賦注引江邃文釋曰：「瓠巴，齊人也。」與高説異。又淮南齊俗篇：「狐梁之歌。」三國志蜀志郤正傳：「瓠梁託絃以流聲。」注引淮南：「瓠巴鼓瑟，而鱏魚出聽。」又引齊俗篇：「瓠梁之歌。」北堂書鈔一〇六引淮南注：「瓠梁，善歌之人。」是瓠巴、狐梁一人，「瓠」、「狐」字通。又按：諸書並謂瓠巴事，説文魚部以爲伯牙，其説獨異。淮南説山篇高注：「淫魚喜音，出頭於水而聽之。淫魚長頭，身相半，長丈餘，鼻正白，身正黑，口在頷下，似鬲獄魚而身無鱗，出江中。」文選蜀都賦劉注、後漢書馬融傳注、陳藏器本草所説其狀，與高略同。陳藏器本草作「鱘」，與「鱏」音近字通也。山海經東山經郭注、文選西京賦李注謂即鮪魚，説文「鮪」、「鱏」二篆分列，許意不然。漢書賈誼傳師古注謂即鱣魚。臣瓚所狀，正與鱏魚相似。然李時珍本草綱目四十四謂鱘亦鱣屬，其狀如鱣。則鱏、鱣二物也。爾雅釋魚郭注義同。**師曠鼓琴，**諸書並作「伯牙」。**六馬仰秣。」**淮南説山篇「駟馬」。高注：「仰秣，仰頭吹吐，説馬笑也。」荀子勸學篇楊注：「仰首而秣，聽其聲也。」白虎通曰：「天子之馬六。」春秋公羊説也。文出大戴禮、荀子、韓詩外傳、淮南子。**或言：「師曠鼓清角（徵），**「清角」當作「清徵」，涉上下文「清角」而誤。上文已言奏清角，雲起，風雨至。此乃有玄鶴來，與奏清角兩事也。韓非子十過篇、風俗通聲音篇、本書紀妖篇並云師曠爲平公奏清徵之曲，有玄鶴來也，是其切證。今據正。**一奏之，有玄鶴二八，自南方來，集於廊門之危；**禮記喪大記：「中屋履危。」注：「危，棟上也。」紀妖篇「危」上有「上」字，韓非子作「垝」，亦無「上」字。王先慎曰：「當作『上危』二字，危在上，故曰上危，即所謂屋山，俗稱屋脊。」**再奏之而列；**成行列也。**三奏之，延頸而鳴，舒翼而舞，**楚詞九嘆王注：「玄鶴，俊鳥也。師曠鼓琴，天下玄鶴，皆銜明月之珠以舞。」書鈔一〇九引韓非子亦云：「師曠鼓琴，有玄鶴銜明月珠在庭中舞。」今本未見。**音中宮商之聲，聲吁于天。**説文：「吁，驚也。」韓非子、風俗通作「聞」。紀妖篇作「徹」。**平公大悦，坐者皆喜。」**韓非子十過篇文。**尚書曰：「擊石拊石，百獸率舞。」**堯典（今舜典。）文。鄭曰：「石，磬也。百獸，服不氏所養者。（公羊哀十四年傳疏。）磬有大小，擊大石磬，拊小石磬，則感百獸相率而舞。」（周禮春官大司樂疏。）仲任與鄭氏義同，是今古文説無異也。**此雖奇怪，然尚可信。何則？鳥獸好悲聲，耳與人耳同也。**上「耳」字，疑涉「聲」

字譌衍。盧氏龍城札記二：「魏、晉以前，皆尚悲音。蓋絲聲本哀也。」禽獸見人欲食，「欲」疑「飲」字形誤。亦欲食之，盼遂案：上「欲」當爲「之」，涉下句「欲食」而誤，亦由「欲」與「之」草體形近致誤。聞人之樂，何爲不樂？

然而「魚聽」，「仰秣」，「玄鶴延頸」，「百獸率舞」，蓋且其實；風雨之至，晉國大旱，赤地三年，平公癃病，殆虛言也。

或時奏清角時，天偶風雨，風雨之後，晉國適旱；平公好樂，喜笑過度，偶發癃病。傳書之家，信以爲然，世人觀見，遂以爲實。實者樂聲不能致此。何以驗之？風雨暴至，是陰陽亂也。樂能亂陰陽，則亦能調陰陽也，王者何須脩身正行，擴施善政？使鼓調陰陽之曲，和氣自至，太平自立矣。

傳書言：「湯遭七年旱，以身禱於桑林，呂氏春秋順民篇高注：「禱，求也。桑林，桑山之林，能興雲作雨也。」自責以六過，荀子大略篇：「湯旱而禱曰：『政不節與？使民疾與？宮室榮與？女謁盛與？苞苴行與？讒夫昌與？』」說苑君道篇文略同。明雩、感類二篇言自責以爲五過，或非，當以此文爲正。荀子、說苑、後漢書鍾離意傳意上疏、會稽典録（類聚一百。）「郡旱，夏香進諫」、帝王世紀（鍾離意傳注。）並云湯責以六過。公羊桓五年傳何休注：「君親之南郊，以六事謝過自責。」其辭與荀子略同。又穀梁定元年傳疏引考異郵曰：「僖公立時不雨，禱於山川，以六過自責。」則雩祭以六事自責，相承舊説。**天乃雨。」**尚書大傳曰：「湯伐桀之後，大旱七年，史卜曰：『當以人爲禱。』湯乃剪髮斷爪，自以爲牲。禱於桑林之社，而雨大至，方至千重。」以上蓋據尚書大傳、荀子、説苑等書。「或言」以下，蓋據商書及呂氏春秋等書也。**或言五年。**「湯旱五年」，蒙上文省。管子權數篇：「湯七年旱，禹五年水。」莊子秋水篇：「湯之時八年七旱。」荀子王霸篇：「禹十年水，湯七年旱。」賈子新書憂民篇：「禹有十年之蓄，故免九年之水；湯有十年之積，故勝七年之旱。」説苑君道篇：「湯之時，大旱七年。」淮南主術篇：「湯之時，七年旱。」漢書鼂錯傳：「湯有七年之旱。」此並云「七年」者。墨子七患篇引殷書曰：「湯五年旱。」呂氏春秋順民篇：「湯克夏而正天下，天大旱，五年不收。」是並言「五年」者。墨子得見殷書，其説爲實。竹書：湯十九年至二十四年大旱，即禱桑林。其數正爲五年。孫星衍曰：「言五年者，據不收而言，七年中，禱而得雨之年也。」按：古傳自有兩説，不必溝通之。盼遂案：四字爲仲任自注。**「禱辭曰：『余一人有罪，無及萬夫；**周語上引作「湯誓」，「及」作「以」。韋注：「天子自稱曰余，余一人有罪，無罪萬夫。」又云：「湯誓，商書伐桀之誓。今湯誓無此言，則喪亡矣。」韋説非。誓，告於神也。周書世俘篇：「用小牲羊犬豕於百神水土于誓社。」「湯誓」，即湯於桑林禱辭也。徐時棟曰：「尚書湯誓有二：一爲伐桀，是爲今文；一爲禱旱，錯見於古文。梅氏竊取古書，以綴湯誥，而禱旱之誓湮矣。」**萬夫有罪，在余一人。**韋曰：「在余一人，乃我教導之過也。」墨子兼愛下引湯説曰：「惟予小子履，敢用玄牡，告於上天后，曰：『今天大旱，即當朕身履，未知得罪于上下，有善不敢蔽，有罪不敢赦，簡在帝心，萬方有罪，即當朕身，朕身有罪，無及萬方。』」尸子綽子篇、論語堯曰篇亦有此文。僞書竊爲湯誥，孔氏謂伐桀之辭，（論語孔注，亦出謁托。）非也。江聲、魏源仍沿其誤。**天（無）以一人之不敏，**先孫曰：此本吕氏春秋順民篇。「天」當作「無」。「無」或作「无」，因誤。**使上帝鬼神傷民之命。』**吕氏春秋高注：「穀者，民命也。旱不收，故曰傷民之命。」吕氏蓋本於殷書，其文尚見墨子。所載湯説，即諸書所謂禱詞。並云：「湯不憚以身爲犧牲。」即禱於桑林事也。孫星衍謂：周語、墨子、論語、吕氏所載，即夏社逸文，是也。書序曰：「湯既勝夏，欲遷其社，不可，作夏社。」鄭康成曰：「當湯伐桀之時，旱致災，既致其禱祀，（此句書疏引。）明德以薦，而猶旱至七年，故湯遷社，而以周棄代之。」（周禮大宗伯疏。）是夏社篇爲因旱禱祀，告天遷社而作，故本書感類篇引書曰：「湯自責，天應以雨。」「書」者，商書也。蓋括述其文。疑仲任及見夏社。然此文確本吕氏。**於是剪其髮，麗其手，**先孫曰：「麗」，今本吕覽作「酈」。御覽引作「麗」，與此同。（「麗」即「櫪」之借字，詳前莊子。）**自以爲牲，用祈福於上帝。上帝甚説，**「上帝」，吕氏作「民乃」。**時雨乃至。」**

言湯以身禱於桑林自責，若言剪髮麗手「若」猶「及」也。**自以爲牲，用祈福於帝者，實也。言雨至爲湯自責以身禱之故，殆虚言也。**明雩、感類二篇並辯其虚。

孔子疾病，論語述而篇釋文出「子疾」云：「一本云『子疾病』，鄭本無『病』字。」皇疏、邢疏本與此文同。沈濤〔一〕曰：「魯論有『病』字。鄭从古，故無。」陳鱣、阮元並謂「病」字不當有。子路請禱。鄭注：禱，謝過於鬼神。（御覽五二九。）孔子曰：「有諸？」集解引周曰：「言有此禱請於鬼神之事乎？」（邢本脱「乎」字。）子路曰：「有之；誄曰：『禱爾于上下神祇。』」孔曰：「誄，禱篇名也。」説文言部引論語作「讄」，或作「讄」，云：「禱也。累功德以求福也。」許慎用古文，是古論作「讄」，或作「讄」。鄭注周禮小宗伯引作「讄」，於太祝注作「誄」，是必魯論作「誄」。仲任多从魯論，故相合。孔子曰：「丘之禱，久矣。」鄭曰：「孔子自知無過可謝。（御覽五百二十九。）明素恭肅於鬼神。」（後漢書方術傳注。）聖人脩身正行，素禱之日久，天地鬼神知其無罪，故曰「禱久矣」。易曰：「大人與天地合其德，與日月合其明，與四時合其敍，與鬼神合其吉凶。」易乾卦文言之辭。「敍」作「序」，初禀篇同李富孫易經異文釋曰：「説文云：『敍，次第也。序，東西牆也。』是『敍』爲本字。經傳亦多叚『序』爲『敍』。」此言聖人與天地鬼神同德行也。即須禱以得福，「即」猶「若」也。是不同也。湯與孔子俱聖人也，皆素禱之日久。孔子不使子路禱以治病，湯何能以禱得雨？孔子素禱，身猶疾病；湯亦素禱，歲猶大旱，然則天地之有水旱，猶人之有疾病也。疾病不可以自責除，水旱不可

〔一〕「濤」，原本作「禱」，形近而誤，今改。

以禱謝去，明矣。

湯之致旱以過乎？是不與天地同德也。令不以過致旱乎？「令」猶「若」也。自責禱謝，亦無益也。人形長七尺，形中有五常，有癉熱之病，「癉」下舊校曰：一作「瘅」。深自剋責，猶不能愈，況以廣大之天，自有水旱之變，湯用七尺之形，形中之誠，自責禱謝，安能得雨邪？人在層臺之上，人從層臺下叩頭，求請臺上之物。臺上之人聞其言，則憐而與之；如不聞其言，雖至誠區區，廣雅釋訓：「區區，小也。」終無得也。夫天去人，非徒層臺之高也，湯雖自責，天安能聞知而與之雨乎？

夫旱，火變也；湛，水異也。爾雅：「久雨謂之淫。」明雩篇曰：「久雨爲湛。」「淫」、「湛」古同聲通用。考工記㡆氏：「淫之以蜃。」杜子春曰：「淫或爲湛。」堯遭洪水，可謂湛矣，堯不自責以身禱祈，必舜、禹治之，知水變必須治也。除湛不以禱祈，除旱亦宜如之。由此言之，湯之禱祈，不能得雨。

或時旱久，時當自雨，湯以旱久，亦適自責，世人見雨之下，隨湯自責而至，則謂湯以禱祈得雨矣。

傳書言：「倉頡作書，天雨粟，鬼夜哭。」淮南本經訓文，高注：「蒼頡始視鳥跡之文，而造書者也。有書契，（莊刻本「而」字、「書者也有」四字並挩，今據類聚八五、日本古寫本祕府略殘卷引正。）則詐謁萌生；詐謁萌生，則去本趨末，棄耕作之業而務錐刀之利，天知其將餓，故爲雨粟。鬼恐爲書文所劾，故夜哭也。」意林引許注：「造文字，則詐謁生，故鬼哭也。」與高義異。**此言文章興而亂漸見，**淮南子云：「智（「智」字依王念孫校增。）能愈多而德愈薄。」義與此相近。**故其妖變致天雨粟、鬼夜哭也。**淮南高、許注義同。

夫言天雨粟，鬼夜哭，實也。言其應倉頡作書，虛也。

夫河出圖，洛出書，聖帝明王之瑞應也。白虎通封禪：「德至淵泉則河出圖，洛出書。」易繫辭上李鼎祚集解載鄭玄引春秋緯曰：「河以通乾，出天苞；洛以流坤，吐地符。河龍圖發，洛龜書感。河圖有九篇，洛書有六篇。」漢書五行志載劉歆説：「虙羲氏繼天而王，受河圖，則而畫之，八卦是也。禹治洪水，賜洛書，法而陳之，洪範是也。」漢書敍傳：「河圖命庖，洛書賜禹，八卦成列，九疇逌敍。」李奇注：「河圖即八卦，洛書即洪範九疇。」洪範五行傳鄭注：「初禹治水，得神龜負文於洛，于以盡得天人陰陽之用，至是奉帝命而陳之。」是亦以洛書爲洪範九疇也。仲任説同，見後正説篇，蓋河圖即八卦，洛書即洪範，兩漢今古文説無異。**圖書文章，與倉頡所作字畫（書）何以異？**古書多以「文字」連文，未有以「字畫」相屬者。「字」字涉下文而衍。「畫」字爲「書」字形近而誤。「倉頡所作書」，承上「傳書言，倉頡作書」爲文也，不當作「字畫」二字。御覽六一八引作「圖書文章，與書何異」。路史前紀六注引作「圖書文章，與作書何異」。並作「書」字，是其明證。天地爲圖書，倉頡作文字，說文序：「依類象形謂之文，形聲相益謂之字。」意林引王嬰古今通論：「倉頡造書，形立謂之文，聲具謂之字。字者，取其孳乳相生。在於竹帛謂之書。」業與天地同，指與鬼神合，何非何惡，而致雨粟、神（鬼）哭之怪〔哉〕？孫曰：「神哭」當作「鬼哭」。此涉上句「指與鬼神合」而誤。上文云：「傳書言：『倉頡作書，天雨粟，鬼夜哭。』」正說此事。不當作「神哭」也。御覽七四七引作「何非何惡，而致雨粟、鬼哭之怪哉」，當據正。暉按：孫說是。路史前紀六注引亦作「鬼哭」。又御覽、路史注引「怪」下並有「哉」字，今據增。使天地鬼神惡人有書，路史注引「有」作「作」。則其出圖書非也；天不惡人有書，御覽六一八引作「若不惡爲書」，與上文「有書」（路史注作「作書」。）相合。疑今本「有」字誤。作書何非，而致此怪？

或時倉頡適作書，天適雨粟，鬼偶夜哭，而雨粟、鬼[神]哭，自有所爲，孫曰：此文不當有「神」字，疑涉上文「鬼神」而衍。世見應書而至，則謂作書生亂敗之象，應事而動也。

「天雨穀」，論者謂之從天而下，〔應〕變而生。劉先生曰：「變」上御覽八三七引有「應」字，當據增。如以雲雨論之，雨穀之變，不足怪也。何以驗之？

夫雲雨出於丘山，降散則爲雨矣。劉先生曰：「雲」下「雨」字疑衍。此言雲出丘山，及其降散，乃爲雨耳。若作「雲雨」，則於詞爲複矣。御覽二七、又八三七引，並無「雨」字，是其證。盼遂案：「雲雨」當是「雲氣」，下文云「皆由雲氣發於丘山」，其證也。人見其從上而墜〔一〕，則謂之天雨水也。夏日則雨水，冬日天寒，則雨凝而爲雪，皆由雲氣發於丘山，不從天上降集於地，明矣。夫穀之雨，猶復雲布之，「布之」二字疑倒。亦從地起，盼遂案：「雲布」爲「雲雨」之誤。上文「如以雲雨論之」，此正其結論，故亦云「雲雨」，與之相應也。因與疾風俱飄，參於天，集於地。集，止也。人見其從天落也，則謂之「天雨穀」。

建武三十一年中，「中」字於義無取，涉「年」字譌衍。劉賡稽瑞、類聚八五、御覽八三七、玉海一九七引並無，當據刪。陳留雨穀，穀下蔽地。案視穀形，若茨而黑，類聚引「茨」作「粢」，御覽引作「米」，玉海引作「苡」。孫曰：作「粢」是也。有似於稗實也。後漢書光武紀亦云：「形如稗實。」杜預曰：「稗，草之似穀者。」此或時夷狄之地，生出此穀，夷狄不粒食，禮記王制：「西方曰戎，被髮衣皮，有不粒食者矣；北方曰狄，衣羽毛穴居，有不粒食者矣。」鄭曰：「不粒食地氣寒，少五穀。」此則謂性不知粒食也。詩思文疏引鄭曰：「粒，米也。」僞益稷孔傳：

〔一〕「墜」，原本作「墮」，據通津草堂本改。

「米食曰粒。」此穀生於草野之中，成熟垂委於地，遭疾風暴起，吹揚與之俱飛，風衰穀集，墮於中國。中國見之，謂之「〔天〕雨穀」。孫曰：「謂之雨穀」，當作「謂天雨穀」，與上「則謂之天雨穀」文正相應。類聚八十五引「之」作「天」，不誤。劉先生曰：御覽八三七引作「謂之天雨穀」。（張本御覽無「之」字。）此文敓「天」字，「之」字不誤。暉按：明天啓本御覽引亦作「謂天雨穀」。然以上文「則謂之天雨穀」例之，則當補「天」字。何以效之？野火燔山澤，山澤之中，草木皆燒，其葉爲灰，疾風暴起，吹揚之，參天而飛，風衰葉下，集於道路。夫「天雨穀」者，草木葉燒飛而集之類也，而世以爲雨穀，作傳書者以〔爲〕變怪。「以變怪」文不成義。「以」下當有「爲」字，傳寫脱也。「以爲雨穀」，「以爲變怪」，文例正同。盼遂案：「以」下當有「爲」字。上句「世以爲雨穀」，此與之同一文法。吴承仕曰：「此句似應作『作書者傳以變怪』，『傳』涉上誤作『傳』，又妄乙之耳。」

天主施氣，地主產物，有葉實可啄食者，皆地所生，非天所爲也。今穀非氣所生，須土以成，雖云怪變，怪變因類。言雖説怪變者，亦必據類言之。穀非天氣所生，而云天雨穀，失其類也。生地之物，更從天集，生天之物，可從地出乎？地之有萬物，猶天之有列星也，星不更生於地，穀何獨生於天乎？

傳書又言：「伯益作井，龍登玄雲，神棲崑崙。」淮南本經訓文。高注：「伯益佐舜初作井，鑿地而求水，龍知將決川谷，漉陂池，恐見害，故登雲而去，棲其神於昆侖之山。」按：高注以「神」爲「龍神」，仲任則以爲「百神皆是」。以文例求之，龍神對文，高説非也。御覽九二九引淮南注：「伯益，（字譌作「夷」。）夏禹之佐也。初鑿井，泄地氣，以後必漉池而漁，故龍登玄雲，神棲崐崙。」與仲任讀同，疑是許注。言龍井有害，故龍、神爲變也。「龍井」當作「作井」。此言龍、神因作井有害而去也。下文云：「爲作井之故，龍登神去。」可證。盼遂案：上「龍」字涉上下文而衍。

夫言龍登玄雲，實也。言神棲崑崙，又言爲作井之故，龍登神去，虚也。

夫作井而飲，耕田而食，同一實也。伯益作井，致有變動，始爲耕耘者，何故無變？神農之橈木爲耒，橈，屈也。教民耕耨，民始食穀，穀始播種。易繫辭下云：「神農氏斲木爲耜，揉木爲耒，耒耨之利，以教天下。」耕土以爲田，鑿地以爲井，井出水以救渴，田出穀以拯饑，天地鬼神所欲爲也，龍何故登玄雲？神何故棲崑崙？

夫龍之登玄雲，古今有之，非始益作井而乃登也。方今盛夏，雷雨時至，龍多登雲。雲〔雨與〕龍相應，「雲」下舊校曰：一有「風興」字。暉按：「雲龍相應」，當作「雲雨與龍相應」。「風興」爲「雨與」形近之誤。下「龍乘雲雨而行」，即承此「雲雨」爲義。御覽二一引作「龍多登雲，雲雨與龍相應」，是其證。龍乘雲雨而行，物類相致，非有爲也。

堯時〔天下大和，百姓無事，有〕五十之民，文選七命注引「堯時」下有「天下」以下九字。路史後紀十注引同。今據補。（玉海廿四引已挩。）又「有五十之民」，路史注引作「有壤父五十餘人」，非也。本書藝增、自然、須頌三篇並謂年五十，非五十人也，文選注引正同此本。**擊壤於塗。**路史注引作「擊於康衢」，亦意改也。**觀者曰：「大哉，堯之德也！」擊壤者曰：「吾日出而作，日入而息，鑿井而飲，耕田而食，堯何等力？」**路史注引作「堯何力之有」，亦意改也。此事亦見帝王世紀、（治要十一引史記五帝紀注。）逸士傳。（海録碎事十七。）**堯時已有井矣。唐、虞之時，豢龍、御龍，龍常在朝，夏末政衰，龍乃隱伏，**左昭二十九年傳：「董父好龍，龍多歸之。乃擾畜龍，以服事帝舜，氏曰豢龍。故帝舜氏世有畜龍。後有劉累，學擾龍于豢龍氏，以事孔甲，氏曰御龍。龍一雌死，求之不得。」晉語八范宣子亦曰：「匄之祖，在夏爲御龍氏。」是御龍，孔甲世也。仲任誤記。史記夏本紀集解引賈逵曰：「豢，養也。穀食曰豢。」服虔曰：「御亦養。」**非益鑿井，龍登雲也。**

所謂神者，何神也？百神皆是，百神何故惡人爲井？使神與人同，則亦宜有飲之欲。有飲之欲，憎井而去，非其實也。

夫益殆不鑿井，益作井，出世本。仲任不從。**龍不爲鑿井登雲，神不棲於崑崙，傳書意妄，造生之也。**「意妄」當作「妄意」，傳寫倒也。韓非子用人篇：「去規矩而妄意度。」又解老篇：「前識者，無緣而忘意度也。」「忘」讀作「妄」。莊子胠篋篇：「妄意室中之藏。」論語先進篇：

「億則屢中。」何晏曰：「億度是非。」即此「意」字之義。

傳書言：「梁山崩，事在春秋魯成五年。壅河，三日不流，「壅河」，穀梁作「壅遏河」。臧琳經義雜記八曰：「遏字衍文。公羊傳作『壅河』，漢書五行志下之上引穀梁傳作『廱河』，則西漢儒所據穀梁無遏字。」按：此作「壅河」，亦足證臧說。晉君憂之。史記年表：晉景公十四年。晉伯宗以輦者之言，此文本穀梁，當作「伯尊」。後人據左氏妄改，亂家法也。令景公素縞而哭之，左氏傳作：「重人曰：『君爲之不舉、降服、乘縵、徹樂、出次，祝幣，史辭以禮焉。』」晉語五略同。公羊無明文。此本穀梁也。穀梁注：「素衣，縞冠，凶服也。」楊疏：「鄭玄云：『黑經白緯謂之縞。縞冠素純以純喪冠，故謂之素縞。』范與鄭異。」按：下文以「素服」釋之，韓詩外傳八同。檀弓下鄭注：「素服，縞冠也。」周禮春官司服：「大札、大荒、大烖素服。」鄭注：「君臣素服縞冠，若晉伯宗哭梁山之崩。」是鄭說與仲任合。河水爲之流通。」

此虛言也。

夫山崩壅河，猶人之有癰腫，血脉不通也。治癰腫者，可復以素服哭泣之聲治乎？

堯之時，洪水滔天，懷山襄陵，帝堯吁嗟，博求賢者。堯典：「帝曰：『咨四岳，湯湯洪水方割，蕩蕩懷山襄陵，浩浩滔天。下民其咨，有能俾乂。』」僞孔傳：「懷，包也。襄，上也。」皮錫瑞曰：「今文尚書作『湯湯鴻水滔天，浩浩懷山襄陵』。」仲任蓋據今文。水變甚於河壅，堯憂深於景公，不聞以素縞哭泣之聲能厭勝之。堯無賢人若輂者之術乎？將洪水變大，不可以聲服除也？「將」猶「抑」也。

如「素縞而哭」，悔過自責也，堯、禹之治水，以力役，不自責。梁山，堯時山也；所壅之河，堯時河也。水經注四：「河水南逕梁山原東。在馮翊夏陽縣西北，臨于河上。」孫星衍曰：「河逕今韓城，山即韓城縣北大梁山。」山崩河壅，天雨水踊，二者之變，無以殊也。堯、禹治洪水以力役，輂者治壅河用自責，變同而治異，人鈞而應殊，「鈞」讀作「均」，亦同也。殆非賢聖變復之實也。變復義見前注。

凡變復之道，所以能相感動者，以物類也。有寒則復之以温，復謂消復之。温復解之以寒。故以龍致雨，注見偶會篇。以刑逐暑，孫曰：「以刑逐暑」，義不可通。「刑」當作「形」。（形、刑古通。）「暑」當作「景」。塞温篇云：「虎嘯而谷風至，龍興而景雲起，同氣共類相招致，故曰以形逐影，（元本作「景」。）以龍致雨。」呂氏春秋有始篇、召類篇並云：「以龍致雨，以形逐影。」是其證。又按：「刑」或「扇」字之譌。春秋繁露同類相動篇云：「故以龍致雨，以扇逐暑。」皆緣五行之氣，用相感勝之。感動厭勝。山崩壅河〔一〕，素縞哭之，於道何意乎？道，變復之道。

此或時河壅之時，山初崩，土積聚，水未盛。三日之後，水盛土散，稍壞沮矣。壞沮水流，竟注東去。遭伯宗得輦者之言，因素縞而哭，哭之因流，流時（則）謂之河變起此而復。「時」當作「則」，形之誤也。起，因也。本書常語。復，消復。言人見其流，則謂河壅之變因哭而消復也。於「或時」以下，求傳書虛妄之由，必以「則謂」云云出之。本書諸篇可按。其實非也。何以驗之？使山恒自崩乎？素縞哭無益也。使其天變應之，宜改政治。素縞而哭，何政所改，而天變復乎？

傳書言：「曾子之孝，與母同氣。曾子出薪於野，有客至而欲去。曾母曰：御覽三六九引作「曾子母曰」。『願留，參方到。』即以右手搤其左臂。事文類聚四、合璧事類二五引「右左」二字並倒。曾子左臂立痛，即馳至，問母〔曰〕：「曰」字，據事文類聚、合璧事類引增。『臂何故痛？』母曰：『今者客來欲去，吾搤臂以呼汝耳。』」未知何出。搜神記云：「曾子從仲尼在楚，而心動，辭歸問母。母曰：『思爾齧指。』孔子聞曰：『曾參之孝，精感萬

〔一〕「壅河」，原本作「河壅」，據通津草堂本乙。

里。』」與此事相近。盼遂案：唐蘭云：「類書引此事，云孝子傳。隋志孝子傳有數家，劉向、師覺授等是也。」干寶搜神記十一亦記此事。蓋以至孝與父母同氣，體有疾病，精神輒感。

曰：此虛也。

夫「孝悌之至，通於神明」，孝經文。乃謂德化至天地。俗人緣此而說，言孝悌之至，精氣相動。

如曾母臂痛，曾子臂亦輒痛，曾母病乎，曾子亦〔輒〕病〔乎〕？元本「乎」字在「曾子亦病」下。朱校同。孫曰：當據正。暉按：「亦」下當有「輒」字。「亦輒痛」，「亦輒病」，「亦輒死」，語氣相同。今本此文「亦」下脱「輒」字，下文「輒」上又脱「亦」字，可互證。曾母死，曾子〔亦〕輒死乎？「輒」上當有「亦」字。御覽三六九引此文作「臂痛，曾子臂亦痛；母死，曾子亦死乎」。兩「輒」字並漏引，然可推證此文與上文句法一律，並以「亦輒」二字連文。盼遂案：此文本作「曾母病，曾子亦輒病乎？曾母死，曾子亦輒死乎」，始與上文「曾母臂痛，曾子臂亦輒痛」應。攷事，疑是「成事」之誤。本書常語。曾母先死，檀弓下：「子張死，曾子有母之喪，齊衰而往哭之。」曾子不死矣。此精氣能小相動，不能大相感也。

世稱申喜夜聞其母歌，心動，開關問歌者爲誰，果其母。淮南説山訓：「老母行歌而動，申喜精之至也。」高注：「申喜，楚人也。少亡其母，聞乞人行歌，聲感而出視之，則其母也。」

盼遂案：事見呂氏春秋精通篇。蓋聞母聲，聲音相感，心悲意動，開關而問，蓋其實也。今曾母在家，曾子在野，不聞號呼之聲，母小搤臂，安能動子？疑世人頌成，義未明。聞曾子之孝，天下少雙，則爲空生母搤臂之說也。

世稱：南陽卓公爲緱氏令，蝗不入界。卓公，卓茂也。後漢書本傳：「卓茂字子康，南陽宛人也，遷密令。平帝時，天下大蝗，河南二十餘縣，皆被其災，獨不入密縣。督郵言之，太守不信，自出案行見乃服焉。」傳云爲密令，此云「緱氏令」，因兩地並在河南，傳聞而誤，當以密令爲是。類聚五十引司馬彪書與范書同。（書鈔七十八引彪書云：「爲茂陵令，蝗不入茂陵界。」不足據。）後漢書光武紀云：「以前密令（今誤作高密。）卓茂爲太傅。」水經注：「密縣城東門南側有漢密令卓茂祠〔一〕。」蓋以賢明至誠，災蟲不入其縣也。

此又虛也。

夫賢明至誠之化，通於同類，能相知心，然後慕服。蝗蟲，閩虻之類也，類聚九七蚊類引「閩」作「蚊」。下同。字本作「蟁」，又以聲轉作「閩」也。漢書高帝紀注應劭曰：「『閩』音文飾之『文』。」何知何見，而能知卓公之化？使賢者處深野之中，閩虻能不入其舍乎？

〔一〕「祠」，原本作「詞」，形近而誤，據水經注改。

閩虻不能避賢者之舍，蝗蟲何能不入卓公之縣？如謂蝗蟲變，災變也。與閩虻異，殊異也。夫寒温，亦災變也，從説寒温者之説。使一郡皆寒，賢者長一縣，一縣之界能獨温乎？夫寒温不能避賢者之縣，蝗蟲何能不入卓公之界？

夫如是，蝗蟲適不入界，卓公賢名〔偶〕稱於世，「稱」字下舊校曰：一有「偶」字。孫曰：疑當作「偶稱於世」，與「適不入界」語氣相同。本書「偶」、「適」平列，其例甚多。舊校「偶」字在「稱」字下者，文誤倒也。世則謂之能卻蝗蟲矣。何以驗之？夫蝗之集於野，非能普博盡蔽地也，往往積聚多少有處。非所積之地，則盜跖所居；所少之野，則伯夷所處也。集過〔地〕有多少，孫曰：「過」當作「地」。下云：「夫集地有多少，則其過縣有去留矣。」正承此言。「過」字即涉「過縣」而誤。不能盡蔽覆也。夫集地有多少，則其過縣有留去矣。多少不可以驗善惡，有無安可以明賢不肖也？蓋時蝗自過，不謂賢人界不入〔界〕明矣。孫曰：當作「不爲賢人不入界」。上云：「卓公爲緱氏令，蝗不入界。」又云：「蝗蟲適不入界。」並其證。今本「爲」誤作「謂」，又將「界」字錯於「不入」之上，故文不成義。暉按：「謂」讀作「爲」，本書時有其例，今仍之。盼遂案：「賢人界」三字成詞。「賢人界不入」，即不入賢人界也，本自可通，不煩改换。

論衡校釋卷第六

福虛篇

世論行善者福至，爲惡者禍來。禍福之應，皆天也，人爲之，天應之。陽恩，人君賞其行；陰惠，天地報其德。

無貴賤賢愚，莫謂不然。〔不〕徒見行事有其文傳，又見善人時遇福，「徒」上當有「不」字。「又見」即承「不徒見」爲義也，可證。故遂信之，謂之實然。斯言或時賢聖欲勸人爲善，著必然之語，以明德報；或福時適，遇者以爲然。文有脱誤。疑當作「或時福適遇，遇者以爲然」。兩「或時」平列，本書常語。今本「遇」字因重文而脱，「時」字又誤奪在下，遂失其義。盼遂案：此九字文辭不屬，意亦與上文沓複，疑是衍文。如實論之，安得福祐乎？

楚惠王食寒葅而得蛭，元本脱「寒」字。宋本、賈子新書春秋篇、新序雜事篇並與此同。説文：「葅，酢菜也。从艸，沮聲。」字或作「菹」，亦爲肉稱。漢書刑法志：「菹其骨肉於市。」蛭，爾雅釋魚曰：「蟣。」注：「今江東呼水中蛭蟲入人肉者爲蟣。」廣韻五質云：「蛭，水蛭。」引博物志曰：「水蛭，三斷而成三物。」本草：「水蛭一名蚑。」唐注：「一名馬蜞。」爾雅釋文一名「馬耆」。吾鄉俗稱馬黄，生洿濁水中。爾雅邢疏謂即楚王食菹而吞者。下文謂蛭非如蟣蝨，此蟣即説文云「蝨子也」。「蛭」名「蟣」，方言異也。仲任謂食血之蟲，正馬黄，可驗也。盼遂案：「楚」上脱一「曰」字，此論難者之辭也。因遂吞之，腹有疾而不能食。令尹問：賈子、新序並作「令尹入問曰」。「王安得此疾也？」王曰：「我食寒菹而得蛭，念譴之而不行其罪乎？是廢法而威不立也，孫曰：「廢法」疑當作「法廢」，文誤倒也。「法廢」與「威不立」語意相貫。新書春秋篇正作「法廢」。暉按：新序亦作「法廢」。非所以使國人聞之也。譴而行誅乎？新序作「行其誅」，與上「行其罪」語氣相同，疑是。則庖廚(宰)監食者宋本「廚」作「宰」，朱校元本同。與賈子、新序同。今據正。法皆當死，心又不忍也。吾恐左右見之也，「見之」二字疑倒。下文「如恐左右之見」可證。賈子、新序並作「吾恐蛭之見」。因遂吞之。」令尹避席再拜而賀曰：「臣聞天道無親，唯德是輔。王有仁德，天之所奉也，淮南説林訓高注：「奉，助也。」病不爲傷。」是夕也，惠王之後而蛭出，「之」猶「往」也。往後宫也。及久患心腹之積皆愈。賈子亦作「積」。新序作「疾」，後人不明其義而妄改也。下文云：「惠王心腹之積，殆積血也。」正釋此「積」字。爾雅邢疏：「楚王食寒菹吞蛭，能去結積。」正得其義。御覽九五〇、郝懿行爾雅義疏並引此文，改「積」爲「疾」，失之。北堂書鈔百四十六引賈子作「其久疾心腹之積疾皆愈也」，則知此文當作「心腹之積」矣。故天之親（視）德（聽）也，可謂不察乎？「親德」當作「視聽」。「察」，明也，與「親德」義不相屬。字形相近，又涉上文「天道無親，唯德是輔」而誤。賈子新書春秋篇、新序雜事篇正作「視聽」，是其明證。

曰：此虛言也。

案惠王之吞蛭，不肖之主也。有不肖之行，天不佑也。何則？惠王不忍譴蛭，恐庖廚監食法皆誅也。「廚」字當作「宰」，下同。説見上文。一國之君，專擅賞罰；而赦，盼遂案：「而」猶「與」也，及也。詳王氏經傳釋詞。人君所爲也。惠王通譴葅中何故有蛭，庖廚監食皆當伏法，然能終不以飲食行誅於人，赦而不罪，惠莫大焉。庖廚罪覺而不誅，自新而改後；惠王赦細而活微，身安不病。今則不然，强食害己之物，使監食之臣不聞其過，失御下之威，無禦非之心，不肖一也。使庖廚監食失甘苦之和，若塵土落於葅中，大如蟣虱，「若」猶「或」也。「虱」，蝨俗字。非意所能覽，非目所能見，原心定罪，不明其過，可謂惠矣。今蛭廣有分數，長有寸度，爾雅釋魚郝疏：「大如拇指。」在寒葅中，眇目之人，釋名釋疾病：「目匡陷急曰眇。」説文曰：「一目小。」義稍異。猶將見之。臣不畏敬，擇濯不謹，罪過至重，惠王不譴，不肖二也。葅中不當有蛭，不食投地；如恐左右之見，懷屏隱匿之處，足以使蛭不見，何必食之？如不可食之物，「如」猶「乃」也。誤在菹中，可復隱匿而强食之？不肖三也。有不肖之行，而天祐之，是天報祐不肖人也。

不忍譴蛭，世謂之賢，賢者操行，多若吞蛭之類，吞蛭天除其病，是則賢者常無病也。賢者德薄，未足以言。聖人純道，操行少非，「薄」疑當作「駁」，聲之誤也。禍虚篇：「賢者尚可謂有非，聖人純道者也。」明雩篇：「世稱聖人純而賢者駁，純則行操無非。」潛夫論實貢篇：「聖人純，賢者駁。」是聖純賢駁，漢時通義。則知此文當以「德駁」與「純道」相對爲義，非謂德薄也。爲推不忍之行，以容人之過，必衆多矣。然而武王不豫，金縢曰：「武王有疾不豫。」皮錫瑞曰：「『不』，今文，古文作『弗』。」段玉裁曰：「古文一作『不』。」白虎通曰：「天子疾，曰不豫，言不復豫政也。」（書疏引，今本脱。）此今文説也，仲任當從之。説文引周書作「忢」，云：「喜也。」此古文説也。郭忠恕汗簡中之二云：「『忢』，古文尚書『豫』。」僞孔傳謂「弗豫」爲「不悦豫」，尚知承守古文舊説。五行志：「天子不豫。」顔注從孔傳，不知班氏今文，其説自異也。孔子疾病，注見感虚篇。天之祐人，何不實也？

或時惠王吞蛭，蛭偶自出。食生物者，無有不死，腹中熱也。初吞，蛭時未死，疑當作「初吞時，（句。）蛭未死」。「蛭未死」，與下「蛭動作」、「蛭死腹中」語意相貫。今作「蛭時」，文誤倒也。盼遂案：當是「初吞時，蛭未死」，否則似惠王時未死矣。而腹中熱，蛭動作，故腹中痛。須臾，蛭死腹中，痛亦止。以上文例之，「痛」上當有「故」字。蛭之性食血，惠王心腹之積，殆積血也。故食血之蟲死，而積血之病愈。陳氏本草經百種録曰：「水蛭主逐惡血月閉，破血瘕積聚。水蛭最喜食人之血，而性又遲緩善入。遲緩則生血不傷，善入則堅積易破，借其力以攻積久之滯，自有利而無害也。」猶狸之性食鼠，韓非子揚榷篇：「令狸執鼠，皆用其能。」尸子下卷：「使牛捕鼠，不如貓狌之捷。」莊子秋水篇：「捕鼠不如貓狌。」郊特牲曰：「迎貓，爲其食田鼠也。」是狸即貓。廣雅：「貍，貓也。」今俗呼貍爲野貓。人有鼠病，吞狸自愈，淮南説山訓：「狸頭愈鼠。」是也。高注：「鼠齧人創。」失之。本草陶注：「狸肉主鼠瘻。」瘻，頸腫也，俗名老鼠包。物類相勝，方藥相使也。食蛭蟲而病愈，安得怪乎？食生物無不死，死無不出，之後蛭出，安得祐乎？令尹見惠王有不忍之德，知蛭入腹中必當死出，臣因〔以〕再拜，賀病不爲傷，「臣」字無義，「臣因」當作「因以」。「以」或作「目」，與「臣」形近而譌，文又誤倒。此文與變虛篇「亦或時子韋知星行度」云云文例同。「因以再拜」句，與彼「因以星舍」句正相比，可證。盼遂案：「臣」係「因」之形譌而衍。俗「因」字作「囙」，與「臣」形相近。此句承上令尹爲言，故不容有臣字。著己知來之德，宋本「來」作「身」。朱校元本同。以喜惠王之心，是與子韋之言星徙，太卜之言地動，並見變虛篇。無以異也。

宋人有好善行者，三世不解，盼遂案：三世不懈也。别本作「不改」，是誤字。家無故黑牛生白犢，以問孔子。淮南人間篇作「先生」。列子説符篇同此。孔子曰：「此吉祥也，以享鬼神。」淮南許注：「白犢，純色，可以爲犧牲。」即以犢祭。一年，其父無故而盲。牛又生白犢，其父又使其子問孔子。孔子曰：「吉祥也，以享鬼神。」復以犢祭。一年，其子〔又〕無故而盲。孫曰：當作「其子又無故而盲」。上云「其父無故而盲」，故此云「其子又無故而盲」。淮南子人間篇、列子説符篇並有「又」字。其後楚攻宋，圍其城。淮南許注：「楚莊王時，圍宋九月。」事見左宣十四年及十五年傳。當此之時，易子而食之，枂骸而炊之，公羊傳何注：「析，破。骸，人骨也。」「枂」即「析」字。此獨以父子俱盲之故，得毋〔一〕乘城。乘，上也。軍罷圍解，父子俱視。許注：視復明也。此脩善積行神報之效也。

曰：此虚言也。

夫宋人父子脩善如此，神報之，何必使之先盲後視哉？不盲常視，不能護乎？此神不能護不盲之人，則亦不能以盲護人矣。

使宋、楚之君合戰頓兵，頓，傷也。流血僵尸，僵，仆也。戰夫禽獲，死亡不還，以

〔一〕「毋」，原本作「無」，據通津草堂本改。

盲之故，得脱不行，可謂神報之矣。今宋、楚相攻，兩軍未合，圍積九月而未戰。華元、子反宋、楚二大夫。結言而退，具見公羊宣十五年傳。左氏謂登子反牀，盟。盼遂案：宋人黑牛生白犢事，淮南子人間訓、列子説符篇皆有記載，惟謂宋、楚相攻，不刻定爲華元、子反之役，至論衡始有此言。然考之春秋三傳，司馬子反和華元平，事在魯宣公十四年。史記孔子世家記孔子生在魯襄公二十二年，則華元、子反平事前於孔子之生且四十四年，然則宋人之子安得以白犢問孔子，孔子又安得以吉祥語之哉？夫宋、楚相攻之事夥矣，仲任必規爲華元、子反之役，是亦千慮之一失矣。二軍之衆，並全而歸，兵矢之刃無頓用者。頓，傷折也。雖有乘城之役，無死亡之患。爲善人報者，爲乘城之間乎？謂只免乘城之役。使時不盲，亦猶不死。猶，均也。盲與不盲，俱得脱免，神之使盲，何益於善？

當宋國乏糧之時也，盲人之家，豈獨富哉？俱與乘城之家易子㭊骸，謂與不盲者同困。反以窮厄獨盲無見，則神報祐人，失善惡之實也。

宋人父子，前偶自以風寒發盲，素問至真要大論注：「風，寒氣生也。」又風論：「風者，百病之長。」圍解之後，盲偶自愈。世見父子修善，又用二白犢祭，宋、楚相攻，獨不乘城，圍解之後，父子皆視，則謂修善之報，獲鬼神之祐矣。

楚相孫叔敖爲兒之時，楚莊王相也。左宣十一年傳：「楚令尹蔿艾獵城沂。」孔疏引服虔曰：「艾獵，蔿賈之子，孫叔敖也。」吕氏春秋情欲篇、知分篇高誘注同。毛奇齡以叔敖非楚公族，並非蔿氏，乃期思鄙人。叔敖碑云：「諱饒字叔敖。」孫星衍曰：「饒、敖音近。」馬驌繹史、顧炎武金石文字記並疑此碑不足信。見兩頭虵，續博物志：馬鼈食牛血所化。殺而埋之，歸，對其母泣。母問其故，對曰：「我聞見兩頭虵〔者〕死。句脱「者」字，於義不明。賈子新書春秋篇正作「吾聞見兩頭蛇者死」。新序雜事篇：「聞見兩頭之蛇者死。」並有「者」字，當據補。向者，出見兩頭虵，「向」讀作「嚮」。恐去母死，是以泣也。」其母曰：「今虵何在？」對曰：「我恐後人見之，即殺而埋之。」其母曰：「吾聞有陰德者，天必報之〔福〕。孫曰：「天必報之」本作「天報之福」，「必」字涉下句而誤，又脱「福」字。下文云：「有陰德天報之福者，俗議也。」正承此文言之。否則，無所屬矣。新書春秋篇、新序雜事篇並作「天報以福」。汝必不死，天必報汝。」叔敖竟不死，遂爲楚相。埋一虵，獲二祐，天報善，明矣。

曰：此虚言矣。

夫見兩頭虵輒死者，俗言也；有陰德天報之福者，俗議也。叔敖信俗言而埋虵，其母信俗議而必報，是謂死生無命，在一虵之死。

齊孟嘗君田文以五月五日生，其父田嬰讓其母曰：「何故舉之？」洪範馬注：「舉猶生也。」謂何故乳育之。曰：「君所以不舉五月子，何也？」疑「曰」上當有「文」字，此田文語也。史記本傳：「文頓首，因曰。」本書四諱篇同。今脱「文」字，若文母語也。盼遂案：「曰」上脱「文頓首」三字，宜據本書四諱篇及史記孟嘗君傳補。否則竟似其母與田嬰應答矣。嬰曰：「五月子，長與户同，殺其父母。」曰：「人命在天乎？在户乎？如在天，君何憂也？如在户，則宜高其户耳，誰而及之者？」「而」讀作「能」。後文長與一户同，而嬰不死。「一」字於義無取，傳寫誤增。四諱篇曰：「文長過户，而嬰不死。」即其義。是則五月舉子之忌，無效驗也。夫惡見兩頭虵，猶五月舉子也。五月舉子，其父不死，則知見兩頭虵者，無殃禍也。由此言之，見兩頭虵自不死，非埋之故也。埋一虵，獲二福，盼遂案：「福」當爲「祐」。上文「埋一蛇，獲二祐」，下文「埋十蛇，得幾祐」，皆不作「福」。如埋十虵，得幾祐乎？

埋虵惡人復見，叔敖賢也。賢者之行，豈徒埋虵一事哉？前埋虵之時，多所行矣。稟天善性，動有賢行，賢行之人，宜見吉物，無爲乃見殺人之虵。「乃」猶「而」也。言不得見凶物。豈叔敖未見虵之時有惡，有惡行。天欲殺之，見其埋虵，除其過，天活之哉？石生而堅，蘭生而香，如謂叔敖之賢，在埋虵之時，非生而稟之也。謂則非生稟性命。

儒家之徒董無心，藝文志儒家：「董子一篇。」注：「名無心，難墨子。」其書明時尚有傳本，見陳第世善堂書目。今則不傳。孫詒讓墨子閒詁墨語下輯佚文六則。鄭樵謂無心爲墨子弟子，誤也。**墨家之役（徒）纏子**，孫曰：「役」疑「徒」字之誤。齊曰：作「役」不誤。問孔篇：「故稱備徒役，徒役之中，無妻則妻之耳。」「役」猶「徒」也，互文。暉按：王應麟漢書藝文志考證引正作「徒」，當據正。廣韻二仙曰：「纏又姓，漢書藝文志有纏子著書。」按：漢志無纏子，隋、唐志亦未載。馬總意林始著纏子一卷，引其文二則。謂纏子修墨子之業。文選文賦注亦引有其語。或曰：並本於董子書。盼遂案：「役」亦「徒」也。問孔篇：「諸入孔子門者皆有善行，故稱備徒役。」此「徒」、「役」同義之證。莊子庚桑楚篇：「老聃之役有庚桑楚者。」釋文引司馬彪云：「役，學徒弟子也。」又引廣雅云：「役，使也。」成疏：「役，門人之稱。」呂氏春秋尊師篇後爲誣徒篇，高誘注云：「此篇一名詆役。凡篇中徒字皆作役，徒與役謂弟子也。」（高語止此。）古人事師，供其驅走，不憚艱險，故稱役焉。**相見講道。**王應麟玉海五十三引中興館閣書目曰：「董子一卷，與學墨者纏子辯上同、兼愛、上賢、明鬼之非，纏子屈焉。」**纏子稱墨家佑（右）鬼神**，「佑」當作「右」。藝文志曰：「宗祀嚴父，是以右鬼。」淮南氾論訓：「右鬼非命。」本書薄葬篇、案書篇並作「右鬼」。高誘曰：「右猶尊也。」顏師古義同。若作「佑」，則非其義。漢志攷證引，「右」字不誤。又右鬼、非命，墨家之義，亦諸書常語。「神」字傳寫誤增。漢志師古注引墨子「明鬼神」，誤同。**是引秦穆公有明德**，「穆」、「繆」字通。然「秦穆公」字本作「繆」。此文當依無形篇改作「繆」，否則，下文「穆則誤亂之名」無所屬矣。下諸「穆」字同。**上帝賜之[九]十〔九〕年。**先孫曰：此事亦見墨子明鬼篇。秦穆公今本墨子作「鄭穆公」，誤。（此與前無形篇並作「秦」，與山海經海外東經郭注、北齊書樊遜傳、杜氏玉燭寶典並合。詳墨子閒詁。）「九十年」，前無形篇正作「十九年」，此誤倒。暉按：今本墨子作「錫女壽十年有九」。海外東經郭注引墨子正作「賜之壽十九年」。（楚詞遠遊洪補注引墨子作「十年」，引郭注作「九十」，並誤。）**纆〔董〕子難以堯、舜不賜年，**「纆」當作「董」，字之誤也。此董無心以難纆子者。上舉纆子之説，又云纆子難之，義不可通。意林引纆子載董子曰：「子信鬼神，何異以踵解結，終無益也。」纆子不能應。又風俗通載董無心曰：「杜伯死，親射宣王於鎬京。子以爲桀、紂而殺，足以成軍，可不須湯、武之象。」並爲董無心難纆子之詞。漢書藝文志攷證引作「董子」，是其證。**桀、紂不夭死。**盼遂案：「纆子」爲「董子」之誤。上文纆子主明德延年，此則董子應敵之辭也。馬總意林卷一纆子書：「董子曰：『子信鬼神，何異于以踵解結，終無益也。』纆子不能應。」此董子之以無神責難纆子之證也。

堯、舜、桀、紂猶爲尚遠，當作「猶尚爲遠」。異虚篇：「此尚爲近。」實知篇：「此尚爲遠。」**且近難以秦穆公、晉文公。**齊曰：「秦穆公」三字衍。董子以堯、舜、桀、紂難纆子，仲任嫌其尚遠，乃近舉晉文公以難之，故曰「且近難以晉文公」。下文云：「天不加晉文以命，獨賜秦穆以年，是天報誤亂，與穆公同也。」其據晉文以難纆子，立文甚明。暉按：藝文志攷證五引作「近而秦穆、晉文言之」。**夫謚者，行之迹也，**周書謚法解、禮記檀弓、樂記、表記鄭注、説文解字並云。**迹生時行，以爲死謚。**白虎通謚篇曰：「謚之爲言引也，引列行之跡也。」五經通義曰：（通典禮六十四。）「謚之言列，陳列所行。」後道虛篇曰：「謚，臣子所誄列也，誄生時所行，爲之謚。」**穆者誤亂之名，**「穆」當作「繆」，漢志攷證引作「繆」，下並同。周書謚法解：「名與實爽曰繆。」蔡邕、張守正字並作「繆」，古通。説文：「謬，狂者之妄言也。」中庸鄭注：「謬，亂也。」廣雅釋詁三：「繆，誤也。」故曰：「繆者誤亂之名。」穆，美名也。謚法解云：「布德執義曰穆，中情見貌曰穆。」史記蒙恬傳，蒙毅曰：「秦穆公殺三良而死，罪百里奚，而非其罪，故立號曰繆。」風俗通五伯篇：「繆公受鄭甘言，置戍而去，違黃髮之計，而遇殽之敗，殺賢臣百里奚，以子車氏爲殉，詩黃鳥之所爲作，故謚曰繆。」是秦穆公原謚爲「繆」，本書無形篇、儒增篇並作「秦繆公」，則知此爲妄人改之也。他書凡作「秦穆公」者，皆類此。唐皮日休追咎秦伯舍重耳，置夷吾，作秦穆公謚繆論，其説是也。黃晉卿雜辨曰：「秦穆之見于詩、書、春秋傳，皆正作穆，未聞穆可讀如繆也。」錢大昕養新録曰：「古書昭穆之穆，與謚法之繆，二字相亂。秦穆公之謚，當讀如繆。」説並失之。**文者德惠之表。**謚法解：「慈惠愛民曰文。」**有誤亂之行，天賜之年；有德惠之操，天奪其命乎？案穆公之霸，不過晉文；晉文之謚，美於穆公。天不加晉文以命，獨賜穆公以年，是天報誤亂，與穆公同也。**

天下善人寡，惡人衆。善人順道，惡人違天。然夫惡人之命不短，善人之年不長。盼遂案：「然夫」爲「然而」之誤。篆文「而」字作𦓐，「夫」字作夵，故易致譌。天不命善人常享一百載之壽，惡人爲殤子惡死，何哉？

禍虛篇

世謂受福祐者，既以爲行善所致；又謂被禍害者，爲惡所得。以爲有沉惡伏過，天地罰之，鬼神報之。天地所罰，小大猶發；鬼神所報，遠近猶至。

傳曰：「子夏喪其子而喪其明，鄭玄曰：「明，目精。」曾子弔之，哭。痛其喪明。子夏曰：『天乎！予之無罪也！』鄭曰：「怨天罰無罪。」曾子怒曰：『商！汝何無罪也？商，子夏名。吾與汝事夫子於洙、泗之間，論語比考讖曰：「夫子教於洙、泗之間，今於城北二水之中，即夫子領徒之所。」（御覽六三。）水經注二五引從征記曰：「洙、泗二水交於魯城東北十七里。」退而老於西河之上，鄭曰：「西河，龍門至華陰之地。」水經四：「河水南出龍門口。」注曰：「又南崌谷水注之。崌谷側谿山南有石室，子夏教授西河，疑即此也。」與鄭説合。史記弟子傳正義曰：「今汾州。」非也。唐書地理志：「汾州西河縣，本隰城，肅宗時更名。」與此西河無涉。趙一清曰：「相州安陽西河，非龍門西河。」使西河之民，疑汝於夫子，爾罪一也。鄭曰：「言其不稱師。」喪爾親，使民未有異聞，盼遂案：禮記檀弓作「使民未有聞焉」。鄭注：「言居親喪無異稱。」知原本有「異」字，今脱。宜據論衡此文補入。爾罪二也。鄭曰：「言居親喪無異稱。」喪爾子，喪爾明，爾罪三也。鄭曰：「言隆於妻子。」而曰汝何無罪歟？』」子夏投其杖而拜，曰：『吾過矣！吾過矣！吾離羣而索居，亦以久矣！』」「以」、「已」字通。鄭曰：「羣謂同門朋友也。索猶散也。」以上禮記檀弓上文。夫子夏喪其明，曾子責以〔有〕罪，「罪」上當有「有」字。曾子謂商何無罪，數其有罪三。下文云：「病聾不謂之有過，失明謂之有罪。」正承此文言之。御覽七三九引，正作「曾子責以有罪」，是其證。子夏投杖拜曾子之言，蓋以天實罰過，故目失其明；己實有之，故拜受其過。

始聞暫見，皆以爲然。熟考論之，虛妄言也。

夫失明猶失聽也，失明則盲，失聽則聾。病聾不謂之有過，失明謂之有罪，惑也。蓋耳目之病，猶心腹之有病也。耳目失明聽，謂之有罪，心腹有病，可謂有過乎？

伯牛有疾，注命義篇。孔子自牖執其手，曰：「亡之命矣夫！」「亡」音「無」。「之」猶「其」也。論語雍也篇集解孔注訓「亡」爲「喪」，與此不同。說見問孔篇。斯人也，而有斯疾也！」原孔子言，謂伯牛不幸，故傷之也。如伯牛以過致疾，天報以惡，與子夏同，孔子宜陳其過，若曾子謂子夏之狀。今乃言「命」，命非過也。

且天之罰人，「且」下朱校元本有「夫」字。猶人君罪（罰）下也。「罪」當作「罰」，形近又涉上下文諸「罪」字而誤。「罰人」，「罰下」，語氣相貫。下句「所罰服罪」，即承此「罰下」言之。所罰服罪，人君赦之。子夏服過，拜以自悔，天德至明，宜愈其盲。如非天罪（罰），此即破上文「天實罰過，故目失明」之義。今本作「罪」，非也。盼遂案：「天罪」宜爲「天罰」之誤，上下文多「罪」字，故致誤。子夏失明，亦無三罪。且喪明之病，元本作「痛」，朱校同。孰與被厲之病？謂伯牛爲厲。注命義篇。喪明有三罪，被厲有十過乎？顔淵早夭，注見實知篇。子路葅醢，注見書虚篇。早死、葅醢，〔天下〕極禍也，宋本「葅醢」作「天下」。按：「葅醢」下當有「天下」二字。刺孟篇：「顔淵早夭，子夏失明，子胥烹，子路菹，天下極戮。」與此文例同。宋本脱「葅醢」二字，此本又脱「天下」二字，當互校補。盼遂案：次「葅醢」，宋本作「天下」，疑此脱「天下」二字，宋本脱「葅醢」二字也。以喪明言之，顔淵、子路有百罪也。由此言之，曾子之言，誤矣。

然子夏之喪明，喪其子也。言因子亡。子者，人情所通；親者，人所力報也。禮記祭義曰：「君子致其敬，發其情，竭力從事，以報其親。」盼遂案：「所力」二字宜乙作「力所」，與上句相偶。論語：「事父母能竭其力。」喪親，民無聞；喪子，失其明，此恩損於親，而愛增於子也。增則哭泣無數，數哭中風，目失明矣。「中」猶「傷」也。風寒發盲。曾子因俗之議，以著子夏三罪。子夏亦緣俗議，因以失明，故拜受其過。曾子、子夏未離於俗，故孔子門敍行，未在上第也。吴曰：「子」字疑衍。暉按：「門」字衍。論語先進篇「德行顔淵」章，鄭玄以合「子曰從我陳、蔡」章，是承「子曰」言之，則謂孔子序列弟子行操也。仲任意同，故云：「孔子敍行。」定賢篇曰：「子貢之辯勝顔淵，孔子序置於下。」可證。皇侃别爲一章，云：「記者所書，孔子印可。」蓋一本從皇説改作「孔門」，（太史公與皇説同。俞樾説。）校者又據舊本補「子」字，而「門」字未删也。説文：「敍，次第也。」孔門四科，子夏在文學之目，次最後者曾參未與其品，故曰未在上第。盼遂案：疑衍「子」字。

秦襄王賜白起劍，據史記白起傳，事在昭王五十年。此云「襄王」，非。盼遂案：「秦襄王」當作「秦昭王」，此係仲任誤記。史記白起傳記武安君之死，在秦昭王五十年十一月。白起伏劍將自刎，史記作「自剄」。剄謂斷頭也。「刎」，説文新附字，當作「歾」。吕氏春秋離俗篇：「卻而自殁。」又高義篇：「不去斧鑽殁頭乎王廷。」今新序節士篇「殁」作「刎」。荀子富國篇：「是猶欲壽而自歾頸。」楊注：「歾當爲刎。」非也。説文：「歾，終也，或作殁。」此「刎」字亦後人所改。曰：「我有何罪於天乎？」良久，曰：「我固當死。長平之戰，趙卒降者數十萬，我詐而盡坑之，是足以死。」注見命義篇。遂自殺。史記白起傳文。白起知己前罪，服更後罰也。「更」、「受」古通。史記夏紀：「受豕韋之後。」徐廣曰：「受一作更。」儀禮燕禮注：「古文受爲更。」

夫白起知己所以罪，不知趙卒所以坑。如天審罰有過之人，趙降卒何辜于天？

如用兵妄傷殺，則四十萬衆必有不亡，言不盡戰死。不亡之人，何故以其善行無罪而竟坑之？問天何故。卒不得以善蒙天之祐，卒，趙降卒也。白起何故獨以其罪伏天之誅？由此言之，白起之言，過矣。

秦二世使使者詔殺蒙恬。蒙恬喟然嘆曰：「我何過於天？無罪而死！」良久，徐曰：「恬罪故當死矣！「故」讀作「固」。史作「固」。夫起臨洮屬之遼東，齊策：「舉齊屬之海。」注：「屬，至也。」之，於也。城徑萬里，謂築長城。此其中不能毋絶地脈。此乃恬之罪也！」即吞藥自殺。太史公非之曰：「夫秦初滅諸侯，天下心未定，夷傷未瘳，史「夷」作「痍」。此借字。而恬爲名將，不以此時彊諫，救百姓之急，史「救」作「振」，義同。養老矜孤，史「矜」作「存」。「矜」、「存」聲近義同。脩衆庶之和，阿意興功，此其子（兄）弟過（遇）誅，不亦宜乎？孫曰：當從史記作「兄弟遇誅」。「過」即「遇」字形近之譌。兄謂恬，弟謂毅。朱説同。何與乃罪地脈也？」史無「與」字，疑脱。乃，異之之詞。以上史記蒙恬傳文。

夫蒙恬之言既非，而太史公非之亦未是。何則？蒙恬絶（地）脈，「絶脈」當作「絶地脈」，上下文並作「地脈」可證。「絶脈」非其義。罪至當死，地養萬物，何過於人（天），「人」當作「天」，形近而誤。此文謂天罰有罪，地有無過罪，與「人」無涉。意謂蒙恬絶地脈，天罰之以死。然地又何過於天，而絶其脈？與上「趙降卒何辜於天，而竟坑之」文例正同。而蒙恬絶其脈？「蒙恬」二字，原在下「知己」句上。「蒙恬知己有絶地之罪」二句，與上「白起知己所以罪」二句，文例同。若無「蒙恬」二字，則無主詞，其證一。「而絶其脈」承「地何過於天」爲義，問天何故絶其脈也。與上「何故以其善行無罪而竟坑之」文例同。並不謂白起與蒙恬也，其證二。校者未審其義，而妄移下句「蒙恬」二字於此。〔蒙恬〕知己有絶地脈之罪，不知地脈所以絶之過，「蒙恬」二字，舊奪在上，今正。校見上。自非如此，與不自非何以異？

太史公爲非恬之爲名將，上「爲」字，疑「惟」之聲誤。不能以彊諫，故致此禍。盼遂案：「爲非」當是「乃非」之誤，緣草書「爲」字作为，與「乃」形近故也。夫當諫不諫，故致受死亡之戮。身任李陵，坐下蠶室，太史公舉李陵，陵敗降匈奴，而推言其功，遂下蠶室。漢書〔一〕武帝紀注引漢書音義：「蠶室，宫刑獄名。有刑者畏風須暖，作窨室蓄火，如蠶室，因以名焉。」如太史公之言，所任非其人，故殘身之戮，天命而至也。非蒙恬以不彊諫，故致此禍，則己下蠶室，有非者矣。已無非，則其非蒙恬，非也。盼遂案：「已」爲「己」之誤，「無非」當是「有非」。此正承上文「己下蠶室，有非者矣」而來。

作伯夷之傳，史記有伯夷傳。則(列)善惡之行，宋本「則」作「列」，當據正。吴曰：伯夷

〔一〕「書」上原本誤衍「後」字，今删。

列傳以顏淵、盜跖對舉，所謂列善惡之行也。盼遂案：孫人和曰：「吴説近是。或即『别』字之譌。」宋本正作列。云：「七十子之徒，仲尼獨薦顏淵好學。然回也屢空，論語皇疏引王弼曰：「數空匱也。」糟糠不厭，索隱曰：「謂不飫飽。」卒夭死。史記作「而卒早夭」。疑「卒」下有「早」字。下「顏回不當早夭」，即承此爲言。天之報施善人如何哉？盜跖日殺不辜，肝人之肉，暴戾恣睢，説文：「睢，仰目也。」正義曰：「仰白目，怒貌也。」今史作「睢」，誤。「睢」、「睢」音形皆别。聚黨數千，横行天下，竟以壽終。是獨遵何哉？」疑當從史記作「是遵何德哉」。「獨」即「德」之形誤，字又誤倒。盼遂案：「何」字下宜依史記伯夷列傳補「德」字，文義方完。若此言之，顏回不當早夭，朱校元本、程本、天啓本作「回」。錢、黄、王本并作「淵」，是。盜跖不當全活也。不怪顏淵不當夭，上「不」字涉上下諸「不」字而衍。史公正怪顏淵早夭也。而獨謂蒙恬當死，過矣。

漢將李廣與望氣王朔燕語曰：「燕語」猶「私語」也。「自漢擊匈奴，而廣未常不在其中，當從史記、漢書李廣傳作「未嘗」。盼遂案：「常」字當依史記李將軍傳改作「嘗」。下文「豈常」、「羌常反」諸「常」字同。而諸校尉以下，續漢志曰：「大將軍營有五部、三校尉。」才能不及中，師古曰：「中謂中庸之人。」然以胡軍攻（功）取侯者數十人，「攻」當作「功」，聲之誤也。史作「擊胡軍功」，漢書作「軍功」，可證。而廣不爲侯後人，史無「侯」字。索隱曰：「謂不在人後也。」先孫曰：以漢書李廣傳校之，「侯」字衍。然終無尺土(寸)之功，「土」當從史作「寸」。先孫據漢書校同。以得見封邑者，何也？據史，「見」字衍。「得」、「見」篆隸并形近。（左傳：「我得天而楚伏其罪。」説苑「得」作「見」。）先孫據漢書校同。豈吾相不當侯？且固命也？」朔曰：「將軍自念，豈常有恨者乎？」「常」當依史、漢作「嘗」。師古曰：「恨，悔也。」廣曰：「吾爲隴西太守，羌常反，史、漢並作「嘗反」。吾誘而降之八百餘人，吾詐而同日殺之。至今恨之，獨此矣！」朔曰：「禍莫大於殺已降，此乃將軍所以不得侯者也。」李廣然之，聞者信之。

夫不侯猶不王者也。不侯何(有)恨，不王何負乎？「何恨」當作「有恨」，涉「何負」而誤。「不侯有恨」，述上文嘗有恨故不侯之意。「不王何負」，乃據「不王」以證「不侯有恨」之謬也。前文「耳目之病，猶心腹之有病也。耳目失明聽，謂之有罪；心腹有病，可謂有過乎」，與此文例正同。若只據不侯如不王，而徑言不侯何恨，則文理疏矣。孔子不王，公羊家説。注問孔篇。論者不謂之不(有)負；下「不」字涉上下文而誤，當作「有」。「論者不謂之有負」，與下「王朔謂之有恨」正反相承。若作「不謂之不負」，正謂有負矣，殊失其旨。李廣不侯，王朔謂之有恨。然則王朔之言，失論之實矣。

論者以爲，人之封侯，自有天命，天命之符，見於骨體。義見骨相篇。大將軍衛青在建章宮時，鉗徒相之曰：「貴至封侯。」後竟以功封萬户侯。注骨相篇。衛青未有功，而鉗徒見其當封之證。由此言之，封侯有命，非人操行所能得也。鉗徒之言，實而有〔二〕效，王朔之言，虚而無驗也。多横恣而不罹（離）禍，「罹」不成字，崇文本改作「離」，是也。「離」一作「罹」。今從宋本作「離」。離，遭也。順道而違福，王朔之説，白起自非、蒙恬自咎之類也。

倉卒之世，後漢書光武紀下注：「倉卒，謂喪亂也。」以財利相劫殺者衆。同車共船，千里爲商，至闊迥之地，殺其人而并取其財。尸捐不收，骨暴不葬，在水爲魚鼈之食，在土爲螻蟻之糧。惰窳之人，不力農勉商，以積穀貨，遭歲饑饉，爾雅釋天：「穀不熟爲饑。蔬不熟爲饉。」腹餓不飽，椎人若畜，説文：「椎，擊也。」割而食之，無君子小人，並爲魚肉，人所不能知，吏所不能覺，千人以上，萬人以下，計一聚之中，説文：「邑落曰聚。」衆經音義十四引韋昭漢書注：「小鄉曰聚。」生者百一，死者十九，可謂無道，至痛甚矣，皆得陽達，富厚安樂。盼遂案：「陽」疑當爲「暢」之誤。或云「揚」字。天不責其無仁義之心，道相并殺，非其無力作，非亦責也。而倉卒以人爲食，加以渥禍，使之夭命，章

〔二〕「而有」，原本作「得其」，據通津草堂本改。

其陰罪，明示世人，使知不可爲非之驗，何哉？王朔之言，未必審然。

傳書□：此與上「傳曰子夏喪其子」云云文例同，疑脱「言」字。「傳書言」，本書常語也。「李斯妬同才，盼遂案：「同才」當是「同門」之誤。本書案書篇云：「韓非著書，李斯采以言事，非、斯同門。」「斯」，今本譌「私」，依孫詒讓訂。草書「門」字作ㄇ，因誤爲「才」耳。幽殺韓非於秦，後被車裂之罪；事見史記韓非傳。李斯傳謂斯腰斬咸陽市。淮南人間訓則謂李斯車裂。許注：「李斯爲秦相，趙高譖之二世，車裂之于雲陽。」與充説同。商鞅欺舊交，擒魏公子卬，後受誅死之禍。」呂氏春秋無義篇：「公孫鞅爲秦將而攻魏，魏使公子卬當之。鞅居魏，固善卬。使謂卬曰：『豈忍相戰？皆罷軍。』將歸，鞅使人謂公子曰：『願與坐而相去別。』卬從之。鞅因伏卒取卬。秦惠王以此疑鞅之行，欲加罪焉。」秦策一云：「惠王車裂鞅。」秦策三范睢曰：「公孫鞅欺舊交，虜魏公子卬。」彼欲言其賊賢欺交，故受患禍之報也。

夫韓非何過而爲李斯所幽？「何過」，天啓本、錢、王本、崇文本並作「何故」，非也。公子卬何罪而爲商鞅所擒？車裂誅死，賊賢欺交，幽死見擒，何以致之？「賊賢欺交」四字於下文無屬，疑涉上文衍。下「不當受其禍」，承「車裂誅死」爲文。「不得幽擒」，承「幽死見擒」爲文。如韓非、公子卬有惡，天使李斯、商鞅報之，則李斯、商鞅爲天奉誅，宜蒙其賞，不當受其禍；如韓非、公子卬無惡，非天所罸，李斯、商鞅不得幽、擒。

論者説曰：「韓非、公子卬有陰惡伏罪，人不聞見，天獨知之，故受戮殃。」夫諸有罪之人，非賊賢則逆道。如賊賢，則被所賊者何負？如逆道，則被所逆之道何非？「所逆」，宋本作「所行」，朱校元本同。

凡人窮達禍福之至，大之則命，小之則時。太公窮賤，遭周文而得封；秦策五姚賈曰：「太公望，齊之逐夫，朝歌之廢屠，子良之逐臣，棘津之讎不庸，文王用之而王。」甯戚隱阨，逢齊桓而見官。甯戚飯牛，桓公用爲大田。注書虛篇。非窮賤隱阨有非，而得封見官有是也。窮達有時，遭遇有命也。太公、甯戚，賢者也，尚可謂有非。聖人，純道者也。虞舜爲父弟所害，幾死再三。注吉驗篇。有遇唐堯，盼遂案：「有」當爲「后」，形近而譌。説文解「后」爲「繼體君」，故與「後」同用。堯禪舜。立(不)爲帝，嘗見害，未有非；「立」，當據宋本改作「不」。朱校元本同。「不爲帝」，與下「立爲帝」相對成義。立爲帝，未有是。前，時未到；後，則命時至也。下「時」字疑衍。此文以命、時對言。盼遂案：前「時」上宜有「命」字，下句「後則命時至也」與爲對文。案古人君臣困窮，後得達通，未必初有惡，天禍其前；卒有善，神祐其後也。一身之行，一行之操，結髮終死，言自少至老。前後無異；然一成一敗，「一」猶「或」也。下并同。一進一退，一窮一通，一全一壞，遭遇適然，命時當也。

龍虛篇

盛夏之時，雷電擊折破樹木，孫曰：「破」字疑衍。下文云：「雷電擊折樹木，發壞屋室。」雷虛篇云：「盛夏之時，雷電迅疾，擊折樹木，壞敗室屋者，天取龍。」並無「破」字。疑一本作「折」，一本作「破」，校者誤合耳。發壞室屋，「發」讀爲「廢」。說文：「廢，屋頓也。」俗謂天取龍。謂龍藏於樹木之中，匿於屋室之間也，雷電擊折樹木，發壞屋室，則龍見於外，龍見，雷取以升天。世無愚智賢不肖，皆謂之然。如考實之，虛妄言也。

夫天之取龍，何意邪？如以龍神，爲天使，猶賢臣爲君使也，反報有時，報，報命也。無爲取也。如以龍遁逃不還，非神之行，天亦無用爲也。「用爲」二字誤倒。「無爲」連文，上下文可證。如龍之性當在天，在天上者，固當生子，無爲復在地。如龍有升降，降龍生子於地，子長大，天取之，則世名雷電爲天怒，取龍之子，無爲怒也。

且龍之所居，常在水澤之中，不在木中屋間。何以知之？叔向之母曰：「深山大澤，實生龍蛇。」左襄二十一年傳文。傳曰：「山致其高，雲雨起焉；水致其深，蛟龍生焉。」淮南人間訓文。亦見文子上德篇、説苑貴德篇。傳又言：「禹渡於江，黄龍負船。」淮南精神訓文。「船」，宋本、朱校元本作「舡」。淮南、本書異虚篇及他書并作「舟」。疑此誤。「荆次非渡淮，兩龍繞舟。」吕氏春秋知分篇：「荆有次非者，得寶劍於干遂，還反涉江，至於中流，有兩蛟夾繞其船，次非拔劍赴江殺之。」亦見淮南道應訓。水經注三五：「江東逕赭要洲，下即楊子洲，俱在江中，二洲之間，常苦蛟害，荆佽飛濟此斬之。」博物志云：「荆軻，字次非。渡，鮫夾船，次非斷其頭而風波盡除。」方以智曰：「荆軻墓碑謂荆將軍名軻，字次非。豈古先有壯士次非，而軻慕之以爲字乎？」按：荆人次非，荆非姓。附之荆軻，非也。「東海之上，有薔丘訢，舊校曰：「薔」或作「魯」。孫曰：「薔」疑「菑」字之俗，此沿六朝以來俗書之譌，未經改訂者。（吕覽亦有此字，並非古本。）魏帥僧達造象以「蓸」爲「菑」，齊高叡修佛寺碑以「緍」爲「緇」，隋甯贙碑以「蓸」爲「淄」，（干禄字書作「甾」。）可以推證。御覽四三七引越絶書、（今本越絶書脱佚此文。）韓詩外傳十並作「菑丘訢」，元和姓纂、通志氏族略作「淄丘訢」，（古今姓氏書辨證云：「淄」或爲「菑」。）太平廣記一九一引獨異志作「菑丘訢」。惟吴越春秋作「椒丘訢」爲異耳。勇而有力，盼遂案：「薔」疑爲「菑」。説文艸部「菑」爲「葘」之或體。「菑丘訢」故或本可以作「魯」矣。韓詩外傳十作「菑」。仲任不妨別有所據矣。出過神淵，吴越春秋闔閭内傳曰：「爲齊王使於吴，過淮津。」使御者飲馬，馬飲因没。訢怒拔劍，入淵追馬，見兩蛟方食其馬，手劍擊殺兩蛟。」韓詩外傳十：「訢去朝服，拔劍而入，三日三夜，殺三蛟一龍（書鈔一五二引作「三龍」。）而出。雷神隨而擊之，十日十夜，眇其左目。」水經泗水注：「泗水又東南逕淮陽城北，城臨泗水。菑丘訢飲馬斬蛟於此。」由是言之，蛟與龍常在淵水之中，離騷王注：「小曰蛟，大曰龍。蛟龍，水蟲也。」説文：「龍春分登天，秋分潛淵。」不在木中屋間，明矣。在淵水之中，則魚鼈之類。魚鼈之類，何爲上天？天之取龍，何用爲哉？

如以天神乘龍而行，神恍惚無形，淮南原道訓：「忽兮怳兮，不可爲象。」注：「忽怳無形貌。」怳恍聲近字通。出入無間（門），「間」當作「門」，門、形爲韻。雷虚篇、解除篇並作「出入無門」可證。無爲乘龍也。如仙人騎龍，天爲仙者取龍，則仙人含天精氣，形輕飛騰，若鴻鵠之狀，無爲騎龍也。世稱黄帝騎龍升天，此言蓋虚，猶今謂天取龍也。辨見道虚篇。

且世謂龍升天者，必謂神龍（神）。「神龍」當作「龍神」，文誤倒也。下文云：「人貴龍賤，貴者不神，賤者反神乎？」又云：「龍稟何氣而獨神？虎鳥與龜不神，龍何故獨神？」並謂龍不神。又以龍有形可食證龍不神。並破此「龍神」之義。若作「神龍」，則此下所論，失所據矣。又下文云：「世俗言龍神而升天者，妄矣。」正承此文言之，是其證。不神，不升天；升天，神之效也。

天地之性，人爲貴，則龍賤矣。貴者不神，賤者反神乎？如龍之性，有神與不神，神者升天，不神者不能，鼂蚍亦有神與不神，神鼂神蚍，復升天乎？爾雅釋魚云：「一曰神龜。」邢疏曰：「上圓下方，長尺二寸。」史記龜策傳：「神龜在江南嘉林中。」説文：「螣，神蚍也。」爾雅云：「螣，螣蛇。」注云：「淮南云：『蟒蛇。』」且龍稟何氣而獨神？天有倉龍、白虎、朱鳥、玄武之象也，盼遂案：「倉」字宜有草頭作「蒼」。地亦有龍、虎、鳥、龜之物。四星之精，降生四獸，注見物勢篇。虎鳥與鼂不神，龍何故獨神也？

人爲倮蟲之長，龍爲鱗蟲之長，大戴禮易本命：「有鱗之蟲三百六十，而蛟龍爲之長。倮之蟲三百六十，而聖人爲之長。」俱爲物長，謂龍升天，人復升天乎？龍與人同，獨謂能（龍）升天者，謂龍神也。「能」當作「龍」，聲之誤也。此文以人龍相較，人不能升天，故云：「獨謂龍升天者，謂龍神也。」世或謂聖人神而先知，猶謂神龍能升天也。因謂聖人先知之明，「先」上當有「有」字，於義方足。實知篇：「儒者論聖人，以爲有獨見之明。」論龍之才，謂龍升天，故其宜也。

天地之間，恍惚無形，寒暑風雨之氣乃爲神。恍惚無形爲神者，今文尚書説也。周禮大宗伯疏引異義曰：「今歐陽、夏侯説六宗者，上不及天，下不及地，傍不及四時，居中央，恍惚無有，神助陰陽變化，有益於人，故郊祭之。」今龍有形，有形則行，行則食，食則物之性也。

天地之性，有形體之類，能行食之物，不得爲神。何以言之，龍有體也？傳曰：「鱗蟲三百，龍爲之長。」大戴禮易本命文。龍爲鱗蟲之長，安得無體？何以言之，□□□□。此有脱文。下文引孔子言「龍食於清，游於清」，以證龍有行食也，與上文引傳證龍有體文例同。疑此文原作「何以言之，龍行食也」，與上「何以言之，龍有體也」文法一律。孔子曰：「龍食於清，游於清；龜食於清，游於濁；呂氏春秋舉難篇「龜」作「螭」，下同。魚食於濁，游於濁。丘上不及龍，下不爲魚，中止其龜與！」呂覽作「丘其螭邪」。疑「止」爲「丘」字形誤。呂覽曰：「季孫氏刼公家，孔子欲諭術，則見外。於是受養而便説。魯國以訾，孔子曰云云。」

山海經言：四海之外，有乘龍蛇之人。此括舉海外東、西、南、北四經言之。世俗畫龍之象，馬首蛇尾。驗符篇云：「二黄龍見，身大於馬，舉頭顧望，狀如圖中畫龍。」匋齋藏山東兩城山刻石，朝鮮出土高句麗時代蒼龍墓壁，所圖龍象，與充説相類。由此言之，馬、蛇之類也。慎子曰：慎子名到。史記云：「趙人。」淮南子注云：「齊人。」呂覽慎勢篇注：「作法書四十二篇。」（「二」，今作「一」，依漢志改。）今傳本非其舊。「蜚龍乘雲，騰蛇游霧，爾雅釋魚「螣，螣蛇」，注：「龍類也，能興雲霧而遊其中。」淮南云：『螣蛇。』」騰、螣字通。雲罷雨霽，「雨」當從韓非子作「霧」。與螾、蟻同矣。」「螾」即「蚓」，聲近，即蚯蚓也。爾雅釋蟲云：「螼蚓。」即「蚯蚓」

聲轉。郭注：「江東呼寒蚓。」吾鄉俗名寒蠕子。韓非子「蟻」作「螘」，古今字。文見韓非子難勢篇。**韓子曰：「龍之爲蟲也，**史記韓非傳正義：「龍，蟲類，故言龍之爲蟲。」**鳴可狎而騎也，**先孫曰：文見韓非子説難篇。「鳴」，韓作「柔」，此不知何字之誤。**然喉下有逆鱗尺餘（一），**韓非子、史記「尺餘」并作「徑尺」。按：宋本作「尺一」，朱校元本同，是也。容齋隨筆三云：「史記張儀傳：『尺一之檄。』漢淮南王安書云：『丈一之組。』匈奴傳云：『尺一牘。』後漢書『尺一詔書』之類，即俗語謂錢一貫有畸，曰千一千二。米一石有畸，曰石一石二。長一丈有畸，曰丈一丈二之類。」是「尺一」漢人常語，義猶尺餘。疑今本作「尺餘」，乃後人妄改。**人或嬰之，**韓非子注：「嬰，觸也。」**必殺人矣。」比之爲螾、蟻，又言蟲可狎而騎，蚰、馬之類，明矣。**

傳曰：盼遂案：韓非喻老及史記微子世家。**「紂作象箸而箕子泣。」**韓非子喻老、説林上、淮南繆稱、説山、史記十二諸侯年表序并有此文。索隱謂箸即樽，非也。當從鄒氏、劉氏音直慮反，即筯也。韓非子喻老云：「以爲象箸必不加於土鉶。」説林上云：「以爲象箸必不盛羹於土鉶。」下文云：「象箸所挾。」可證。象謂象牙也。**泣之者，痛其極也。夫有象箸，必有玉杯，玉杯所盈，象箸所挾，則必龍肝豹胎。**韓非子喻老、説林上並云：「象箸玉杯，必不羹菽藿，則必旄象豹胎。」六韜、（文選七發注、七命注。）淮南説山高注、楚詞天問王注並云：「必盛熊蹯豹胎。」此云「龍肝」，實知篇同。未知何出。**夫龍肝可食，其龍難得，難得則愁下，**謂苦臣民。

愁下則禍生，故從而痛之。如龍神，其身不可得殺，其肝何可得食？禽獸肝胎非一，稱「龍肝、豹胎」者，人得食而知其味美也。

春秋之時，魯昭公二十九年。龍見于絳郊。杜預曰：「絳，晉國都。」魏獻子問於蔡墨曰：「吾聞之，蟲莫智於龍，以其不生得也。謂之智，信乎？」對曰：「人實不知，非龍實智。古者畜龍，故國有豢龍氏，有御龍氏。」杜曰：「豢、御，養也。」獻子曰：「是二者，吾亦聞之，而不知其故。是何謂也？」對曰：「昔有飂叔宋（安），有裔子曰董父，孫曰：「『宋』乃『安』字形近之譌。」見左昭二十九年傳。杜曰：「飂，古國也。叔安，其君名。裔，遠也。玄孫之後爲裔。」實甚好龍，能求其嗜欲以飲食之，龍多歸之。乃擾畜龍，杜曰：「擾，順也。」以服事舜，而錫之姓曰董，氏曰豢龍，杜曰：「豢龍，官名。官有世功，則以官氏。」封諸鬷川，鬷夷氏是其後也。杜曰：「鬷水上夷皆董姓。」按：晉語云：「黎爲高辛氏火正，命之曰祝融。其後八姓。董姓鬷夷豢龍則夏滅之矣。」似「鬷夷」不應分别爲義。故帝舜氏世有畜龍。及有夏，孔甲擾于帝，杜曰：「其德能順於天。」帝賜之乘龍，河、漢各二，杜云：「合爲四。」是謂河、漢共一乘。服虔云：「河、漢各二乘。」史記夏本紀謂「天降龍二」。各有雌雄。孔甲不能食也，而未獲豢龍氏。「而」猶「以」也，見釋詞。有陶唐氏既衰，杜曰：「陶唐，堯所治地。」其後有劉累路史曰：「堯長子監明早死，封其子式於留。留累，其後也。以豢龍事夏。」**學擾龍于豢龍氏，**史記集解引應劭曰：「擾音柔。擾，馴也。能順養得其嗜欲。」**以事孔甲，能飲食龍。**「龍」，左傳作「之」。晉語八韋注引傳亦作「龍」。**夏后嘉之，賜氏曰御龍，以更豕韋之後。**更，代也。史記集解引賈逵曰：「劉累之後，至商不絶，以代豕韋之後。祝融之後，封於豕韋，殷武丁滅之，以劉累之後代之。」**龍一雌死，潛醢以食夏后。夏后烹（亨）之，**左傳「烹」作「饗」，洪亮吉曰：「作『烹』，刻本之訛。『烹』當作『亨』。『亨』爲古『享』字，『享』與『饗』通。上云：『潛醢以食夏后。』不得復言夏后烹之也。」盼遂案：「烹」本字作「亯」，後分爲「亨」、「亯」、「烹」三體。仲任自作「亨」用，淺人誤認爲「烹」字耳。作「烹」，則與上文「潛醢」複矣。左氏昭公二十九年傳作「饗」，古「饗」、「享」通用。**既而使求。懼而不得，**賈逵曰：「夏后既饗，而又使求致龍。劉累不能得而懼也。」**遷于魯縣。**竹書：「孔甲七年，劉累遷於魯陽。」地理志：「南陽，魯陽縣有魯山，古魯縣。」**范氏，其後也。」**晉語八范宣子曰：「昔匄之祖，自虞以上爲陶唐氏，在夏爲御龍氏，在商爲豕韋氏，在周爲唐杜氏。周卑，晉繼之，爲范氏。」韋注：「士會食邑於范，爲范氏。」**獻子曰：「今何故無之？」對曰：「夫物有其官，官脩其方，**杜曰：「方，法術。」**朝夕思之。一日失職，則死及之；失官不食。**杜曰：「不食禄。」**官宿其業，**杜曰：「宿猶安也。」**其物乃至；**杜曰：「設水官脩則龍至。」**若泯棄之，**杜曰：「泯，滅也。」**物乃低伏，**「低」，左傳作「坻」，并誤。字當作「坁」。説文：「坁，箸也，从土，氏聲。坻，小渚也，从土，氐聲。」釋文：

「音旨。又音了禮反。」切「丁禮」則爲「氐」聲，蓋唐時已誤「坻」爲「坻」。杜注：「坻，止也。」明當作「坻」。廣韻四紙云：「坻，著，止也。」本書蓋初誤爲「坻」，再譌爲「低」也。鬱湮不育。」杜曰：「鬱，滯也。湮，塞也。育，生也。」由此言之，龍可畜又可食也。「又」，朱校元本作「人」。可食之物，不能神矣。世無其官，又無董父、后、劉之人，后，夏后也。劉，劉累也。蒙前文省。盼遂案：「后劉」謂「劉累」，稱「后」者，殆亦后稷、后啓之意。故潛藏伏匿，出又乘雲，與人殊路，人謂之神。如存其官而有其人，則龍，牛之類也，何神之有？

以山海經言之，以愼子、韓子證之，以俗世之畫驗之，「俗世」當作「世俗」，承上文「世俗畫龍」爲文。以箕子之泣訂之，以蔡墨之對論之，知龍不能神，不能升天，天不以雷電取龍，明矣。世俗言龍神而升天者，妄矣。

世俗之言，亦有緣也。短書言：謂諸子尺書。「龍無尺木，無以升天。」意林引新論曰：「龍無尺木，無以升天；聖王無尺土，無以王天下。」周廣業校改「木」作「水」。引本書下文「龍從木中升天」句，亦改「木」爲「水」。按：論衡確應作「木」。疑新論一本作「木」，不誤。所云「短書」，蓋謂新論也。三國吴志太史慈傳注引江表傳，孫策出教曰：「龍欲騰翥，先階尺木。」師伏堂筆記謂是「尺水」，非。段成式酉陽雜俎鮮介篇：「龍頭上有一物，如博山形，名尺木。龍無尺木，不能昇天。」與此文「尺木」

異義。又曰「升天」，「又曰」與下「又言」於詞爲複。「又」疑「文」字形誤。又言「尺木」，謂龍從木中升天也。盼遂案：桓譚新論：「龍無尺水，無以升天；聖人無尺土，無以王天下。」（意林卷三引。）仲任所謂短書，斥此也。惟「尺木」，新論作「尺水」，應據論衡改正。三國志太史慈傳注引江表傳，孫策教曰：「龍欲騰翥，先階尺木者也。」亦作「尺木」。近年洛陽出土隋楊暢墓志銘詞曰：「誕此哲人，齊峯特秀。尺木既升，增嶠增構。」此文殆用龍升尺木之事。石刻確是木而非水，不若寫本印本之易誤。又唐巂州邛都丞張客墓志銘云：「飛謡海甸，宣才江澳。雅政清夷，仁風肅穆。英英君子，鸞鳳其族。長逾千里，微班尺木。」考此銘以木與澳、穆、族爲韻，其不作「尺水」甚顯，明作「水」爲誤。酉陽雜俎云：「龍無尺木，不能升天。尺木，龍頭上如博山形。」是段氏亦作「尺木」，明作「水」者，乃誤字爾。俞理初癸巳類稿謂論衡「尺木」爲「水」之誤，然又云：「當雷電樹木擊之時，龍適與雷電俱在樹木之側，雷電去，龍隨而上，故謂從樹木之中升天也。」是論衡作「尺木」明矣。俞據誤本初學記爲證，失之。彼短書之家，世俗之人也，見雷電發時，龍隨而起，當雷電〔擊〕樹木擊之時，孫曰：「當雷電樹木擊之時」，疑當作「當雷電擊樹木之時」。上文云：「盛夏之時，雷電擊折樹木。」是其證。龍適與雷電俱在樹木之側，雷電去，龍隨而上，故謂從樹木之中升天也。

實者，雷（雲）龍同類，感氣相致，「雷」當作「雲」，形之誤也。雷虛篇謂雷爲火，爲太陽之激氣，龍乃水蟲，不得言同類。又諸書多言雲龍感氣相致，未言雷龍者。偶會篇曰：「雲從龍，風從虎，同類通氣，性相感動。」寒温篇：「虎嘯而谷風至，龍興而景雲起，同氣共類，動相招致。」是同類共氣，乃雲龍也。下文云：「雲從龍。」又云：「龍興景雲起。」即承此「雲龍同類」爲説，是其證。又下文：「世儒讀易文，見傳言，皆知龍者雲之類。」尤其切證。故易曰：「雲從龍，風從虎。」乾卦九五文言之詞。又言：「虎嘯谷風至，龍興景雲起。」此文見淮南天文篇。「又言」上疑當有「傳書」二字，不當承「易曰」爲文。下文云：「世儒讀易文，見傳言，皆知龍者雲之類。」「傳言」二字即蒙此爲文，是其證。楚詞七諫謬諫王注：「景雲，大雲而有光者。」餘注見偶會篇。元命包亦云：「猛虎嘯而谷風起，類相動也。」（文選七啓注。）盼遂案：淮南天文訓：「虎嘯而谷風至，龍舉而景雲屬。」仲任蓋引此文。唯上言「易曰」，此稱「又言」，易于致混，疑句首脱一「傳」字。下文「世儒讀易文，見傳言」，即承此文言也。本書温寒篇亦引此二語。龍與雲相招，虎與風相致，故董仲舒雩祭之法，設土龍以爲感也。義見明雩、亂龍二篇。夫盛夏太陽用事，雲雨干之。干，犯也。陰氣干之。太陽，火也；雲雨，水也，〔水〕火激薄則鳴而爲雷。「火」上脱「水」字。薄，迫也，獨火不得激迫。雷虚篇曰：「以一斗水灌冶鑄之火，氣激蹩裂，若雷之音。陽氣爲火猛矣，雲雨爲水多矣，分争激射，安得不迅。」即其義。盼遂案：「火」上蓋脱「水」字，此句雙承「太陽，火也；雲雨，水也」二句。龍聞雷聲則起，起而雲至，雲至而龍乘之。雲雨感龍，龍亦起雲而升天。天極雷高，盼遂案：「雷」當爲「雲」，涉下文而誤。雲消復〔二〕降。龍降。人見其乘雲，則謂「升天」；見天爲雷電，則爲「天取龍」。「爲」讀作「謂」。世儒讀易文，見傳言，皆知龍者雲之類。拘俗人之議，不能通其說；又見短書爲證，故遂謂「天取龍」。

天不取龍，龍不升天。當蓄丘訢之殺兩蛟也，手把其尾，把，持也。拽而出之，至淵之外，拽，拖也。雷電擊之。注見前。蛟則龍之類也，山海經南山經注：「蛟似蛇，四足，龍屬。」蛟龍見而雲雨至，雲雨至則雷電擊。如以天實取龍，龍爲天用，何以死蛟爲取之？盼遂案：「爲」上脱一「不」字。

且魚在水中，亦隨雲雨，蜚而乘雲雨，非升天也。朱校元本「蜚」作「龍」，則「而」讀作「能」。陶注本草云：「鯉魚能神變飛越江湖。」暉當目驗，時值霖雨，乘飛越塘。蓄魚家爲運替之占。龍，魚之類也，並爲水蟲。其乘雷電，猶魚之飛也。魚隨雲雨，不謂之神，龍乘雷電，獨謂之神，世俗之言，失其實也。物在世間，各有所乘，水虵乘霧，螣虵乘霧，諸書或云神虵，或云騰虵，或云飛虵，或云蟒虵。「水虵」未聞。疑「水」字衍，下文並以三字爲句。龍乘

〔二〕「復」，原本作「後」，據通津草堂本改。

雲，鳥乘風。宋本「風」作「氣」。鳥因風搖翮，今本作「風」，是。**見龍乘雲，獨謂之神，失龍之實，誣龍之能也。**

然則龍之所以爲神者，以能屈伸其體，存亡其形。說文龍部云：「能幽能明，能細能巨，能短能長。」**屈伸其體，存亡其形，未足以爲神也。豫讓吞炭，漆身爲厲，**趙策一：「豫讓爲知伯報仇，謀刺襄子，不果。又漆身爲厲，滅鬚去眉，自刑以變其容。」史記本傳索隱：「凡漆有毒，近之多患瘡腫，若癩病然。厲、癩聲近，通。」**人不識其形；子貢滅鬚爲婦人，**弘明集三宗炳答何衡陽書：「由醯，予族，賜滅其鬚。」文選幽通賦注：「衛蒯聵之亂，子羔滅髭，衣婦人衣逃出。孔悝求之，不得，故免於難。」御覽髭部亦作子羔事。蓋傳聞異詞。盼遂案：御覽三百七十四引曹大家幽通賦注曰：「衛蒯聵亂，子羔滅髭鬢，衣婦人衣，逃得出。」疑子貢爲子羔之誤。然子貢固亦與乎蒯聵之難。墨子非儒篇：「子貢、季路輔孔悝亂乎衛。」鹽鐵論殊路篇：「孔悝之亂，子貢、子皋逃遁不能死其難。」則滅鬚爲婦人事，歸之子貢亦得也。弘明集卷三宗炳答何衡陽書：「由醯，予族，賜滅其鬚。」即說此事。**人不知其狀；龍變體自匿，人亦不能覺，變化藏匿者巧也。物性亦有自然，狌狌知往，**爾雅釋獸作「猩猩」，字通。南方獸。海內南經：「狌狌知人名，其爲獸如犬而人面。」淮南萬畢術曰：「歸終知來，狌狌知往。」（類聚九五。）淮南氾論訓：「猩猩知往而不知來。」高注：「猩猩，北方獸名，人面，身黃色。禮記曰：『猩猩能言，不離走獸。』」

見人狂走，則知人姓字，此知往也。」（諸書並云狌狌出交阯。作「北方」，非也。）龍城札記二：「狌狌與猩猩似二獸，狌狌善走，猩猩知人。」按：二字多通用，今不從其說。**乾鵲知來**，孫曰：是應篇亦作「乾鵲」。「鵲」並當作「鳱」。淮南子氾論篇〔一〕：「乾鳱知來而不知往。」（鄭注大射儀引作「鳱鵠」。）高注：「乾鳱，鵲也。人將有來事憂喜之徵則鳴，此知來也。知歲多風，多巢於木枝，人皆探其卵，故曰不知往也。『乾』讀『乾燥』之『乾』，『鳱』讀『告退』之『告』。」易林小畜之漸云：「餌吉知來。」「餌吉」即「乾告」之譌。列女傳晉羊叔姬傳云：「南方有鳥，名曰乾吉。」抱朴子對俗篇云：「乾鵲知來。」古寫本抱朴子殘卷作「乾吉」。「吉」並「告」字之殘。此皆「乾鵲」當作「乾鳱」之證。然說文：「鵯鶋，山鵲，知來事鳥也。」「鵯鶋」與「乾鵲」聲亦相近。暉按：實知篇作「鳱鵲」。西京雜記陸賈曰：「乾鵲噪而行人至。」方以智通雅四五謂「乾鵲」即「喜鵲」。**鸜鵒能言**，說文：「鸜鵒，能言鳥也。」淮南說山篇高注：「出於蜀郡，赤喙者是。其色縹緑，能效人言。」**三怪比龍，性變化也。如以巧爲神，豫讓、子貢神也。**

孔子曰：「游者可爲網（綸）」，「網」當作「綸」。史記老子傳：「游者可以爲綸。」爲此文所本。知實篇字正作「綸」，是其證。小雅采緑〔二〕鄭箋：「綸，釣繳也。」疏云：「謂繫繩於釣竿也。」今

〔一〕「氾」，原本作「記」，形近而誤，今改。
〔二〕「緑」，原本作「緣」，形近而誤，今改。

本作「網」，義雖可通，然失其舊。飛者可爲矰。至於龍也，吾不知，其乘風雲上升！史作「上天」。今日見老子，其猶龍乎！」夫龍乘雲而上，雲消而下，物類可察，上下可知，而云孔子不知。以孔子之聖，尚不知龍，況俗人智淺，好奇之性，無實可（事）之心，齊曰：「可」當作「事」，草書形近而誤。雷虛篇：「實事者謂之不然。」道虛篇：「非臣子實事之心，別生於死之意也。」超奇篇：「實事之人，見然否之分。」治期篇：「實事者說堯之洪水，皆有遭遇。」齊世篇：「實事者謂亡秦之惡，甚於桀、紂。」並「實事」連文之證。程本作「實考」，亦非。盼遂案：「可」讀爲「考」，「可」、「考」同從「丂」音，又溪母雙聲。謂之龍神而升天，不足怪也。

雷虛篇

盛夏之時，雷電迅疾，擊折樹木，壞敗室屋，時犯殺人。世俗以爲「擊折樹木，壞敗室屋」者，天取龍；其「犯殺人」也，謂之〔有〕陰過。孫曰：「謂之」下脱「有」字。下文云：「人有陰過，亦有陰善。有陰過，天怒殺之；如有陰善，天亦宜以善賞之。」正承此言。類聚二、御覽十三引並有「有」字。暉按：初學記雷部引亦有「有」字。左僖十五年傳云：「震伯夷之廟，罪之也。於是展氏隱有慝焉。」史記殷本紀：「武乙無道，暴雷震死。」並謂雷罰過也。飲食人以不潔净，天怒，擊而殺之。盼遂案：北史高車傳：「俗不清潔，喜致震霆。」唐沈既濟雷民傳：「雷州事雷，畏敬甚謹，每具酒肴奠焉。有以彘肉雜魚食者，霹靂輒至。南中有木，名曰棹，以煮汁漬梅李，俗呼爲棹汁。雜彘肉食者，霹靂亦至，犯必響應。」知雷擊食不潔净之説，至六朝、唐時仍盛。隆隆之聲，詩雲漢疏：「隆隆，雷聲不絶之狀。」天怒之音，若人之呴吁矣。「呴」、「吁」皆開口出氣也。世無愚智，莫謂不然。推人道以論之，虛妄之言也。

夫雷之發動，一氣一聲也。言同一氣聲。折木壞屋，亦犯殺人；犯殺人時，亦折木壞屋。獨謂折木壞屋者，天取龍；犯殺人，罰陰過，與取龍吉凶不同，並時共聲，非〔實〕道也。御覽十三、事類賦三引「非」下並有「實」字，是也。當據增。

論者以爲，「隆隆」者，天怒呴吁之聲也。此便於罰過，不宜於取龍。罰過，天怒可也；取龍，龍何過而怒之？如龍神，天取之，不宜怒；如龍有過，與人同罪，〔殺〕龍殺而已，「龍殺」當作「殺龍」。此據人有陰過天犯殺之爲義。今本誤倒。盼遂案：此「龍」字衍文，據上下文知之。何爲取也？宋本「何」作「天」，朱校元本同。疑當作「天何爲取也」，與上「天取之」正反相應。殺人，怒可也；以上「罰過，天怒可也」文例之，「怒」上疑脱「天」字。取龍，龍何過而怒之？殺人不取，殺龍取之，人龍之罪何別？而其殺之何異？然則取龍之説既不可聽，罰過之言復不可從。

何以效之？

案雷之聲，迅疾之時，人仆死於地，隆隆之聲，臨人首上，故得殺人。審隆隆者，天怒乎？怒用口，〔口〕之怒氣殺人也。「怒用口」三字爲句。「之」上又脱一「口」字。本書重文常脱。下文「如天用口怒」，即承此「怒用口」句。口之怒氣，安能殺人？人爲雷所殺，詢其身體，若燔灼之狀也。盼遂案：吴承仕曰：『詢』字疑『診』之形譌。後文『即詢其身』，疑亦同此。」如天用口怒，口怒生火乎？且口着乎體，口之動，與體俱。當擊折之時，聲着于地；其衰也，聲着于天。夫如是，聲着地之時，口至地，體亦宜然。當雷〔聲〕迅疾之時，「雷」下脱「聲」字。上文「案雷之聲，迅疾之時」，下文「且雷聲迅疾之時」，並有「聲」字，是其證。此文據雷聲遠近，以效天怒之虚，若脱「聲」字，則失其義。仰視天，不見天之下。不見天之下，則夫隆隆之聲者，非天怒也。天之怒，與人無異。人怒，身近人則聲疾，遠人則聲微。今天聲近，其體遠，非怒之實也。且雷聲迅疾之時，聲東西或南北。如天怒體動，口東西南北，仰視天，亦宜東西南北。

或曰：「天已東西南北矣，雲雨冥晦，當如下文作「晦冥」。人不能見耳。」夫千里不同風，百里不共雷。易曰：「震驚百里。」震卦文。雷電之地，雷雨晦冥，「雷雨」當作「雲雨」。盼遂案：「雷雨」當作「雲雨」，係涉上下文多雷字而誤。百里之外，無雨之處，宜見天之東西南北也。口着於天，天宜隨口，口一移，普天皆移，非獨雷雨之地，天隨口動也。且所謂怒者，誰也？天神邪？蒼蒼之天也？如謂天神，神怒無聲；如謂蒼蒼之天，天者體，不怒，怒用口。

且天地相與，夫婦也，其即民父母也。盼遂案：「即」字宋本作「不」，則「也」字讀宜同「邪」。子有過，父怒，笞之致死，而母不哭乎？今天怒殺人，地宜哭之。獨聞天之怒，不聞地之哭。如地不能哭，則天亦不能怒。

且有怒則有喜。宋本「有怒」作「天怒」，朱校元本同。疑當作「且天有怒則有喜」。人有陰過，亦有陰善。有陰過，天怒殺之；如有陰善，天亦宜以善賞之。「以善」疑當作「喜以」。盼遂案：「以善」之「善」爲「喜」之誤字，又誤倒置「以」字下。本文當作「天亦宜喜以賞之」，方與上句「天怒殺之」相應。隆隆之聲，謂天之怒；如天之喜，亦〔宜〕哂（啞）然（啞）而笑。孫曰：「哂然而笑」，本作「啞啞而笑」，與「隆隆之聲」相對。今作「哂然」者，「啞」以形近誤爲「哂」，校者不達，改作「哂然」。義雖可通，失古本矣。御覽三九一引正作「啞啞」。暉按：孫説是也。「亦」下當有「宜」字。此據天怒以推論天喜，故曰「亦宜啞啞而笑」，與上「天亦宜以善賞之」語氣正同。若脱「宜」字，則爲肯定語矣。御覽三九一引作「天怒，則隆隆雷聲；天喜，應啞啞而笑」，雖節引此文，然着一「應」字，可以推證。人有喜怒，故謂天喜怒。推人以知天，知天本於人，如人不怒，則亦無緣謂天怒也。緣人以知天，宜盡人之性。人性怒則呴吁，喜則歌笑。比聞天之怒，希聞天之喜；比見天之罰，希見天之賞。豈天怒不喜，貪於罰，希於賞哉？「希」疑「⿱乂厷」譌。「⿱乂厷」即俗「吝」字。盼遂案：「希」當爲「⿱乂厷」。「⿱乂厷」即「吝」之别體。涉上下文多「希」字而誤。何怒罰有效，喜賞無驗也？

且雷之擊也，「折木壞屋」，「時犯殺人」，以爲天怒。時或徒雷，無所折敗，亦不殺人，天空怒乎？人君不空喜怒，喜怒必有賞罰。無所罰而空怒，是天妄也。妄則失威，非天行也。政事之家，以寒温之氣，爲喜怒之候，舊校曰：一有「候」字。（通津本、王、錢本字誤作「守」，今據宋本、天啓本、鄭本正〔二〕。）人君喜即天温，即（怒）則天寒。「即」當據宋本、天啓本、錢、黄、鄭、王本改作「怒」。寒温篇亦有此文。雷電之日，天必寒也。盼遂案：「温」下漏「怒」字。「則」字本在「雷」上，後人誤移置「天寒」之上以足句耳。局本改作「怒則天寒」，亦非。此文本爲「人君喜即天温，怒即天寒，則雷電之日，天必寒也」。高祖之先，「先」疑「生」形誤。劉媪曾息大澤之陂，夢與神遇，「遇」，注吉驗、奇怪二篇。下云「施氣」，是「遇」當訓「構」。此時雷電晦冥。天方施氣，宜喜之時也，何怒而雷？如用擊折者爲怒，用，以也。不擊折者爲喜，則夫隆隆之聲，不宜同音。人怒喜異聲，天怒喜同音，與人乖異，則人何緣謂之天怒？

且「飲食人以不潔净」，小過也。以至尊之身，親罸小過，非尊者之宜也。尊不親罸過，故王不親誅罪。天尊於王，親罸小過，是天德劣於王也。且天之用心，猶人之用意。人君罪惡，疑作「罸惡」。初聞之時，怒以非之，盼遂案：「罪惡初聞」當是「初聞罪惡」，聞臣民之罪惡也。照誤本，則似人君有罪惡矣。及其誅之，哀以憐之。故論語曰：「如

〔二〕「本正」二字原本誤倒，今乙。

得其情，則哀憐而勿喜。」子張篇曾子對陽膚之詞。「憐」作「矜」，疑此爲魯論。翟氏考異未及之。集解引馬曰：「民犯法，當哀矜之，勿自喜能得其情。」**紂，至惡也，武王將誅，哀而憐之，故尚書曰：「予惟率夷憐爾。」**多士文。「夷憐」作「肆矜」。段玉裁曰：「此今文尚書也。『夷』、『肆』古音同第十五部。『憐』、『矜』古音同第十二部。『矜』從『令』聲，讀如『鄰』。自誤『令』音，而古音亡矣。」江聲曰：「今文『率夷憐爾』，『夷』之言『常』，『憐』與『矜』同義。謂率循常典，矜憐爾商。」王鳴盛説同。並與僞孔義無別。錢大昕曰：「『夷』，誅也。『憐』、『矜』聲近。此今文書説也。」孫星衍説同。劉貴陽經説曰：「『矜』、『矝』判然兩字，一從『矛』、『今』，一從『予』、『令』，不容相溷。」華嚴音義上卷云：「矝，毛詩傳曰：『矝，憐也。』説文字統：『矝，怜（俗憐字。）也。』」皆從「予」、「令」。若從「矛」、「令」者，音巨斤反，矛柄也。玉篇二字皆從「予」、「令」，無「矛」、「令」者，是慧苑在唐時所見毛詩經傳並作「矝」，而玉篇則有「矝」而無「矜」，此古本未經竄改之據也。今考詩之「矝」、「憐」字爲韻者，菀柳〔二〕以叶「天」、「臻」，桑柔以叶「旬」、「民」、「填」、「天」，皆真、諄部中字。古「矝」、「憐」通用。論衡引書「矛惟率肆矝爾」，引論語「則哀矝而勿喜」，並作「憐」字，「憐」亦真、諄部中字也。故「矝」與從「矛」、「令」聲訓矛柄，入蒸、登部之「矜」，斷是兩字。**人君誅惡，憐而殺之，天之罰過，怒而擊之，是天少恩而人多惠也。**

〔二〕「菀」，原本作「苑」，據毛詩改。

說雨者，以爲天施氣。書鈔一五一引河圖曰：「雨者，天之施也。」天施氣，氣渥爲雨，故雨潤萬物，名曰澍。說文：「澍，時雨也。所以樹生萬物者也。」人不喜，不施恩；天不說，不降雨。謂雷天怒，雨者天喜也。雷起常與雨俱，如論〔者〕之言，「論」下脱「者」字。「如論者之言」，指說天怒殺人者。天怒且喜也。人君賞罰不同日，春秋繁露四時相副云：「以賞副暑而當夏，以罰副清而當秋。」天之怒喜不殊時，天人相違，賞罰乖也。且怒喜具形，「具」當作「俱」。亂也。盼遂案：「具」爲「俱」之壞字。上文「人君賞罰不同日，天之喜怒不殊時」，此之「俱形」，正對上反言之也。惡人爲亂，「惡」音烏路切。怒罰其過，罰之以亂，非天行也。冬雷，人謂之陽氣洩；吕覽仲冬紀：「仲冬行夏令，雷乃發聲。」高注：「夏氣發泄。」春雷，謂之陽氣發；吕覽仲春紀：「是月雷乃發聲。」注：「冬陽閉固，陽伏於下，是月陽升。」夏雷，不謂陽氣盛，謂之天怒，竟虚言也。

人在天地之間，物也；物，亦物也。物之飲食，天不能知；人之飲食，天獨知之。萬物於天，皆子也。父母於子，恩德一也，豈爲貴賢加意，賤愚不察乎？何其察人之明，省物之闇也！犬豕食，人〔以〕腐臭食之，「人」下脱「以」字。此舉人以腐臭食犬豕，與人以不潔净飲食人相較爲義。脱「以」字，文不可通。天不殺也。盼遂案：「食之」二字涉下文而衍。如以人貴而獨禁之，則鼠洿人飲食，人不知，誤而食之，天不殺也。如天能原鼠，則亦能原人。人誤以不潔浄飲食人，人不知而食之耳，豈故舉腐臭以予之哉？如故予之，人亦不肯食。

呂后斷戚夫人手，去其眼，置於厠中，漢書外戚傳云：「居鞠域中。」此從史記呂后紀。以爲人豕。呼人示之，示、視字通。人皆傷心。惠帝見之，病臥不起。呂后故爲，天不罰也；人誤不知，言不知不潔浄，誤以飲食人。天輒殺之。不能原誤，失（反）而責（貫）故，天治悖也。「失」，宋、元本并作「反」，朱校同。當據正。「責」當作「貫」，形近而誤。「反而貫故」，承上「呂后故爲，天不罰」爲義。「故」、「誤」漢律常語，猶今法言故意過失。貫謂緩恕其罪。答佞篇曰：「聖君誅故貫誤。」今反貫故，故曰天治悖。夫人食不浄之物，口不知有（人）其洿也；「有」，宋本作「大」，朱校元本同。疑本作「人」。此文仍據「飲食人以不潔浄」爲義，故曰「口不知人其洿也」。下文「如食，己知之」，「人」、「己」相對成義。蓋宋、元本「人」字形誤爲「大」，今本妄改爲「有」，則「洿」字謂所食之物有洿，而「其」字於義無着。改爲「口不知其有洿」，語氣方順。則此文非原作「有」，明矣。如食，己知之，名曰腸洿。戚夫人入厠，身體□□。吴曰：此下當有脱文。辱之與洿何以別？盼遂案：依文義當重「辱」字，讀爲「戚夫人入厠身體辱」句絶，「辱之與洿何以別」句絶。腸之與體何以異？爲腸不爲體，言天爲腸洿殺人。傷洿不病辱，非天意也。且人聞人食不清之物，心平如故，觀戚夫人者，莫不傷心。

人傷，天意悲矣。夫悲戚夫人，朱校元本上「夫」字作「天」。則怨呂后。案呂后之崩，未必遇雷也。道士劉春，熒惑楚王英，盼遂案：悼厂云：「惠棟後漢書補注，劉春疑即濟南王康傳之劉子産也。」英，光武子。使食不清。「清」，御覽十三引作「潔」。此事後漢書本傳未見。春死未必遇雷也。建初四年夏六月，御覽十三、事類賦三引並作「建武」。雷擊殺會稽靳（鄞）專日食羊五頭，皆死。孫曰：「靳」當作「鄞」。「專日食」三字，與雷擊殺羊義不相屬，當有錯誤。御覽十三、事類賦三引並作「雷擊會稽鄞縣羊五頭」。暉按：「食」字涉上文諸「食」字衍。「專日」二字，爲「縣」字形殘。夫羊〔有〕何陰過，而雷殺之？孫曰：「何」上脱「有」字，當據御覽、事類賦引補。暉按：初學記雷部引亦有「有」字。舟人洿溪上流，人飲下流，舟人不雷死。

天神之處天，猶王者之居也（地）。「也」，當據宋本改作「地」。「天」、「地」相對成義。王者居重關之内，則天之神宜在隱匿之中；王者居宫室之内，則天亦有太微、紫宫、軒轅、文昌之坐。淮南天文訓：「太微者，天子之庭也。（「子」，今誤「一」，依俞樾校改。）紫宫者，太一之居也。軒轅者，帝妃之舍也。」史記天官書：「南宫：朱鳥、權、衡。衡，太微。」集解孟康曰：「太微爲衡。」索隱宋均曰：「太微，天帝南宫。」又天官書云：「中宫天極星，其一明者，太一常居也。環之匡衛十二星，藩臣，皆曰紫宫。」索隱：春秋合誠圖曰：「紫微，大帝室。」又云：「權，軒轅。」天象列星圖曰：「軒轅十七星，在七星北，如龍之體，後宮之象。」（御覽六引。）石氏星經曰：「文昌六星，如半月形，斗魁前，爲天府，主天下集計事。」（御覽六引。）王者與人相遠，不知人之陰惡；天神在四宮之內，何能見人闇過？王者聞人過，以人知；天知人惡，亦宜因鬼。使天問過於鬼神，則其誅之宜使鬼神；如使鬼神，則天怒，鬼神也，非天也。

且王斷刑以秋，月令曰：「孟秋，決獄訟，戮有罪，嚴斷刑。」後漢書陳寵傳：「蕭何草律，季秋論囚。」天之殺用夏，謂夏雷殺人。此王者用刑違天時。□□奉天而行，吴曰：「奉天」上宜有「王者」二字。盼遂案：「王」上衍「此」字。「刑」下應有「弗」字。此蓋周易文言「大人者，先天而天弗違，後天而奉天時」語義。其誅殺也，宜法象上天。春秋繁露四時相副篇：「天之道，秋清以殺，冬寒以藏。聖人副天之所行以爲政，故以罰副清而當秋，以刑副寒而當冬。」天殺用夏，王誅以秋，天人相違，非奉天之義也。

或論曰：「飲食〔人〕不潔淨，天之大惡也，「食」下脱「人」字。下文「天之大惡，飲食人不潔清」即承此文。正有「人」字，是其證。盼遂案：「食」字下應有「人」字。上下文皆作「飲食人不潔淨」，謂以不潔淨者飲食他人也。殺大惡不須時。」須，待也。王者大惡，謀反、大逆無道也；漢書景帝紀如淳注引律：「大逆不道，父母妻子同産皆棄市。」天之大惡，飲食人不潔清，「潔清」當從上文作「潔淨」。下「潔清」同。天之（人）所惡，小大不均等也。「小大不均等」，據「王」、「天」兩者言之。「之」當作「人」，形誤。上文「天人相違，非奉天之義」，與此文例同。惡，烏路反。盼遂案：「天之所惡」之「之」，是「人」之形訛，當作「天人所惡」。「人」謂王者。如小大同，王者宜法天，制飲食人不潔清之法爲死刑也。聖王有天下，制刑不備此法，聖王闕略，有遺失也。「闕」，宋本作「闊」，疑是。書解篇：「周法闊疏，而不可因也。」與此「闊略」同。

或論曰：「鬼神治陰，王者治陽。陰過闇昧，人不能覺，故使鬼神主之。」曰：陰過非一也，何不盡殺？案一過，非治陰之義也。案，考案也。一過，謂飲食人不潔凈。天怒不旋日，人怨不旋踵。人有陰過，或時有用冬，未必專用夏也。以冬過誤，不輒擊殺，遠至於夏，非不旋日之意也。

圖畫之工，孫曰：開元占經雷霆占引「工」作「士」，疑非。暉按：白帖二、初學記一、御覽十三引並作「工」，與今本合。圖雷之狀，纍纍如連鼓之形。徐中舒曰：「銅器中從畾之字，皆作連鼓之形，與武梁祠所繪極似。」（古代狩獵圖象考。）又圖一人，若力士之容，謂之雷公，素問陰陽論類篇有黃帝問雷公語。淮南天文篇注、水經河水注、文選思玄賦注並以豐隆爲雷公。又或謂雨〔二〕師。五經異義（禮記郊特牲疏。）鄭玄曰：「今人謂雷曰雷公。」盼遂案：悼厂云：「王逸注

〔二〕「雨」，原本作「兩」，形近而誤，今改。

招魂云：『欲涉流沙，則回入雷公之室。』甘氏星經又有雷公、雷姥之文。」使之左手引連鼓，右手推椎〔之〕，若擊之狀。「椎」涉「推」字譌衍，又脱「之」字。「椎」亦擊也，與「擊」字意複。「右手推之」，與「左手引連鼓」，「引」、「推」義正相承。推，手前也。引，手卻也。（見釋名釋枇杷。）下文「安可推引而爲連鼓之形」，字正作「推」，可證。御覽十三引正作「右手推之」，（據天啓本。趙刻本及合璧事類三、唐李石續博物志一引並作「右手椎之」。「推」、「椎」形近易誤。）是「椎」字未衍，「之」字未脱，當據補正。其意以爲，雷聲隆隆者，連鼓相扣擊之意（音）也；「意」字無義，當爲「音」字形誤。「音」與下「聲」字相對。下文「相叩而音鳴」，即承此文，可證。其魄然若敝（嫳）裂者，宋本亦作「敝」。先孫曰：後文兩見「敝」並作「嫳」。譴告篇亦有「嫳裂」之文。暉按：說文：「震，劈歷振物者。」劈歷，疾雷名，與「嫳裂」聲義並近。盼遂案：「敝裂」即「劈歷」，雷聲也。說詳譴告篇。「若」字衍文。「魄然」讀若泰誓「其聲魄」之「魄」，猶今人言砰然矣，所以狀劈歷之聲也。馬融注尚書云：「魄然，安定意。」恐非本旨。椎所〔推〕擊之聲也；「椎所擊」文不成義，當作「所推擊」。「推」誤爲「椎」，（校見上。）文又誤倒。其殺人也，引連鼓相椎，並擊之矣。「椎」當作「推」，校見上。世又信之，「又」，御覽引作「人」。莫謂不然。盼遂案：「又」當爲「人」之誤。御覽十三引正作「世人」。如復原之，虚妄之象也。

夫雷，非聲則氣也。聲與氣，安可推引而爲連鼓之形乎？如審可推引，則是物也。相扣而音鳴者，非鼓即鐘也。夫隆隆之聲，鼓與鐘邪？如審是也，鐘鼓[而]不〔而〕空懸，孫曰：「而不」當作「不而」。「不而」即「不能」。亦後人不達古語而妄改也。（説見前感虛篇。）須有筍簴，然後能安，然後能鳴。「筍」舊作「簨」，據宋本正。考工記梓人作「筍簴」。禮記明堂位注：「簨簴所以縣鐘磬也。横曰簨，植曰簴。」「筍」讀博選之「選」，聲通作「簨」。説文、釋名並謂懸鐘鼓者。今鐘鼓無所懸着，雷公之足，無所蹈履，安得而爲雷？

或曰：「如此固爲神。如必有所懸着，足有所履，然後而爲雷，是與人等也，何以爲神？」曰：神者，恍惚無形，出入無門，上下無根（垠），盼遂案：「根」當爲「垠」，字之誤也。説文：「垠，地垠也。一曰岸也。」本又作「根」，益誤。宋本正作「垠」。「垠」舊作「根」，天啓本同。錢、王本作「根」。皆傳寫者隨意作之，不足據。今據宋本、朱校元本正。「形」、「門」、「垠」爲韻。故謂之神。今雷公有形，雷聲有器，安得爲神？續博物志七引作「安得謂之神」。如無形，不得爲之圖象；如有形，不得謂之神。[謂之神]龍〔神〕升天，實事者謂之不然，「神龍升天」，當作「龍神升天」。下文「以其可畫，故有不神之實」，正與「龍神」反正相承。「謂之」二字涉上文衍。感虛篇：「宋景公出三善言，熒惑徙三舍，實論者猶謂之虛。」變動篇：「夫豫子、貫高欲刺兩主，兩主心動，實論之，尚謂非二子精神所能感也。」並與此文例同，可證。若有「謂之」二字，則句無主詞。以人時或見龍之形也。辯見龍虛篇。以其形見，故圖（體）畫升龍之形（服）也；

宋本、朱校元本作「體畫升龍之服」是也。尚書益稷：「日、月、星辰、山、龍、華蟲，作會。宗彝、藻、火、粉米、黼、黻，絺繡。」鄭注：「自日月至黼黻，凡十二章，天子所以飾祭服。凡畫者爲繪，刺者爲繡。此繡與繪各有六。衣用繪，裳用繡。」疏曰：「日也、月也、星也、山也、龍也、華蟲也，六者畫以作繪，施於衣也。」大傳曰：「山龍，青也。」以自天子至士皆有山龍，詳語增篇注。雖伏生、鄭玄説異，然并謂服畫龍。此文即其義也。蓋後人不審，妄改「體」爲「圖」，「服」爲「形」。

以其可畫，故有不神之實。難曰：「人亦見鬼之形，鬼復（弗）神乎？」

「復」當作「弗」，聲之誤也。盼遂案：「亦」當爲「不」，形之誤也。左傳桓五年「王亦能軍」，「亦」亦「不」字之譌。（王氏經義述聞。）同此例矣。

曰：人時見鬼，有見雷公者乎？鬼名曰神，其行蹈地，與人相似。雷公頭不懸於天，足不蹈於地，安能爲雷公？飛者皆有翼，物無翼而飛謂仙人。畫仙人之形，爲之作翼。如雷公與仙人同，宜復着翼。使雷公不飛，圖雷家言其飛，非也；使實飛，不爲着翼，又非也。夫如是，圖雷之家，畫雷之狀，皆虚妄也。且説雷之家，謂雷，天怒呴吁也；圖雷之家，謂之雷公，怒引連鼓也。審如説雷之家，則圖雷之家非；審如圖雷之家，則説雷之家誤。二家相違也，并而是之，無是非之分。無是非之分，故無是非之實。無以定疑論，故虚妄之論勝也。

禮曰：「刻尊爲雷之形。」

禮記明堂位注：「尊，酒器也。」周禮春官「司尊彝」注：「山罍亦刻而畫之，爲山雲之形。」詩周南卷耳疏引異義曰：「毛詩説：金罍，酒器也。諸臣之所酢。人君以黄金飾。尊大一碩，金飾龜目，蓋刻爲雲雷之象。謹案：謂之罍者，取象雲雷博施，故從人君下及諸臣同，（「故從」作「如」，無「同」字。此據「司尊彝」疏正。）皆得畫雲雷之形。以其名罍，取於雲雷故也。」此云「尊」，即雷尊也。儒增、亂龍并謂雷尊刻畫雲雷之形。「雷」、「罍」聲同字通。此文蓋出禮緯，經無明文。又潛邱劄記二云：「博古圖録有犧首罍、素犧罍、象首罍、麟鳳爲乳罍、饕餮罍。諸罍致飾不一，僅犧首間錯雲雷，并無畫山雲象者。」案：見存銅器甚尠，不得據以爲疑。**一出一入，一屈一伸，**「一」猶「或」也。**爲相校軫則鳴。**此據雷尊圖象以釋雷也。「校」讀爲「絞縊」之「絞」。文選七發注引許慎曰：「軫，轉也。」説文：「紾，轉也。」「校軫」爲「絞紾」借字。説文：「⿰缶⿱畾回，籀文櫑。」從缶、回。漢書文三王傳：「孝王有⿱畾回尊。」應劭注引詩卷耳：「我姑酌彼金⿱畾回。」罍從⿱畾回从回，即罍刻畫之象，⿱畾回从靁省。説文：「靁，从雨、畾，象回轉形。靁，籀文靁，間有回。回，靁聲也。」許云：「回，雷聲。」與此「校軫則鳴」義合。古器多以「囘」爲雷，「囘」即「回」字，亦取屈伸校軫則鳴之義。盼遂案：「校軫」爲「絞紾」之借。説文：「絞，縊也。」禮記雜記疏：「兩股相交謂之絞。」説文：「紾，轉也。」是絞、紾二字皆以狀雷之出入屈伸之容也。**校軫之狀，**舊校曰：「校軫」或作「佼較」。**鬱律㟪壘之類也。**漢書揚雄傳甘泉賦：「雷鬱律於巖窔兮。」注：「鬱律，雷聲也。」按：鬱律、㟪壘并爲曲屈回轉義。雷聲隆隆不絶，聽之若騰空回轉，故謂「鬱律，雷聲」。文選江賦：「時鬱律其如烟。」注：「鬱律，烟上貌。」炊烟隨風，左引右挹，亦爲回曲義。説文：「鍡鑸，不平也。」管子輕重乙篇：「山間⿰土畏塭之壤。」文選魏都賦：「或嵬⿱山畾而複陸。」海賦：「碨磊山壟。」爾雅釋木：「枹遒木魁瘣。」郭注：「謂樹木叢生，根枝節目盤結磈磊。」木之相攢追謂之磈磊，則雷氣校軫亦謂之嵔壘。曲屈回轉者必不平，故不平謂之⿰土畏塭。大人賦：「徑入雷室之砰磷鬱律兮。」亦以「鬱律」狀雷室之回曲不平。「鬱律」、「嵔壘」，聲相轉也。上林賦：「崴磈嵔瘣，丘虛堀礨，隱轔鬱⿱山畾。」大人賦：「洞出鬼谷之堀礨崴魁。」唐人謂「黃巢」云：「田人二十一，果頭三屈律。」「屈律」指「巢」字上半之回曲形，并鬱律、嵔壘之聲轉也。路史餘論三曰：「鬱律者，苑結之謂也。西京賦云：『靁鬱律於岩突。』聲鬱屈也。沈休文（今本誤作「伴文」。）云：『鬱律構丹巘。』形鬱屈也。」其說得之。**此象類之矣。氣相校軫分裂，則隆隆之聲，校軫之音也。魄然若⿱敝衣裂者，氣射之聲也。氣射中人，人則死矣。**

實說雷者，太陽之激氣也。淮南天文訓：「陰陽相薄，感而爲雷。」呂氏春秋仲春紀高注：「震氣爲雷，激氣爲電。」河圖亦云：「陰繳陽爲電。」仲任則以釋雷。**何以明之？正月陽動，故正月始雷；**月令疏引蔡邕曰：「季冬雷在地下，孟春動於地之上，至仲春升而動於天之下。」**五月陽盛，故五月雷迅；秋冬陽衰，故秋冬雷潛。**月令：「仲秋之月，雷始收聲。」注：「雷始收聲在地中也。」**盛夏之時，太陽用事，陰氣乘之。陰陽分事（争）則相校軫，**先孫曰：黃氏日鈔引「分事」作「交争」。疑當作「分争」，「争」、「事」形近而誤。劉先生曰：孫說是也。下文「温寒分争，激氣雷鳴」，與此文義正相類。御覽二二引正作「陰陽分争」，尤其確證。暉按：宋本正作「分争」。續博物志七引亦作「分争」。莊子曰：「陰氣伏於黄泉，陽氣上通於天，陰陽分争。」即此義。吕氏春秋仲夏紀：「是月也，陰陽争。」注：「是月也，陰氣始起於下，盛陽蓋覆其上，故曰争。」盼遂案：下文正作「分争」。校軫則激射，激射爲毒，中人輒死，中木木折，中屋屋壞。人在木下屋間，偶中而死矣。何以驗之？試以一斗水灌冶鑄之火，續博物志七引「灌」作「沃」。氣激礱裂，若雷之音矣。或近之，必灼人體。天地爲罏，大矣；陽氣爲火，猛矣；雲雨爲水，多矣。分争激射，安得不迅？中傷人身，安得不死？當冶工之消鐵也，「消」當作「銷」。以土爲形，「形」讀作「型」。説文：「型，鑄器之法也。」以土曰型，以竹曰笵，多借「刑」或「形」爲之。燥則鐵下，不則躍溢而射。「不」讀作「否」。射中人身，則皮膚灼剥。陽氣之熱，非直消鐵之烈也；陰氣激之，非直泥土之濕也；朱校元本「濕」作「温」。陽（激）氣中人，非直灼剥之痛也。「陽氣」當作「激氣」，涉上文「陽氣」而誤。陰陽相激射爲雷，即激氣也。雷傷人，非獨陽氣。上文云：「陰陽分争則相校軫，校軫則激射，激射爲毒，中人輒死。」又云：「陽氣爲火，雲雨爲水，分争激射，中傷人身。」並謂陰陽相激而中人，是其證。宋本正作「激氣中人」，尤其切證。當據正。

夫雷，火也，〔火〕氣剡人，人不得無迹。孫曰：「氣剡人」，語意不完，「氣」上蓋脱「火」

字。玉燭寶典十一引作「火氣燎人」，正有「火」字。暉按：孫說是也。宋本正有「火」字，當據補。如炙處狀似文字，盼遂案：「炙」當爲「灸」字之誤也。説文：「灸，灼也。」人見之，謂天記書其過，以示百姓。是復虚妄也。

使人盡有過，天用雷殺人，殺人當彰其惡，以懲其後，明著其文字，不當闇昧。圖出於河，書出於洛，注感虚篇。河圖、洛書，天地所爲，人讀知之。今雷死之書，亦天所爲也，何故難知？如以一人皮不可書，吴曰：「一」字疑誤。盼遂案：「一」即「殪」之壞字。説文歺部：「殪，死也。」緣「殪」脱「歺」作「壹」，讀者又改「壹」爲「一」也。猶書康誥之「殪戎殷」，禮記中庸作「壹戎衣」，而僞書武成作「一戎衣」矣。魯惠公夫人仲子，宋武公女也，生而有文在掌，楊曰：左傳隱公作「有文在其手」。紀妖篇「在」下有「其」字。暉按：自然篇亦有「其」字。曰：「爲魯夫人。」左隱元年傳疏云：「傳加『爲』，非爲手文有『爲』字。石經『魯』作『𧘝』，手文容或似之。『夫人』固當有似之者。」翁元圻曰：「古文『㞢』字，後改爲『𧘝』。祕閣有銅尊銘作『圀公』，以『圀』爲『魯』。」沈濤曰：「古文『爲』作『[illegible]』，『魯』作『𤆍』，故手文得似之。」是以「爲」亦爲手文。文明可知，故仲子歸魯。婦人謂嫁曰歸。雷書不著，著，明也。故難以懲後。夫如是，火剡之跡，非天所刻畫也。或頗有而增其語，或無有而空生其言。虚妄之俗，好造怪奇。

何以驗之，雷者火也？此釋上文「夫雷，火也」，與龍虛篇「何以言之，龍有體也」文例同。胡先生疑此二句誤倒，今不從。盼遂案：「雷者火也」當在「何以驗之」上。下文所臚五驗，皆所以申明雷火之義。以人中雷而死，即詢其身，中頭則鬚髮燒燋，中身則皮膚灼燌，廣韻二十文云：「燌同焚。」臨其尸上聞火氣，「氣」，宋本作「之臭」。一驗也。道術之家，以爲雷燒石，色赤，盼遂案：「雷」當爲「器」。亂龍篇：「消煉五石鑄以爲器，乃能得火。」下文又云：「激聲大鳴，若雷之狀。」明此處非雷字矣。投於井中，「爲」字衍。此述其事，非道術家之意以爲也。續博物志七引作「道家以雷燒石投井中」，無「爲」字，可證。石燋井寒，激聲大鳴，若雷之狀，二驗也。人傷於寒，寒氣入腹，腹中素温，温寒分爭，激氣雷鳴，三驗也。當雷之時，電光時見大（火），若火（人）之耀，宋本、朱校元本「大」作「火」，「火」作「人」。「火」字屬上讀。吳謂「大」爲「光」之誤。「光若火之耀」，義亦可通。四驗也。當雷之擊時，或燔人室屋，及地草木，五驗也。夫論雷之爲火有五驗，言雷爲天怒無一效，然則雷爲天怒，虛妄之言。

雖（難）曰：吳曰：「雖」當作「難」，形近而譌。此爲設難之文。暉按：宋本正作「難」字。論語云：「迅雷風烈必變。」鄉黨篇記孔子之行。集解引鄭玄曰：「敬天之怒也。風疾雷爲烈也。」鄭與難者義同。禮記曰：「有疾風迅雷甚雨則必變，「甚」讀作「湛」。雖夜必興，衣服，冠而坐。」文見玉藻。鄭注亦謂敬天之怒。懼天怒，畏罰及己也。如雷不爲天怒，其擊不爲罰過，則君子何爲爲雷變動、朝服而正坐子（乎）？「子」，元本作「乎」。朱校同。孫曰：當作「乎」，非「子曰」連文。是也。

曰：天之與人猶父子，有父爲之變，宋本、朱校元本「父爲」作「不安」。子安能忽？故天變，己亦宜變。順天時，示己不違也。人聞犬聲於外，莫不驚駭，竦身側耳以審聽之，況聞天變異常之聲，軒（軯）𨌳迅疾之音乎？「軒」，當據宋本改作「軯」。感類篇亦誤作「軒轞」。文選思玄賦：「豐隆軯其震霆兮。」注：「軯，聲也。」列子湯問篇：「砰然聞之若雷霆之聲。」文選藉田賦注：「軯，大聲也。」軯、砰聲同字通。説文：「磕，石聲也。从石，盇聲。」俗从「葢」，口太切。此从「盍」，感類篇从「蓋」，則苦盍切，誤也。从「盍」、从「盇」之字多亂。漢書揚雄傳上甘泉賦：「登長平兮雷鼓礚。」文選洞簫賦注引字林：「礚，大聲也。」此作「𨌳」，字異義同。合言之則爲「軯𨌳」。文選藉田賦：「鼓鞞硡隱以砰𨌳。」「軯𨌳」、「砰磕」字通。論語所指，禮記所謂，皆君子也。君子重慎，自知無過，如日月之蝕，此句疑寫者因孟子文妄增。盼遂案：「如日月之蝕」，疑後人誤沾。孟子：「君子之過也，如日月之食。」此既言「無過」，又安謂「如日月之食」乎？無陰闇食人以不潔清之事，崇文本作「潔淨」，是。宋本同此。內省不懼，何畏於雷？審如〔審〕不畏雷，「審如」當作「如審」，與下「如審」平列。廣雅：「如，若也。」呂氏春秋〔一〕先己篇注：「審，實也。」與上「審如說雷之家」之兩「審如」不同。「如審」平列爲設詞，本書常語。則其變動不足以效天怒。何則？不爲己也。如審畏雷，亦不足以效罰陰過。何則？雷之所擊，多無過之人，君子恐偶遇之，故恐懼變動。夫如是，君子變動，不能明雷爲天怒，而反著雷之妄擊也。妄擊不罰過，故人畏之。如審罰〔過〕，有過小（之）人乃當懼耳，「罰」下脱「過」字。「之」誤作「小」。「如審罰過」，與上「妄擊不罰過」正反相承。「有過之人」，與下「君子之人」句法一律。宋本、朱校元本「小」正作「之」，是其證。蓋「過」字脱，後人則以「有過」屬上爲句，而妄改「之」爲「小」，遂使「罰有過」與「不罰過」語氣不貫。下句「君子」下多出「之人」二字。君子之人無爲恐也。宋王問唐鞅曰：呂氏春秋淫辭篇注：「宋王，康王也。」墨子所染篇亦云：「宋康染於唐鞅。」荀子王霸篇謂宋獻。「寡人所殺戮者衆矣，而羣臣愈不畏，其故何也？」唐鞅曰：「王之所罪，盡不善者也。罰（罪）不善，善者胡爲畏？劉先生曰：上下文皆言「罪」，此不得獨言「罰」。「罰」當作「罪」，字之誤也。荀子解蔽篇楊倞注引作「罪不善」。呂氏春秋淫辭篇：「罪不善，善者故爲不畏。」文雖小異，而「罰」正作「罪」，

〔一〕「秋」字原本脱，今補。

并其證也。王欲羣臣之畏也，不若毋辨其善與不善而時罪之，〔若此〕，斯羣臣畏矣」。宋本「斯」作「若此」二字。朱校元本作「若」。案：當作「若此，斯羣臣畏矣。」呂覽淫辭篇作「若此，則羣臣畏矣」，可證。「斯」、「則」義同。蓋宋本脱「斯」字，元本脱「此斯」二字，今本脱「若此」二字，當互校補。宋王行其言，羣臣畏懼，宋王（國）大怒（恐）。吳曰：「宋王大怒」，與上下文義不相應。「王」當作「國」。俗書「國」或作「国」，又涉上「宋王」而誤。「怒」當作「恐」，形近之誤。「宋王大怒」，當作「宋國大恐」。下文云：「君子變動，宋國大恐之類也。」正複述此語，是其切證。夫宋王妄刑，故宋國大恐；懼雷電妄擊，故君子變動。君子變動，宋國大恐之類也。盼遂案：事見呂氏春秋淫辭篇及高注。

論衡校釋卷第七

道虚篇

儒書言：黄帝採首山銅，鑄鼎於荆山下。鼎既成，有龍垂胡髯，下迎黄帝。胡，頷下垂肉。黄帝上騎龍，羣臣、後宫從上七十餘人，孫曰：雲笈七籤軒轅本紀作「七十二人」。龍乃上去。餘小臣不得上，乃悉持龍髯。龍髯拔，墮黄帝之弓。百姓仰望黄帝既上天，漢書王莽傳，天鳳六年，下書引紫閣圖〔一〕曰：「太一、黄帝，皆僊上天。」乃抱其弓與龍胡髯吁號。故後世因〔名〕其處曰「鼎湖」，其弓曰「烏號」。孫曰：「因」下蓋脱「名」字，當從史記封禪書、漢書郊祀志補。風俗通正失篇：「故後世因曰烏號。」淮南子原道篇注：「因名其弓爲烏號之弓也。」淮南原道篇注：「烏號，桑柘，其材堅勁，烏峙其上，及其將飛，枝必橈下，勁能復起，（「起」字依吴承仕校增。）摷烏隨之，（「摷」誤作「巢」，依吴校改。）烏不敢飛，號呼其上。伐其枝以爲弓，因曰烏號之弓也。一説黄帝鑄鼎於荆山鼎湖，得道而仙，乘龍而上。其臣援弓射龍，欲

〔一〕「紫閣圖」，原本作「紫圖」，據漢書補「閣」字。

下黃帝不能也。烏，於也。號，呼也。於是抱弓而號，因名其弓爲烏號之弓也。」風俗通正失篇、司馬相如子虛賦應劭注、列女傳、（吳都賦注。）古史考（七發注。）並同高誘前說。抱弓呼號，當出自方士附會。以上見史記封禪書、漢書郊祀志。盼遂案：「因」當爲「目」，形近而譌。隸書「因」字作「囙」，易與「目」淆。目爲題目。後漢書襄楷傳「目號太平清領書」，其例也。孫氏舉正謂「因」下脱「名」字，而又引風俗通「後世因曰烏號」之語，胥失之矣。

太史公記即史記。漢書楊惲傳：「惲始讀外祖太史公記。」又見風俗通。**誄五帝，亦云：黃帝封禪已，仙去。**盼遂案：此處所云黃帝仙去事，見史記五帝本紀。又本書定賢篇云：「太史公序累以湯爲酷。」事見史記酷吏列傳張湯傳。是史記一書，仲任或稱爲「太史公記誄」，或稱爲「太史公序累」，無定名也。漢書藝文志作太史公百三十篇，迨隋書經籍志始正名爲史記也。**羣臣朝其衣冠，因葬埋之。**史記五帝紀無此文。封禪書載或對武帝問曰：「黃帝已僊上天，羣臣葬其衣冠。」郊祀志同。通鑑二十據漢武故事以爲公孫卿言。仲任蓋誤屬史公。晉周生招魂議曰：「黃帝體仙登遐，其臣扶微等斂其衣冠葬之。」（路史後紀五注。）博物志八謂左徹削木象黃帝，率羣臣以朝之。

曰：此虛言也。羅泌路史發揮二亦極辯其妄。

實「黃帝」者，何等也？號乎？謚乎〔一〕？周書謚法解：「謚者行之迹，號者功之表。」盼遂案：「也」等於「耶」，問詞。黃暉本改作「乎」，非矣。如謚，臣子所誄列也，誄生時所行爲之謚。禮記曾子問鄭注：「誄，累也，累列生時行迹，讀之以作謚。」餘注福虚篇。盼遂案：「爲」亦「謂」也，古通用。黃帝好道，遂以升天，臣子誄之，宜以「仙」、「升」，不當以「黃」謚。謚法曰：白虎通謚篇引有禮謚法文，大戴禮有謚法篇，見通典，逸周書有謚法解，未知仲任何指。「静民則法曰黃（皇）」，〔德象天地曰帝〕」。」御覽七九引「黃」作「皇」。「德象天地曰帝」句，據御覽引增。謚法解無「黃」謚，此文讀「黃」作「皇」，與他書作「黃帝」以爲土德自異，（詳驗符篇。）故引謚法以證其説。後人妄改「皇」作「黃」，以與上下文一律，則使其義失所據矣。御覽引此文作「皇」，下句作「黃」，是其明證。「黃〔帝〕」者，「帝」字據御覽引增。安民之謚，非得道之稱也。白虎通謚篇曰：「黃帝，先黃後帝者何？古者質，死生同稱，各持行合而言之，美者在上。黃帝始制法度，得道之中，萬世不易，後世雖聖，莫能與同。後世德與天同，亦得稱帝。不能制作，故不得復稱黃也。」雖亦以爲非得道之稱，而義與仲任微異。百王之謚，文則曰「文」，武則曰「武」。白虎通謚篇引禮謚法曰：「慈惠愛民謚曰文，剛强理直謚曰武。」文武不失實，所以勸

〔一〕「乎」，通津草堂本作「也」。

操行也。如黃帝之時質，未有謚乎？名之爲「黃帝」，何世之人也？使黃帝之臣子，知君；使後世之人，跡其行。黃帝之世，號謚有無，雖疑未定，「黃」非升仙之稱，明矣。

龍不升天，黃帝騎之，乃明黃帝不升天也。龍起雲雨，因乘而行；雲散雨止，降復入淵。如實黃帝騎龍，隨溺於淵也。

案黃帝葬於橋山，史記五帝紀：「黃帝崩，葬橋山。」漢書地理志：「上郡陽周，橋山在南，有黃帝冢。」猶曰羣臣葬其衣冠。審騎龍而升天，衣不離形；如封禪已，仙去，衣冠亦不宜遺。黃帝實仙不死而升天，臣子百姓所親見也。見其升天，知其不死，必也。葬不死之衣冠，與實死者無以異，非臣子實事之心，別生於死之意也。

載太山之上者，七十有二君，注見書虛篇。皆勞情（精）苦思，「情」當作「精」。漢書張敞傳：「勞精於政事。」潛夫論慎微篇：「勞精苦思。」本書命禄篇：「勞精苦形。」儒增篇：「專精一思。」此作「勞情」，「精」、「情」形近而誤。憂念王事，然後功成事立，致治太平。太平則天下和安，淮南俶真篇注：「太平，天下之平也。」乃升太山而封禪焉。升封告成於天。中候準讖哲曰：「管仲曰：『昔聖王功道洽，符出，乃封泰山。』」（禮記王制疏。）夫修道求仙，與憂職勤事不同。心思道，則忘事；憂事，則害性。世稱堯若腊，舜若腒，亦見語增篇。書鈔一四五引傅子：「堯如腊，舜如腒。」御覽八十引符子載鄧析曰：「古詩云：『堯、舜至聖，身如脯腊；桀、紂無道，肌膚二尺。』」説文肉部「腒」下引傳曰：「堯如腊，舜如腒。」説文：「昔，乾肉也。」腊，籀文。又曰：「北方謂鳥腊曰腒。」（「曰」字據穀梁莊二十四年傳釋文引增。）禮記内則注：「腒，乾雉也。」心愁憂苦，形體羸癯。使黄帝致太平乎？則其形體宜如堯、舜。堯、舜不得道，黄帝升天，非其實也。使黄帝廢事修道，依上文例，疑有「乎」字。則心意調和，形體肥勁，是與堯、舜異也。異則功不同矣。功不同，天下未太平而升封，又非實也。五帝三王，皆有聖德之優者，黄帝不在上焉。「不」當作「亦」，形之誤也。奇怪篇據帝繫篇及三代世表以證五帝三王皆黄帝子孫，是其五帝説與史遷同，並數黄帝。則此云「不在」，非也。奇怪篇又云：「黄帝，聖人。」此云「聖德之優，黄帝不在」，亦非也。則「不」爲「亦」之譌，可知。若作「不」，則謂黄帝不聖，而下文「聖人皆仙」云云，失所據矣。尤其切證。盼遂案：「不」爲「亦」之誤。如聖人皆仙，仙者非獨黄帝；如聖人不仙，黄帝何爲獨仙？

世見黄帝好方術，方術，仙者之業，則謂〔黄〕帝仙矣。據下「則言黄帝」云云文例補「黄」字。又見鼎湖之名，則言黄帝採首山銅鑄鼎，而龍垂胡髯迎黄帝矣。是與説會稽之山無以異也。夫山名曰「會稽」，即云夏禹巡狩，會計於此山上，故曰「會稽」。辯見書虛篇。夫禹至會稽，治水不巡狩，猶黄帝好方技不升天也。無會計之事，猶無

鑄鼎龍垂胡髯之實也。里名勝母，漢書鄒陽傳、鹽鐵論、新序雜事三並云里名。尸子、史記云縣名。**可謂實有子勝其母乎？邑名朝歌，**淮南説山篇：「曾子立孝，不過勝母之閭；墨子非樂，不入朝歌之邑。」水經淇水注：「有新聲靡樂，號邑朝歌。晉灼曰：『史記樂書，紂作朝歌之音。「朝歌」者，歌不時也，故墨子聞之，惡而迴車，不逕其邑。』論語比考讖〔二〕曰：『邑名朝歌，顏淵不舍，七十弟子揜目，宰予獨顧，由蹷墮車。』」孫星衍曰：「山海經有朝歌之山，當是以此得名，非紂樂也。」**可謂民朝起者歌乎？**舊本段。盼遂案：二語見淮南子説山篇。

儒書言：類聚九一、御覽九一八引「儒」並作「傳」。盼遂案：風俗通正失篇文可參。**淮南王學道，**淮南王安。**招會天下有道之人。傾一國之尊，下道術之士，是以道術之士，並會淮南，奇方異術，莫不争出。**前漢紀十二：「淮南王安好讀書，招致賓客方術之士數千人，作内書二十一篇，外書甚衆，中書八卷，言神仙黄白之事。」西京雜記三：「淮南王好方士，方士皆以術見，遂有畫地成山河，撮土爲土巖，嘘吸爲寒暑，噴嗽爲雨霧。」風俗通正失篇：「作鴻寶、苑秘、枕中之書，鑄成黄白。」**王遂得道，舉家升天。畜産皆仙，犬吠於天上，雞鳴於雲中。**風俗通曰：「白日升天。」神仙傳曰：「雷被誣告安謀反。人告公曰：『安可以去矣。』乃與登山，即

〔二〕「論語比考讖」，水經注作「論撰考讖」。

日升天。八公與安所踐石上之馬跡存焉。」此言仙藥有餘，犬鷄食之，并隨王而升天也。「并」，朱校元本、程、何本同，王本、崇文本作「皆」。

好道學仙之人，皆謂之然。此虚言也。

夫人，物也，雖貴爲王侯，性不異於物。物無不死，人安能仙？鳥有毛羽，能飛，不能升天。人無毛羽，何用飛升？使有毛羽，不過與鳥同，况其無有，升天如何？案能飛升之物，生有毛羽之兆；國語晉語注：「兆，形也。」能馳走之物，生有蹄足之形。馳走不能飛升，飛升不能馳走，稟性受氣，形體殊别也。今人稟馳走之性，故生無毛羽之兆，長大至老，終無奇怪。好道學仙，中生毛羽，終以飛升。使物性可變，金木水火可革更也？「也」讀作「邪」。蝦蟆化爲鶉，雀入水爲蜄蛤，注無形篇。稟自然之性，非學道所能爲也。好道之人，恐其或若等之類，「若」猶「此」也。若等，謂蝦蟆及雀。故謂人能生毛羽，毛羽備具，能升天也。且夫物之生長，無卒成暴起，「卒」讀作「猝」。皆有浸漸。「浸」亦「漸」也。爲道學仙之人，能先生數寸之毛羽，從地自奮，升樓臺之陛，疑當作「階」。下文「乃得其階」。乃可謂升天。今無小升之兆，卒有大飛之驗，何方術之學成無浸漸也？

毛羽大（之）效，難以觀實，「大」字未妥，當作「之」。下文「亦無毛羽之效」。且以人髯髮、物色少老驗之。「髯」疑涉「髮」字譌衍。「人髮」、「物色」對言。下文云：「物生也色青，其熟也色黄；人之少也髮黑，其老也髮白。」即分承此文。物生也色青，其熟也色黄；人之少也髮黑，其老也髮白。黄爲物熟驗，白爲人老效。物黄，人雖灌溉壅養，終不能青；髮白，雖吞藥養性，終不能黑。黑青不可復還，老衰安可復却？黄之與白，猶肉腥炙之燋，魚鮮煑之熟也。生肉曰腥。生魚曰鮮。燋不可復令腥，熟不可復令鮮。鮮腥猶少壯，燋熟猶衰老也。天養物，宋本、朱校元本「天」作「夫」，義並可通。能使物暢至秋，不得延之至春；吞藥養性，能令人無病，不能壽之爲仙。爲仙體輕氣彊，猶未能升天，令見輕彊之驗，亦無毛羽之效，何用升天？

天之與地皆體也，地無下，則天無上矣。天無上，〔上〕升之路何如？「天無上」，複述上文。「上升之路何如」，反詰之詞。「上」字涉重文脱。穿天之體，人力不能入。如天之門在西北，周禮大司徒疏引河圖括地象曰：「天不足西北，是爲天門。」升天之人，宜從崑崙上。淮南之國，在地東南，如審升天，宜舉家先從（徙）崑崙，乃得其階；「從」當作「徙」，二字形近，又涉上文「從崑崙上」而誤。天門在西北，淮南在東南，故必先徙往西北，以崑崙爲階，若作「從」，則義不可通。下文「今不言其從之崑崙」，「從」亦「徙」之誤。「徙之」猶「徙往」也。如鼓翼邪飛，趨西北之隅，是則淮南王有羽翼也。今不言其從（徙）之崑崙，亦不言其身生羽翼，空言升天，竟虛非實也。

案淮南王劉安，孝武皇帝之時也。安爲武帝諸父列。父長以罪遷蜀嚴道，至雍道死。淮南厲王長謀反，文帝幸赦，坐徙。邑邑不食，至雍以死聞。嚴道，屬蜀郡。縣有蠻夷曰道。安嗣爲王，恨父徙死，懷反逆之心，招會術人，欲爲大事。伍被之屬，充滿殿堂，淮南子高誘序：「天下方術之士多往焉，如蘇飛、李尚、左吳、田由、雷被、毛被、伍被、晉昌等八人，及諸儒大、小山之徒。」作道術之書，發怪奇之文，漢志雜家：「淮南內二十一篇，淮南外三十三篇。」前漢紀曰：「中書八卷。」合景亂首，舊校曰：一本作「齊首」。按：文有脱誤。盼遂案：吳承仕曰：「此句疑。」章士釗曰：「『合景亂首』，當是『古吳紀若』四字之誤。」「景」疑爲「謀」。説文「謀」之古文作「⿱毋言」，與「景」形近。八公之傳，欲示神奇，史記淮南王安傳索隱引淮南要略，以高誘淮南子序所舉八人號曰八公。抱朴子仙藥篇：「仙人八公，各服一物，以得陸僊，各數百年，乃合神丹金液，乃昇太清。」搜神記一：「淮南王安好道術，設廚宰以候賓客。正月上午，有八老公詣門求見。門吏曰：『先生無駐衰之術，未敢以聞。』公知不見，乃更形爲八童子，色如桃花，王便見之，盛禮設樂，以享八公。」梁玉繩瞥記五曰：「壽春八公山以八人得名，水經肥水注言『左吳與王春、傅生等尋安，仝詣玄洲，還爲著記，號曰八公記』，則八公名目又與高序異矣。」今按：八公傳或即八公記之類。一曰：「傳」當作「儒」。漢書司馬相如傳：「相如以爲列僊之儒，居山澤間。」師古曰：「儒，柔也，術士之稱也。凡有道術皆爲儒，今流俗書作『傳』字，非也，後人所改耳。」（史記索隱以「傳」字不誤。）正其比。**若得道之狀。**盼遂案：「傳」當爲「儔」，形近之誤。下文同。**道終不成，效驗不立，乃與伍被謀爲反事，事覺自殺。或言誅死。**史、漢本傳、風俗通正失篇並云「自殺」。漢書武帝紀：「元狩元年，安反，誅。」**誅死自殺〔二〕，同一實也。世見其書，深冥奇怪；又觀八公之傳，似若有效，則傳稱淮南王仙而升天，失其實也。**風俗通亦謂：「安親伏白刃，何能神仙？安所養士，或頗漏亡，恥其如此，因飾詐說，後人吠聲，遂傳行耳。」舊本段。

儒書言：盧敖游乎北海，淮南道應篇高注：「盧敖，燕人，秦始皇召以爲博士，使求神仙，亡而不反也。」梧丘雜札曰：「此即史記始皇紀之燕人盧生。說苑反質篇以爲齊客盧生。蓋燕、齊二國皆好神仙之事，盧生燕人，曾爲齊客，談者各就所聞稱之。」**經乎太陰，**高誘曰：「太陰，北方也。」**入乎玄關（闕），**孫曰：「玄關」，當從淮南道應篇作「玄闕」。高注云：「玄闕，北方之山也。」「玄關」乃六朝以來佛家語，漢代無此名也。蜀志郤正傳：「盧敖翱翔乎玄闕。」薛道衡出塞曲：「緤馬登玄闕。」並不作「關」。關、闕形近，後人又習聞「玄關」之語，故致誤耳。**至於蒙轂之上，**

〔二〕「殺」，原本作「死」，據通津草堂本改。

高曰：「蒙縠，山名。」淮南天文篇注：「蒙谷，北地之山名，盧敖所見若士之所也。」莊逵吉曰：「『蒙谷』即尚書『昧谷』。『蒙』、『昧』聲相近。」按：「蒙谷」即「蒙縠」，「谷」、「縠」字通。**見一士焉，深目〔而〕玄準，**「目」下當有「而」字，與下句法一律。淮南道應篇正有「而」字，可證。「玄準」，淮南作「玄鬢」。蜀志郤正傳注引淮南同此。**鴈頸而戴(䳒)肩，**「鴈頸」，淮南作「渠頸」。（今作「淚注」，依王念孫校改。）王念孫曰：「渠，大也。此作『鴈』，後人以意改之。」劉先生淮南校補：「『鴈』字不誤，鴈頸鳶肩，誼相類，文亦相對。」暉按：「戴」，宋本作「䳒」，當據正。干祿字書：「䳒通鳶正。」淮南正作「鳶肩」。御覽三六九引莊子佚文：「盧敖見若士，深目鳶肩。」晉語八韋注：「鳶肩，肩井斗出。」鳶从弋聲，戴从𢦏聲，籀文作戴，「弋」、「𢦏」同在之部。「鳶」作「䳒」，猶「戴」作「戴」。「戴」爲「䳒」之形誤。盼遂案：「戴」宜依淮南道應改作「鳶」。漢人「鳶」字書作「䳒」，故易致誤。**浮上而殺下，軒軒然方迎風而舞。**方以智曰：「軒軒」猶言「僊僊」也。詩「屢舞僊僊」，注：「僊僊，軒舉。」「軒軒」古與「僊僊」聲近。趙凡夫謂當用「仚仚」，溷讀「僊僊」。所攷未審。**顧見盧敖，樊然下其臂，**說文：「樊，騺不行也。」廣雅釋詁三：「樊，止。」樊然，止舞貌。**遯逃乎碑下。**「碑」讀作「崥」。王念孫曰：「崥，山足也。下者後也。謂遯逃乎山足之後也。」**敖乃視之，方卷[然]龜背而食合梨。**孫曰：此文不當有「然」字，蓋涉上諸「然」字而衍。此言方踞龜背而食合梨。若加「然」字，不可通矣。淮南子作「方倦龜殼而食蛤梨」。高注：「楚人謂倨爲倦。」（卷、倦同。倨、踞同。）是其義也。暉按：孫説是也。宋本正無「然」字。列仙傳「卷」作「踞」。章炳麟新方言二：「倦之言拳也。今四川謂踞在地曰倦在地。倦讀如捲。」「梨」，舊校曰：一本作「蜊」。按：「合梨」讀作「蛤蜊」。淮南作「蛤梨」。高注：「海蚌也。」盼遂案：吳承仕曰：「後文作『蜊』。疑一本作『蜊』者是。」**盧敖仍與之語曰：**孫曰：「仍」與「扔」同。廣雅釋詁：「扔，引也。」老子釋文引字林：「扔，就也。」並其義。暉按：廣韻曰：「扔，强牽引也。」吾鄉俗語猶存。**「吾子唯以敖爲倍俗，**「倍」讀作「背」。**去羣離黨，窮觀於六合之外者，非敖而已？**朱曰：尋文義，「已」下當依淮南補「乎」字。**敖幼而游，至長不倫（偷）解，**吳曰：「倫」當作「偷」。淮南子作「渝」。「渝」、「偷」聲近義通。潛夫論斷訟篇：「後則榆解奴抵。」汪繼培箋云：「『榆』蓋『偷』之誤。『解』讀爲『懈』。」此「偷解」連文之證。**周行四極，唯北陰之未闚。今卒睹夫子於是，殆可與敖爲友乎？」若士者悖然而笑曰：**悖然，興起貌。淮南作「齤然」。**「嘻！子中州之民也，不宜遠至此。此猶光日月而戴（載）列星，**各本作「戴」，當據宋本、朱校元本改作「載」，與淮南合。高曰：「言太陰之地，尚見日月也。」盼遂案：「猶」下有一缺文，程榮本同。淮南作「乎」。「戴」，宋本作「載」。**四時之所行，陰陽之所生也。此其比夫不名之地，猶峖屼也。**文選海賦：「突扤孤遊。」注：「突扤，高貌。」吳都賦注引字指：「屼，禿山也。」峖屼謂矗立山也。言盧敖所行，比我所游不可字名之地，直藐若一山耳。**若我南游乎罔浪之野，北息乎沉**

蘳之鄉，淮南作「沉墨」。朱曰：「蘳」、「墨」一聲之轉。西窮乎杳冥之黨，宋本「杳」作「窅」，與淮南合。莊逵吉曰：「方言云：『黨，所也。』」而東貫澒（澒）懞（濛）之先（光）。吳曰：淮南子作「鴻濛」。此文「澒」當作「項」。「項」、「鴻」聲近通假。暉按：此文當原作「澒懞」并形之誤。談天篇：「溟涬濛澒，氣未分之類也。」孝經援神契：「天度濛澒。」（後漢書張衡傳注。）「澒濛」倒言之爲「濛澒」，於義一也。莊子在宥篇：「雲將東遊，適遭鴻蒙。」帝系譜：「天地初起，溟涬（「涬」當作「涬」。）鴻濛。」（事類賦一。）「鴻」並「澒」之借字。又「先」當從淮南作「光」。「東貫澒濛之光」，謂東貫日光也。淮南俶真訓：「以鴻濛爲景柱。」高注：「鴻濛，東方之野，日所出。」是其義。盼遂案：「先」字當依淮南改作「光」。「光」字與鄉、黨、營、狀爲韻。若作「先」，則非韻矣。此其下無地，上無天，聽焉無聞，而視焉則營；「營」讀作「眴」，目眩也。此其外猶有狀，有狀之餘，壹舉而能千萬里，淮南作「此其外猶有汰沃之汜，其餘一舉而千萬里」，疑此文有誤。吾猶未能之在。高曰：「吾尚未至此地。」今子游始至於此，乃語窮觀，豈不亦遠哉？然子處矣。吾與汗漫期於九垓之上，高曰：「汗漫，不可知之也。九垓，九天。」（依王念孫校，「天」下删「之外」二字。）漢書郊祀志如淳注：「陔，重也。」吾不可久。」若士者舉臂而縱身，遂入雲中。盧敖目仰而視之，不見，乃止喜（嘉），淮南作「乃止駕」。注：「止其所駕之車。」王念孫曰：「『喜』當作『嘉』。『嘉』、『駕』古字通。」盼遂案：「喜」爲「嘉」誤，「嘉」又「駕」之借字。淮南作「止駕」，本字也。**心不怠**，淮南作「心柸治」。注：「楚人謂恨不得爲柸治也。」王念孫曰：「『柸治』疊韻字，言其心柸治然也。『不怠』即『柸治』之借字。」俞樾曰：「『怠』者『怡』之叚字。『柸治』之義，即『不怡』也。『不怡』二字，本於虞書，古人習用之。國語晉語曰：『主色不怡。』太史公報任少卿書曰：『聽朝不怡。』此言心不怡，非必楚語。因聲誤爲『柸治』，其義始晦矣。」暉按：王說未審，俞說「不怠」即「不怡」，亦非。方以智曰：「楚人謂恨不得爲『柸治』，猶今言『癡』也。『癡』轉爲『獃』，猶『眙』之有『嗤』音也。『柸』乃發語聲。」「不」，語詞，或作「丕」，見經傳釋詞。故此作「不」，淮南作「柸」，此作「怠」，淮南作「治」，並聲之轉。**悵若有喪**，盼遂案：「不怠」，淮南作「柸治」。許叔重注：「楚人謂恨不得爲柸治也。」今案：「不怠」爲疊韻連語，爲不怡之皃〔一〕。人之胚胎，草之茱苢，皆與有關。詳拙著淮南許注漢語疏。**曰：「吾比夫子也，猶黃鵠之與壤蟲也**，高曰：「壤蟲，蟲之幼也。」**終日行，而不離咫尺**，高曰：「八寸爲咫，十寸爲尺。」**而自以爲遠，豈不悲哉？」**以上并見淮南道應篇。

若盧敖者。按：此上下并有脱文。本篇於引傳書後，必有「此虛言也」句，承上啓下。此節獨無，與全例不合。又與下文義不相屬。盼遂案：此四字與上下文不貫，疑爲衍文。**唯龍無翼**

〔一〕「皃」，原本作「兒」，形近而誤，今改。

者，升則乘雲。盼遂案：「者」字誤衍，「無」亦「有」之訛字。下文「不言有翼，何以升雲」，足證此處當是「有翼」。盧敖言若士者有翼，言乃可信。今不言有翼，何以升雲？

且凡能輕舉入雲中者，飲食與人殊之故也。龍食與蛇異，故其舉措與蛇不同。聞爲道者，服金玉之精，列仙傳言：「王喬服水玉。」食紫芝之英。食精身輕，故能神仙。若士者，食合蜊之肉，與庸民同食，無精輕之驗，安能縱體而升天？聞食氣者不食物，食物者不食氣。若士者食物，如不食氣，「如」猶「則」也。盼遂案：「如」猶「而」也，古「如」、「而」通用。則不能輕舉矣。

或時盧敖學道求仙，游乎北海，離衆遠去，無得道之效，慙於鄉里，負於論議，自知以必然之事見責於世，則作誇誕之語，云見一士。其意以爲有〔仙〕，求仙之未得，期數未至也。孫曰：疑當作「其意以爲有仙，求之未得，期數未至也」。吴説同。盼遂案：吴承仕曰：「文有錯亂，疑當作『其意以爲有仙，求之未得，期數未至也』，與下文『其意欲言道可學得，審有仙人』同意。」淮南王劉安坐反而死，天下並聞，當時並見，儒書尚有言其得道仙去，鷄犬升天者，況盧敖一人之身，獨行絶跡之地，空造幽冥之語乎？

是與河東蒲坂項曼都之語無以異也。

曼都好道學仙，委家亡去，三年而返。家問其狀，曼都曰：「去時不能自知，忽見若臥形，「見」字無義，疑衍。下文「忽然若臥」。有仙人數人，書鈔一五六引作「有數仙人」。御覽三四引同。又七五九引作「有仙人」。疑此文原作「有數仙人」，「數」字誤奪在下，又衍「人」字。將我上天，爾雅釋言：「將，送也。」離月數里而止。見月上下幽冥，幽冥不知東西。居月之旁，其寒悽愴。御覽三四引作「淒滄」。口饑欲食，御覽七五九引「饑」作「飢」，是。仙人輒飲我以流霞一杯。每飲一杯，數月不饑。御覽八引「月」作「日」。又「饑」作「飢」。不知去幾何年月，不知以何爲過，忽然若臥，復下至此。」河東號〔一〕之曰斥仙。抱朴子祛惑篇：「河東蒲坂有項曼都者，與一子入山學仙，十年而歸家，家人問其故。曼曰：『在山中三年精思，有仙人來迎我，共乘龍而升天。良久，低頭視地，杳杳冥冥，上未有所至，而去地已絶遠。龍行甚疾，頭昂尾低，令人在其脊上危怖嶮巇。及到天上，先過紫府，金牀玉几，晃晃昱昱，真貴處也。仙人但以流霞一杯與我，飲之輒不飢渴。忽然思家，到天帝前謁拜入儀，見斥來還。今〔二〕當更自修積，乃可得更復矣。』河東因號曼都爲斥仙人。」實論者聞之，乃知不然。

夫曼都能上天矣，何爲不仙？已三年矣，何故復還？夫人去民間，升皇天之上，精氣形體，有變於故者矣。萬物變化，無復還者。復育化爲蟬，注無形篇。羽翼

〔一〕「號」，原本作「好」，據通津草堂本改。
〔二〕「今」，祛惑篇作「令」。

既成，不能復化爲復育。能升之物，皆有羽翼，升而復降，羽翼如故。見曼都之身有羽翼乎，言乃可信；身無羽翼，言虛妄也。虛則與盧敖同一實也。

或時聞曼都好道，吴曰：「聞」字衍。上文云：「或時盧敖好道求仙。」與此文例同。誤著「聞」字，義不可通。默委家去，周章遠方，文選吴都賦劉注：「周章，謂章皇周流也。」終無所得，力勌望極，極，盡也。默復歸家，慚愧無言，則言上天。其意欲言道可學得，審有仙人，審，實也。己殆有過，故成而復斥，升而復降。舊本段。

儒書言：齊王疾痟，呂氏春秋至忠篇作「疾痏」。文選張景陽七命注引呂氏作「病瘠」。御覽七三八引呂氏作「疾瘠」。疑并爲「痟」字形誤。梁仲子曰：「『痟』蓋即周禮天官疾醫之所謂『痟首』也。」盧文弨曰：「『痟首』，常有之疾，未必難治。此或與消渴之『消』同。」高誘曰：「齊王，湣王也。宣王子。」使人之宋迎文摯。文摯至，視王之疾，晉語八韋注：「視，相察也。」謂太子曰：「王之疾，必可已也。高曰：「已，猶愈也。」雖然，王之疾已，則必殺摯也。」太子曰：「何故？」文摯對曰：「非怒王，高曰：「『怒』讀如强弩之『弩』。」日鈔引呂覽作「弩」。方言曰：「凡人語而過，東齊謂之劍，或謂之弩。」是齊人謂語而過以激人者爲「弩」。管子輕重甲篇：「是君朝令一怒，布帛流越而之天下。」並讀「怒」爲「弩」，與此同。齊人語也。疾不可治也。趙簡子病，扁鵲治，亦怒之。物理論曰：「大怒則氣通血脈暢達也。」（御覽七三八。）王怒，則摯必死。」呂覽作「怒王」。太子頓首强請曰：「苟已王之疾，臣與臣之母以死争之於王，〔王〕必幸臣〔與臣〕之母。孫曰：「必幸臣之母。」文義不明。太子意謂王若加罪於摯，臣與臣母必以死争之於王。王必哀臣與臣母也。故下文云：「王將生烹文摯，太子與王后急争之。」即此意也。呂氏春秋至忠篇：「王必幸臣與臣之母。」是也。此脱三字。高注：「幸，哀也。」俞樾曰：「愛也。」願先生之勿患也。」文摯曰：「諾，請以死爲王。」高曰：「爲，治也。」與太子期，將往，不至者三，齊王固已怒矣。文摯至，不解屨登牀，禮，見君解韈。左哀二十五年傳：「褚師聲子韈而登席，衛侯怒。」此屨尚不解，欲甚怒之。履〔王〕衣，問王之疾。孫曰：「履衣問王之疾」不可通。既非裸袒問疾，則履衣無義。呂氏作「履王衣，問王之疾」，是也。此脱「王」字，故文義不明。蓋履王衣，以示僭越，激王之怒也。王怒而不與言。文摯因出辭以重王怒。王叱而起，疾乃遂已。高曰：「已，除，愈也。」王大怒不悦，將生烹文摯。太子與王后急争之而不能得，果以鼎生烹文摯。爨之三日三夜，顔色不變。文摯曰：「誠欲殺我，則胡不覆之，以絶陰陽之氣？」王使覆之，文摯乃死。以上見呂氏春秋至忠篇。夫文摯，道人也，入水不濡，入火不燋，故在鼎三日三夜，顔色不變。

此虚言也。

夫文摯而烹三日三夜，「而」讀作「能」。顔色不變，爲一覆之故，絶氣而死，非得道之驗也。諸生息之物，「諸」猶「凡」也。氣絶則死；死之物，「死之物」三字於義無取，疑涉上文衍。此文義在凡有生之物，氣絶則死，烹之輒爛，非言死後烹之也。烹之輒爛。致（置）生息之物密器之中，「致」當作「置」，聲之誤也。下文「置湯鑊之中」，「置人寒水之中」，句法并與此同。覆蓋其口，漆塗其隙，中外氣隔，息不得洩，有頃死也。如置湯鑊之中，亦輒爛矣。何則？體同氣均，禀性於天，共一類也。文摯不息乎？與金石同，入湯不爛，是也；令文摯息乎？「令」，崇文本作「今」。烹之不死，非也。

令文摯言，言則以聲，聲以呼吸。呼吸之動，因血氣之發。血氣之發，附於骨肉。骨肉之物，烹之輒死。今言烹之不死，一虛也。既能烹煑不死，此真人也，説文：「真，僊人變形而登天也。」素問曰：「上古有真人，壽敝天地，無有終時。」與金石同。金石雖覆蓋，與不覆蓋者無以異也。今言文摯覆之則死，二虛也。置人寒水之中，無湯火之熱，鼻中口內，不通於外，斯須之頃，樂記鄭注：「斯須，猶須臾也。」氣絶而死矣。寒水沉人，尚不得生，況在沸湯之中，有猛火之烈乎？言其入湯不死，三虛也。人没水中，口不見於外，言音不揚。烹文摯之時，身必没於鼎中。没則口不見，口不見則言不揚。文摯之言，四虛也。烹輒死之人，三日三夜，顔色不變，癡愚之人，尚知怪之。使齊王無知，太子羣臣宜見其奇。奇怪文摯，則請出尊寵敬事，從之問道。

今言三日三夜，無臣子請出之言，五虚也。

此或時聞文摯實烹，盼遂案：「聞」字涉下文摯之「文」而衍。上文「或時聞曼都好道」亦衍「聞」字，（吴承仕説。）與此同例。烹而輒死，世見文摯爲道人也，則爲虚生不死之語矣。猶黄帝實死也，傳言升天；淮南坐反，書言度世。世好傳虚，故文摯之語，傳至於今。

世無得道之效，而有有壽之人。世見長壽之人，學道爲仙，踰百不死，共謂之仙矣。何以明之？

如武帝之時，有李少君，御覽九八五引魯生别傳：「李少君字雲翼，齊國臨淄人。」事文類聚三四引漢武内傳：「李少君字雲翼，好道，入太山採藥，修絶穀全身之術，上甚尊敬，爲之立屋第。」以祠竈、辟穀、却老方見上，「上」謂武帝也。史武紀索隱曰：「説文、周禮以竈祠祝融。淮南子炎帝作火官，死爲今竈神。」上尊重之。少君匿其年及所生長，郊祀志師古注：「長謂其郡縣所屬及居止處。」常自謂七十，而能使物却老。吴曰：史、漢並作「能使物却老」。此文當作「而使物却老」。「而」即「能」也。校者旁注「能」字於「而」字下，傳寫者誤入正文。史記集解如淳曰：「物，鬼物。」瓚曰：「藥物。」其游以方徧諸侯。無妻。史記封禪書、武帝紀、漢書郊祀志「妻」下並有「子」字。人聞其能使物及不老，史、漢並作「不死」。更饋遺之，常餘錢金衣食。當從史、漢作「金錢」。董仲舒李少君家録：「少君有不死之方，而家貧無以市其藥物，故出於漢，以假途求其財，道成而去。」（抱朴子論仙篇引。）人皆以爲不治産業〔而〕饒給，今從史、漢補「而」字，語氣方足。師古曰：「給，足也。」又不知其何許人，「許」、「所」字通。愈争事之。少君資好方，善爲巧發奇中。如淳曰：「時時發言有所中。」嘗從武安侯飲，服虔曰：「田蚡也。」座中有年九十餘者，少君乃言其王父游射處。史、漢「言」下並有「與」字。老人爲兒時，從〔其王〕父，「從父」，當作「從其王父」。史、漢並作「老人爲兒時，從其大父」。王父，即大父也。下文「老父爲兒，隨其王父」，並其證。識其處。識，記也。盼遂案：「父」上宜有「王」字，下文「老父爲兒，隨其王父」可證。一座盡驚。少君見上，上有古銅器，問少君。少君曰：「此器齊桓公十五年陳於柏寢。」史、漢並作「十年」。劉盼遂中國金石之厄運曰：「陳於柏寢，鑄於柏寢也。『十五』當作『卅五』。古『卅』字作『山』、（曶鼎。）『田』，（大鼎、格伯鼎。）故易致譌。齊桓公即位之三十五年，即魯僖公九年，齊桓公會諸侯盟于葵丘之歲也。唐闕史卷上裴丞相古器條云：『丞相河東公，掌綸誥日，有親表調授邑宰於曲阜者。耕人墾田得古鐵器曰盎，腹容三斗，淺項庳足，規口矩耳，洗滌之，隱隱有古篆九字。兖州書生姓魯曰：「齊桓公會於葵丘歲鑄。」』是裴丞相所得鐵盎，爲葵丘之會所鑄，與史記、論衡所云卅五年陳于柏寢者，殆是一器。」柏寢，服虔曰：「地名，有臺也。」瓚曰：「晏子書：柏寢，臺名。」師古曰：「以柏木爲寢室於臺之上。」已而案其刻，師古曰：「刻謂器上所銘記。」果齊桓公器，一宫盡驚，以爲少君數百歲人也。久之，少君病死。以上文出史、漢。漢禁中起居注：（抱朴子論仙篇引。）「少君之將去也，武帝夢與之共登嵩山，半道，有使者乘龍持節，從雲中下，云上帝〔一〕請少君。帝覺，以語左右曰：『如我之夢，少君將舍我去矣。』數日而少君稱病死。久之，帝令人發其棺，視尸〔二〕，唯衣冠在焉。」

今世所謂得道之人，李少君之類也。少君死於人中，人見其尸，故知少君性壽之人也。如少君處山林之中，入絶跡之野，獨病死於巖石之間，尸爲虎狼狐狸之食，則世復以爲真仙去矣。

世學道之人，無少君之壽，年未至百，與衆俱死，元本有「矣夫」二字，朱校元本同。愚夫無知之人，尚謂之尸解而去，抱朴子引仙經曰：「上士舉形昇虚，謂之天仙。中士遊於名山，謂之地仙。下士先死後蜕，謂之尸解仙。」集仙傳：（合璧事類五〇。）「人死視其形如生，乃尸解也。足不青，皮不皺，亦尸解也。目光不毁，頭髮不脱，不失其形骨者，皆尸解也。有未斂而失尸者，有人形猶在而無復骨者，有衣在形去者，有髮脱而形去者。」其實不死。所謂「尸解」

〔一〕「上帝」，論仙篇作「太一」。
〔二〕「視尸」，論仙篇作「無尸」。

者，何等也？謂身死精神去乎？謂身不死得免去皮膚也？李賡芸炳燭編三曰：借「免」爲「脱」。下同。如謂身死精神去乎？是與死無異，人亦仙人也。如謂不死免去皮膚乎？諸學道死者，骨肉俱在，「俱」舊作「具」，今從朱校元本正。與恒死之尸無以異也。夫蟬之去復育，龜之解甲，虵之脱皮，鹿之墮角，「墮」亦「解」也。廣雅：「墮，脱也。」易林噬嗑之小畜曰：「關柝開啓，衿帶解墮。」淮南要略曰：「解墮結紐。」殼皮之物解殼皮，持骨肉去，朱校元本「持」作「特」，義較長。可謂尸解矣。今學道而死者，尸與復育相似，尚未可謂尸解。何則？案蟬之去復育，無以神於復育，況不相似復育，謂之尸解，蓋復虚妄失其實矣。

太史公與李少君同世並時，少君之死，臨尸者雖非太史公，足以見其實矣。如實不死，尸解而去，太史公宜紀其狀，不宜言死。

其處座中年九十老父爲兒時者，處，猶審辯也。注本性篇。少君老壽之效也。或少君年十四五，「十四」，朱校元本作「四十」。老父爲兒，隨其王父。少君年二百歲而死，盼遂案：「二百」當是「一百」之譌。氣壽篇：「强弱夭壽，以百爲數，不至百者，氣自不足也。」是仲任謂人之老壽者可百年也。且上文言九十老父爲兒時，時少君年十四五，此亦可證本文爲「一百歲」也。何爲不識？武帝去桓公鑄銅器，此有脱文。且非少君所及見也。盼遂案：吴承仕曰：「『去』字疑誤。」或時聞宫殿之内有舊銅器，或案其刻以告之者，故見而知之。今時好事之人，見舊劍古鉤，多能名之，可復謂目見其鑄作之時乎？舊本段。

世或言：東方朔亦道人也，姓金氏，字曼倩，變姓易名，游宦漢朝。外有仕宦之名，内乃度世之人。俞曰：洞冥記云：「東方朔，字曼倩。父張夷，字少平，妻田氏女。（暉按：「妻」當從路史後紀五注引改作「母」。）夷年二百歲，顔如童子。朔生三日，而田氏死，時景帝三年也。鄰母拾而養之。」據此，則朔又姓「張」也。蓋皆非實事，故傳聞各異。風俗通正失篇云：「俗言東方朔太白星精。」太白者，金星也。此或金姓之説所本乎？孫曰：俞氏所引洞冥記，見今本卷一。攷御覽二十二引洞冥記云：「東方朔母田氏，寡，夢太白星臨其上，因有娠。田氏歎曰：『無夫而孕，人得棄我。』（暉按：「得」當從路史注作「將」。）乃移向代郡之東方里，五月生朔。」（暉按：路史注引作「以五月朔旦生之，因姓東方而名曰朔」。乃以所居爲姓。）與今本異。暉按：路史注又載一説云：「生時東方始明，因爲姓。」攷漢書本傳，褚少孫補史滑稽傳並未言朔度世。風俗通正失篇載俗言曰：「東方朔太白星精，黄帝時爲風后，堯時爲務成子，周時爲老聃，在越爲范蠡，在齊爲鴟夷子皮。言其神聖，能興王霸之業，變化無常。」列仙傳云：「武帝時爲郎，宣帝時棄去，後見會稽。」夏侯湛東方朔畫贊：「談者以先生噓吸冲和，吐故納新，蟬蛻龍變，棄俗登仙。」蓋并班固、應劭所謂好事者爲之。于欽齊乘五：「朔墓在德州東四十里，古厭次城北。」則度世不死虚矣。

此又虛也。

夫朔與少君並在武帝之時，太史公所及見也。少君有教（穀）道、祠竈、却老之方，「教道」無義，又與「方」字義不相屬。「教道」當作「穀道」，形之譌也。史、漢并云：「少君以祠竈、穀道、却老方見上。」穀道，辟穀之道，上文作「辟穀」，義同。是其證。又名齊桓公所鑄鼎，知九十老人王父所游射之驗，然尚無得道之實，而徒性壽遲死之人也。況朔無少君之方術效驗，世人何見謂之得道？

案武帝之時，道人文成、五利之輩，封禪書：「齊人少翁以神鬼方見上，拜爲文成將軍。又拜膠東宫人欒大爲五利將軍。」入海求仙人，索不死之藥，有道術之驗，事見封禪書。故爲上所信。朔無入海之使，無奇怪之效也。孫曰：「使」字於義無取，蓋「伎」字之譌。暉按：孫説非。下文「如使有奇」，「使」即承此「使」字，「奇」即承「奇怪」爲言。是「使」字不誤。漢武嘗使方士於海上求仙也。盼遂案：孫説非。「使」字承上入海求索事也。如使有奇，不過少君之類，及文成、五利之輩耳，況謂之有道？「況」字未妥。依上文例，疑當作「何見」。「何」字脱，「見」字形譌爲「況」。

此或時偶復若少君矣，自匿所生之處，當時在朝之人，不知其故，故，舊也。謂不知其身世。朔盛稱其年長，人見其面狀少，盼遂案：「狀」當爲「壯」。貌壯少與下句性恬淡爲對也。性又恬淡，淮南原道訓：「恬然無思，澹然無慮。」説文：「恬，安也。」又云：「倓，安也。憺，安也。」倓、憺、淡、澹并通。淡，澹之借字。不好仕宦，善達（逢）占卜射覆，「達」當作「逢」，形近之誤。「卜」字後人妄增。「逢占」、「射覆」對言。漢書東方朔傳贊、風俗通正失篇并云：「朔逢占射覆。」「達」正作「逢」，而無「卜」字。如淳注：「逢占，逢人所問而占之也。」師古曰：「逢占，逆占事，猶云逆刺也。」後漢書方術傳序：「其流又有逢占。」後别通篇：「東方朔能達占射覆。」雖「達」字誤同，而「卜」字尚未衍也。類聚八八引東方朔占曰：「朔與弟子俱行，朔渴，令弟子叩邊家門，不知室姓名，呼不應。朔復往，見博勞飛集其家李樹下。朔謂弟子曰：『主人當姓李名博，汝呼當應。』室中人果有姓李名博出，與朔相見，即入取水與之。」射覆，師古曰：「於覆器之下，而置諸物，令闇射之。」朔射蜥蜴及寄生，見本傳。爲怪奇之戲，世人則謂之得道之人矣。舊本段。

世或以老子之道爲可以度世，恬淡無欲，養精愛氣。夫人以精神爲壽命，精神不傷，則壽命長而不死。成事：「成事」，冒下文，漢人常語。注書虚篇。老子行之，踰百度世，氣壽篇謂老子二百餘歲，不足徵也。説見彼篇。爲真人矣。真人，義見前。

夫恬淡少欲，孰與鳥獸？「孰與」猶「何如」也。鳥獸亦老而死。鳥獸含情欲，有與人相類者矣，朱校元本無「有」字。未足以言。草木之生何情欲？而春生秋死乎？

盼遂案：依文例，「何」上脱一「含」字。夫草木無欲，壽不踰歲；人多情欲，壽至於百。此無情欲者反夭，有情欲者壽也。夫如是，老子之術，以恬淡無欲、延壽度世者，復虚也。

或時老子，李少君之類也，行恬淡之道，偶其性命亦自壽長。世見其命壽，又聞其恬淡，〔則〕謂老子以術度世矣。「謂」上當有「則」字。上文：「世見黄帝好方術。方術，仙者之業，則謂黄帝仙矣。」又：「世見文摯爲道人也，則爲虚生不死之語矣。」又：「人見其面狀少云云，則謂之得道之人矣。」並與此文例同。若無「則」字，則語氣不貫。

世或以辟穀不食爲道術之人，謂王子喬之輩，注見無形篇。以不食穀，與恒人殊食，故與恒人殊壽，踰百度世，遂爲仙人。

此又虚也。

夫人之生也，禀食飲之性，故形上有口齒，形下有孔竅。口齒以噍食，説文：「噍，齧也。或从爵。」御覽八四九引作「進」，義亦通。孔竅以注瀉。順此性者，爲得天正道；逆此性者，爲違所禀受。失本氣於天，何能得久壽？使子喬生無齒口孔竅，是禀性與人殊。禀性與人殊，尚未可謂壽，況形體均同，而（何）以所行者異？「而」當作「何」。「所行者異」，謂不食穀也。此文正言王子喬亦有口齒，當亦食穀，不得言其有異行也。

御覽八四九引作：「王子喬形體與人同，何以獨能度世耶？」雖節引本文，但作「何以」不誤，可證。言其得度世，非性之實也。

夫人之不食也，猶身之不衣也。衣以温膚，食以充腹，膚温腹飽，精神明盛。御覽引作「衣温食飽」。又「精」上有「則」字。如饑而不飽，寒而不温，盼遂案：「如」字宋本作「知」，誤。則有凍餓之害矣，凍餓之人，安能久壽？且人之生也，以食爲氣，猶草木生以土爲氣矣。拔草木之根，使之離土，則枯而蚤死；「蚤」爲「早」之借字。閉人之口，使之不食，則餓而不壽矣。舊本段。

道家相誇曰：「真人食氣。」以氣而爲食，「而」讀作「能」。故傳曰：「食氣者壽而不死。」淮南地形訓：「食氣者神明而壽。」吐納經曰：「八公有言：食草者力，食肉者勇，食穀者智，食氣者神。」（御覽六六九。）楚詞遠遊王注引陵陽子明經言：「春食朝霞，朝霞者，日始欲出赤黄氣也。秋食淪陰，淪陰者，日没以後赤黄氣也。冬食沆瀣，沆瀣者，北方夜半氣也。夏食正陽，正陽者，南方日中氣也。并天地玄黄之氣，是爲六氣也。」雖不穀飽，亦以氣盈。此又虚也。

夫氣謂何氣也？如謂陰陽之氣，陰陽之氣，不能飽人。人或嚥氣，氣滿腹脹，不能饜飽。饜亦飽也。如謂百藥之氣，人或服藥，食一合屑，吞數十丸，藥力烈盛，胸中憒毒，盼遂案：「憒」段爲「潰」，爲「殨」。説文歺部：「殨，爛也。」不能飽人。

食氣者必謂吹呴呼吸，吐故納新也，莊子刻意篇成疏：「吹冷呼而吐故，呴暖吸而納新。」釋文李云：「吐故氣，納新氣。」昔有彭祖嘗行之矣，莊子刻意篇：「吹呴呼吸，吐故納新，彭祖之所好。」不能久壽，病而死矣。莊子逍遥遊釋文引世本云：「姓籛名鏗，年八百歲。」淮南説林篇注、御覽三八七引風俗通亦云年八百。吕氏春秋情欲、執一、爲欲三篇注、搜神記一並云七百歲。是雖以久特聞，而終必死。續博物志謂彭城下有冢。神仙傳謂：「其年七百六十七歲，而不衰老，往流沙，非壽終。」當爲誕説。壽八百，理已難通。舊本段。

道家或以導氣養性，度世而不死。導氣，導引形體，以舒血脉之氣。莊子刻意篇云「熊經鳥申」，即此。釋文引司馬彪曰：「若熊之攀樹，鳥之嚬呻，而引氣也。」李軌云：「導氣令和，引體令柔。」以「導」、「引」分説，則導氣與吐納無别，非也。下文云：「血脉在形體之中，不動摇屈伸，則閉塞不通。」又云：「人之導引，動摇形體。」是仲任以導氣即導引，故與前「食氣」分别言之。淮南齊俗訓：「今學道者，一吐一吸，時詘時伸。」詘伸，導氣也。吐吸，食氣也。以爲血脉在形體之中，不動摇屈伸，則閉塞不通；不通積聚，則爲病而死。

此又虚也。

夫人之形，猶草木之體也。草木在高山之巔，當疾風之衝，晝夜動摇者，能復勝彼隱在山谷間，鄣於疾風者乎？案草木之生，動搖者傷而不暢；續博物志七「傷」作「生」。人之導引動搖形體者，何故壽而不死？

夫血脉之藏於身也，猶江河之流地。江河之流，濁而不清；血脉之動，亦擾不安。盼遂案：「擾」下疑有「而」字，與上句「濁而不清」相對。不安，則猶人勤苦無聊也，漢書賈誼傳：「一二指搐，身慮亡聊。」師古曰：「聊，賴也。」安能得久生乎？

道家或以服食藥物，輕身益氣，延年度世。抱朴子至理篇引黄帝九鼎神丹經：「服草木之藥，可得延年。服金丹，令人壽與天地相畢。」

此又虚也。

夫服食藥物，輕身益氣，頗有其驗。若夫延年度世，世無其效。百藥愈病，病愈而氣復，氣復而身輕矣。凡人稟性，身本自輕，氣本自長，中於風濕，百病傷之，注見福虚篇。故身重氣劣也。「劣」當作「少」，謂氣短少。「氣少」與上「氣長」正反相承。下文「非本氣少身重」正作「少」，是其證。服食良藥，身氣復故，非本氣少身重，得藥而乃氣長身[更]輕也；「更」字涉「身」字譌衍，二字隸書形近。氣長、身輕對言，又與「氣少身重」正反相承。「更」字於義無取。盼遂案：「而乃」爲「乃而」誤倒。論衡多假「而」爲「能」。稟受之時，本自有之矣。故夫服食藥物除百病，令身輕氣長，復其本性，安能延年？

至於度世。有血脈之類，無有不生；生無不死。以其生，故知其死也。天地不生，故不死；陰陽不生，故不死。死者，生之效；生者，死之驗也。夫有始者必有終，有終者必有始。唯無終始者，乃長生不死。人之生，其猶水（冰）也。「水」當作「冰」。此文以氣喻水，以人喻冰，非言人猶「水」也。下文：「水凝而爲冰，氣積而爲人。」又云：「人可令不死，冰可令不釋乎？」並其證。宋本、朱校元本并作「其猶冰也」，更其明證。盼遂案：「水」，宋本作「冰」，是也。水凝而爲冰，氣積而爲人。冰極一冬而釋，人竟百歲而死。人可令不死，冰可令不釋乎？諸學仙術，爲不死之方，其必不成，猶不能使冰終不釋也。

語增篇

傳語曰：聖人憂世，深思事勤，疑當作「勤事」，與「深思」語氣相類。道虚篇云：「憂職勤事。」臧琳經義雜記十八引此文改作「深思勤事」，是也。愁擾精神，感動形體，故稱「堯若腊，舜若腒；桀、紂之君，垂腴尺餘」。意林引尸子：「堯瘦舜黑，皆爲民也。」文子自然篇：「堯瘦癯，舜黧黑。」吕氏春秋貴生篇注：「堯、舜、禹、湯之治天下，黧黑瘦瘠。」淮南修務篇引傳曰：「堯瘦臞，舜黴黑，則憂勞百姓甚矣。」荀子非相篇：「桀、紂長巨姣美。」楚辭天問：「受平脅曼膚，何以肥之？」王注：「紂爲無道，諸侯背畔，天下乖離，當懷憂癯瘦，而反形體曼澤，獨何以能平脅肥盛乎？」説文肉部〔一〕：「腴，腹下肥者。」餘注道虚篇。

夫言聖人憂世念人，「念人」當作「念民」，蓋唐人諱改，而今本沿之。身體羸惡，不能身體肥澤，可也；言堯、舜若腊與腒，桀、紂垂腴尺餘，增之也。

齊桓公云：「寡人未得仲父極難，既得仲父甚易。」韓非子難二：「晉客至，有司請

〔一〕「肉」，原本作「内」，形近而誤，今改。

禮。桓公曰『告仲父』者三。而優笑曰：『易哉爲君！一曰仲父，二曰仲父。』桓公曰：『吾聞君人者，勞於索人，佚於使人。吾得仲父已難矣，得仲父之後，何爲不易乎哉？』」又見呂氏春秋任數篇、新序雜事四。**桓公不及堯、舜，仲父不及禹、契，桓公猶易，堯、舜反難乎？以桓公得管仲易，知堯、舜得禹、契不難。**舜典：「舜曰：禹作司空，契作司徒。」淮南修務訓：「堯治天下，舜爲司徒，契爲司馬，禹爲司空。」史記舜紀：「禹、契，自堯時，皆舉用。」故此云堯、舜得之。**夫易則少憂，少憂則不愁，不愁則身體不臞。**說文：「臞，少肉也。」

舜承堯太平，堯、舜襲德，功假荒服，「假」音「格」，至也。周語上：「戎狄荒服。」注：「在九州之外，荒裔之地，故謂之荒，荒忽無常之言也。」**堯尚有憂，舜安能無事。**「能」猶「而」也。見釋詞。盼遂案：「能」當作「而」，語助詞也。後人因論衡文字中常用「而」爲「能」，往往改還本字，不悉此處之「而」用爲連詞，又誤解堯尚有憂，至舜更不容無事，遂徑改之，而與下文「上帝引逸，謂虞舜也」及「舜恭己無爲而天下治」諸語全相牴牾矣。**故經曰：「上帝引逸。」**尚書多士文。「逸」當作「佚」。漢石經大傳「無逸」作「毋佚」，今文作「佚」也。自然篇引經正作「佚」，是其證。今本蓋淺人依僞孔本妄改。路史後紀十一注引此文作「俛」，即「佚」之譌。若作「逸」，則不得譌爲「俛」，是所據本尚作「佚」。僞孔傳：「上天欲民長逸樂。」此文指舜，今文說也。江聲、王鳴盛并謂經傳凡言「上帝」皆指天帝，王充說誤。趙坦寶甓齋札記謂以上帝爲虞舜，未知何本。按：春秋說題辭（御覽六〇九。）云：「上帝，謂二帝三王。」是亦以「上帝」指虞舜。蓋今文舊說，仲任因之。爾雅釋詁：「引，長也。」高誘注呂覽云：「逸，不勞也。」「逸」、「佚」字通。任賢使能，故長佚不勞。**謂虞舜也。**盼遂案：尚書多士：「周公曰：『我聞曰上帝引逸。』」孔傳曰：「天欲民長逸乎？」是上帝謂天帝也。古經傳凡言上帝，皆指天說，此今古文家所同。然仲任于此以爲虞舜，殆于失考。自然篇又云：「上帝，謂舜、禹也。」所失益甚。詳後。**舜承安繼治，任賢使能，恭己無爲而天下治。故孔子曰：「巍巍乎！舜、禹之有天下，而不與焉！」**見論語泰伯篇。巍巍者，高大之稱也。「與」，舊說有四。一、「與求」。集解：「美舜、禹己不與求天下而得之也。」二、「與見」。皇疏引王弼、江熙說：「孔子歎己不預見舜、禹之時。」三、「與益」。孟子滕文公下趙注：「有天下之位雖貴盛，不能與益舜巍巍之德。言德之大，大於天子位也。」四、「與及」。孟子孫奭疏：「天下之事，未嘗自與及焉。以其急於得人而輔之，所以但無爲而享之，不必自與及焉。」孫說與仲任義合。後自然篇引論語，說同。漢書王莽傳上：「莽與專斷，乃風公卿奏言：『太后不宜親省小事。』令太后下詔曰：『今衆事煩碎，朕春秋高，精氣不堪，故選忠賢，立四輔，羣下勸職，以永康寧。孔子曰云云。』」師古注：「言舜、禹之治天下，委任賢臣，以成其功，而不身親其事。與讀曰豫。」正與仲任義同，蓋漢儒舊說也。孟子云：「堯以不得舜爲己憂，舜以不得禹、皋陶爲己憂。爲天下得人者謂之仁。是故以天下與人易，爲天下得人難。」引孔子曰云云。與齊桓公所云「未得仲父極難，既得仲父甚易」，義甚相近。是「不與」，正謂既得禹、皋陶，己不親與其事。趙氏謂舜德莫之「與益」，殊失其旨。孫疏謂「不自與及」，蓋亦不然趙說。夫「不與」尚謂之臞若腒，如德劣承衰，若孔子栖栖，論語憲問篇微生畝曰：「丘何爲是栖栖者與？」邢疏：「東西南北栖栖皇皇。」周流應聘，身不得容，道不得行，可骨立跛附，盼遂案：「跛」疑爲「皮」之誤。「皮附」與「骨立」對文。僵仆道路乎？「附」，疑當作「跗」。

紂爲長夜之飲，糟丘酒池，注見下。沉湎於酒，不舍晝夜，是必以病。病則不甘飲食，不甘飲食，則肥腴不得至尺。經曰：「惟湛樂是從，時亦罔有克壽。」尚書無逸：「惟耽樂之從，自時厥後，亦罔或克壽。」小雅常棣釋文：「『湛』又作『耽』。韓詩云：『樂之甚也。』」「湛」、「耽」字通。「之從」作「是從」，漢書鄭崇傳、中論夭壽篇同。「自時厥後」作「時」，鄭崇傳、後漢書荀爽傳同。「或」作「有」，鄭崇傳同。皆今文尚書也。陳壽祺曰：「今文多以訓詁改古文。」漢書杜欽傳引經曰：「『或四三年。』言失欲之害生也。」「失」讀作「佚」，謂逸欲害生，與仲任義同。魏公子無忌爲長夜之飲，困毒而死。史記信陵君傳：「公子以毀廢，乃謝病不朝。與賓客爲長夜飲，日夜爲樂飲者四歲，竟病酒而卒。」紂雖未死，宜羸臞矣。然桀、紂同行，則宜同病，言其腴垂過尺餘，非徒增之，又失其實矣。

傳語又稱：「紂力能索鐵伸鉤，撫梁易柱。」帝王世紀曰：「紂倒曳九牛，撫梁易柱。（史記殷本紀正義引。）引鉤申索，握鐵流湯。」（路史發揮六引。）淮南主術篇：「桀之力，制觡，伸鉤，索鐵，歙金。」高注：「索，絞也。」蓋紂、桀并以力聞，故所傳異辭。言其多力也。「蜚廉、惡來之徒，並幸受寵。」史記秦本紀：「蜚廉生惡來，惡來有力，蜚廉善走。父子俱以材力事殷紂。」尸子：「飛廉、惡來力角虎兕，手搏熊犀。」（御覽三八六引。）言好伎力之主，致伎力之士也。

或言：「武王伐紂，兵不血刃。」荀子議兵篇：「武王伐紂，以仁義之兵行於天下，故兵不血刃。」説苑指武篇：「戰不血刃，湯、武之兵。」桓譚新論：「武王伐紂，兵不血刃，而天下定。」（御覽三二九。）

夫以索鐵伸鉤之力，輔以蜚廉、惡來之徒，與周軍相當，武王德雖盛，不能奪紂素所厚之心；紂雖惡，亦不失所與同行之意。雖爲武王所擒，殷本紀言紂自焚，死後，武王斬其頭，非擒也。荀子儒效篇：「厭旦，於牧之野，鼓之，而紂卒易鄉，遂乘殷人而誅紂。蓋殺者，非周人，因殷人也。故無首虜之獲，無蹈難之賞。」是亦不言擒。淮南主術篇言武王擒紂於牧野，與此合。時亦宜殺傷十百人。今言「不血刃」，非紂多力之效，蜚廉、惡來助紂之驗也。尸子：「武王親射惡來之口，親斫殷紂之頭，手汙於血，不盥（荀子仲尼篇注引誤作「温」，從謝校改。）而食。」正與「不血刃」之説相反。

案武王之符瑞，不過高祖。武王有白魚、赤烏之祐，注初稟篇。高祖有斷大虵、老嫗哭於道之瑞。注吉驗篇。武王有八百諸侯之助，太誓：「遂至孟津，八百諸侯不召自來，不期同時，不謀同辭。」（依孫星衍輯。）高祖有天下義兵之佐。事具史記本紀。武王之相，望羊而已；骨相篇作「望陽」，字通。說見彼篇。高祖之相，龍顔、隆準、項紫、美鬚髯、身有七十二黑子。項紫，史、漢並未見，可補史缺。餘注骨相篇。高祖又逃呂后於澤中，呂后輒見上有雲氣之驗；注吉驗篇。武王不聞有此。夫相多於望羊，瑞明於魚烏，天下義兵並來會漢，助彊於諸侯。武王承紂，高祖襲秦，二世之惡，隆盛於紂，天下畔秦，畔讀叛。宜多於殷。案高祖伐秦，還破項羽，戰場流血，暴尸萬數，後漢書光武紀注：「數過於萬，故以萬爲數。」失軍亡衆，幾死一再，盼遂案：「一再」，言非一也。猶公羊所謂「不一而足」也。儒增篇：「一楊葉射而中之，中之一再。」意與此同。然後得天下，用兵苦，誅亂劇。獨云周兵不血刃，非其實也。言其易，可也；言「不血刃」，增之也。

案周取殷之時，太公陰謀之書，漢志道家：「太公二百三十七篇。謀八十一篇，言七十一篇，兵八十五篇。」沈欽韓疏證曰：「謀即太公之陰謀。」國策秦策：「蘇秦得太公之陰符，伏而讀之。」史記：「秦得周書陰符，伏而讀之。」陰符蓋即陰謀。淮南子要略篇：「太公之謀。」注：「陰符兵謀。」食小兒丹，「丹」上恢國篇有「以」字。教云亡「殷〔亡〕」。「亡殷」當作「殷亡」。恢國篇作「教言殷亡」，又云「及言殷亡」，並其證。兵到牧野，晨舉脂燭。說苑權謀篇：「武王伐紂，晨舉脂燭，過水折舟，示無反志。」（「晨舉」句，今本脱，據書鈔十三引。）盼遂案：唐蘭云：「四語爲太公陰謀中文，嚴輯陰謀失載。」**察武成之篇，**書序曰：「武王伐殷，往伐，歸獸，識其政事，作武成。」書疏引鄭玄曰：「武成，逸書，建武之際亡。」孟子盡心下趙注：「武成，逸書之篇名。」漢志班注：「尚書五十七篇。」師古注引鄭玄敍贊曰：「後又亡其一，故五十七。」所亡，即指武成。班書作於顯宗時，故武成已亡。此云「察武成之篇」，是仲任尚及見之，蓋亡於建武之末歟？桓譚新論云：「古文尚書爲五十八篇。」是武成尚存。譚死於中元元年，在建武後，仲任於時已三十，宜讀武成矣。趙坦謂本孟子，非也。**牧野之戰，**牧誓僞孔傳：「紂近郊三十里地名牧。」疏引皇甫謐曰：「在朝歌南七十里。」按：説文作「坶」，云：「朝歌南七十里。」史殷紀集解引鄭曰：「紂南郊地名。」僞孔傳不足據。**「血流浮杵」，赤地千里。**僞武成曰：「前徒倒戈，攻于後，以北。血流漂杵。」賈子新書益壤篇、制不言篇、孟子盡心篇趙注並有「血流漂杵」之文。本書藝增、恢國並作「浮杵」。蓋今文作「浮」，古文作「漂」。吴曰：「『漂』、『浮』聲近，宵、幽相通轉。」其説是也。如「率肆矜爾」，今文作「率夷憐爾」，正其比。今文多以聲音訓詁易古文也。閻氏尚書古文疏證八據孟子，謂當日書辭僅「血流杵」三字，僞古文緣趙岐注增「漂」字。其説恐非。若作「血流杵」，仲任無緣著一「浮」字也。吴曰：「赤地千里」，據下文及藝增篇，知非武成原語，乃仲任形頌浮杵之文。**由此言之，周之取殷，與漢、秦一實也。而云取殷易，「兵不血刃」，美武王之德，增益其實也。**

凡天下之事，不可增損，考察前後，效驗自列，自列，則是非之實有所定矣。世

稱紂力能索鐵伸鉤，又稱武王伐之兵不血刃。夫以索鐵伸鉤之力當人，則是孟賁、夏育之匹也；史記范雎傳集解引漢書音義曰：「夏育，衞人，力舉千鈞。」賁，注累害篇。並古勇士也。以不血刃之德取人，則是三皇、五帝之屬也。各本作「是則」，今从朱校元本正。與上句法一律。以索鐵之力，不宜受服，以不血刃之德，不宜頓兵。朱校元本「頓」作「賴」。今稱紂力，則武王德貶；譽武王，則紂力少。索鐵、不血刃，不得兩立；殷、周之稱，不得二全。不得二全，則必一非。

孔子曰：「紂之不善，不若是之甚也，是以君子惡居下流，天下之惡皆歸焉。」論語子張篇子貢語。齊世篇引亦云孔子。漢人有此例。說見命祿篇。「若」，論語作「如」。孟子曰：「吾於武成，取二三策耳。以至仁伐不仁，如何其血之浮杵也？」見孟子盡心下。「策」，宋本作「筴」，字同，並爲「册」之借字。曲禮釋文曰：「筴，編簡也。」「耳」，孟子作「而已矣」。「伐」下有「至」字。「如」作「而」，「浮」作「流」。崇文本作「流」，蓋依孟子改之。李賡芸炳燭編曰：「古『如』、『而』字通。『浮』字之誼，似長於『流』。又藝增篇、恢國篇俱云：『武成篇言，周伐紂，血流浮杵。』」若孔子言，殆沮浮杵；孫曰：「沮」字無義，當作「且」，蓋涉「浮」字而誤加水旁。本書多「殆且」連文。指瑞篇：「殆且有解編髮、削左衽、襲冠帶而蒙化焉。」漢書終軍傳作「殆將」。感類篇：「然則雷雨之至也，殆且自天氣。成王畏懼，殆且感物類也。」恢國篇：「以武成言之，食小兒以丹，晨舉脂燭，殆且然矣。」並「殆且」連文之證。此謂如孔子所言，殆將浮杵矣。故下文辨之云「浮杵過其實」也。若孟子之言，近不血刃。浮杵過其實，不血刃亦失其正。一聖一賢，共論一紂，輕重殊稱，多少異實。

紂之惡不若王莽。鄒伯奇曰：「桀、紂不如亡秦，亡秦不如王莽。」（見感類篇。）紂殺比干，莽鴆平帝；漢書翟義傳：「移檄郡國，言莽鴆殺孝平皇帝。」平帝紀師古曰：「漢注云：『帝春秋益壯，以母衛太后故怨不悅。莽自知益疏，篡弒之謀由是生。因到臘日，上椒酒，置藥酒中。』」紂以嗣立，莽盜漢位。殺主隆於誅臣，嗣立順於盜位，士衆所畔，宜甚於紂。漢誅王莽，兵頓昆陽，死者萬數，軍至漸臺，血流没趾。後漢光武紀：「莽軍到城下者且十萬，光武幾不得出，圍昆陽數十重，矢如雨下，城中負户而汲。」劉玄傳：「長安中兵起，攻未央宫。九月，東海人公賓就斬王莽於漸臺，收璽綬傳首詣宛。」注：「漸臺，太液池中臺也。爲水所漸潤，故以爲名。」按：漢書郊祀志：「漸臺高二十餘丈，在建章宫北。」而獨謂周取天下，兵不血刃，非其實也。舊本段。

傳語曰：「文王飲酒千鍾，孔子百觚。」孔叢子儒服篇平原君曰：「昔有遺諺，堯、舜千鍾，孔子百觚。」環氏吴紀：「孫皓問張尚曰：『孤飲酒可方誰？』尚對曰：『陛下有百觚之量。』皓云：『尚知孔丘之不王，而以孤方之。』因此發怒收尚。」（三國志吴志張紘傳注。）傅玄敍酒賦：「唐堯千鍾竭，周文百斛泊。」（書鈔一四六。）後漢書孔融傳注引融集與曹操書曰：「堯不千鍾，無以建太平。孔非百觚，無以堪上聖。」張璠漢記：「孔融曰：『堯不飲千鍾，無以成其聖。』」（魏志崔琰傳注引。）抱朴子祛惑篇：「堯爲人長大，美髭髯，飲酒一日中二斛餘，世人因加云千鍾，實不能也。」或云堯、舜，或云周文、孔子，主名不定，殊難徵信。**欲言聖人德盛，能以德將酒也。**

如一坐千鍾百觚，此酒徒，非聖人也。飲酒有法，說具下文。**〔聖人〕胸腹小大，與人均等，**「聖人」二字舊脱，語無主詞，「與人均等」句，於義失所較矣。下文云：「文王、孔子之體，不能及防風、長狄。」是其義，今據御覽八四五引增。**飲酒用千鍾，用肴宜盡百牛，百觚則宜用十羊。**孫曰：御覽七六一引作「若酒用千鍾，則肉宜用百牛；酒用百觚，則肴宜用千羊」。意較完足，疑今本有脱誤。暉按：孫說非。御覽八四五引作「若飲千鍾，宜食百牛；能飲百觚，則能食十羊」，與前引又有出入。蓋以意增，非今本脱誤。「百觚」上省「飲酒用」三字，「用」下省「肴」字。平列句，得蒙上句省也。**夫以千鍾百牛、百觚十羊言之，文王之身如防風之君，**魯語下：「防風氏，禹殺而戮之，其骨節專車。」韋注：「防風，汪芒氏君之名。骨一節，其長專車，計之三丈。」家語辨物篇王注、（史孔子世家集解引今本脱。）述異記並云長三丈。**孔子之體如長狄之人，**洪範五行傳：「長狄之人，長蓋五丈餘也。」（御覽三七七。）穀梁文十一年傳注謂「長五丈四尺」。疏引春秋考異郵云：「長百尺。」公羊何注同。左氏杜注：「蓋長三丈。」按：魯語下曰：「防風於周爲長狄。僬僥長三尺，短之至。長者不過十之，（「之」字今本脱。家語、説苑辨物篇誤同。此從孔子世家、左傳疏補。）數之極也。」是言長狄十倍僬僥之長。杜蓋據以爲説。博物志曰：「長五丈四尺。或長十丈。」兼存公羊、穀梁説也。乃能堪之。案文王、孔子之體，不能及防風、長狄，以短小之身，飲食衆多，是缺文王之廣，貶孔子之崇也。

案酒誥之篇：「朝夕曰：『祀兹酒。』」尚書酒誥篇，周公誥康叔，述文王之詞。孔傳：「文王朝夕敕之，惟祭祀而用此酒，不常飲。」此言文王戒慎酒也。朝夕戒慎，則民化之。外出戒慎之教，内飲酒盡千鍾，導民率下，何以致化？朱校元本作「教化」。承紂疾惡，何以自別？

且千鍾之效，百觚之驗，何所用哉？「所」，宋本、朱校元本同，程、王、崇文本並作「時」。使文王、孔子因祭用酒乎？則受福胙不能厭飽。晉語二韋注：「福，胙肉也。」左僖四年傳杜注：「胙，祭之酒肉。」因饗射之用酒乎？孫曰：此與上「因祭用酒乎」文例正同，不當有「之」字，蓋衍文。暉按：孫説疑非。本書駢列語，後列每加一語詞。道虚篇：「物生也色青，人之少也髮黑。」上文云：「若孔子言，殆且浮杵；若孟子之言，近不血刃。」後列並多一「之」字，與此文例正同。饗射飲酒，自有禮法。如私燕賞賜飲酒乎？則賞賜飲酒，宜與下齊。賜尊者之前，三觴而退，朱校元本「觴」作「觚」。下同。禮記玉藻：「君若賜之爵，禮已三爵而油油以退。」左宣二年傳：「臣侍君宴，過三爵，非禮也。」過於三觴，醉酗生亂。鄭玄曰：「禮飲過三爵，則敬殺。」説文：「酌，酒醬也。」經典多作「酗」。文王、孔子，率禮之人也，賞賚左右，至於醉酗亂盼遂案：「亂」上依上文當有「生」字。身，自用酒千鍾百觚，大之則爲桀、紂，小之則爲酒徒，用何以立德成化，表名垂譽乎？朱校元本「用」作「又」。

世聞「德將毋醉」之言，書酒誥：「越庶國，飲惟祀，德將無醉。」今文「無」作「毋」。見聖人有多德之效，則虚增文王以爲千鍾，空益孔子以百觚矣。「爲」字於義無取，兩句文例正同。蓋衍文。舊本段。

傳語曰：「紂沈湎於酒，以糟爲丘，以酒爲池，牛飲者三千人，爲長夜之飲，亡其甲子。」此事有二説。韓詩外傳二：「桀爲酒池糟隄，牛飲者三千。」又卷四：「桀爲酒池，可以運舟，糟丘足以望十里，而牛飲者三千人。」新序刺奢篇、節士篇略同。並謂桀事也。韓非子喻老篇：「紂爲肉圃，設炮烙，登糟丘，臨酒池。」吕氏春秋過理篇：「糟丘酒池，肉圃爲格，刑鬼侯之女，殺梅伯而遺文王其醢。」淮南本經訓：「紂爲肉圃酒池。」六韜：「紂爲君，以酒爲池，迴船糟丘，而牛飲者三千人。」（今本脱。書鈔一四六引。）賈子新書：「紂糟丘酒池。」（今脱，書鈔二〇引。）説苑反質篇：「紂爲鹿臺糟丘酒池肉林。」並以爲紂事也。史記殷本紀從後説。尸子：「桀、紂縱欲長樂，以苦百姓，六馬登糟丘，方舟泛酒池。」（御覽六七八。）又屬之兩人。主名不定，明其事非實也。路史發揮六曰：「桀、紂之事，多出模倣，紂如是，桀亦如是，豈俱然哉？」可謂有史識矣。淮南本經篇注：「紂積肉以爲園圃，積酒以爲淵池。今河内朝歌，紂所都也，城西有糟丘酒池處是也。」史記殷本紀正義：「括地志云：『酒池在衛州衛縣西二十三里。』」新序刺奢篇：「紂飲酒七日七夜。」楚詞王逸九思注：「紂爲九旬之飲而不聽政。」書鈔二一引世紀：「紂飲七日，不知曆數。」「沈湎於酒」，尚書微子篇文。「湎」作「酗」。此今文經也。沈之爲言淫也。説文：「湎，沈於酒也。」淮南要略注：「沉湎，淫酒也。」

夫紂雖嗜酒，亦欲以爲樂。令酒池在中庭乎？金鶚求古録曰：「凡言庭，皆廟寢堂下。」中庭東西，爲羣臣列位，聘燕宜其處，故據以言。**則不當言爲長夜之飲。坐在深室之中，閉窗舉燭，故曰長夜。令坐於室乎？每當飲者，起之中庭，**之，至也。**乃復還坐，則是煩苦相踖藉，**釋名釋姿容：「踖，藉也。以足藉也。」後漢明帝紀注引五經要義：「籍，蹈也。」衆經音義九引字林：「躪，踐也。」「藉」、「籍」、「躪」音義并通。**不能甚樂。令池在深室之中，則三千人宜臨池坐。前**盼遂案：「前」字疑涉下文多「前」字而衍。下「臨池而坐」句可證。**俛飲池酒，〔後〕仰食肴膳，**「仰」上當有「後」字。池酒在前，肴膳必陳於後。下文「如審臨池而坐，則前飲害於肴膳」，即謂肴膳在坐後，不便也。且「前飲」連文，則此當以「前俛飲池酒」爲句。「後仰食肴膳」，句法正相一律。蓋後人不審其義，以「前」字屬上讀，而妄删「後」字。**倡樂在前，**

乃爲樂耳。如審臨池而坐，則前飲害於肴膳，倡樂之作，不得在前。

夫飲食既不以禮，臨池牛飲，則其啖肴不復用杯，亦宜就魚肉而虎食，則知夫酒池牛飲，非其實也。舊本段。

傳又言：「紂懸肉以爲林，令男女倮而相逐其間。」史記殷本紀文。公孫尼子謂「紂爲肉圃」。（初學記。）三輔故事謂爲肉林。（書鈔二〇。）餘已注前。是爲醉樂淫戲無節度也。「爲」讀作「謂」，與上「欲言」、「此言」文例同。

夫肉當内於口，口之所食，宜潔不辱。廣雅釋詁：「辱，污也。」今言男女倮相逐其間，何等潔者？盼遂案：「何等潔者」，言不潔也，此漢人語法。藝增篇「何等賢者」，言不賢也；「堯何等力」，言無力也，皆與此一例。如以醉而不計潔辱，則當其（共）浴於酒中。孫曰：「其」字當從元本作「共」。（崇文本作「共」，蓋亦據别本改。）而倮相逐於肉間，何爲不肯浴於酒中？「而」讀作「能」。以不言浴於酒，知不倮相逐於肉間。

傳者之説，或言：書鈔一四五引作「傳者説」。「車行酒，騎行炙，盼遂案：悼厂云：「惠氏後漢書補注云：『古人以車騎行酒肉。馬融廣成頌云「清醪車湊，燔炙騎將」，亦其例也。』」百二十日爲一夜。」出太公六韜。又見世紀、三輔故事。（書鈔二〇引。）盼遂案：「夜」下當有「亡其甲子」一句，今脱，則下文兩言「亡其甲子」之語無稽。

夫言「用酒爲池」，則言其「車行酒」非也；言其「懸肉爲林」，即言「騎行炙」非也。「即」猶「則」也。

或時意林、御覽八四五並引作「或是」。紂沉湎，謂酗醬也。覆酒，滂沲於地，元本作「滂沱」。朱校同。意林、御覽引亦並作「沱」。「它」、「也」二字自異，而从「它」从「也」之字多亂。此當作「沱」爲正。即言以酒爲池；釀酒糟積聚，意林、御覽引並作「釀酒積糟」。則言糟爲丘；懸肉以（似）林，「以」，元本作「似」。朱校同。御覽引亦作「似」。當據正。則言肉爲林；林中幽冥，人時走戲其中，則言倮其逐；或時載酒用鹿車，風俗通（御覽七百七十五、後漢書趙憙傳注引。）曰：「俗説鹿車窄小，載（一作「裁」。）容一鹿也。或云樂車。乘牛馬者，剉斬飲飼達曙；今乘此，雖爲勞極，然入傳舍，偃卧無憂，故曰樂車。無牛馬而能行者，獨一人所致耳。」後漢書趙憙傳曰：「載以鹿車，身自推之。」則言車行酒、騎行炙；或時十數夜，則言其百二十；或時醉不知問日數，則言其亡甲子。周公封康叔，告以紂用酒，期於悉極，史記衛世家：「封康叔爲衛君，周公申告曰：『紂所以亡者，以淫於酒。』」酒誥：「嗣王酣身，惟荒腆于酒。」欲以戒之也，而不言糟丘、酒池，懸肉爲林，長夜之飲，亡其甲子。聖人不言，殆非實也。舊本段。

傳言曰：「紂非時與三千人牛飲於酒池。」此複述上文，非另引傳也。夫夏官百，殷二百，周三百。禮記明堂位文。鄭注：「周之六卿，其屬各六十，則周三百六十官也。昏義，凡百二十，蓋謂夏時。以夏、周推之，殷宜二百四十，不得如此記。」按：荀子正論篇又云：「古者天子千官。」蓋都不足據也。紂之所與相樂，非民必臣也，非小臣必大官，其數不能滿三千人。傳書家欲惡紂，故言三千人，增其實也。舊本段。

傳語曰：「周公執贄下白屋之士。」尚書大傳、荀子堯問篇、韓詩外傳三、説苑尊賢篇並有此文。贄，禽贄，所執以爲禮也。白屋，謂庶人以白茅覆屋者也。謂候之也。盼遂案：吴承仕曰：「曲禮『使某羞』，鄭注：『羞，進也，言進於客。古者謂候爲進。』正義曰：『古者謂迎客爲進，漢時謂迎客爲候。』據此，則候謂漢時通語。此云『謂候之』，亦以漢語比古事，與鄭同意。」

夫三公，鼎足之臣，王者之貞幹也；五行志：「鼎三足，三公象。」易鼎卦九五：「鼎折足。」李鼎祚引九家易曰：「鼎者，三足一體，猶三公承天子也。」周官以太師、太傅、太保爲三公。鄭志答趙商曰：「周公左，召公右，兼師保於成王。」「貞」通「楨」，楨亦幹也，並築具。白屋之士，閭巷之微賤者也。三公傾鼎足之尊，執贄候白屋之士，非其實也。

時或〔時〕待士卑恭，「時或」當作「或時」，與下「或時」平列，本書常語也。不驕白屋，人則言其往候白屋；或時起白屋之士，秦策注：「起猶舉也。」以璧迎禮之，「璧」，舊校曰：一本作「圭」。暉按：「璧」是，一本作「圭」，非。公羊定八年傳何注：「禮：珪以朝，璧以聘，琮以發兵，璜以發衆，璋以徵召。」白虎通瑞贄篇云：「璜以徵召，璧以聘問，璋以發兵，珪以質信，琮以起土功之事。」並謂璧以聘問，則此云「以璧迎禮之」是也。**人則言其執贄以候其家也。**舊本段。

傳語曰：「堯、舜之儉，茅茨不剪，采椽不斲。」太史公自序引墨家言。又見史記始皇紀引韓子。文選東京賦注引墨子、韓非子五蠹篇、淮南主術篇、史記李斯傳、帝王世紀（御覽八〇。）並只謂堯事。史記自序正義：「屋〔一〕蓋曰茨，以茅覆屋。」索隱韋昭云：「采椽，櫟榱也。」**夫言茅茨、采椽，可也；言不剪不斲，增之也。**

經曰：「弼成五服。」尚書皋陶謨文。今見僞孔本益稷篇。**五服，五采服也。**段玉裁曰：「此今文書説也。」暉按：皋陶謨曰：「天命有德，五服五章哉。」又益稷曰：「予欲觀古人之象，日月、星辰、山龍、華蟲，作會，宗彝、藻火、粉米、黼黻，絺繡，以五采彰施于五色，作服，汝明。」大傳曰：「天子衣服，其文華蟲、作繢、宗彝、藻火、山龍。諸侯作繢、宗彝、藻火、山龍。子男宗彝、藻火、山龍。大夫藻火、山龍。士山龍。山龍，青也。華蟲，黄也。作繢，黑也。宗彝，白也。藻火，赤也。天子服五，諸侯服四，次國服三，大夫服二，士服一。」今文説以五服爲五章，廣雅曰：「山龍，彰也。」即舉山龍以該五章。五章即大傳所舉五采，故云「五服，五采服」。攷馬、鄭注，並謂

〔一〕「屋」，原本作「屈」，形近而誤，據正義改。

侯、甸、綏、要、荒五服，與仲任説不同。若如仲任説，則經義上下不貫，孫奕、孫星衍謂爲誤釋，是也。皮錫瑞曰：「仲任以五服爲五采服，不知下文之解若何。若以五服爲天子、諸侯、次國、大夫、士五章之服，如後世所云冠帶之國，義亦可通。」盼遂案：書皋陶謨：「弼成五服，至於五千。」孔安國、馬融、鄭玄、王肅注皆即大禹「荒度土功」爲説。仲任釋五服爲五采服，雖本今文師説，然於經義則遠。**服五采之服，又茅茨、采椽，何宮室衣服之不相稱也？服五采，畫日月星辰，**孫星衍曰：「司馬法云：『章，夏后氏以日月，尚明也。』則日月星辰畫於旌旂。漢東平王蒼南北郊服議曰：『日月星辰，山龍華蟲，天王袞冕十有二旒，以明天數，旂有龍章日月以備其文。』（續漢輿服志注引東觀書。）是古説以日月爲旂章也。大傳亦不言五服畫日月星辰，充説誤也。」暉按：夏本紀云：「余欲觀古人之象，日月星辰，作文繡服色，女明之。」史公云「作文繡服色」，即釋經文「山龍、華蟲」至「作服」也，而「日月星辰」別出於上者，即史公不以「日月星辰」在文繡服色之中，其義與伏生大傳同。此文謂：「服五采，畫日月星辰。」量知篇：「加五綵之巧，施針縷之飾，文章炫耀，黼黻華蟲，山龍日月，學士有文章，猶絲帛有五色之巧也。」以「日月」與山龍、華蟲並言，則其義亦謂服色有「日月」也。後漢書輿服志曰：「顯宗遂就大業，乘輿備文，日月星辰十二章，三公諸侯用山龍九章，九卿以下用華蟲七章，皆備五采。」又云：「孝明皇帝永平二年，初詔有司采周官、禮記、尚書皋陶篇，乘輿服從歐陽氏説，公卿以下從大、小夏侯氏説。」皮錫瑞曰：「據此，則是歐陽説冕服章數以十二、九、七爲節，大、小夏侯説冕服章數天子至公侯以九爲節，卿以下以七爲節，皆與大傳言五服五章不同，此三家今文之背其師説者。當時三家博士，變今文尚書之師説，以傅會周官，不知周禮非可以解虞書。經明言『五服五章』，不得有十二章、九章、七章之制。鄭玄據周禮以推虞制，其義正本於歐陽、夏侯。仲任云服日月星辰，蓋沿歐陽之誤説，以爲天子服有日月星辰也。」茅茨、采椽，非其實也。舊本段。

傳語曰：「秦始皇帝燔燒詩、書，坑殺儒士。」史記儒林傳：「秦焚詩、書，阬術士。」言燔燒詩、書，滅去五經文書也；坑殺儒士者，言其皆挾經傳文書之人也。盼遂案：吴承仕曰：「漢人多言五經，遂以貤説舊事，不知漢前實言六經。藝文志『三十而五經立』，其誤亦同。」「皆」當是「盡」之誤字。「盡挾經傳文書之人」者，將挾經傳文書之人一網而打盡之也。此處「盡」爲動詞，淺人不了，以「皆」與「盡」同，意改之，而不悟不與下文「盡坑之」一語相照也。燒其書，坑其人，詩、書絶矣。

言燔燒〔一〕詩、書，坑殺儒士，實也；言其欲滅詩、書，故坑殺其人，非其誠，又增之也。

秦始皇帝三十四年，置酒咸陽臺，正説篇作「宫」。史記始皇紀、李斯傳同。儒士七十

〔一〕「燔燒」，通津草堂本作「燒燔」。

人前爲壽。正説篇作「博士」，與始皇紀合。李斯傳：「博士僕射周青臣等頌稱始皇威德。」疑此文當作「博士」，指周青臣輩也。僕射周青臣進頌始皇之德。齊淳于越進諫始皇不封子弟功臣，正説篇句首有「以爲」二字。自爲狹（枝）輔，「狹」當作「枝」。史記始皇紀作「枝」，李斯傳作「支」，可證。宋、程本作「挾」，王本、崇文本作「夾」，并「枝」字形譌。刾周青臣以爲面諛。「刾」，「刺」之隸變。毛詩：「維是褊心，是以爲刺。」魯詩、石經「刺」作「刾」。顏氏家訓書證篇曰：「『刺』應爲『朿』，今作『夾』也。」盼遂案：「刾」爲「刺」之俗體。「刺周青臣」，不辭，疑本爲「劾」。劾者，劾告罪人。後訛爲「刺」耳。又案：「狹」，宋本作「挾」，是。説文：「挾，俾持也。」始皇下其議於丞相李斯。李斯非淳于越曰：「諸生不師今而學古，以非當世，惑亂黔首。」説文：「秦謂民爲黔首，謂黑色。」臣請勑史官，非秦記皆燒之；非博士官所職，天下有敢藏詩、書百家語諸刑書者〔刑〕；「諸書」二字，涉「詩書」譌衍。「刑」字當在「者」字下。始皇紀、李斯傳未言刑書。正説篇作「有敢藏詩、書百家語者刑」，是其證。悉詣守尉集（雜）燒之；「集」當從始皇紀作「雜」。「雜」一作「襍」，故殘爲「集」。元本正作「襍」。朱校同。有敢偶語詩、書，棄市；「書」下，元本有「者」字。朱校同。始皇紀與今本合。以古非今者，族滅；吏見知弗舉，始皇紀有「者」字，此蒙上文省。與同罪。」始皇許之。

明年，三十五年，諸生在咸陽者，多爲妖言。始皇使御史案問諸生，諸生傳相告引者，始皇紀無「者」字。**自除犯禁者四百六十七人，**始皇紀「七」作「餘」。文選西征賦注引史作「四百六十四人」。疑史文原不作「餘」。唐李亢〔一〕獨異志云：「二百四十人。」未知何據。**皆坑之。**史記云：「坑之咸陽。」衛宏詔定古文尚書序、（史儒林傳正義。）古文奇字、（類聚八〇。）獨異志並云「阬於驪山」。盼遂案：「告引者」之「者」，宜依史記改爲「有」字，屬下讀。

燔詩、書，起淳于越之諫；坑儒士，起自諸生爲妖言，見坑者四百六十七人。傳增言坑殺儒士，欲絶詩、書，又言盡坑之，此非其實，而又增之。今從宋本段。

傳語曰：「町町若荆軻之閭。」未知何出。「若」，元本作「者」，朱校同。疑誤。意林引同今本。急就篇顔注：「平地爲町。」釋名釋州國曰：「鄭，町也。其地多平，町町然也。」「町町」猶詩東山之「町畽」。説文：「田踐處曰町。」又：「畽，禽獸所踐處。」踐處，則其地夷平也。廣雅釋訓曰：「『跢跢』，盡也。」王念孫曰：「『町町』，與跢跢義同。」盼遂案：「町町」，蕩盡之意。廣雅釋訓：「跢跢，盡也。」王氏疏證引此文爲説。今按：町町、跢跢聲近義通。**言荆軻爲燕太子丹刺秦王，後誅軻九族，**漢書鄒陽傳：「荆軻湛七族。」（「荆」字依王念孫校補。）應劭注：「荆軻爲燕刺秦始皇，不成而死。其族坐之。」九族有二説，五經異義：「夏侯、歐陽説：九族者，父族四，母族三，妻

〔一〕「亢」，原本作「元」，形近而誤，今改。

族二。皆據異姓。古尚書説，從高祖自玄孫，皆同姓。」（左桓六年傳疏。）其後恚恨不已，復夷軻之一里。一里皆滅，故曰町町。

此言增之也。

夫秦雖無道，無爲盡誅荆軻之里。始皇幸梁山之宮，始皇三十五年。從山上望見丞相李斯車騎甚盛，恚，出言非之。其後，左右以告李斯，李斯立損車騎。始皇知左右洩其言，莫知爲誰，盡捕諸在旁者皆殺之。始皇本紀「諸」下有「時」字，義較長。朱校元本「諸」下有「生」字，疑「時」之誤。其後墜星下東郡，至地爲石。始皇三十六年。民或刻其石曰：「始皇帝死，地分。」紀妖篇、史記始皇本紀、漢五行志「地」上並有「而」字，疑此文脱。〔始〕皇帝聞之，「始」字脱，「帝」字涉上文衍。上下文並稱「始皇」，「皇帝」非其義也。紀妖篇、始皇紀並作「始皇聞之」，是其證。盼遂案：依文例當作始皇。此史駁文未盡正者也。令御史逐問，莫服，盡取石旁人誅之。紀妖篇「人」上有「家」字，與始皇紀作「居人」義合。

夫誅從行於梁山宮，及誅石旁人，欲得洩言、刻石者，不能審知，故盡誅之。荆軻之閭，何罪於秦而盡誅之？如刺秦王在閭中，不知爲誰，盡誅之，可也；荆軻已死，刺者有人，一里之民，何爲坐之？始皇二十年，燕使荆軻刺秦王，見前書虚篇注。

秦王覺之，體解軻以徇，不言盡誅其閭。彼或時誅軻九族，九族衆多，同里而處，誅其九族，一里且盡，好增事者，則言町町也。

論衡校釋卷第八

儒增篇

章太炎原儒曰："儒有三科：達名爲儒，謂術士也。類名爲儒，謂知禮樂射御書數。私名爲儒，即七略儒家。王充儒增、道虚、談天、説日、是應所舉儒書，是諸名籍道、墨、刑法、陰陽、神仙之倫，旁有雜家所記，列傳所録，一謂之儒。號徧施於九能，諸有術者，悉晐之矣。"

儒書稱："堯、舜之德，至優至大，天下太平，一人不刑。"慎子曰："有虞氏不賞不罰。"（路史後紀十二注。）皮錫瑞今文尚書考證以爲即指"唐、虞象刑"。又言："文、武之隆，遺在成、康，刑錯不用四十餘年。"史記周本紀："成、康之際，天下安寧，刑錯四十餘年不用。"又見竹書紀年、武帝賢良詔。荀子大略篇曰："文王誅四，武王誅二，周公卒業，至成、康則案無誅已。"書序釋文引馬融曰："錯，廢也。"是欲稱堯、舜，褒文、武也。

夫爲言不益，則美不足稱；爲文不渥，則事不足褒。堯、舜雖優，不能使一人不刑；荀子議兵篇曰："堯殺一人，刑二人。"文、武雖盛，不能使刑不用。言其犯刑者少，用刑希疏，可也；言其一人不刑，刑錯不用，增之也。

夫能使一人不刑，則能使一國不伐；能使刑錯不用，則能使兵寢不施。廣雅釋詁：「寢，藏也。」案堯伐丹水，呂氏春秋召類篇：「堯戰於丹水之浦，以服南蠻。」淮南兵略訓：「堯戰於丹水之浦。」許注：「堯以楚伯受命，滅不義于丹水。丹水在南陽。」六韜曰：「堯伐有扈氏，戰於丹水之浦。」帝王世紀曰：「諸侯有苗氏處南蠻而不服，堯征而克之於丹水之浦。」舜征有苗，見淮南兵略篇、荀子議兵篇。許曰：「有苗，三苗也。」楊曰：「即禹伐之。書曰：『帝曰：咨禹，惟時有苗不服，汝徂征之。』」按韓非子五蠹篇、韓詩外傳三、説苑君道篇並謂禹請伐之，舜修德而服。四子服罪，謂舜流共工、放驩兜、竄三苗、殛鯀也。恢國篇亦謂四子。刑兵設用。成王之時，四國篡畔，淮夷、徐戎，並爲患害。四國，謂管叔、蔡叔、霍叔、武庚也。竹書：「成王元年，武庚以殷叛。二年，奄人、徐人及淮夷入於邶以叛。」夫刑人用刀，伐人用兵，罪人用法，誅人用武。白虎通誅伐篇曰：「誅猶責也，誅其人，責其罪，極其過惡。伐，擊也，欲言伐擊之也。」武、法不殊，兵、刀不異，巧論之人，不能別也。夫德劣故用兵，「德」下舊校曰：一有「爲」字。犯法故施刑。刑與兵，宋本、朱校元本「刑」下並有「之」字。淮南兵略篇：「導之以德而不聽，則制之以兵革。」猶足與翼也。走用足，飛用翼，形體雖異，其行身同。刑之與兵，全衆禁邪，其實一也。〔不〕稱兵之不用，言刑之不施，齊曰：「稱」上當有「不」字。下文云：「今稱一人不刑，不言一兵不用。」句意正同。盼遂案：上「不」字涉下句而衍。「稱兵之用」與下句「言刑之不施」相反爲文也。是猶人耳缺目完，盼遂案：「耳缺」當爲「身缺」。隸書「身」字作「⿹自丿」，易訛爲「耳」。下文「身無敗缺」，即承此語而言。以目完稱人體全，不可從也。人桀於刺虎，怯於擊人，「桀」猶「强」也。注物勢篇。而以刺虎稱，謂之勇，不可聽也。身無敗缺，勇無不進，乃爲全耳。今稱「一人不刑」，不言一兵不用；褒「刑錯不用」，不言一人不畔，未得爲優，未可謂盛也。舊本段。

儒書稱：「楚養由基善射，射一楊葉，百發能百中之。」「能」，史記周本紀作「而」。而、能古通。西周策、史記「楊葉」並作「柳葉」。漢書枚乘傳、説苑正諫篇同此。西周策、淮南説山篇高注並云：「養姓，由基名。」梁玉繩人表考曰：「養，邑名，其地見水經汝水注、續志潁川郡。蓋由基以邑爲氏，其後有養由氏。故通志氏族略五云：『養由基之後。』廣韻邑字注謂楚大夫養由氏，則直以養由基爲複姓，恐非。」梁氏左通補釋曰：「左昭三十年，楚逆吴公子使居養。疑由基即食邑於此，故以邑爲氏。襄十三年，稱養叔，即其字。」是稱其巧於射也。

夫言其時射一楊葉中之，可也；「時」上疑脱「或」字。一曰：「時」疑「射」字譌衍。言其百發而百中，增之也。

夫一楊葉，射而中之，中之一再，行敗穿不可復射矣。如就葉懸於樹而射之，雖不欲射葉，朱校元本作「中」。楊葉繁茂，自中之矣。是必使上取楊葉，一一更置地而射之也。射之數十行，足以見巧，觀其射之者亦皆知射工，亦必不至於百，明矣。

言事者好增巧美，數十中之，則言其百中矣。百與千，數之大者也。實欲言「十」則言「百」，「百」則言「千」矣。是與書言「協和萬邦」，尚書堯典文。藝增、齊世引「邦」並作「國」，此後人妄改。段玉裁曰：古文尚書「邦」字，今文尚書皆作「國」，漢人詩、書不諱，不改經字，自是今文本作「國」也。詩曰「子孫千億」，大雅假樂文。同一意也。舊本段。

儒書言：「衛有忠臣弘演，爲衛哀公使，未還，「哀公」當作「懿公」，下同。仲任誤也。呂氏春秋忠廉篇、韓詩外傳七、新序義勇篇、淮南繆稱訓許注、三國志魏志陳矯傳注引新序（與今本不同。）具載此事，並作「衛懿公」。狄人攻衛，即左氏閔二年傳戰於滎澤者，是懿公，非哀公也。梁玉繩瞥記二曰：「衛懿公有哀公之號，見論衡儒增。以其爲狄所殺故也。亦猶魯哀公孫于越，漢書人表謂之出公，皆可補經傳所未及。」疑非塙論。狄人攻哀公而殺之，盡食其肉，獨捨其肝。弘演使還，致命於肝。痛哀公之死，身肉盡，盼遂案：「死」借爲「屍」。漢書陳湯傳：「求谷吉等死。」注云：「死，屍也。」肝無所附，引刀自刳其腹，「刀」舊誤「力」，今據各本正。盡出其腹實，乃内哀公之肝而死。」言此者，欲稱其忠矣。

言其自刳内哀公之肝而死，可也；言盡出其腹實乃内哀公之肝，「言」下疑脱「其」字。增之也。

人以刃相刺，中五臟輒死。何則？五臟，氣之主也，猶頭，脉之湊也。頭一斷，手不能取他人之頭着之於頸，奈何獨能先出其腹實，乃内哀公之肝？腹實出，輒死，則手不能復把矣。把，持也。如先内哀公之肝，乃出其腹實，則文當言「内哀公之肝，出其腹實」。今先言「盡出其腹實，内哀公之肝」，又言「盡」，增其實也。舊本段。

盼遂案：「又言盡」三字原在「内」字上，鈔胥誤脱，沾補於後耳。「先言」與「又言」相爲照應。

儒書言：「楚熊渠子出，見寢石，「出」，韓詩外傳六、新序雜事四謂「夜行」。以爲伏虎，將弓射之，矢没其衛。」釋名釋兵曰：「矢其旁曰羽，齊人曰衛，所以導衛矢也。」或曰：「養由基見寢石，以爲兕也，射之，矢飲羽。」吕氏春秋精通篇：「養由基射兕中石，矢乃飲羽。」文選吴都賦注：「飲羽，謂所射箭没其箭羽也。」或言：「李廣。」史記本傳：「廣爲右北平太守，出獵，見草中石，以爲虎而射之，中石没鏃，視之，石也。」西京雜記五：「廣獵於冥山之陽，見卧虎，射之，没矢飲羽，進而視之，乃石也，其形類虎。」又見搜神記十一。便是熊渠、養由基、李廣主名不審，無實（害）也。宋、元本，朱校元本，「實」並作「害」，是也。仲任只不信「没衛」，而「射石矢入」不疑也。若作「無實」，則謂本無其事，與下文義不相貫。其證一。本篇每節引史事後，先加訓釋，繼出己見。自「便是熊渠」至「射之入深也」，爲訓釋之詞，「夫言」以下乃爲己見。此作「無實」，是據己見論之，與全例不合。其證二。「失實」、「非實」，乃本書常語，無「無實」之文。其證三。「便是」猶「即是」，言即是主名不定，無害其真。蓋「害」、「實」形近，後人又不審其義而妄改之。盼遂案：「無實」，宋本作「無害」，是也。或以爲「虎」，或以爲「兕」，兕、虎俱猛，一實也。國語韋注：「兕似牛而青，善觸人。」或言「沒衛」，或言「飲羽」，羽則衛，言不同耳。則，即也。羽、衛，方言殊也。義注上。要取以寢石似虎、兕，畏懼加精，射之入深也。呂氏、韓嬰、劉向、（新序，又見搜神記。）揚雄（見西京雜記。）並謂精誠所致也。

夫言以寢石爲虎，射之矢入，可也；言其沒衛，增之也。

夫見似虎者，意以爲是，張弓射之，盛精加意，則其見真虎，與是無異。射似虎之石，矢入沒衛，若射真虎之身，矢洞度乎？度，過也，謂矢通過。一曰：「度」當作「皮」。石之質難射，肉易射也。以射難沒衛言之，則其射易者洞，不疑矣。善射者能射遠中微，不失毫氂，安能使弓弩更多力乎？養由基從軍，射晉侯中其目。錢大昕養新録十二：「左傳養由基射呂錡中項，未嘗射晉侯也。呂錡射楚共王中目。王充誤記，不足信。」暉按：事見左成十六年傳。夫以疋夫射萬乘之主，其加精倍力，必與射寢石等。當中晉侯之目也，可復洞達於項乎？如洞達於項，晉侯宜死。

車張十石之弩，弩以足張，（見史記蘇秦傳正義、索隱。）此云車張，謂連弩也。墨子備高臨篇：「備臨以連弩之車，兩軸三輪，（俞曰：「三」當作「四」。）輪居筐中，（孫云：車闌。）筐左右旁二植，左右有衡植，衡植左右皆圜内，（同柄。）左右縛弩皆於植。以弦（孫校作「距」，即弩牙。）鈎弦，矢長十尺，以繩矢端，（孫曰：矢端著繩。）如弋射，（今重「如」字，「弋」作「戈」，依孫校正。）以磨鹿（今作「磨麆」，依王校改。）卷收。」淮南氾論篇：「連弩以射，銷車以鬬。」高注：「連車弩通一弦，以牛挽之，以刃著左右，爲機關發之，曰銷車。銷讀曰綃。」恐不能入一寸，矢摧爲三，「矢」舊作「失」，程本同。今從宋本、王本、崇文本正。盼遂案：「入」下脱一「石」字。「失」當從宋本改爲「矢」。「入石」者，承前文熊渠子、養由基、李廣射寢石爲言也。況以一人之力，引微弱之弓，雖加精誠，安能没衛？人之精乃氣也，氣乃力也。有水火之難，惶惑恐懼，舉徙器物，精誠至矣，素舉一石者，倍舉二石。然則，見伏石射之，精誠倍故，不過入一寸，如何謂之没衛乎？如有好用劍者，見寢石，懼而斫之，可復謂能斷石乎？以勇夫空拳而暴虎者，爾雅釋訓舍人注：「暴虎，無兵空手搏之也。」卒然見寢石，以手椎之，衆經音義二五引三倉：「椎，打也。」宋本、朱校元本、御覽七四六引並作「推」。能令石有跡乎？

巧人之精，與拙人等；古人之誠，與今人同。使當今射工，射禽獸於野，其欲得之，不餘精力乎，不當有「乎」字。盼遂案：「乎」字衍文，論衡無如此用法。及其中獸，不過數寸。跌誤中石，不能内鋒，「内」同「納」。箭摧折矣。夫如是，儒書之言楚熊渠子、養由基、李廣射寢石，矢没衛飲羽者，皆增之也。舊本段。

儒書稱：「魯般、墨子之巧，刻木爲鳶，飛之三日而不集。」御覽七五二引舊注：「集，下也。」韓非子外儲説左上：「墨子爲木鳶，三年而成，蜚一日而敗。」列子湯問篇：「班輸之雲梯，墨翟之飛鳶。」張注：「墨子作木鳶，飛三日不集。」並只言墨子。淮南齊俗篇：「魯般、墨子以木爲鳶而飛之，三日而不集。」即此文所本。墨子魯問篇謂公輸子削竹木爲鵲。蓋傳聞訛爲鳶也。

夫言其以木爲鳶飛之，可也；言其三日不集，增之也。

夫刻木爲鳶，以象鳶形，安能飛而不集乎？既能飛翔，安能至於三日？如審有機關，一飛遂翔，淮南時則訓注：「大飛不動曰翔。」不可復下，則當言「遂飛」，不當言「三日」。

猶世傳言曰：御覽七五二引無「曰」字。「魯般巧，亡其母也。」言〔其〕巧工，「其」字舊脱，據御覽引增。爲母作木車馬，文選長笛賦注引無「馬」字。木人御者，機關備具，載母其上，一驅不還，文選注引作：「機關一發，遂去不還。」事文類聚三六、合璧事類五二引同。趙刻御覽引作「載母其上，臺去而不還」。（「臺」即「壹」之譌。張刻、明刻本作「載母上，臺云去而不還」。「臺」亦誤。「云」蓋「去」字誤衍。）遂失其母。如木鳶機關備具，與木車馬等，則遂飛不集。機關爲須臾間，不能遠過三日，則木車等亦宜三日止於道路，無爲徑去以失其母。二者必失實者矣。舊本段。

書說：「孔子不能容於世，周流游說七十餘國，未嘗得安。」淮南子泰族訓：「孔子欲行王道，東西南北七十說而無所偶。」鹽鐵論〔一〕相刺篇：「孔子東西南北七十說而不用。」說苑至公篇：「夫子行說七十諸侯，無定處。」又善說篇：「仲尼委質以見人主七十君矣，而無所遇。」史記儒林傳：「仲尼干七十餘君。」索隱曰：「後之記者失辭也。案家語等說，則孔子歷聘諸國莫能用，謂周、鄭、齊、宋、曹、衛、陳、楚、杞、莒、匡等耳。縱歷小國，亦無七十餘君也。」案：呂氏春秋遇合篇又言：「所見八十餘君。」莊子天運篇：「以奸者七十二君。」皆語增耳，非實録也。

夫言周流不遇，可也；言干七十國，增之也。公羊定四年傳何注：「不待禮見曰干。」

案論語之篇，諸子之書，孔子自衛反魯，論語子罕篇文。在陳絶糧，論語衛靈公篇集解孔曰：「孔子去衛如曹，曹不容，又之宋，遭匡人之難，又之陳，會吳伐陳，陳亂，故乏食也。」削迹於衛，見呂氏春秋愼人篇，莊子天運、山木、讓王、盜跖各篇。天運成疏：「夫子嘗遊於衛，衛人疾之，故剗削其迹，不見用也。」忘味於齊，孟子萬章下：「孔子去齊，接淅而行。」注：「淅，漬米也。不及炊，避惡亟也。」一曰：忘肉味。論語：「子在齊聞韶，三月不知肉味。」是也。伐樹於宋，莊子讓王篇釋文：「孔子之宋，與弟子習禮大樹下。宋司馬桓魋欲殺孔子，伐其樹，孔子遂行。」並費

〔一〕「論」，原本誤作「篇」，今改。

與頓牟，先孫曰：「頓牟」蓋即「中牟」。後變動篇亦云：「頓牟叛，趙襄子帥師攻之。」（襄子攻中牟，見淮南子道應訓、韓詩外傳、新序〔一〕雜事。）暉按：孔子至費與中牟，諸書並未見。論語陽貨篇言公山不擾以費叛，召，子欲往；佛肸以中牟畔，召，子欲往。不言果往。仲任似失之。至不能十國。淮南修務篇注：「能猶及也。」「不能」猶言「未及」也。傳言七十國，非其實也。

或時干十數國也，七十之說，文書傳之，因言干七十國矣。

論語曰：見憲問篇。「孔子問公叔文子於公明賈曰：檀弓下鄭注：「文子，衛獻公之孫，名拔。」（論語集解邢疏本、朱子集注並誤作「枝」。）潘維城曰：「公明賈，當是姓公明，名賈。孟子有公明儀、公明高。」『信乎，夫子不言、不笑、不取乎？』公明賈對曰：『以告者過也。夫子時然後言，人不厭其言也；樂然後笑，人不厭其笑也；義然後取，人不厭其取也。』「言」、「笑」、「取」下並有「也」字，皇疏本、高麗本同。邢疏本無，後知實篇同，疑據彼妄删。子曰：『豈其然乎？豈其然乎？』」論語上句作「其然」。集解馬曰：「美其得道，（釋「其然」。）嫌其不能悉然也。」（釋「豈其然乎」。）此重言，知實篇同，非抑揚之詞。銅熨斗齋隨筆曰：「與何氏所據本不同。」羣經義證曰：「韓詩外傳，景公使子貢譬孔子，亦曰：『善，豈其然；善，豈

〔一〕「序」，原本誤作「事」，今改。

其然。』」

夫公叔文子實時言、樂笑、義取，「樂笑」舊作「時笑」，宋本、朱校元本同。王本、崇文本作「樂笑」。此承「樂然後笑」言之，作「樂笑」是也。今據正。人傳説稱之，言其不言、不笑、不取也，俗言竟增之也。舊本段。

書言：「秦繆公伐鄭，過晉不假途，事見魯僖三十三年。「不假途」，三傳無明文。公羊何注：「行疾不假途，變必生。」仲任蓋本公羊家説。晉襄公率羌（姜）戎要擊於崤塞之下，「羌」當作「姜」，形近而誤。三傳並作「姜」。杜曰：「姜戎，姜姓之戎，居晉南鄙。」閻若璩四書釋地又續曰：「殽，晉之南境，從秦向鄭，路必經之。括地志云：『二殽山，一名嶔崟山，在洛州永寧縣西北二十里，即古之殽道。』蘇代謂之殽塞。元和志謂東崤至西崤三十五里，在秦關之東、漢關之西是也。」匹馬隻輪無反者。」穀梁曰：「匹馬倚輪無反者。」公羊同此。何注：「匹馬，一馬也。隻，踦也。皆喻盡。」臧氏經義雜記謂：公羊本作「踦輪」，何注當作「踦，隻也」。王引之謂：公羊本作「易輪」，何氏讀「易」爲「隻」。按：呂氏春秋悔過篇高注引穀梁傳亦作「隻輪」，與此同。

時秦遣三大夫孟明視、西乞術、白乙丙，史記秦紀：「百里傒子孟明視，蹇叔子西乞術及白乙丙。」呂氏春秋悔過篇高注：「申，白乙丙也。視，孟明視也。皆蹇叔子。」以視爲蹇叔子，與史記異。左僖三十二年傳疏引世族譜與史同，以爲百里奚子。又譜載或説，以西乞、白乙爲蹇叔子。孔疏以爲，傳言「蹇叔之子與師」，則其子明非三帥，或説妄也。洪亮吉左傳詁曰：「南史亦云：『孟明，百里奚子。』下傳亦即明云『百里孟明視』。按：呂覽以孟明視爲蹇叔子，今蹇叔哭孟子之後，始云：『其子與師，哭而送之。』且稱爲『孟子』，明視非蹇叔子，可知。史記以蹇叔子爲西乞、白乙，正義非之。今攷三帥同出，蹇叔先哭孟子，不及二人，次乃云『蹇叔之子與師，哭而送之』，則西乞、白乙或即爲蹇叔子。以其爲子，故哭有次第，又改而稱『爾』，文法甚明。至變文言蹇叔之子，行文互見之法，正義譏之，非也。」皆得復還。傳言文嬴請三帥，使歸就戮，晉公許之。夫三大夫復還，車馬必有歸者，文言「匹馬隻輪無反者」，增其實也。舊本段。

書稱：「齊之孟嘗，魏之信陵，趙之平原，楚之春申君，待士下客，招會四方，各三千人。」孟嘗君田文傾天下之士，食客數千人。信陵君無忌致食客三千人。平原君趙勝，賓客至者數千人。春申君黃歇，客三千餘人。並見史記本傳。欲言下士之至，趨之者衆也。

夫言士多，可也；言其三千，增之也。四君雖好士，士至雖衆，不過各千餘人，書則言三千矣。夫言衆必言千數，言少則言無一，世俗之情，言事之失也。舊本段。

傳記言：「高子羔之喪親，泣血，三年未嘗見齒，君子以爲難。」見禮記檀弓上。鄭讀「泣血三年」句絶。檀弓疏、齊乘引史記弟子傳並云：「高柴，鄭人。」（今本無「鄭人」二字，論語先進篇疏引同。）鄭玄曰：「衛人。」（史記集解、論語邢疏。）家語弟子解云：「齊人，高氏之別族。」齊乘卷六曰：「墓在沂州向子城側。」難爲故也。

夫不以爲非實，而以爲難，君子之言誤矣。

高子泣血，殆必有之。何則？荆和獻寶於楚，楚刖其足，痛寶不進，己情不達，泣涕，涕盡因續以血。韓非子和氏篇：「楚人和氏得玉璞，獻之厲王。玉人曰：『石也。』王以和爲誑，刖其左足。又獻之武王，刖其右足。和乃哭，三日三夜，泣盡繼之以血。」今高子痛親，哀極涕竭，血隨而出，實也。鄭注檀弓曰：「言泣無聲，如血出。」較此説義長。而云「三年未嘗見齒」，是增之也。

言「未嘗見齒」，欲言其不言不笑也。鄭曰：「言笑之微。」與仲任異義。孝子喪親，不笑可也，安得不言？言安得不見齒？孔子曰：「言不文。」孝經喪親章：「子曰：『孝子之喪親也，言不文。』」鄭注：「父母之喪，不爲詡，唯而不對者也。」（書鈔九三引。）引此經者，明臣下居喪言也，言不文耳。禮記喪服四制曰：「三年之喪，君不言。然而曰『言不文』者，謂臣下也。」注引孝經説曰：「言不文者，指士民也。」白虎通喪服篇曰：「言不文者，指謂士民不言而事成者。」或時不言，孫星衍孔子集語五引屬上，爲孔子之詞，非也。傳則言其不見齒；或時□□，傳則言其不見齒三年矣。「或時」下疑脱「不笑」二字。兩「或時」，兩「傳則言」，平列爲文。蓋校者誤以「或時不言」爲孔子語，妄删「不笑」二字。盼遂案：「或時」下疑脱「不見齒數月」五字。上句「或時不言，傳則言其不見齒」，此當與之同一文法。

高宗諒陰，三年不言。尚書無逸作「亮陰」，大傳作「梁闇」，禮記喪服四制、白虎通爵篇並作「諒闇」。論語憲問篇作「諒陰」，與此文同。然公羊〔二〕文九年注、吕氏春秋重言篇注引論語並作「諒闇」。鄭注亦云：「諒闇，謂凶廬也。」（後漢張禹傳注。）大傳、小戴記爲今文，則高、何、鄭所據論語與之合，是魯論也。何晏集解作「諒陰」，與僞孔本無逸合，是古論也。仲任今文家，多從魯論，則此作「諒陰」者，後人妄改也。「亮陰」馬、孔注以爲信默，（左傳隱元年疏、論語憲問集解。）與「諒闇」伏生、鄭玄以爲凶廬，（喪服四制及論語注。）其義不同，其字自異。仲任習今文，未有從古文作「諒陰」之理。皮氏今文尚書考證據論語及此文作「諒陰」，而不知被後人妄改，以定尚書今文一作「諒陰」，疑非塙論。盼遂案：吴承仕曰：「喪服四制曰：『書云：高宗諒陰，三年不言。此之謂也。然而曰言不文者，謂臣下也。』鄭注引孝經説曰：『言不文，指子民也。』論引『子曰言不文』，當本自孝經説。此文大意謂尊爲天子或不可言，而書言三年不言，猶疑其增。高子身爲臣下，言不文可也，安得三年不言，比于天子邪？此節『言不文』下疑有脱字。又『尊爲天子不言，而其文言不言』，疑當作『尊爲天子不言，而其文言三年』。此外仍有譌脱，無可據正。」又云：「『泣血三

〔二〕「公羊」，原本誤作「羊公」，今乙。

年』，鄭注云：『言泣無聲，如血出。』『未嘗見齒』，注云：『言笑之微。』鄭義自通。王義與鄭異。似失之拘。」尊爲天子不言，此據舊説，以釋高宗不言也。鄭志趙商答陳鑠問曰：「三年之喪，天子諸侯不言而事成者，冢宰有也。雖亦有所言，但希耳。至於臣下，須言而辨，爲可謂言，但不文耳。」而其文言「不言」，猶疑於增，況高子位賤，而曰「未嘗見齒」，是必增益之也。舊本段。

儒書言：「禽息薦百里奚，繆公未聽，〔出〕，禽息出當門，「出」當在「聽」字下，傳寫誤也。此言繆公未聽其言而出，禽息當門以止之，非言禽息出也。文選演連珠李注引應劭漢書注：「繆公出，當車，以頭擊門。」後漢書朱暉傳注：「不見納，繆公出，當車，以頭擊闑。」並謂繆公出也。文選演連珠注引此文正作「繆公出，當車仆頭碎首，以達其友」，是其明證。又文選注引作「當車」，與後漢書注合。然「當門」義亦可通，今因之。韓詩外傳謂「對使者以首觸楹死」，事又稍異。仆頭碎首而死。繆公痛之，乃用百里奚。」此言賢者薦善，不愛其死，仆頭碎首〔一〕而死，以達其友也。世士相激，文書傳稱之，莫謂不然。盼遂案：「文」字疑衍。夫仆頭以薦善，古今有之。禽息仆頭，蓋其實也；言碎首而死，是增之也。

〔一〕「首」，原本作「頭」，據通津草堂本改。

夫人之扣頭，痛者血流，雖忿恨惶恐，無碎首者。非首不可碎，人力不能自碎也。執刃刎頸，樹鋒刺胸，鋒刃之助，故手足得成勢也。言禽息舉椎自擊，首碎，不足怪也；仆頭碎首，力不能自將也。有扣頭而死者，未有使頭破首碎者也。

此時或〔時〕扣頭薦百里奚，「此時或」當作「此或時」，本書常語也。傳寫誤。世空言其死；若或扣頭而死，「若」亦「或」也，複語。世空言其首碎也。舊本段。

儒書言：「荆軻爲燕太子刺秦王，操匕首之劍，通俗文曰：「匕首，劍屬，其頭類匕，故曰匕首，短而便用。」（類聚六〇。）刺之不得。得，中也。漢人語。淮南齊俗訓：「天之圓也不得規，地之方也不得矩。」文子自然篇「得」並作「中」。（俞樾謂當作「中」，非也。）秦王拔劍擊之。意林二引燕丹子曰：「荆軻起督亢圖進之。秦王發圖，圖窮而匕首見。軻左手把秦王袖，右手揕其胸。秦王曰：『乞聽琴聲而死。』召姬人鼓琴，秦王負劍拔之，斷軻兩手。軻曰：『吾事不濟也。』」秦零陵令上書，言秦王以神武扶揄長劍以自救。（文選吳都賦注。）事詳史記荆軻傳。軻以匕首擿秦王，「擿」同「擲」。不中，中銅柱，入尺。」燕丹子：「荆軻拔匕首擿秦王，決耳，入銅柱，火出。」（文選盧子諒覽古詩注。）史記軻傳亦不言「入尺」。漢武氏石室畫像，荆軻作散髮狂奔狀，左有一柱，柱間一刃下墮，即圖此也。欲言匕首之利，荆軻勢盛，投銳利之刃，陷堅彊之柱，稱荆軻之勇，故增益其事也。

夫言入銅柱，實也；言其入尺，增之也。

夫銅雖不若匕首堅剛，入之不過數寸，殆不能入尺。以入尺言之，設中秦王，匕首洞過乎？車張十石之弩，注見前。射垣木之表，盼遂案：「垣」當爲「桓」，形之誤也。說文木部：「桓，亭郵表也。」漢、魏名曰桓表，亦曰和表。（見漢書尹賞傳注。）尚不能入尺。以荆軻之手力，投輕小之匕首，鹽鐵論謂長尺八。身被龍淵之劍刃，入堅剛之銅柱，「身被龍淵之劍刃」，於此義無所屬，非其次也。「手力」承「車張」，「輕小匕首」承「十石之弩」，「堅剛銅柱」承「垣木之表」，並正反相較爲文，「身被」七字，當在下文，誤奪入此。盼遂案：「身」字衍。此自以「被龍淵之劍刃」爲句，「入堅剛之銅柱」爲句也。是荆軻之力，勁於十石之弩，銅柱之堅，不若木表之剛也。

世稱荆軻之勇，不言其多力。多力之人，莫若孟賁。注累害篇。使孟賁上文「身被龍淵之劍刃」句，疑當在此。擿銅柱，王本、崇文本「擿」作「擿」，非。能淵（洞）〔過〕出一尺乎？「能」下舊校曰：一有「過」字。吳曰：此文當作：「能洞過出一尺乎？」「淵」即「洞」字形近之譌，「過」字本或誤奪，遂不可讀。上文云：「設中秦王，匕首洞過乎？」立文正同。暉按：宋本「淵」正作「過」，足證成吳説。此亦或時匕首利若干將、莫邪，並吳利劍名。詳王氏廣雅疏證。所刺無前，所擊無下，故有入尺之效。夫稱干將、莫邪，亦過其實。擊刺無前、下，亦入銅柱尺之類也。舊本段。

儒書言：「董仲舒讀春秋，專精一思，志不在他，三年不窺園菜。」桓譚新論曰：「董仲舒專精於述古，年至六十餘，不窺園中菜。」（見御覽九七六。）史記本傳：「三年不觀於舍園。」鄒子曰：「董仲舒三年不闚園門，乘馬不知牝牡。」（事類賦三。）

夫言不窺園菜，實也；言三年，增之也。

仲舒雖精，亦時解休，「解」讀作「懈」。解休之間，猶宜游於門庭之側，則能至門庭，何嫌不窺園菜？「嫌」猶「得」也。義詳書虛篇注。「能至門庭，何嫌不窺園菜」，爲反詰之詞，「則」字無義，蓋涉「側」字譌衍。書虛篇：「能讓吴位，何嫌貪地遺金？」又：「棄其寶劍，何嫌一叱生人取地遺金？」句法正同。聞用精者，察物不見，存道以亡身，禮運注：「存，察也。」察，明也。「亡」同「忘」。不聞不至門庭，坐思三年，不及窺園也。

尚書毋佚曰：「無逸」，今文經作「毋佚」。「君子所其毋逸，「逸」當作「佚」，疑後人改亂之。下文作「乃佚」，未誤。今文作「毋佚」。説詳段玉裁古文尚書撰異、孫星衍尚書今古文注疏。先知稼穡之艱難乃佚。」鄭曰：「君子，止謂在官長者。所，猶處也。君子處位爲政，其無自逸豫也。」（書疏引。）〔佚〕者，〔解〕也。舊校曰：一有「解」字。吴曰：此文當作「先知稼穡之艱難乃佚，佚者解也」。蓋王氏引書，乃自釋之。「佚者解也」，乃王氏説經之詞。論衡引用經傳，每自下訓釋。如云：「弼成五服。五服，五采服也。」「毋曠庶官。曠，空也。庶，衆也。」「今我民罔不欲喪。罔，無也。」皆其比倫。既訓「佚」爲「解」，故下文云：「人之筋骨，非木非〔二〕石，不能不解。」此文「乃佚」下奪一「佚」字，「也」上奪一「解」字。原校近之而未盡也。人之筋骨，非木非石，不能不解。故張而不㢮，程、王、崇文本作「弛」。禮雜記同。宋本、通津本作「㢮」。文王不爲；㢮而不張，文王不行；一㢮一張，文王以爲常。王本、崇文本作「當」。「故」字以下，禮記雜記孔子論蜡之詞。「文王」作「文、武」。餘亦稍異。鄭注：「張弛以弓弩喻人也。弓弩久張之則絶其力，久弛之則失其體。」聖人材優，尚有㢮張之時，仲舒材力劣於聖，安能用精三年不休？舊本段。

儒書言：「夏之方盛也，史記封禪書、漢書郊祀志並謂禹之世，許慎、杜預因之。仲任亦云禹鑄，見下文。金履祥通鑑前編、洪亮吉春秋左氏詁並云當從墨子耕柱篇作夏后開。遠方圖物，杜曰：「圖畫山川奇異之物而獻之。」貢金九牧，服虔曰：「使九州之牧貢金。」（史記楚世家集解引。杜同。）鑄鼎象物，賈逵曰：「象所圖物，著之於鼎。」（引同上。杜同。）而爲之備，謂使民逆備鬼物。故入山澤，不逢惡物，用辟神姦，傳云：「禁禦不若，（「禁禦」今作「不逢」，從惠

〔二〕「非」字原本脱，據正文補。

棟校改。）螭魅罔兩，莫能逢之。」故能叶于上下，以承天休。」「叶」，傳作「協」。杜曰：「民無災害，則上下和而受天祐。」以上見左宣三年傳。

夫金之性，物也，用遠方貢之爲美，鑄以爲鼎，用象百物之奇，沈欽韓曰：「山海經所説形狀物色，殆所象也。」安能入山澤不逢惡物，辟除神姦乎？黄震曰：「禹鑄鼎象物，使不逢不若，蓋使人識而避之耳。辨其不能辟除神姦，非也。」

周時天下太平，越裳獻白雉，倭人貢鬯草。並注異虚篇。食白雉，服鬯草，不能除凶，金鼎之器，安能辟姦？且九鼎之來，德盛之瑞也。高誘淮南注：「九鼎，九州貢金所鑄也。一曰象九德，故曰九鼎。」按東周策顏率語，是鼎數九也。服瑞應之物，不能致福。男子服玉，淮南説山篇注：「服，佩也。」女子服珠，珠玉於人，無能辟除。寶奇之物，使爲蘭服，作牙身，宋本「服」作「或」，朱校元本同。疑此文當作「使爲蘭」。「或作牙」三字爲讀者校語，（藝增篇：「皆賫盛糧，或作乾糧。」「或作乾糧」四字，即宋人校語誤入正文。正其比。）誤入正文。「身」爲「牙」字譌衍。（「牙」、「身」二字，隸書形近。韓非子説疑篇「續牙」，漢書人表作「續身」。）「服」爲「蘭」字旁注，校者不審，誤以「服」字入正文，又妄删「或」字。漢書韓延壽傳：「抱弩負蘭。」注：「如淳曰：『蘭，盛弩箭箙也。』」詩小雅采薇曰：「象弭魚服。」毛傳：「魚服，魚皮也。」鄭箋：「服，矢服也。」疏引陸機曰：「魚服，魚獸之皮也。魚獸似猪，東海有之，其皮背上班文，腹下純青，今以爲弓鞬步叉者也。其皮雖乾燥，以爲弓鞬矢服，經年，海水潮及天將雨，其毛皆起；水潮還及天晴，其毛復如故。雖在數千里外，可以知海水之潮，自相感也。」據此，是籣以寶奇之物爲之。說文「籣」从「竹」。隸書从「艸」从「竹」字多亂。史記信陵君傳：「平原君負韊矢。」字亦从「艸」。其从「革」，明以魚獸皮製也。牙，牙旗也。文選關中詩：「高牙乃建。」東京賦薛注：「古者天子出，建大牙旗，竿上以象牙飾之，故云牙旗。」是牙亦寶奇之物爲之。故「蘭」一本作「牙」。或言有益者，九鼎之語也。夫九鼎無能辟除，「夫」上舊校曰：一有「大」字。暉按：「大」字涉「夫」字譌衍。傳言能辟神姦，是則書增其文也。

世俗傳言：「周鼎不爨自沸，不投物，物自出。」墨子耕柱篇：「夏后開鑄鼎，成，不炊而自烹，不舉而自藏，不遷而自行。」孫詒讓曰：「儒增所載漢時俗語，蓋出於此。」暉按：宋書符瑞志、孫氏瑞應圖並有此語。此則世俗增其言也，儒書增其文也，是使九鼎以無怪空爲神也。

且夫謂周之鼎神者，何用審之？周鼎之金，遠方所貢，禹得鑄以爲鼎也。其爲鼎也，有百物之象。如爲遠方貢之爲神乎？「如爲」，據下文例，疑當作「如以爲」。遠方之物安能神？如以爲禹鑄之爲神乎？禹聖，不能神。聖人身不能神，鑄器安能神？如以金之物爲神乎？則夫金者，石之類也，石不能神，金安能神？以有百物之象爲神乎？夫百物之象，猶雷罇也，雷罇刻畫雲雷之形，注雷虛篇。雲雷在天，神於百物，雲雷之象不能神，百物之象安能神也？舊本段。

傳言：「秦滅周，周之九鼎入于秦。」見史記封禪書。漢書郊祀志文略同。案本事，周赧王之時，五十九年。秦昭王使將軍摎攻王赧。王赧惶懼犇秦，頓首受罪，盡獻其邑三十六，三十六城。口三萬。秦受其獻，還王赧。王赧卒，秦王取九鼎寶器矣。事在秦昭王五十二年。此文據史記周、秦本紀。若此者，九鼎在秦也。始皇二十八年，北遊至琅邪，還過彭城，齊戒禱祠，「齊」讀「齋」。欲出周鼎，使千人没泗水之中，求弗能得。此據始皇紀。漢吾丘壽王亦云。案時，昭王之後，三世得始皇帝。昭王、孝文、莊襄，計三世。秦無危亂之禍，鼎宜不亡，亡時殆在周。傳言：「王赧犇秦，秦取九鼎。」或時誤也。

傳又言：「宋太丘社亡，史記年表在周顯王三十三年。搜神記六云：「三十二年。」蓋「二」當作「三」。郊祀志云：「顯王四十二年。」竹書紀年、水經泗水注同。鼎没水中彭城下。「水」謂泗水也。其後二十九年，秦并天下。」封禪書云：「其後百一十五年。」是自周顯王三十四年至始皇二十六年計之。郊祀志云：「後二十八年。」是從秦莊襄王二年計之。時滅東周後一年也。此云「二十九」，蓋起自莊襄元年。然此「其後」承「鼎没」而言，則其爲數非「二十九」也。疑

「其後」上，文有誤脱。**若此者，鼎未入秦也。其亡，從周去矣**，俞曰：史記年表，宋太丘社亡，在周顯王之三十三年，則秦惠文王之二年也。後此二十年，爲惠文王之後九年，張儀欲伐韓，尚有「周自知不救，九鼎寶器必出」之言，安得亡於周顯王之三十三年也？即如漢書郊祀志之説，謂社亡於顯王四十三年，至惠文王後九年，亦十二年矣。愚嘗謂秦取九鼎，著於周本紀；九鼎入秦，著於秦本紀，乃史公之實録。封禪書又云：「或曰：宋太丘社亡，而鼎没於泗水彭城下。」此方士新垣平輩之妄説也。九鼎自在秦，而後世不見者，燬於咸陽三月之火也。秦所求泗水之鼎，漢所出汾陰之鼎，均非禹鼎。此言鼎未入秦，失其實矣。又按周考王二年，封其弟桓公於河南，是爲西周君。桓公卒，威公立，威公卒，惠公卒，復封其少子於鞏，是爲東周君。而周天子自在成周。至赧王立，自成周，遷於王城。王城即河南也。於是始與西周君共居。及秦昭襄王五十一年，秦使將軍摎攻西周，西周君自歸於秦，頓首受罪，盡獻其邑，此西周君也，非赧王也。合史記周、秦兩紀觀之，事迹甚明。此言王赧惶懼奔秦，亦失其實。全祖望曰：「周鼎何以過彭城没泗水，李復已疑之。且赧王五十九年而亡，次年秦始取九鼎，見周本紀。上距顯王四十二年，乃惠文王十一年。顯王又六年而崩，間以愼靚王六年，至赧王五年，乃武王元年，其八年武王薨。據甘茂傳，武王葬周，蓋舉鼎絶臏而死，則是時鼎猶未入泗。又歷五十一年，而九鼎始不保。以道里計之，浮河入渭，即至秦土，豈由泗乎？又況在六十二年之前，其妄明矣。封禪書又謂宋太丘社亡，鼎没泗水，是周鼎早在宋。何以在宋，更不可曉。」王先謙曰：「鼎未入秦，淪没泗水，乃秦人傳聞。全氏謂浮河入渭，即至秦，不得由泗，是也。封禪書言鼎入秦，又云没于泗水。蓋史公未能斷其是非，兼紀兩説。」未爲神也。

春秋之時，五石隕于宋。魯僖十六年。五石者，星也。左氏傳説。星之去天，猶鼎之亡於地也。星去天不爲神，鼎亡於地何能神？春（秦）[秋]之時，三山亡，「春秋」當作「秦」。「秦」形譌爲「春」，傳寫又妄入「秋」字。説日篇：「秦之時，三山亡。」感類篇：「秦時三山亡。」並其證。下文「如鼎與秦三山同乎」，字正作「秦」，更其切證。春秋時只梁山崩，沙鹿崩，無「三山」之異也。説苑辨物篇：「二世即位，山林淪亡。」殆即此也。猶太丘社之去宋，五星之去天。三山亡，五石隕，太丘社去，皆自有爲。然鼎亡，亡亦有應也，未可以亡之故，乃謂之神。如鼎與秦三山同乎？亡不能神。如有知，欲辟危亂之禍乎？「辟」同「避」。則更桀、紂之時矣。更，經也。衰亂無道，莫過桀、紂，桀、紂之時，鼎不亡去。周之衰亂，未若桀、紂，留無道之桀、紂，去衰末之周，非止（亡）去之宜（有）神[有]知之驗也。「止」當作「亡」。干禄字書「凵」通「止」，與「亡」形近而誤。「有神」二字，傳寫誤倒。上文正言鼎之亡去，非神非知，故此云：「非亡去之宜有神知之驗也。」或時周亡之時，將軍摎人衆見鼎盜取，姦人鑄爍以爲他器，蘇軾曰：「周人毁鼎以緩禍，而假之神妖以説。」沈欽韓曰：「周自亡之，虞大國之甘心，爲宗社之殃，又當困乏時，銷毁爲貨，繆云鼎亡耳。」俞樾謂毁於咸陽兵火，並難憑信。漢人已莫能明，仲任此説，亦意度耳。始皇求不得也。後因言有神名，則空生没於泗水之語矣。

孝文皇帝之時，文帝後元年。趙人新垣平上言：「周鼎亡在泗水中。今河溢，通於泗水。臣望東北，汾陰直有金氣，郊祀志師古注：「汾陰直，謂正當汾陰也。」意周鼎出乎？兆見弗迎則不至。」於是文帝使使治廟汾陰，南臨河，欲祠出周鼎。王本、崇文本「祠」並誤作「神」。人有上書告新垣平所言神器事皆詐也，「器」讀作「氣」，氣、器古通。（大戴禮文王官人篇：「其氣寬以柔。」周書「氣」作「器」。莊子人間世：「氣息茀然。」釋文：一本作「器息」。）下文「新垣平詐言鼎有神氣見」，即承此爲文。封禪書作「氣神事」。於是下平事於吏。吏治，誅新垣平。封禪書、郊祀志「誅」下並有「夷」字，文紀：「詐覺，謀反，夷三族。」夫言鼎在泗水中，猶新垣平詐言鼎有神氣見也。

藝增篇藝，謂經藝也。

世俗所患，患言事增其實，著文垂辭，辭出溢其真，稱美過其善，進惡没其罪。何則？俗人好奇，不奇，言不用也。故譽人不增其美，則聞者不快其意；毁人不益其惡，則聽者不愜於心。聞一增以爲十，見百益以爲千，使夫純樸之事，十剖百判；審然之語，千反萬畔。墨子哭於練絲，楊子哭於歧道，並注率性篇。蓋傷失本，悲離其實也。

蜚流之言，百傳之語，出小人之口，馳閭巷之間，其猶是也。諸子之文，筆墨之疏，人賢所著，吴曰：疑當作「大賢」。盼遂案：「人賢」二字，當以爲「賢人」。上文「小人」，下文「聖人」，皆與此相應。妙思所集，宜如其實，猶或增之。儻經藝之言，如其實乎？言審莫過聖人，經藝萬世不易，猶或出溢，增過其實。增過其實，皆有事爲，不妄亂誤以少爲多也。然而必論之者，方言經藝之增與傳語異也。

經增非一，略舉較著，令怳惑之人，觀覽采擇，得以開心通意，曉解覺悟。

尚書〔曰〕：依下文例補「曰」字。「協和萬國。」堯典文。「邦」作「國」，説見前篇。是美堯德致太平之化，化諸夏並及夷狄也。言協和方外，可也；言萬國，增之也。

夫唐之與周，俱治五千里內。此今文書說也。王制疏引五經異義曰：「今尚書歐陽、夏侯說，中國方五千里。古尚書說，五服旁五千里，相距萬里。」書虛篇：「舜與堯共五千里之境，同四海之內。」談天篇：「周時九州東西五千里，南北亦五千里。」別通篇：「殷、周之地極五千里。」宣漢篇：「周時僅治五千里內。」難歲篇：「九州之內五千里。」又御覽六二六引孫武曰：「帝王處四海之內，居五千里之中。」並今文説也。今文家不以爲實有萬國，故不以爲實有萬里也。周時諸侯千七百九（七）十三國，「九」當作「七」，尚書大傳洛誥傳：「天下諸侯之來進受命於周，退見文、武之尸者，千七百七十三諸侯。」王制曰：「凡九州千七百七十三國。」鄭注：「周因殷諸侯之數。」並其證。荒服、戎服、要服周禮夏官職方氏注：「服，服事天子也。」周語上：「夷蠻要服，戎狄荒服。」韋注：「要者，要結好信而服從也。荒，荒忽無常之言也。」禹貢、周禮、周語並無「戎服」。及四海之外不粒食之民，注感虛篇。若穿胸、儋（耴）耳、焦僥、跋（跂）踵之輩，淮南地形訓有穿胸民，高注：「穿胸，胸前穿孔達背，南方國名。」海外南經曰：「貫胸國，人胸有竅。」竹書紀年有貫胸氏。博物志二曰：「穿胸國，昔禹平天下，會諸侯會稽之野。防風氏後到，殺之。夏德之盛，二龍降之，禹使范成光御之，行域外，既周而還。至南海，經防風，防風氏之二臣，以塗山之戮，見禹使，怒而射之，迅風雷雨，二龍升去。二臣恐，以刃自貫其心而死。禹哀之，乃拔其刃，療以不死之草，是爲穿胸民。」括地圖文略同。方以智曰：「儋耳」即「耽耳」。淮南曰：「耽耳在北方。」漢南海有儋耳郡，注：「作聸，大耳。」説文：「耳曼無輪廓曰耼。」老耼以此名。子長疑太史儋即老耼。則「儋」、「聸」、「耼」一字。今儋州即儋耳。淮南「在北方」，或譌舉，或同名乎？暉按：方説非也。漢之儋耳郡，唐之儋州，地在南方，與此無涉。説文明言南方有聸耳國。此「儋耳」在四海之外，本海外北經、淮南地形訓。「儋」當作「耴」，初譌爲「耽」，再轉爲「聸」，爲「儋」耳。（段玉裁曰：「古作耽。一變爲聸，再變爲儋。」）今淮南地形訓「耴耳」譌作「耽耳」。（依王念孫校。）此則由「耽」轉寫作「儋」也。呂氏春秋任數篇：「北懷儋耳。」高注：「北極之國。」則「儋」亦當作「耴」，與此誤同。（大荒北經：「儋耳之國，任姓。」亦「耴耳」之誤。）淮南高注：「耴耳，耳垂在肩上。耴讀褶衣之『褶』，或作『攝』，以兩手攝耳，居海中。」海外北經曰：「聶耳之國，在無腸國東，爲人兩手聶其耳，縣居海水中。」王念孫曰：「耴耳即聶耳。」魯語下：「焦僥民，（今作「焦僥氏」，從段玉裁校。）長三尺，短之至也。」韋注：「焦僥，西南蠻之别名也。」（今脱「名」字，從孔子世家集解補。）海外南經曰：「焦僥國在三首國東。」括地志曰：「在大秦國北。」大荒南經云：「幾姓。」先孫曰：「跋踵」當作「跂踵」。山海經海外北經：「跂踵國在拘纓東。」（郭注引孝經鉤命決云：「焦僥、跂踵，重譯款塞。」）暉按：孫説是也。山海經郭璞注：「跂音企。」是「跂」讀「企」。企，舉踵望也。淮南地形訓高注：「跂踵，踵不至地，以五指行。」大荒北經郭注：「其人行，脚跟不着地也。」字又作「歧」。

竹書：「岐踵戎來賓。」呂氏春秋當染篇：「夏桀染於干辛、歧踵戎。」山海經曰：「流沙行五百里有山，曰跂踵山。」或即跂踵國地。并合其數，不能三千。「能」猶「及」也。天之所覆，地之所載，盡於三千之中矣。而尚書云「萬國」，褒增過實，以美堯也。欲言堯之德大，所化者衆，諸夏夷狄，莫不雍和，故曰「萬國」。漢書地理志曰：「昔在黄帝，作舟車以濟不通，旁行天下，方制萬里，畫壄分州，得百里之國萬區，是故易稱『先王以建萬國，親諸侯』，書曰『協和萬國』，此之謂也。」據此，則今文説以萬國爲實數，非虚增也。仲任以爲褒增，與之異者，皮錫瑞曰：「仲任、歐陽説，與班固、夏侯説不同。」其説是也。孫奕示兒編十三以仲任謂唐無萬國爲誤經義，非也。猶詩言「子孫千億」矣，見大雅假樂篇。美周宣王之德，陳喬樅魯詩遺説考：「毛詩以假樂之詩爲嘉成王。今據論衡述詩，以爲美周宣王之德，是魯詩之説與毛義異。」能慎天地，「慎」，舊校曰：一作「順」。暉按：「慎」讀作「順」，聲近字通。天地祚之，子孫衆多，至於千億。鄭箋：「成王行顯顯之令德，求禄得百福，其子孫亦勤行而求之，得禄千億。」是非謂子孫之數有千億也。與王説異。言子孫衆多，可也；言千億，增之也。夫子孫雖衆，不能千億，詩人頌美，增益其實。案后稷始受邰封，大雅生民曰：「有邰家室。」毛傳：「邰，姜嫄之國也。堯見天因邰而生后稷，故國后稷於邰。」訖於宣王，宣王以至外族内屬，血脉所連，不能千億。「不能」猶「未及」也。夫「千」與「萬」，數之大名也。「萬」言衆多，吴曰：「萬」字疑誤。暉按：「萬言衆多」，猶言「千萬之爲言衆多也」，舉「萬」以賅「千」。**故尚書言「萬國」，詩言「千億」。**

詩云：「鶴鳴九臯，聲聞于天。」見小雅鶴鳴。今本「鳴」下有「于」字，因唐石經誤也。古書引詩，皆無「于」字。詳馮登府三家詩異文疏證、段玉裁毛詩故訓傳、錢大昕養新録、李富孫詩經異文釋、李賡芸炳燭編。盧文弨龍城札記曰：「『臯』一作『皋』，當作『臭』，即古『澤』字。」李賡芸曰：「太玄上次五：『鳴鶴升自深澤。』范望注，詩云：『鶴鳴九皋，聲聞于天。』據此，『九皋』當作『九澤』。說文『臭』古文以爲『澤』字。毛詩必本作『臭』，字與『皋』相似，因而致譌。」暉按：鄭箋：「臯，澤中水溢出所爲坎。」楚詞湘君王注：「澤曲曰皋。」若作「臭」，即「澤」字，則鄭、王不容別其義於「澤」也。盧、李說恐非。**言鶴鳴九折之澤，**此韓詩說也。見釋文。**聲猶聞於天，以喻君子修德窮僻，名猶達朝廷也。**韓詩外傳七曰：「故君子務學修身，端行而須其時者也。」下引此詩，義與此說相近。荀子儒效篇：「君子隱而顯，微而明。」漢書東方朔傳：「苟能修身，何患不榮。」並引此詩。毛傳、鄭箋義同。蓋詩今古文說無異也。

〔言〕其聞高遠，可矣；「其」上當有「言」字，與下「言」字平列。本篇文例可證。盼遂案：「其」上應有「言」字。上文「言子孫衆多，可也；言千億，增之也」，下文「言無有孑遺一人不愁痛者。夫旱甚，則有之矣；言無孑遺一人，增之也」，與此文法一律。**言其聞於天，增之也。**

彼言聲聞於天，見鶴鳴於雲中，從地聽之，言從地能聞之。度其聲鳴於地，當復聞於天也。夫鶴鳴雲中，人聞聲仰而視之，目見其形。耳目同力，耳聞其聲，則目見其形矣。然則耳目所聞見，不過十里，使參天之鳴，人不能聞也。御覽九一六引作：「按鶴鳴參天，人則不聞。鳴在於澤，云何謂乎？」蓋意引之，非此文有脱誤也。何則？天之去人以萬數遠，「萬數」，以萬爲數也，漢人常語。仲任以爲天地相去，六萬餘里。見談天、説日篇。則目不能見，耳不能聞。今鶴鳴，從下聞之，鶴鳴近也。以從下聞其聲，則謂其鳴於地，當復聞於天，失其實矣。其鶴鳴於雲中，人從下聞之；如鳴於九皋，人無在天上者，何以知其聞於天上也？無以知，意從准況之也。盼遂案：「意」係「竟」之誤字。

詩人或時不知，至誠以爲然；或時知，而欲以喻事，故增而甚之。

詩曰：「維周黎民，靡有孑遺。」見大雅雲漢。「維周」，毛詩作「周餘」。王應麟詩攷三以爲異文，李富孫曰：「治期篇仍作『周餘』。孟子引詩同，則此作『維周』，當爲駁文。」是謂周宣王之時，遭大旱之災也。皇甫謐曰：「宣王元年，不藉千畝，天下大旱，二年不雨，至六年乃雨。」（雲漢序疏。）竹書謂二十五年大旱。陳啓源毛詩稽古編曰：「在宣王初年。」詩人傷旱之甚，民被其害，言無有孑遺一人不愁痛者。孑，餘也。見方言、小爾雅。言周衆民未有餘遺一人不被害者。蓋三家詩説。毛傳、孟子萬章上趙注並云：「孑，孑然。」孔疏：「孑然，孤獨之貌。謂無有孑然得遺漏。」此「孑遺」下有「一人」二字，知非訓「孑」爲「孑然」，是與毛説異也。孟子謂「無遺民」。按鄭箋謂「言餓病也」。此文云「無有孑遺一人不愁痛」，是亦非謂盡死無一人遺餘也，義與鄭同。

夫旱甚，則有之矣；言無孑遺一人，謂無一人不愁痛，非謂無一人。此約舉上文也。增之也。

夫周之民，猶今之民也。使今之民也，遭大旱之災，貧羸無蓄積，扣心思雨；「扣」讀作「苟」，（淮南精神訓注：「叩，或作跔。」衆經音義一引三蒼：「扣作敂。」説文：「狗，叩也。从犬，句聲。」是「叩」有「句」聲。）聲近字通。苟，誠也。見論語里仁篇孔注。若其富人穀食饒足者，廩囷不空，口腹不飢，何愁之有？天之旱也，山林之間不枯，猶地之水，謂水患。丘陵之上不湛也。湛，没也。山林之間，富貴之人，必有遺脱者矣，而言「靡有孑遺」，增益其文，欲言旱甚也。舊本段。

易曰：「豐其屋，豐，大也。蔀其家，虞翻注：「蔀，蔽也。」窺其户，易作「闚」。淮南泰族篇同此。「窺」「闚」字通。釋文引李登云：「小視。」閴其無人也。」「閴」，唐石經作「闅」。宋岳刻本，何休、王逸、范寧引易，並同此。文選吴都賦劉注引虞注：「閴，空也。」惠棟曰：「説文𡕥部：『闅，低目視也。』『閴』當作『闅』，與『闚』義合。」文見豐卦上六爻辭。非其無人也，無賢人也。

淮南泰族篇引此經釋之曰：「無人者，非無衆庶也，言無聖人以統理之也。」公羊莊四年傳：「上無天子，下無方伯。」何注：「有而無益於治曰無，猶易曰闃其無人。」離騷王逸注：「無人，謂無賢人也。易曰：闃其户，闃其無人。」穀梁僖三十一年傳范注：「亡乎人，若曰無賢人也。」凱曰：其猶易稱闃其户，闃其無人。」並與仲任説同也。沈濤曰：「此解『闃其無人』，與虞翻、干寶不同，（集解引。）當是漢易學家承師説，而仲任引之。」其説是也。尚書曰：「毋曠庶官。」皋陶謨文。曠，空；庶，衆也。毋空衆官，置非其人，與空無異，故言空也。僞孔傳：「曠，空也。位非其人，爲空官。」太史公説：（史記夏本紀。）「非其人，居其官。」並與仲任説同。

夫不肖者皆懷五常，才劣不逮，不成純賢，非狂妄頑嚚身中無一知也。德有大小，材有高下，居官治職，皆欲勉效在官。尚書之官，易之户中，猶能有益，猶，均也。言居官小材，户中具臣，非狂妄者，均有益也。如何謂之空而無人？

詩曰：「濟濟多士，文王以寧。」見大雅文王篇。濟濟，朝廷之儀也。此言文王得賢者多，而不肖者少也。今易宜言「闃其少人」，尚書宜言「無少衆官」。以「少」言之，可也；言空而無人，亦尤甚焉。盼遂案：「尤」，訓過，訓非。

五穀之於人也，食之皆飽。稻粱之味，甘而多腴；豆麥雖糲，亦能愈飢。食豆麥者，皆謂糲而不甘，莫謂腹空無所食。竹、木之杖，皆能扶病。言扶持病人。竹杖之力，弱劣不及木。省一「杖」字。或操竹杖，皆謂不勁，莫謂手空無把持。夫不肖之臣，豆麥、竹杖之類也。易持〔一〕其具臣在户，言「無人」者，惡之甚也。盼遂案：吴承仕曰：「持字誤。」「持」字涉上文「把持」字而衍。「其」字因與「具」字形近而衍。此文本是「易具臣在户，言『無人』者，惡之甚也」。尚書衆官，亦容小材，而云「無空」者，刺之甚也。舊本段。

論語曰：「大哉！堯之爲君也，蕩蕩乎民無能名焉。」泰伯篇集解包曰：「蕩蕩，廣遠之稱。言其布德廣遠，民無能識名焉。」傳曰：「有年五十擊壤於路者，觀者曰：『大哉！堯〔之〕德乎！』「堯」下當有「之」字。感虛、須頌並有。下「大哉！堯之德乎」，即複述此文。是其切證。擊壤者曰：『吾日出而作，日入而息，鑿井而飲，耕田而食，堯何等力？』」論語考比讖、（御覽八二二。）逸士傳（海録碎事十七。）並見此事。擊壤注刺孟篇。此言蕩蕩無能名之效也。

言蕩蕩，可也；乃[欲]言民無能名，增之也。「欲」，涉下文「欲言民無能名」而衍。此謂論語云「民無能名」，是增之也。「欲」字於義無取。「言某某，可也；而言某某，增之也。」三增文例並同，可證。盼遂案：「欲」字當在「此」字下，即此欲言蕩蕩無能名之效也。

〔一〕「持」，原本作「特」，形近而誤，據通津草堂本改。

四海之大，萬民之衆，無能名堯之德者，殆不實也。夫擊壤者曰：「堯何等力？」欲言民無能名也。觀者曰：「大哉！堯之德乎！」此「何等」民者，猶能知之。實有知之者，云「無」，竟增之。

儒書又言：「堯、舜之民，可比屋而封。」注見率性篇。言其家有君子之行，可皆官也。夫言可封，可也；言比屋，增之也。人年五十爲人父，爲人父而不知君，何以示子？太平之世，家爲君子，人有禮義，孫曰：「爲」當作「有」，蓋涉上文「爲人父」而誤。上云：「言其家有君子之行，可皆官也。」治期篇云：「世稱五帝之時，天下太平，家有十年之蓄，人有君子之行。」並其證。暉按：孫説非也。「爲」即「有」也。孟子滕文公篇：「夫滕將爲君子焉，將爲野人焉。」趙注：「爲，有也。」上言「爲」，下言「有」，互文也，不煩改字。父不失禮，子不廢行。夫有行者有知，知君莫如臣，臣賢能知君，能知其君，故能治其民。今不能知堯，何可封官？

年五十擊壤於路，與豎子未成人者爲伍，何等賢者？子路使子羔爲郈宰，先孫曰：論語先進篇「郈」作「費」。史記弟子列傳作「使子羔爲費、郈宰」。疑齊、古論語有作「郈」者，與今本異也。讀書叢録曰：左定十二年傳：「仲由爲季氏宰，將墮三都，於是叔孫氏墮郈，季氏墮費。」子路使子羔，當在此時。或費，或郈，權一使之，故史記並書之。銅熨斗齋隨筆曰：史記弟子傳「費」字衍文。蓋古本論語作「郈宰」，不作「費宰」。論衡藝增篇作「郈宰」，可見漢以前本皆如是。問孔篇仍作「費宰」，乃後人據今本論語改。史記正義引括地志：「鄆州宿縣二十三里郈亭。」張氏但釋「郈」，不釋「費」，可見所據本尚無「費」字。暉按：論衡確本作「郈」。問孔、量知、正説並作「費」，乃所引論語明文，淺者得以據改也。史記亦只作「郈」，沈説足徵。考郈，叔孫氏所食邑；費，季氏所食邑，處地自異。公羊定十年傳：「叔孫州仇、仲孫何忌帥師圍費。」左氏、穀梁「費」並作「郈」，與此相同。未明何説。**孔子以爲不可，未學，無所知也。**孔子曰：「賊夫人之子。」包注：「子羔學未熟習，而使爲政，所以賊害人也。」**擊壤者無知，官之如何？**

稱堯之蕩蕩，不能述其可比屋而封；蕩蕩不能名，則臣不知君，故不可封。**言賢者可比屋而封，不能議讓其愚**盼遂案：吴承仕曰：「議讓當是譏讓，形近而誤。」**而無知之。**「讓」字疑涉「壤」字衍，又因「議」字「言」旁而誤。「不能議」與「不能述」，文正相對。**夫擊壤者難以言比屋，比屋難以言蕩蕩，二者皆增之。所由起，美堯之德也。**舊本段。

尚書曰：「祖伊諫紂曰：西伯既戡黎，祖伊恐，奔告于王。**『今我民罔不欲喪。』」**見西伯戡黎。「不」作「弗」。段玉裁、孫星衍並云：今文作「不」。**罔，無也，我天下民無不欲王亡者。**

夫言欲王之亡，可也；言無不，增之也。

紂雖惡，民臣蒙恩者非一，而祖伊增語，欲以懼紂也。江聲謂：惡臣安於紂恩。若民則不堪虐政，實無不欲王亡。祖伊固言民，不言臣也。以爲增語，非也。故曰：「語不益，心不惕；心不惕，行不易。」蓋傳語。所出未聞。增其語，欲以懼之，冀其警悟也。「其」，程本作「可」。「警」，宋本作「語」。朱校同。蘇秦説齊王曰：齊宣王。「臨菑之中，齊策一、史記蘇秦傳並作「塗」。臨菑，齊都。車轂擊，人肩摩，高誘曰：「擊，相當。摩，相摩。」舉袖成幕，連衽成帷，揮汗成雨。」高曰：「揮，振也。言人衆多。」齊雖熾盛，不能如此，蘇秦增語，激齊王也。祖伊之諫紂，猶蘇秦之説齊王也。「之説齊王」，朱校元本作「增語激齊」。

賢聖增文，外有所爲，内未必然。何以明之？夫武成之篇，言「武王伐紂，血流浮杵」。助戰者多，助紂也。故至血流如此。皆欲紂之亡也，土崩瓦解，安肯戰乎？然祖伊之言「民無不欲」，如蘇秦增語。盼遂案：此十四字疑衍。

武成言「血流浮杵」，亦太過焉。死者血流，安能浮杵？案武王伐紂於牧之野，河北地高，壤靡不乾燥，兵頓血流，頓，傷也。輒燥入土，安得杵浮？程本作「浮杵」，疑是。宋本、朱校元本同此。且周、殷士卒，皆賫盛糧，或作乾糧先孫曰：此四字當是宋人校語誤入正文。無杵臼之事，安得杵而浮之？孟子盡心下趙注、僞武成孔注並謂「杵」爲「春杵」，與王義同。蓋舊説也，故據以立論。惠士奇禮説曰：「司馬法云：（見周禮地官鄉師注。）『輂車，周曰輜輦。輦一斧、一斤、一鑿、一梩、一鋤，周加二版二築。』築者，杵頭鐵沓也，以築壘壁，故武成有浮杵語。」杵是築杵，則非春用也。

言血流杵，「杵」上當有「浮」字。仲任釋經，謂血流至於浮杵，非若孟子謂杵被血流動也。**欲言誅紂，惟兵頓士傷，**「惟」，宋本、朱校元本並作「雖」。**故至浮杵。**此明賢聖增文，外有所爲也。舊本段。

春秋「莊公七年，夏四月辛卯，夜中，恒星不見，星霣如雨」。三傳「夜」下無「中」字，「星霣」上有「夜中」二字。後説日篇兩引，並與此同。盼遂案：吴承仕曰：「左氏義讀如雨爲而雨，疑公羊説是。」**公羊傳曰：「『如雨』者何？非雨也。非雨，則曷爲謂之『如雨』？**盼遂案：「如」字衍。公羊無。**不脩春秋曰：『[如]雨星，不及地尺而復。』**孫曰：此文不當有「如」字。蓋涉上文「如雨」而衍。説日篇及公羊莊七年傳並無「如」字。當據删。楊曰：「而」當爲「如」字讀。暉按：楊説是也。下文：「魯史記曰：雨星，不及地尺，如復。」是仲任以「如」訓「而」。下文：「星霣不及地，上復在天。」即此「復」字之義。盼遂案：下曰「雨星，不及地尺如復」句，「雨」上即無「如」字。**君子脩之〔曰〕：**孫曰：「之」下脱「曰」字，當據説日篇及公羊莊七年傳補。下「孔子脩之」句同。**『星霣如雨。』」「不脩春秋」者，未脩春秋時魯史記，曰：**何休曰：「不脩春秋，謂史記也。古者謂史記爲春秋。」說詳謝短篇。「雨星，不及地尺而復。」「君子」者，謂孔子也。孔子脩之〔曰〕：「星霣如雨。」「如雨」者，如雨狀也。山氣爲雲，上不及天，下而爲雲雨。「雲」字與上「雲」字義複，衍文也。感虛篇曰：「夫雲出於丘山，降散則爲雨矣。」又曰：「雨凝爲雪，皆由雲氣。」與此文意同，可證。盼遂案：下「雲」字應作「雨」，本書感虛篇「夫雲氣生於丘山，降散則雨矣」，與此意同。星星隕不及地，上「星」字衍。上復在天，故曰「如雨」。孔子正言也。言脩正之。

夫星霣或時至地，或時不能，「不能」猶言「未及」。尺丈之數難審也。史記言「尺」，亦以太甚矣。夫地有樓臺山陵，安得言「尺」？何休曰：「不言尺者，霣則爲異，不以尺寸録之。」仲任謂「尺丈難審」，於義較長。孔子言「如雨」，得其實矣。孔子作春秋，故正言「如雨」。如孔子不作，「不及地尺」之文，遂傳至今。

光武皇帝之時，郎中汝南賁光「賁光」，書鈔六三引作「王賁」。孔廣陶校曰：作「賁光」非。上書言：「孝文皇帝時，居明光宫，天下斷獄三人。」風俗通正失篇：成帝見劉向以世俗多傳道文帝常居明光宫聽政，治天下致升平，斷獄三百人，有此事不？向對曰：「皆不然。」王楙野客叢書二一曰：「漢有兩明光宫，按三輔黄圖，一明光宫屬北宫，一明光宫屬甘泉宫。屬北宫者，正成都侯商避暑之所。屬甘泉宫者，乃武帝所造，以求仙者。」暉按：元后傳注師古引黄圖曰：「明光宮在城内，近桂宮也。」章懷太子亦謂桂宮，明光宮在北。而師古於武帝紀注謂武帝所起者在城内，即成都侯商避暑處。是無屬甘泉與北宮之别。朱珔然其說。然按武帝於太初四年起明光宮，據此文文帝曾居明光宮，則在武帝前已有宮名明光者。若實無，光武不當只辯曰「不居」耳。是明光宮有二，王說可信也。至成都侯所居者何，無以定其說。盼遂案：風俗通義卷二孝成皇帝問劉向曰：「孝文皇帝常坐明光宮聽政，斷獄三百人，有此事不？」對曰：「皆不然。」應劭謹案：「太宗時治理不能過中宗之世，地節元年，天下斷獄四萬七千餘人。前世斷獄，皆以萬數，不三百人。」又：「文帝以後元年六月崩未央宮。在時平常聽政宣室，不居明光殿。」是應說與此有異。太宗，孝文帝；中宗，孝宣帝也。頌美文帝，陳其效實。光武皇帝曰：「孝文時，不居明光宮，斷獄不三人。」風俗通正失篇曰：「文帝平常聽政宣室，不居明光宮。前世斷獄，皆以萬數，不三百人。」積善脩德，美名流之，是以君子惡居下流。

夫賁光上書於漢，漢爲今世，增益功美，猶過其實，況上古帝王久遠，賢人從後褒述，失實離本，獨已多矣。不遭光武論，千世之後，孝文之事，載在經藝之上，人不知其增，居明光宮，斷獄三人，而遂爲實事也。「而」猶「則」也。

論衡校釋卷第九

問孔篇

熊伯龍無何集謂論衡以「疾虚妄」爲主，實與孔子稱「思無邪」同意。論衡八十三篇中，凡稱引孔、孟之言者，都四百四十餘處，其宗法孔、孟甚明，以是斷言問孔、刺孟二篇爲後人所妄作。按後世孔、孟一尊，仲任刺問，衆毀所集，熊氏此説，意欲曲護之耳。實則漢人眼中，孔、孟與諸子等，不得以宋、明人習氣量漢儒也。

世儒學者，好信師而是古，以爲賢聖所言皆無非，專精講習，不知難問。史記五帝紀索隱：「難，猶説也。」金縢鄭注：「問，問審然否也。」夫賢聖下筆造文，用意詳審，尚未可謂盡得實，況倉卒吐言，安能皆是？不能皆是，時人不知難；或是，而意沉難見，時人不知問。案賢聖之言，上下多相違；其文，前後多相伐者，世之學者，不能知也。宋本作「不知者也」。朱校元本同。

論者皆云：「孔門之徒，七十子之才，勝今之儒。」此言妄也。彼見孔子爲師，聖人傳道，必授異才，故謂之殊。夫古人之才，今人之才也，今謂之英傑，辨名記曰：「德過千人曰英。」（白虎聖人篇、爾雅序疏引。）齊策高注：「才勝萬人曰英。」文子、（後漢書崔駰傳注。）繁露〔一〕爵國篇亦云。白虎通聖人篇引别名記：「萬人曰傑。」説文人部：「傑，材過萬人也。」孟子公孫丑趙注、楚詞大招王注、吕氏春秋孟夏紀高注並同。齊策、淮南時則訓高注又謂：「才過千人爲傑。」按：禮運鄭注：「英，選之尤者。」月令注：「桀，能者也。」不必拘於千人萬人之數。**古以爲聖、神，**五行傳鄭注引孔子曰：「聖者，通也。」周禮大司徒注：「聖，通而先識也。」白虎通聖人篇曰：「聖者，通也，道也，聲也，道無所不通，明無所不照，聞聲知情。」引禮别名記曰：「萬傑曰聖。」孟子盡心下篇：「聖而不可知之之謂神。」**故謂七十子歷世希有。使當今有孔子之師，則斯世學者，**宋本、朱校元本「斯」作「謂」。**皆顔、閔之徒也；**顔淵、閔子騫。**使無孔子，則七十子之徒，今之儒生也。何以驗之？以學於孔子，不能極問也。**極猶窮盡也。禮記儒行：「流言不極。」鄭注：「不極，不問所從出也。」**聖人之言，不能盡解；説道陳義，不能輒形（勑）。**吴曰：「形」當作「勑」，形近之譌。下文「周公告小材勑，大材略」，通津本作「小材形」，元本作「勑」，是也。勑、略對文。「勑」正作「敕」，經籍傳寫誤作「勑」。説文：「敕，誡也。」方言：「敕，備也。」蓋告誡詳盡之意。本論又云：「曉勑而已，無爲改術也。」又云：「故引丹朱以勑

〔一〕「繁」，原本作「緐」，形近而誤，今改。

戒之。」義並同。後文「勑武伯而略懿子」，元刊本、通津本並誤作「形」。又「孔子相示未勑悉也」，元刊本、通津本亦誤作「形」。其比正同。校者莫能推類正之，亦其疏也。**不能輒形（勑），宜問以發之；不能盡解，宜難以極之。皋陶陳道帝舜之前，**白虎通聖人篇曰：「皋陶聖人，而能爲舜陳道。」史公説：（夏本紀。）「帝舜朝，禹、伯夷、皋陶相與語帝前，皋陶述其謀。」與仲任義同。僞[一]孔謂惟與禹言，不對帝舜，妄也。説詳答佞篇注。**淺略未極，禹問難之，**皋陶謨：「皋陶曰：『允迪厥德，謨明弼諧。』禹曰：『俞，如何？』」**淺言復深，略指復分。**吴曰：謂淺略之指，因問難復分明。**蓋起問難此（訛）説，**「此」字無所指，當作「訛」。蓋初誤爲「比」，傳寫妄作「此」也。廣雅釋詁云：「詮、訛，具也。」字从「言」，謂言之備具也。「訛説」，猶淮南子之「詮言」。其要略云：「詮言者，所以譬類人事之指，解喻治亂之體，差擇微言之眇，詮以至理之文，而補縫過失之闕者也。」（高誘訓「詮」爲「就」，非。）是其義。**激而深切，觸而著明也。**

孔子笑子游之弦歌，周禮小師注：「弦，謂琴瑟也。歌，謂依詠聲也。」史記弟子傳：「言偃，吴人，字子游。」家語弟子解云：「魯人。」索隱從史公説。**子游引前言以距孔子。**論語陽貨篇：「子之武城，聞絃歌之聲，夫子莞爾而笑曰：『割雞焉用牛刀？』子游對曰：『昔者，偃也聞諸

[一]「僞」，原本作「謁」，形近而誤，今改。

夫子曰：君子學道則愛人，小人學道則易使也。』」自今案論語之文，孔子之言，多若笑弦歌之辭，弟子寡若子游之難，故孔子之言遂結不解。以七十子不能難，世之儒生，不能實道是非也。宋本、朱校元本「不」在「實」字下。

凡學問之法，不爲無才，盼遂案：「爲」當作「畏」，音近而譌。難於距師，核道實義，證定是非也。問難之道，非必對聖人及生時也。廣雅釋詁三：「對，當也。」世之解説説人者，「説人」二字疑衍。非必須聖人教告乃敢言也。苟有不曉解之問，苟，誠也。迢(追)難孔子，宋、元本「迢」作「追」，朱校同，是也。何傷於義？盼遂案：「迢」字元本作「追」，是也。坊本又改爲「造」。誠有傳聖業之知，伐孔子之説，何逆於理？謂問孔子之言，「謂」字無取，疑涉「理」字譌衍。「問」與下句「難」字對文。難其不解之文，世間弘才大知生，能答問、解難之人，盼遂案：「生」字衍。必將賢吾世間難問之言是非。「賢」猶「善」也，言我難問孔子，來哲必將善稱之。「世間」二字疑涉上文衍。「是非」二字亦誤，或有脱文。舊本段。盼遂案：「是非」二字，涉上文「證定是非」之言而衍。

孟懿子問孝，論語集解孔曰：「魯大夫仲孫何忌。懿，謚也。」畢沅關中金石記曰：「白水蒼頡廟碑陰列弟子姓名中，有孟孫字子嗣一人，必孟懿子何忌，其字子嗣也。」子曰：「毋違。」「毋」，今本論語作「無」，開成石經同。漢石經正作「毋」。徐養原曰：魯讀爲「毋」。樊遲御，史記弟子傳：「樊須字子遲。」鄭玄曰：「齊人。」（論語爲政篇邢疏、齊乘六引史記説同。）孔子家語弟子解曰：「魯人。」子告之曰：「孟孫問孝於我，我對曰：『毋違。』」樊遲曰：「何謂也？」子曰：「生，事之以禮；死，葬之以禮，〔祭之以禮〕。」各本並無「祭之以禮」句，崇文本有，蓋據論語增。按：孟子公孫丑篇葬魯章章旨、禮運正義引論語亦無此句，或有本然也。然下文「孔子乃言」云云，孟子滕文公上引曾子語並有此句，兹從崇文本補。以上見論語爲政篇。盼遂案：句下宜依論語補「祭之以禮」四字，方與下文三事並舉者合。

問曰：孔子之言「毋違」〔者〕，毋違者禮也。「者」字當在上「毋違」下，傳寫誤也。此仲任釋論之詞。下文謂孔子言「毋違」，則「毋違禮」與「毋違志」相混。又云：「使極言毋違禮，何害之有？」並承此「毋違禮」言之。若作「毋違者禮也」，則謂毋違乃爲禮，殊失其義。孝子亦當先意承志，不當違親之欲。孔子言「毋違」，不言「違禮」，懿子聽孔子之言，獨不爲嫌於毋違志乎？嫌，疑也。樊遲問何謂，孔子乃言「生，事之以禮；死，葬之以禮，祭之以禮」。使樊遲不問，毋違之説，遂不可知也。懿子之才，不過樊遲，故論語篇中不見言行，樊遲不曉，懿子必能曉哉？

孟武伯問孝，論語爲政篇集解馬曰：「武伯，懿子之子仲孫彘。武，謚也。」子曰：「父母，唯其疾之憂。」武伯善憂父母，故曰「唯其疾之憂」。其，父母也。「之」猶「則」也。淮南説林訓：「憂父之疾者子，治之者醫。」高注：「論語曰：『父母唯其疾之憂。』故曰：『憂之者子。』」與仲任説同。集解馬曰：「言孝子不妄爲非，唯有疾病，然後使父母之憂耳。」其義獨異。潘維城曰：「孝經紀孝行章：『孝子之事其親也，病則致其憂。』與王、高説合。馬以爲父母憂子，未知何據。」臧琳經義雜記五亦以王、高二氏説文順義洽。武伯憂親，懿子違禮。攻其短，答武伯云「父母，唯其疾之憂」，對懿子亦宜言「唯水火之變乃違禮」。周公告小才勑，大材略。(子游之)〔樊遲〕，大材也，孫曰：孟懿子問孝，與子游不相涉也。且此節並以懿子、樊遲對言，此處忽及子游，無所取義。孔子告樊遲以生事之以禮，死葬之以禮，祭之以禮，是告之勑也。對孟懿子以「毋違」二字，是告之略也。此爲仲任立説之意。「子游」當作「樊遲」，蓋涉上節「子游弦歌」而誤。又按「子游之大材也」句，元本無「之」字，是也。當删。孔子告之勑；懿子，小才也，告之反略，違周公之志。攻懿子之短，失道理之宜，弟子不難，何哉！

如以懿子權尊，不敢極言，則其對武伯，亦宜但言「毋憂」而已。俱孟氏子也，「俱」，舊誤「但」，元、程、何本同。今據王本、崇文本正。盼遂案：「但」當爲「俱」，涉上下多但字而譌。懿子、武伯俱出孟氏，坊本已改作「俱」。權尊鈞同，勑武伯而略懿子，「勑」，舊誤「形」，今據元、王、崇文本正。未曉其故也。使孔子對懿子極言毋違禮，何害之有？專魯莫過季氏，譏八佾之舞庭，論語八佾篇：「孔子謂季氏八佾舞於庭，是可忍也，孰不可忍也。」集解馬曰：「佾，列也。天子八佾，八八六十四人也。魯以周公故，受王者禮樂，有八佾之舞。今季桓子僭於其家廟舞之，故孔子譏之也。」漢書劉向傳向上封事、呂氏春秋察微篇高注并謂季平子事，與馬説異。**刺太山之旅祭，**論語八佾篇：「季氏旅於泰山，子謂冉有曰：『汝不能救與？』對曰：『不能。』子曰：『嗚呼！曾謂泰山不如林放乎？』」集解馬曰：「旅，祭名也。禮諸侯祭山川，在其封内者也。今陪臣祭泰山，非禮也。」**不懼季氏增（憎）邑不隱諱之害，**「增」當作「憎」，形之譌也。廣雅釋詁三：「憎，惡也。」邑，亦惡也。方言：「悀，惡也。」玉篇：「悀，悒也。」是「悒」有惡義。「邑」與「悒」同。**獨畏答懿子極言之罪，何哉？且問孝者非一，皆有御者，對懿子言，不但心服臆肯，故告樊遲。**此文與上義不相屬，疑有脱誤。舊本段。

孔子曰：「富與貴，是人之所欲也，不以其道得之，不居也；「居」，今本論語作「處」。鹽鐵論褒賢篇、後漢書陳蕃傳蕃上疏、呂氏春秋有度篇高注、後刺孟篇引論語並作「居」。漢書敘傳幽通賦云：「物有欲而不居兮，亦有惡而不避。」潛夫論務本篇：「凍餒之所在，民不得不去；温飽之所在，民不得不居。」抱朴子博喻篇：「不以其道，則富貴不足居。」並用論語文。蓋論語古本作「居」。**貧與賤，是人之所惡也，不以其道得之，不去也。」**書齋夜話謂當「不以其道」句絶。畢沅亦謂古讀皆如是。按下文「顧當言貧與賤是人之所惡也，不以其道去之，則不去也」，是「得之」屬上讀。文見論語里仁篇。**此言人當由道義得，不當苟取也；**盼遂案：「得」

下當有「富貴」二字。下文皆言得富貴。當守節安貧，不當妄去也。盼遂案：「貧」下脫「賤」字。

夫言不以其道得富貴，不居，可也；不以其道得貧賤，如何？集解曰：「君子履道而反貧賤，此則不以其道而得之者也。」義本可通。富貴顧可去，「顧」讀「固」。去貧賤何之？之，往也。去貧賤，得富貴也；不得富貴，不去貧賤。如謂得富貴不以其道，則不去貧賤邪？則所得富貴，不得貧賤也。貧賤何故當言「得之」？顧當言「貧與賤，是人之所惡也，不以其道去之，則不去也」。當言「去」，不當言「得」。「得」者，施於得之也。今去之，安得言「得」乎？獨富貴當言「得」耳。何者？得富貴，乃去貧賤也。

是則以道「去」貧賤如何？「是」猶「寔」也。脩身行道，仕得爵祿富貴，得爵祿富貴，則去貧賤矣。不以其道「去」貧賤如何？毒苦貧賤，「毒苦」猶「疾惡」也。起爲姧盜，積聚貨財，擅相官秩，孫曰：「擅相官秩」，義不可通，「相」蓋「於」字草書之譌。意謂盜賊積聚貨財，超於官秩也。古籍「相」、「於」二字屢譌。暉按：孫說非也。財超於官秩，義非此文所取。「擅相官秩」，明不以其道去貧賤也。擅，專也。言專相爵秩。後漢書楚王英傳：「英招聚姦猾，造作圖書，擅相官秩，置諸侯王公二千石。」盼遂案：孫人和曰：「『擅相官秩』，義不可通。『相』蓋

『於』字草書之譌。意謂盜賊積聚貨財，超於官秩也。古籍『相』『於』二字屢譌。本書談天篇云：『禹本紀言河出崑崙，其高三千五百餘里，日月所於辟隱爲光明也。』史記及玉海二十所引『於』並作『相』。淮南子道應篇云：『此其於馬非臣之下也。』蜀志郤正傳注引『於馬』作『相馬』。並『相』、『於』二字互誤之證。」是爲不以其道。

七十子既不問，世之學者亦不知難，使此言意〔結〕不解，而文不分，「意」下脱「結」字，上文「弟子寡若子游之難，故孔子之言遂結不解」，下文「使此言意結」，並可證。是謂孔子不能吐辭也；「是」猶「寔」也。或以此句屬上爲義，則兩「使此言」句重複。使此言意結，文又不解，是孔子相示未形（勑）悉也。「形」當作「勑」，校見前。弟子不問，世俗不難，何哉？舊本段。

孔子曰：「公冶長可妻也，雖在縲紲之中，非其罪也。」以其子妻之。論語公冶長篇集解引孔安國注曰：「公冶長，弟子，魯人也。姓公冶，名長。縲，黑索也。紲，攣也。所以拘罪人。」史記弟子傳云：「字子長。」家語弟子解同。索隱引范寧曰：「字子芝。」（論語皇疏引作「名芝，字子長」。）白水碑云：「字子之。」梁玉繩曰：「『之』『芝』古同。」又按：孔注云：「魯人。」家語同。史記云：「齊人。」是也。潘維城曰：「後漢書郡國志琅邪國姑幕縣注引博物志曰：『淮水入城東南五里有公冶長墓。』漢書地理志琅邪郡姑幕注：『或曰薄姑。』應劭曰：『左氏傳曰薄姑氏因之，而後太公因之。』此引昭二十年傳文。今本作『蒲姑』。『蒲』、『薄』一聲之轉。左昭九年傳正義引服虔曰：『蒲姑，齊也。』長墓在齊地，則當爲齊人。」又論語皇疏引論釋、繹史九五引留青日札謂長繫縲紲，因識鳥語，殊難憑信。

問曰：孔子妻公冶長者，何據見哉？據年三十可妻邪？周禮地官媒氏：「令男三十而娶，女二十而嫁。」見其行賢可妻也？如據其年三十，不宜稱在縲紲；如見其行賢，亦不宜稱在縲紲。何則？諸入孔子門者，皆有善行，故稱備徒役。徒役，如樊遲御，冉子僕是也。徒役之中，無妻則妻之耳，不須稱也。如徒役之中多無妻，公冶長尤賢，故獨妻之，則其稱之，宜列其行，不宜言其在縲紲也。何則？世間彊受非辜者多，通津本「辜」从「羊」，下同。非也。説文：「从『辛』，『古』聲。」未必盡賢人也。恒人見枉，衆多非一。必以非辜爲孔子所妻，則是孔子不妻賢，妻冤也。案孔子之稱公冶長，有非辜之言，無行能之文。晉語注：「能，才也。」實不賢，孔子妻之，非也；實賢，孔子稱之不具，亦非也。誠似妻南容云：「國有道不廢，國無道免於刑戮。」見論語公冶長篇。孔子以其兄之子妻之。「國」作「邦」。吳曰：論語非經，王氏避漢諱改。又四諱篇：「開予足，開予手。」亦避漢諱改「啓」爲「開」。集解王注：「南容，弟子，南宮縚，魯人也，字子容。不廢，言見任用也。」史記弟子傳謂即南宮括。家語弟子解「縚」作「韜」。王引之春秋名字解詁曰：「南宮括，字子容，亦名韜。」檀弓鄭注以南容即南宮閱、南宮敬叔，論語皇疏、邢疏、史記索隱因之，非也。四書賸言、讀史訂疑、羣經識小、論語古注集箋並辯其妄。具稱之矣。舊本段。

子謂子貢曰：「汝與回也孰愈？」集解孔曰：「愈，猶勝也。」**曰：「賜也何敢望回？回也聞一以知十，賜也聞一以知二。」子曰：「弗如也，吾與汝俱不如也。」**孫曰：論語公冶長篇作「吾與女弗如也」，無「俱」字。釋文云：「『吾與爾』，本或作『女』，音『汝』。」考何氏〔一〕集解引包曰：「既然子貢不如，復云吾與汝俱不如者，蓋欲以慰子貢也。」後漢書李注引論語云：「吾與女俱不如也。」並與仲任合。魏志夏侯淵傳云：「仲尼有言，吾與爾不如也。」作「爾」，又與釋文合。蓋古、齊、魯之異也。暉按：後漢書李注，見橋玄傳。又按世説新語上之上注引鄭玄别傳曰：「玄從馬融學，季長謂盧子幹曰：『吾與女皆不如也。』」新唐書孝友傳：「任敬臣刻意從學，任處權見其文，歎曰：『孔子稱顏回之賢，以爲弗如。吾非古人，然則此兒，信不可及。』」是亦以孔子自謂不如顏淵。則唐以前所見論語仍有「俱」字者。考何晏本，必原有「俱」字，今本脱耳。不然，引包氏解與正文不符，無是理也。又顧歡説：「判之以弗如，同之以吾與汝。」言我與爾俱明汝不如。則其所見本，必亦有「俱」字也。秦道賓曰：「與，許也。仲尼許子貢之不如也。」（皇疏引。）此則本無「俱」字，與夏侯淵傳引同。蓋即古、齊、魯之異。潘維城曰：「包氏今文家。」案：

〔一〕「何氏」下，原本衍一「集」字，今删。

仲任多從魯論。然則有「俱」字者，其魯論歟？是賢顏淵，試以問子貢也。

問曰：孔子所以教者，禮讓也。論語里仁篇：子曰：「能以禮讓爲國乎，何有？不能以禮讓爲國，如禮何？」子路爲國以禮，其言不讓，孔子非之。論語先進篇：「子路率〔一〕爾而對曰：『千乘之國，攝乎大國之間，加之以師旅，因之以饑饉，由也爲之，比及三年，可使有勇，且知方也。』子曰：『爲國以禮，其言不讓。』」集解包〔二〕曰：「爲國以禮，禮道貴讓，子路言不讓。」按此文似謂子路能以禮治國，特其言不讓。盼遂案：此二語不安。子路之言不讓，孔子以「爲國以禮」折之，非子路能爲國以禮也。仲任誤會此經。使子貢實愈顏淵，孔子問之，猶曰不如；使實不及，亦曰不如。非失對欺師，禮讓之言，宜謙卑也。今孔子出言，欲何趣哉？「趣」謂「意所嚮」也。使孔子知顏淵愈子貢，則不須問子貢；使孔子實不知，以問子貢，子貢謙讓，亦不能知。使孔子徒欲表善顏淵，稱顏淵賢，門人莫及，言可直譽之。猶言亦未可知。於名多矣，何須問於子貢？子曰：「賢哉回也！」見論語雍也篇。又曰：「吾與回言，終日不違如愚。」見爲政篇。言無所疑問，默而識之。又曰：「回也，其

〔一〕「率」，原本作「卒」，形近而誤，今改。

〔二〕「包」，原本誤作「苞」，今改。

心三月不違仁。」見雍也篇。集注：「言無私欲。」三章皆直稱，不以他人激，至是一章，獨以子貢激之，何哉？

或曰：「欲抑子貢也。當此之時，子貢之名，凌顏淵之上，孔子恐子貢志驕意溢，故抑之也。」皇疏引繆播説，即此義。夫名在顏淵之上，當時所爲，非子貢求勝之也。實子貢之知何如哉？使顏淵才在己上，己自服之，不須抑也；使子貢不能自知，孔子雖言，將謂孔子徒欲抑己。由此言之，問與不問，無能抑揚。舊本段。

宰我晝寢，今本論語作「宰予」。史記弟子傳作「宰我」，同此。羣經義證曰：「記諸賢例舉其字，當依古本作『宰我』。」子曰：「朽木不可雕也，糞土之牆不可杇也。古本論語「杇」作「圬」。此後人妄改。於予，予何誅？」下「予」作「與」，屬上讀。釋文曰：「與，語辭。」與此異。孔曰：「誅，責也。」文見論語公冶長篇。是惡宰予之晝寢。

問曰：晝寢之惡也，小惡也；朽木、糞土，敗毀不可復成之物，大惡也。責小過以大惡，安能服人？使宰我性不善，如朽木、糞土，不宜得入孔子之門，序在四科之列；後漢書鄭玄曰：「仲尼之門，考以四科。」謂德行、言語、政事、文學也。宰我列于言語，見論語先進篇。使性善，孔子惡之，惡之太甚，過也。盼遂案：「惡之」二字誤重。「人之不仁，疾之已甚，亂也。」疾，惡也。論語泰伯篇孔子之詞。孔子疾宰予，可謂甚矣。

使下愚之人，涉耐罪之獄，後漢書光武紀下注：「耐，輕刑之名。」引漢書音義曰：「一歲刑爲罰作，二歲刑已上爲耐。」史記淮南王安傳集解應劭曰：「輕罪不至於髡，完其耏鬢，故曰耏。古『耏』字从『彡』，髮膚之意。」盼遂案：下「之」字涉本文多「之」字而衍。吏令以大辟之罪，白虎通五刑篇：「大辟謂死也。」必冤而怨邪？將服而自咎也？「將」猶「抑」也。使宰我愚，則與涉耐罪之人同志；使宰我賢，知孔子責人(之)，孫曰：「人」當作「之」，字之誤也。(本書「人」、「之」二字多互誤，散見各條，不復舉。)幾微自改矣。明文以識之，流言以過之，以其言示端而已自改。自改不在言之輕重，在宰予能更與否。

春秋之義，采毫毛之善，貶纖介之惡。見說苑至公篇。褒毫毛以巨大，以巨大貶纖介，觀春秋之義，肯是之乎？不是，則宰我不受；不受，則孔子之言棄矣。聖人之言，與文相副，言出於口，文立於策，俱發於心，其實一也。孔子作春秋，不貶小以大，其非宰予也，以大惡細，文語相違，服人如何？

子曰：「始吾於人也，聽其言而信其行；今吾於人也，聽其言而觀其行。於予，予改是。」論語公冶長篇下「予」作「與」。蓋起宰予晝寢，更知人之術也。

問曰：人之晝寢，安足以毀行？毀行之人，晝夜不臥，安足以成善？以晝寢而觀人善惡，能得其實乎？案宰予在孔子之門，序於四科，列在賜上。論語先進篇曰：「言語：宰我、子貢。」故云「在賜上」。如性情怠，不可雕琢，何以致此？使宰我以晝寢自致此，才復過人遠矣。如未成就，自謂已足，不能自知，知不明耳，非行惡也。曉敕而已，無爲改術也。如自知未足，倦極晝寢，是精神索也。索，盡也。精神索，至於死亡，豈徒寢哉？

且論人之法，取其行則棄其言，取其言則棄其行。今宰予雖無力行，「力」，宋本作「助」，朱校元本同。疑當作「德行」。有言語。用言，令行缺，有一槩矣。今孔子起宰予晝寢，聽其言，觀其行，言行相應，則謂之賢，是孔子備取人也。「毋求備於一人」之義何所施？「毋求備於一人」，論語微子篇周公告伯禽語。舊本段。

子張問：當從論語補「曰」字。「令尹子文三仕爲令尹，無喜色；三已之，無愠色。舊令尹之政，必以告新令尹。何如？」論語爲政篇集解鄭曰：「子張姓顓孫，名師。」史記弟子傳、家語弟子解云：「陳人。」公冶長篇集解孔曰：「令尹子文，楚大夫，姓鬭，名穀，字於菟。」楚語載鬭且曰：「鬭子文三舍令尹，無一身之積。」王符潛夫論遏利篇曰：「楚鬭子文三爲令尹，而有飢色。」是鬭穀於菟有三爲三已令尹之事。閻氏四書釋地又續曰：「鬭穀於菟爲令尹，始自莊三十年丁巳，代子元，終於僖二十三年甲申，子玉代。凡二十八年。其間有三仕三已之事，傳文不備，楚世家亦未載。」莊子田子方篇、荀子堯問篇、吕氏春秋知分篇、史記循吏傳、鄒陽傳陽上書，並以爲孫叔敖事。自高誘疑之，王應麟辨之，後儒多不從其說。子曰：「忠矣。」曰：「仁矣乎？」曰：「未知，焉得仁？」論語公冶長篇文。子文曾舉楚子玉代己位而伐宋，以百乘敗而喪其衆，左僖二十三年傳：「子玉伐陳，子文以爲之功，使爲令尹。」又僖二十八年，楚子使子玉去宋，無從晉師。子玉請戰，王怒，少與之師，敗於城濮。不知如此，安得爲仁？「知」讀爲「智」，鄭玄、（釋文。）李充、（皇疏。）中論智行篇、漢書古今人表序並同。臧氏經義雜記曰：「此魯論也。」經傳考證曰：「意必夏侯、蕭、韋諸家相傳之說，而王充述之也。」暉按：「仁」爲孔子哲學中心，故不智不能爲仁。大戴禮四代篇曰：「知，仁之實也。」是其義也。非若狹義之「仁者愛人」。故子張問仁，孔子答以能行恭、寬、信、敏、惠於天下則爲仁。（陽貨篇。）敏則有功，義即智也。仲任曰：「智與仁，不相干也。」李充曰：「子玉之敗，子文之舉，舉以敗國，不可謂智；賊夫人之子，不可謂仁。」中論智行篇：「或曰：『然則仲尼曰未知，焉得仁。乃高仁邪？何謂也？』對曰：『仁，固大也，然則仲尼亦有所激，然非專小智之謂也。若有人相語曰：彼尚無有一智也，安得乃知爲仁乎？』」並以「仁」、「智」分開，而知爲仁之實之義滑矣。蓋漢人只傳其讀，而孔子所說「仁」字之義久不明，故仲任有此難也。至集解孔曰：「但聞其忠事，未知其仁也。」則「知」讀如字。蓋魏、晉人觀仲任此難，因信孔子言果相違，乃更其讀以彌縫之，其實誣也。說者謂孔注出自魏、晉，信然。

問曰：子文舉子玉，不知人也。智與仁，不相干也。有不知之性，何妨爲仁之行？五常之道，仁、義、禮、智、信也。五者各別，不相須而成，故有智人，有仁人者；有禮人，有義人者。人有信者未必智，智者未必仁，仁者未必禮，禮者未必義。子文智蔽於子玉，其仁何毁？謂仁，焉得不可？

且忠者，厚也。厚人，仁矣。孔子曰：「觀過，斯知仁矣。」見論語里仁篇。君子過於愛，小人過於忍，故觀其過，知其仁否。漢書外戚傳燕王上書、後漢書吴祐傳載孫性語、南齊書張岱傳載宋孝武語、皇疏引殷仲堪説，並與仲任義同。蓋漢儒舊説。集解引孔注，以「仁」字指觀過者言，非也。子文有仁之實矣。子文過於愛子玉，故曰「有仁之實」。孔子謂忠非仁，是謂父母非二親，配匹非夫婦也。白虎通爵篇：「匹，偶也，與其妻爲偶。」廣韻五質曰：「匹，俗作疋。」黄、錢、王本作「匹」。宋本、崇文本段，今從之。

哀公問：「弟子孰謂好學？」「謂」，各本同，崇文本作「爲」，與論語合，字通。孔子對曰：「有顔回者，論語有「好學」二字。不遷怒，不貳過，不幸短命死矣！今也則亡，未聞好學者也。」見論語雍也篇。

夫顔淵所以死者，審何用哉？言實何因也。今自以短命，猶伯牛之有疾也。注見命義篇。人生受命，皆(當)全[當]潔，當作「皆當全潔」，與下「皆當受天長命」語氣相貫。今有惡疾，故曰「無命」。論語雍也篇：「伯牛有疾，子問之，自牖執其手，曰：『亡之命矣夫！』」「亡」讀有無之「無」。「之」，其也。見經傳釋詞。言「無其命矣夫」。漢書宣元六王傳成帝詔曰：

「夫子所痛曰：『蔑之命矣夫。』」師古注引論語，並云：「蔑，無也。言命之所遭，無有善惡。」（按：「蔑，無也。」見小爾雅。其云「言命之所遭，無有善惡」，殊失其義。）新序作「末之命矣夫」，末亦無也。是漢儒舊説，仲任從之。論語後録、桂馥札樸並讀「蔑」爲「滅」，則義反迂曲。何義門讀書記雖讀「蔑」作「無」，然云：「無之者，言無可以致此疾之道。」蓋沿孔注之誤，以「亡之」二字句絶。凌曙羣書答問曰：「漢人讀作有無之無，今注乃讀作存亡之亡。」引此文及成帝詔證之，是也。孔注「亡」爲「喪」，武億羣經義證曰：「視疾即決其喪，必致舉室惶駭，甚非慰問所宜。依情度之，必不謂然。」此孔注之不足信。人生皆當受天長命，今得「短命」，亦宜曰「無命」。如天〔命〕有短長，吴曰：「天」下當脱「命」字，尋上下文義自明。則亦有善惡矣。盼遂案：「天」當爲「命」字之誤，此承上文長命、短命爲言。言顔淵「短命」，則宜言伯牛「惡命」；言伯牛「無命」，則宜言顔淵「無命」。一死一病，顔淵死。伯牛病。皆痛云命，所稟不異，文語不同，未曉其故也。舊本段。

哀公問孔子孰爲好學，孔子對曰：「有顔回者好學，今也則亡。不遷怒，不貳過。」注見上。再引之者，疑孔子舉「不遷怒，不貳過」，非哀公所問者。何也？曰：「并攻哀公之性遷怒貳過故也。因其問，則并以對之，兼以攻上之短，不犯其罰。」皇疏曰：「學至庶幾，其美非一。今獨舉怒、過二條者，爲當時哀公濫怒貳過，欲因答寄箴者也。」邢疏一説同。

疑仲任引當時論語説也。

問曰：康子亦問好學，孔子亦對之以顔淵。論語先進篇：「季康子問弟子孰爲好學。孔子對曰：『有顔回者好學，不幸短命死矣，今也則亡。』」集解孔曰：「季康子，魯卿季孫肥。」康子亦有短，何不并對以攻康子？皇疏曰：「此與哀公問同，而答異者，舊有二通。一云：緣哀公有遷怒貳過之事，故孔子因答以箴之也。康子無此事，故不煩言也。又一云：哀公是君之尊，故須具答；而康子是臣爲卑，故略以相酬也。」康子非聖人也，操行猶有所失。成事：注書虚篇。康子患盜，孔子對曰：「苟子之不欲，雖賞之不竊。」見論語顔淵篇。由此言之，康子以欲爲短也，不攻，何哉？從崇文本段。

孔子見南子，吕氏春秋貴因篇：「孔子道彌子瑕見釐夫人。」高注：「或云釐爲南子謚。然據其行，不可謚爲釐。」論語後録謂即南子，「釐」爲「靈」之譌。淮南泰族篇：「孔子欲行王道，因衛夫人。」注：「衛靈公夫人南子也。」鹽鐵論論儒篇：「孔子適衛，因嬖臣彌子瑕以見衛夫人，子路不説。」史記孔子世家亦載此事。集解孔曰：「等以爲南子者，衛靈公夫人也。孔子見之，欲因以説靈公，使行治也。」是漢儒並不疑此事。後人爲聖諱者，多辯其妄。孔叢子謂：「禮大享，夫人遇焉。衛君夫人享夫子。」子路不悦。子曰：「予所鄙者，天厭之！天厭之！」見論語雍也篇。「所」猶「若」也。「鄙」下舊校曰：一作「否」。孫曰：舊校非也。仲任所引爲魯論。古論作

「不」，通作「否」。魯論作「鄙」，訓鄙爲陋，厭爲壓迫，蓋皆夏侯建、張禹諸儒舊説，而仲任用之。此乃淺人據論語所校，原文不作「否」也。暉按：孫説是也。宋本、朱校元本並無「一作否」三字注，則此明人之妄也。南子，衛靈公夫人也，聘孔子，蓋據孔子世家云「聘」。子路不説，謂孔子淫亂也。孔子解之曰：「我所爲鄙陋者，天厭殺我！」至誠自誓，不負子路也。

問曰：孔子自解，安能解乎？使世人有鄙陋之行，天曾厭殺之，可引以誓。子路聞之，可信以解。今未曾有爲天所厭者也，曰「天厭之」，子路肯信之乎？行事：注書虚篇。雷擊殺人，水火燒溺人，牆屋壓填人。如曰「雷擊殺我，水火燒溺我，牆屋壓填我」，子路頗信之。今引未曾有之禍，以自誓於子路，子路安肯曉解而信之？「曉」字傳寫誤增。解，釋也，謂釋嫌。上下文諸「解」字並同。此著一「曉」字，則失其義。行事：適有卧厭不悟者，謂此爲天所厭邪？案諸卧厭不悟者，未皆爲鄙陋也。子路入道雖淺，論語先進篇：「由也升堂，未入於室。」故云「入道淺」。猶知事之實。事非實，孔子以誓，子路必不解矣。

孔子稱曰：「死生有命，富貴在天。」子夏語。説見命祿篇。若此者，人之死生，自有長短，不在操行善惡也。成事：注書虚篇。顔淵蚤死，孔子謂之短命。由此知短命夭死之人，□必有邪行也。「必」上當有「未」字。盼遂案：「必」上當有「非」字。子路入道雖淺，聞孔子之言，知死生之實。孔子誓以「予所鄙者，天厭之」，獨不爲子路言：「爲」，疑「畏」聲誤。設子路出此難，故曰「獨不畏」。「夫子惟命未當死，「惟」，宋本作「雖」。朱校元本同。字通。天安得厭殺之乎？」若此，誓子路以「天厭之」，終不見信。不見信，則孔子自解，終不解也。

尚書曰：「毋若丹朱敖，惟慢游是好。」見僞孔本益稷篇。説文夰部引虞書「敖」作「奡」，云：「嫚也。」徐鍇曰：今文尚書作「傲」。段玉裁曰：天寶以前只作「敖」。困學紀聞二、孔廣森經學巵言、孫志祖讀書脞録并以「敖」爲論語憲問篇「奡盪舟」之「奡」。吴汝綸以「朱敖」連讀，謂即莊子「胥敖」，疑並未是也。謂帝舜勑禹毋子（予）不肖子也。孫曰：「毋子不肖子」當作「毋私不肖子」。下文云：「恐禹私其子。」又云：「不敢私不肖子。」并與此文相應。暉按：「子」當作「予」，讀作「與」。「毋予不肖子」，謂毋以天下予不肖子也。故下文曰：「重天命，恐禹私其子。」宋本作「予」，路史後紀十二注引作「與」，是其證。史記夏本紀、漢書楚元王傳劉向上奏、後漢書梁冀傳袁著上書，并謂舜戒禹之詞，與仲任義同，蓋今古文説無異也。（此從孫星衍説。段玉裁謂今文説。）僞孔傳以爲禹戒舜，劉奉世據之以規劉向，路史注以正仲任，並沿僞孔而誤，不知「毋若」上脱去「帝曰」二字耳。（此從江氏、孫氏、皮氏説。段氏謂今文經亦無，今文説謂當有之。）皮錫瑞曰：「孟子云啓賢，論衡以爲不肖者，啓淫溢康樂，見墨子、離騷、天問、山海經，蓋啓亦有慢遊之好，故一傳而太康失國。孟子云賢者，爲後世立教耳。今文家以爲不肖，當得其實。詳見五子之歌、書序考。」**重天命，**「重」上路史注引有「舜」字。**恐禹私其子，故引丹朱以勑戒之。禹曰：「予娶，若時辛壬，癸甲開呱呱而泣，予弗子。」**益稷篇作「用殄厥世，予創若時，娶于塗山，辛壬癸甲」云云。段玉裁曰：「史記夏本紀以『予不能順是』釋『予創若時』，系諸帝語，而論衡則『若時』二字在『予娶』之下，爲禹語，疑有舛誤。」孫星衍曰：「予創若時」，史遷爲舜言，説爲「予不能順是」。仲任作禹言，疑今文也。以「創」爲「娶」，無文證之。蓋「創」同「刱」，廣雅釋詁云：「始也。」述始娶若時。皮錫瑞曰：以「創」爲「娶」，無文可證。「予娶若時」，義不可通。又無「塗山」二字，則「予娶若時辛壬癸甲」文不相承。疑論衡「予娶若時」四字，本當作「予娶塗山」，與説文引虞書「予娶嵞山」相同。蓋今文尚書與古文尚書不異。僞孔妄改經文爲「娶於塗山」，以舜言并爲禹言，删去「帝曰」、「禹曰」四字，後人遂據妄改之經文，改論衡爲「予娶若時」。（劉逢禄、鄒漢勛皆云當是「塗山」二字之誤。）其義遂不可通。今據史記云「予辛壬娶塗山」，以訂正論衡「予娶若時」之僞。又據史記、論衡皆曰「予娶」，可見説文並非脱誤。亦可見今古文本無不合，非必今文作「予娶若時」，屬下讀爲禹言也。暉按：此文當讀作「予娶，若時辛壬」句，「癸甲開呱呱而泣」句。段、孫誤以「予娶若時」句絶，以當經文「予創若時」，固非。皮氏以「予娶若時」爲「予娶塗山」之誤，又以「辛壬癸甲」句絶，亦非。史記云：「禹曰：予辛壬娶塗山，癸甲生啓。」則知經文原作：「予娶塗山，若時辛壬，（句。）癸甲啓呱呱而泣。」「予辛壬娶塗山」，即釋經文「予娶塗山，若時辛壬」。

「若」，詞之「惟」也。「癸甲生啓」，即釋「癸甲啓呱呱而泣」。史公以義訓讀之。若經文原以「辛壬癸甲」句，則史公不得以此四字析屬兩句也。仲任引經，「予娶」下省「塗山」二字。知者，史公云「予辛壬娶塗山」，説文屾部引虞書「予娶嵞山」，可證。知經文「辛壬」上有「若時」二字者，僞孔本作「用殄厥世，予創若時。娶于塗山，辛壬癸甲」，妄删「帝曰」、「禹曰」字，并禹言爲舜言，則「予創若時」下，即接「予娶塗山，若時辛壬」，嫌「若時」二字重複，則妄删「若時」二字，改作「辛壬癸甲」句絶。僞孔以「予娶塗山」直接「予創若時」，嫌「予」字重疊，遂改爲「娶于塗山」。（此用江聲説。）正其比。陳喬樅以史記爲有譌誤，據集解、正義因僞孔傳爲説，認史記原文當讀作「予娶塗山，辛壬癸甲」爲句，「生子予不子」爲句。裴駰、張守節昧於家法，援引失當，注義多與正文相違，而陳氏據之，以疑史記正文，何也？至疑以辛壬娶妻，經二日生子，不經之甚。則先儒帝王感生之説，履大人跡，吞燕卵，又何以言之？謂其怪誕不經則可，據之以定典籍之僞則非。白虎通姓名篇曰：「人生所以泣何？一幹而分，得氣異息，故泣，重離母之義也。尚書曰：『啓呱呱而泣。』」則班固以「呱呱而泣」爲出生墮地而泣也，與史公訓「啓呱呱而泣」爲「生啓」義合。據此，可知史記「癸甲生啓」不誤，更可證經文當讀作「癸甲啓呱呱而泣」。班引經省「癸甲」二字耳。（吳越春秋無余外傳曰：「啓生不見父，晝夜呱呱啼泣。」則與班氏出生墮地而泣，重離母之義之説不同，蓋亦嫌辛壬娶妻，癸甲生子爲不經，而妄改其義。）楚詞天問王注：「禹以辛酉日娶，甲子日去而有啓。」蓋其讀與史公、班固同。孟子滕文公上趙注引書曰：「辛壬癸甲，啓呱呱而泣。」「辛壬」二字，後人妄增，原作「癸甲啓呱呱而泣」。知者，相承舊讀以「辛壬癸甲」屬上「娶于塗山」爲義，謂禹與妻同居，自辛至甲四日也，未有以「辛壬癸甲」屬「啓呱呱而泣」爲義。蓋後人未知漢儒原以「癸甲啓呱呱而泣」爲句，疑趙注脱「辛壬」二字，遂依僞孔本而妄增之。不知趙注原以「辛壬」屬上讀，「癸甲」屬下讀，與僞孔以「辛壬癸甲」屬上讀義自不同，遂露其竄改之跡矣。説文口部：「呱呱，小兒啼聲。」「而」猶「然」也。「子」讀作「字」。釋文：「子，鄭音將吏反。」列子楊朱篇曰：「禹唯荒度土功，子産弗字。」禹言啓生，己即不字愛。「開」，皮錫瑞曰：今文「啓」多作「開」。**陳已行事，**行事，往事也。**以往推來，以見卜隱，**「見」猶「顯」也。**效己不敢私不肖子也。**「效」猶「證」也。**不曰「天厭之」者，知俗人誓，好引天也。孔子爲子路行所疑，**「行」爲「所」字譌衍。朱校元本重「行」字亦誤。盼遂案：吴承仕曰：「此句疑。」「行」字蓋涉下文誤衍。**不引行事，效己不鄙，而云「天厭之」，是與俗人解嫌，引天祝詛，何以異乎。**舊本段。

孔子曰：「鳳鳥不至，河不出圖，吾已矣夫！」見論語子罕篇。易坤鑿度曰：「仲尼偶筮其命，得旅，泣曰：『天也，命也，鳳鳥不來，河無圖至，嗚呼，天命之也。』嘆訖，而後息志。」又王嘉拾遺記二曰：「孔子相魯之時，有神鳳游集。至哀公之末，不復來翔，故曰鳳鳥不至。」下文云：「還定詩、書，望絶無冀，稱已矣夫。」是仲任以此言發於哀公十一年自衛反魯後也。劉逢禄、吴汝綸據史記以爲發於哀十四年獲麟時。**夫子自傷不王也。**漢書董仲舒傳載仲舒曰：「自悲可致此物，而身卑賤不得致也。」與仲任説同。皇疏引繆協説，時人願孔子王，爲此言，以釋衆庶之望。又孫綽説，孔子王德光于上，將相備乎下，當世之君，咸有忌難，故稱此，以絶其疑。已王致太平，太平則鳳鳥至，河出圖矣。今不得王，故瑞應不至，悲心自傷，故曰「吾已矣夫」。

問曰：鳳鳥河圖，審何據始起？始起之時，鳥圖未至。如據太平，太平之帝，未必常致鳳鳥與河圖也。五帝三王，皆致太平，案其瑞應，不皆鳳皇爲必然之瑞。於太平，鳳皇爲未必然之應，孔子，聖人也，宋本「也」作「然」，屬下爲文。思未必然以自傷，終不應矣。

或曰：「孔子不自傷不得王也，傷時無明王，故已不用也。鳳鳥河圖，明王之瑞也。瑞應不至，時無明王；明王不存，已遂不用矣。」邢昺、張栻並從此説。錢坫論語後録據墨子謂孔子爲諸侯叛周而發，疑未是。夫致瑞應，何以致之？任賢使能，治定功成。治定功成，則瑞應至矣。瑞應至後，亦不須孔子。孔子所望，何其末也？不思其本，而望其末也；孫曰：此文不當有「也」字。蓋涉上句「何其末也」而衍。吴説同。不相其主，而名其物。相，視也。「主」，王、錢、黄、崇文本作「王」。治有未定，物有不至，以至而效明王，必失之矣。孝文皇帝可謂明矣，案其本紀，見史記。不見鳳鳥與河圖。使孔子在孝文之世，猶曰「吾已矣夫」。舊本段。

子欲居九夷，論語集解馬曰：「東方夷有九種。」皇疏、邢疏并實其數。白虎通禮篇謂九之爲言究也。德偏究，故應德而來亦九。又謂東方少陽易化，故名。**或曰：「陋，如之何？」子曰：「君子居之，何陋之有？」**見論語子罕篇。**孔子疾道不行於中國，志（恚）恨失意，**孫曰：「志恨」義不可通。「志」乃「恚」之壞字。**故欲之九夷也。**説文羊部：孔子曰：「道不行，欲之九夷。」王逸九思注：「子欲居九夷，疾時之言也。」皇疏謂因聖道不行於中國。並與此義同。**或人難之曰：「夷狄之鄙陋無禮義，如之何？」孔子曰：「君子居之，何陋之有？」言以君子之道，居而教之，何爲陋乎？**論語集解馬曰：「君子所居者皆化也。」與此義同。樸學齋札記、四書考異、論語竢質并據山海經海外東經有君子國，衣冠帶劍，謂「孔子乃謂東方所居，有如是之國，何可概謂其陋」。按：説文云：「夷俗仁，仁者壽，有君子不死之國，孔子欲之九夷有以也。」似亦謂孔子以九夷本君子所居之地。蓋漢人説，有與馬、王異者。**問之曰：**「之」字衍。本篇文例並作「問曰」。**孔子欲之九夷者，何起乎？起道不行於中國，故欲之九夷。夫中國且不行，安能行於夷狄？「夷狄之有君，不若諸夏之亡。」**論語八佾篇述孔子語。「若」作「如」。**言夷狄之難，諸夏之易也。**難易謂治也。皇疏：「夷狄尚有尊長，不至如我國之無君。」邢疏：「言夷狄雖有君長，而無禮義，中國雖偶無君，而禮義不廢。」邢疏與仲任義同。**不能行於易，能行於難乎？**

且孔子云：「以君子居之者，何謂陋邪？」謂脩君子之道自容乎？楚辭九章云：「苟余心之端直兮，雖僻遠之何傷？」王注：「言我惟行正直之心，雖在僻遠之域，猶有善稱，無害疾也。故論語曰子欲居九夷。」是漢儒有脩身自容之說。謂以君子之道教之也？如脩君子之道苟自容，「苟」讀若論語子路篇「苟合矣」之「苟」。皇疏：「苟，苟且也，苟且非本意也。」下文諸「苟」字義同。中國亦可，何必之夷狄？如以君子之道教之，夷狄安可教乎？禹入躶國，躶入衣出，見呂氏春秋貴因篇、淮南原道篇。御覽六九六引風俗通曰：「禹入裸國，欣起而解裳。俗說：『禹治洪水，乃播入裸國，君子入俗，不改其恒，於是欣然而解裳也。』原其所以，當言『皆裳』。裸國，今吴郡是也。被髮文身，裸以爲飾，蓋正朔所不及也。猥見大聖之君，悦禹文德，欣然皆著衣裳也。」衣服之制不通於夷狄也。禹不能教躶國衣服，孔子何能使九夷爲君子？

或〔曰〕：「孔子實不欲往，患道不行，動發此言。或人難之，孔子知其陋，然而猶曰『何陋之有』者，欲遂已然，距或人之諫也。」此以「或曰」設詞，與前節「或曰孔子不自傷不得王」文例同。下文「實不欲往」云云，正一一破或言也。是其證。蓋傳寫脱去「曰」字。實不欲往，志動發言，是僞言也。君子於言，無所苟矣。孔子對子路曰：「君子於其言，無所苟而已矣。」見論語子路篇。如知其陋，苟欲自遂，此子路對孔子以子羔也。子路使子羔爲費宰，「費」當作「郈」，說具藝增篇。子曰：「賊夫人之子。」子路曰：「有社稷焉，有民人焉，」二句倒。正説篇引與論語合。劉寶楠曰：「人謂羣有司也。」何必讀書，然後爲學？」子曰：「是故惡夫佞者！」疾其便給遂己非也。見先進篇。子路知其不可，苟對自遂，孔子惡之，比夫佞者。孔子亦知其不可，苟應或人，孔子、子路皆以佞也。「以」猶「爲」也。舊本段。

孔子曰：「賜不受命，而貨殖焉，億則屢中。」見論語先進篇。「億」當作「意」。說見知實篇。何謂不受命乎？說曰：「〔不〕受當富之命，「受」上脱「不」字。此承上「何謂不受命」爲文。下文「孔子知己不受貴命，而謂賜不受富命」。率性篇引論語此文，釋之曰：「賜本不受天之富命。」並其證。若作「受當富之命」，則與「賜不受命」之旨違矣。自以術知，數億中時也。」不受命，説有數通。仲任則謂不受富命，率性、知實同。說詳率性篇。

夫人富貴，在天命乎？在人知也？如在天命，知術求之不能得；盼遂案：「知術」當正爲「術知」。下文「夫謂富不受命，而自知術得之」同。孟子盡心篇「人之有德慧術知者」，本書例作「術知」。如在人，疑有「知」字，此承上「在人知也」爲文。孔子何爲言「死生有命，富貴在天」？注見上。夫謂富不受命，而自〔以〕知術得之，「自」下脱「以」字。此承上「自以術知」爲文。「而自以知術得之」，與下「而自以努力求之」句法一律。貴亦可不受命，而自以努力求之。世無不受貴命而自得貴，亦知無不受富命而自得富者。成事：孔子不得富貴矣，「富」字疑寫者誤增。此文以孔子不受貴命則不得貴，證子貢不受富命則不得富，不當「富貴」連言。下文「稱已矣夫，自知無貴命」，又云「孔子知己不受貴命」，正承此文言之，則此不當有「富」字，明矣。周流應聘，行説諸侯，智窮策困，還定詩、書，文選移太常博士書注引論語讖曰：「自衛反魯，删詩、書，修春秋。」望絶無異，稱「已矣夫」。即鳳鳥河圖之嘆，見上文。盼遂案：「異」爲「冀」之壞字。刺孟篇「絶意無冀」，與此同例。「無冀」與「已矣夫」相應。自知無貴命，周流無補益也。孔子知己不受貴命，周流求之不能得，而謂賜不受富命，而以術知得富，言行相違，未曉其故。

或曰：「欲攻子貢之短也。子貢不好道德，而徒好貨殖，故攻其短，欲令窮服而更其行節。」論語集解曰：「賜不受教命，唯財貨是殖，憶度是非，蓋美回所以厲賜也。」即此義。夫攻子貢之短，可言「賜不好道德，而貨殖焉」，何必言「不受命」，與前言「富貴在天」相違反也？舊本段。

顔淵死，子曰：「噫！天喪予！」見論語先進篇。公羊哀十四年傳何休注：「噫，咄嗟貌。」此言人將起，天與之輔；人將廢，天奪其佑。孔子有四友，欲因而起。四友，謂顔淵、子貢、子張、子路也。尚書大傳殷傳曰：「文王有四臣，丘亦得四友焉。自吾得回也，門人加親，是非胥附邪？自吾得賜也，遠方之士日至，是非奔輳邪？自吾得師也，前有輝，後有光，是非先後邪？自吾得由也，惡言不至於門，是非禦侮邪？」顔淵早夭，故曰「天喪予」。公羊何注：「天生顔淵、子路爲夫子輔佐，皆死者，天將亡夫子之證。」漢書董仲舒傳贊：「王者不得則不興，故顔淵死，孔子曰云云。」師古注：「言失其輔佐。」前偶會篇説同。

問曰：顔淵之死，孔子不王，天奪之邪？不幸短命，自爲死也？如短命不幸，不得不死，孔子雖王，猶不得生。輔之於人，猶杖之扶疾也。人有病，須杖而行，如斬杖本得短，可謂天使病人不得行乎？如能起行，杖短，能使之長乎？夫顔淵之短命，猶杖之短度也。

且孔子言「天喪予」者，以顔淵賢也。案賢者在世，未必爲輔也。夫賢者未必爲輔，猶聖人未必受命也。爲帝有不聖，爲輔有不賢。何則？禄命骨法，與才異也。命禄篇曰：「貴賤在命，貧富在禄。」由此言之，顔淵生未必爲輔，其死未必有喪，孔子云「天喪予」，何據見哉？

且天不使孔子王者，本意如何？本禀性命之時，謂初禀。不使之王邪？將使之王，復中悔之也？將，抑也。如本不使之王，顔淵死，何喪？如本使之王，復中悔之，此王無骨法，便（更）宜自在天也。「便宜」無義，當作「更宜」。言骨相不王，則更當在天命。率性篇：「善則且更宜反過於往善。」此「更宜」連文之證。且本何善所見，而使之王？後何惡所聞，中悔不命？天神論議，誤不諦也？諦，明也。「也」讀作「邪」。天命諦，以明不使孔子王之説非。舊本段。

孔子之衛，遇舊館人之喪，鄭玄曰：「前日君所使舍己。」入而哭之。出，使子貢脱驂而賻之。鄭曰：「賻，助喪用也。騑馬曰驂。」子貢曰：「於門人之喪，未有所脱驂；脱驂於舊館，毋乃已重乎？」言比於門人恩爲重。孔子曰：「予鄉者入而哭之，遇於一哀而出涕。遇，見也。入哭，見主人盡哀，我爲出涕。予惡夫涕之無從也，小子行之！」見檀弓上、家語子貢篇。孔子脱驂以賻舊館者，惡情不副禮也。出涕情重，故脱驂賻以稱禮也。副情而行禮，情起而恩動。盼遂案：吴承仕曰：「『恩動』無義，『動』當作『效』，形近之誤。下文云『是蓋孔子實恩之效也』，是其切證。」禮情相應，君子行之。

顔淵死，子哭之慟。釋文引鄭曰：「慟，變動容貌。」門人曰：「子慟矣！」「吾非斯人之慟而爲？」孔子語。「吾」上省「曰」字。論語先進篇「之」下有「爲」字。皇疏本句末有「慟」字。盼遂案：「吾」上宜依論語補「曰」字。夫慟，哀之至也。哭顔淵慟者，殊之衆徒，哀痛之甚也。死有棺無槨，説文：「椁，葬有木𩫏也。」檀弓：「殷人棺椁。」注：「椁，大也，以木爲之，言椁大於棺也。」顔路請車以爲之槨，孔子不予，爲大夫不可以徒行也。見論語先進篇。皇疏：「徒猶步也。」説文：「赴，步行也。」「徒」爲借字。

弔舊館，脱驂以賻，惡涕無從；哭顏淵慟，請車不與，使慟無副。豈涕與慟殊，馬與車異邪？於彼則禮情相副，於此則恩義不稱，未曉孔子爲禮之意。

孔子曰：「鯉也死，曲禮下疏引異義：「許慎以爲，『鯉也死』，時實未死，假言死耳。鄭康成以論語云『鯉也死，有棺而無椁』，是實死未葬以前也。故鄭駁許慎云：『設言死，凡人於恩猶不然，況賢聖乎？』」據此文，仲任亦謂實死也。邢疏曰：「據其年，則顏回先伯魚卒，而此云：『顏回死，顏路請子之車以爲之椁。子曰：鯉也死，有棺而無椁。』又似伯魚先死。」按：邢疏沿家語之誤。四書考異、孔子年譜、三餘續筆並謂顏淵死於伯魚後。餘詳實知篇注。有棺無椁，吾不徒行以爲之椁。」見論語先進篇。對顏路語。鯉之恩深於顏淵，鯉死無椁，大夫之儀，不可徒行也。儀，威儀也。孔曰：「孔子時爲大夫。」按下文云：「不粥車以爲鯉椁，何以解於貪官好仕。」是仲任意與孔同。邢疏謂：「非在大夫位時。」鯉死年難定，故不可考。鯉，子也；顏淵，他姓也。子死且不禮，況其禮他姓之人乎？

曰：「是蓋孔子實恩之效也。」「曰」上疑有「或」字。此以「或曰」設詞，本篇文例可證。江熙曰：「可則與，故仍脱左驂賻舊館人；不可則距，故不許路請也。」（皇疏引。）即此「實恩」之意。副情於舊館，不稱恩於子，豈以前爲士，後爲大夫哉？如前爲士，士乘二馬；

如爲大夫，大夫乘三馬。此公羊説也。五經異義：「古毛詩説云：『天子至大夫同駕四，士駕二。』公羊説引王度記云：『天子駕六馬，諸侯與卿駕四，大夫三，士二，庶人一。』」（據公羊隱元年傳疏、續漢書輿服志劉昭注引。）大夫不可去車徒行，何不截賣兩馬以爲槨，乘其一乎？爲士時，乘二馬，截一以賻舊館，今亦何不截其二以副恩，乘一以解不徒行乎？不脱馬以賻舊館，未必亂制；葬子有棺無槨，廢禮傷法。孔子重賻（副）舊人之恩，「賻」當作「副」。二字聲近，又涉上文諸「賻舊館」而誤。公羊隱元年傳何注：「賻，猶助也。」助舊人之恩，文不成義。副，稱也。重稱舊人之恩。輕廢葬子之禮，此禮得於他人，制失親子也。「失」下省「於」字。盼遂案：「失」下應有「於」字，與上句對。然則孔子不粥車以爲鯉槨，何以解於貪官好仕恐無車？而自云「云」疑爲「去」之壞字。「君子殺身以成仁」，論語衛靈公篇，子曰：「志士仁人，無求生以害仁，有殺身以成仁。」何難退位以成禮？舊本段。

子貢問政，子曰：「足食，足兵，民信之矣。」日知録曰：「兵謂五兵也。」曰：「必不得已而去，於斯三者何先？」曰：「去兵。」曰：「必不得已而去，於斯二者何先？」曰：「去食。自古皆有死，民無信不立。」見論語顔淵篇。信最重也。

問〔曰〕：孫曰：「問」下脱「曰」字，本篇文例可證。使治國無食，民餓，棄禮義。禮義棄，信安所立？「所」猶「可」也。傳曰：「倉廩實，知禮節；衣食足，知榮辱。」見管子牧民篇。讓生於有餘，争生於不足。治期、定賢二篇於「知榮辱」下亦有此文。疑引傳書，非釋上文也。淮南齊俗訓：「民有餘即讓，不足則争。讓則禮義生，争則暴亂起。」義與此同。今言去食，信安得成？春秋之時，戰國饑餓，易子而食，析骸而炊。戰國謂宋也。注福虚篇。口饑不食，不，無也。不暇顧恩義也。夫父子之恩，信矣，饑餓棄信，以子爲食。孔子教子貢去食存信，如何？夫去信存食，雖不欲信，信自生矣；去食存信，雖欲爲信，信不立矣。

子適衛，論語後録謂此適衛在哀公元年。四書考異謂在哀公三年，誤也。冉子僕。風俗通十反篇引論語亦作「冉子」。春秋繁露仁義法篇云：「孔子謂冉子，治民者，先富之而後加教。」亦稱「冉子」。并與此合。皇疏本正作「冉子」。邢疏本作「冉有」，誤也。僕，皇疏云：「御車也。」子曰：「庶矣哉！」庶，衆也。歎衛人民衆多。曰：「既庶矣，又何加焉？」曰：「富之。」曰：「既富矣，又何加焉？」曰：「教之。」見論語子路篇。鹽鐵論授時篇謂教之以德，齊之以禮。語冉子先富而後教之，教子貢去食而存信，食與富何别？信與教何異？二子殊教，所尚不同，孔子爲國，爲，治也。意何定哉？說苑建本篇：「子貢問爲政，孔子曰：『富之。既富而教之也。』」是孔子嘗以先富語子貢，謂其殊教，非也。一曰：劉向誤冉有爲子貢。舊本段。

蘧伯玉使人於孔子，呂氏春秋召類篇注：「伯玉，衛大夫蘧莊子無咎之子瑗，謚曰成子。」孔子曰：「夫子何爲乎？」朱校元本無「乎」字，與論語合。對曰：「夫子欲寡其過而未能也。」使者出，孔子曰：「使乎！使乎！」見論語憲問篇。非之也。說論語者曰：「非之者，非其代人謙也。」集解陳羣曰：再言「使乎」者，善之也。言使得其人。俞曰：陳說以爲「善之」，陳乃魏人。而此云「非之」，是漢儒舊說也。今皆宗陳說，而漢儒舊說固不知矣。又按：「非之也」三字，即是說論語者之說。下又引說論語者云云，則申說其故也。下文云：「不明其過，而徒云使乎使乎。」又云：「孔子之言使乎，何其約也。」又云：「使孔子爲伯玉諱，宜默而已。揚言曰使乎使乎，時人皆知孔子之非也。出言如此，何益於諱？」然則仲任所據，自同今本止「使乎使乎」四字，無「非之也」三字。近時翟氏灝作四書考異疑其所據正文有此三字，非也。暉按：史通雜說中：「伊以敏辭辨對，可免『使乎』之辱。」亦以「使乎」爲「非之」之辭。

夫孔子之問使者曰：「夫子何爲？」問所治爲，非問操行也。「爲」猶「治」，常訓也。故知問所治爲。如孔子之問也，使者宜對曰「夫子爲某事，治某政」，今反言「欲寡其過而未能也」，何以知其□對[不]失指，孔子非之也？「不」字衍，對不失指，不得言「非之」。上文「使者宜對曰『夫子爲某事，治某政』，今反言『欲寡其過而未能也』」，即此云「對失指」之意。又按：「其」下疑脱「非」字，說論語者以爲非其代人謙，仲任以爲孔子問所治爲，使者失對，故此云：「何以知其非對失指，孔子非之也。」蓋「非」誤爲「不」，字又誤倒，則義難通矣。盼遂案：「不」字衍文。下文「其非乎對失指也」一句，即申此文，亦無「不」字。

且實孔子何以非使者？非其代人謙之乎？〔非〕其非乎對失指也？「之」，宋本、朱校元本作「非」。此文當作：「非其代人謙乎，非其對失指也。」宋、元本「乎非」二字誤倒，又衍「非乎」二字。今本則改「非」爲「之」。所非猶有一實，猶，均也。不明其過，而徒云「使乎使乎」！後世疑惑，不知使者所以爲過。韓子曰：「書約則弟子辨。」「辨」通作「辯」，見韓非子八説篇。孔子之言「使乎」，何其約也？

或曰：「春秋之義也，爲賢者諱。穀梁成九年傳：「爲尊者諱恥，爲賢者諱過，爲親者諱疾。」蘧伯玉賢，故諱其使者。」夫欲知其子，視其友；盼遂案：「友」上疑脱一「所」字。説苑雜言篇引：「孔子曰：『不知其子，視其所友。不知其君，視其所使。』」則此爲孔子語。又案：僞孔子家語云：「不知其君視其臣，不知其子視其父。」則此「友」字又爲「父」之誤字。欲知其君，視其所使。説苑奉使篇、談叢篇亦見此語。伯玉不賢，故所使過也。春秋之義，爲賢者諱，亦貶纖介之惡。注見前。今不非而諱，貶纖介安所施哉？使孔子爲伯玉諱，宜默而已。揚言曰：「使乎！使乎！」時人皆知孔子之非〔之〕也。孫曰：「之非」當作「非之」，文誤倒也。上文云：「使者出，孔子曰：『使乎！使乎！』非之也。」又云：「何以知其對不失指，孔子非之也？」並其切證。若作「之非」，與下文義不貫矣。**出言如此，何益於諱？**舊本段。

佛肸召，子欲往。論語集解孔曰：「晉大夫趙簡子之邑宰也。」史記孔子世家：「佛肸爲中牟宰，趙簡子攻范中行，伐中牟，佛肸畔，使人召孔子。」四書考異曰：「據此，則佛肸之畔，畔趙簡子也。佛肸爲范中行家邑宰，因簡子致伐，距之。」孫詒讓亦謂范中行之黨。孔注趙氏邑宰，誤也。見墨子非儒注。**子路不説，曰：「昔者，由也聞諸夫子曰：『親於其身爲不善者，君子不入也。』**集注：「不入其黨。」**佛肸以中牟畔，**經史問答曰：「中牟有二。一爲晉之中牟，三卿未分晉時，已屬趙。一爲鄭之中牟，三卿既分晉後，鄭附於韓，當屬韓。此爲晉之中牟，與衛接，其地當在夷儀、五鹿左右。」顧祖禹曰：「湯陰縣西五十里有中牟城，所謂河北之中牟也。孔子世家索隱謂當在河北，近之。」**子之往也，如之何？」子曰：「有是〔言〕也。**孫曰：論語陽貨篇作「子曰：『然，有是言也』」。此文當作「有是言也」，誤脱「言」字。下文云：「而曰有是言者，審有，當行之也。」可知論衡原文本有「言」字，非異文也。**不曰『堅乎磨而不磷』？不曰『白乎涅而不淄』？**攷工記輪人：「輪雖敝，不甐於鑿。」先鄭注：「謂不動於鑿中。」鄭注：「甐亦敝也。」鮑人：「察其線而藏，則雖敝不甐。」注：「故書作『鄰』。」先鄭云：「『鄰』讀『磨而不磷』之『磷』，謂韋帶縫縷沒藏於韋帶中，則雖敝不傷也。」潘維城曰：「『甐』與『磷』通。則『不磷』者，不動、不敝、不傷也。」淮南俶真篇：「以涅染緇，則黑於涅。」高注：「涅，礬石也。」論語集解孔注：「涅可以染皂者。」蓋即今皂礬，説文：「緇，帛黑色也。」釋名釋采帛謂緇色如黑泥。論語作「緇」，此作「淄」，孔子世家同。字通。吾豈匏瓜也哉？焉能繫而不食也？」見論語陽貨篇。鄭玄曰：「冀往仕而得禄也。」（文選登樓賦注。）何晏曰：「匏，瓠也。言匏瓜得繫一處者，不食故也。吾自食物，當東西南北，不得如不食之物繫滯一處。」與鄭義同。按：下文云：「自比以匏瓜者，言人當仕而食禄，我非匏瓜繫而不食。」亦謂匏瓜爲物，自然生長，不須飲食。以喻須食之人，自應食禄。與鄭氏義同。蓋漢儒舊説，何氏故因之。後儒則謂不食者，匏之爲物，人不可食也。以喻人非匏瓜，當爲世用。皇疏引舊説曰：「匏瓜，星名也。言人有才智，宜佐時理務，爲人所用。豈得如瓠瓜繫天而不食耶？」菣厓考古録因其説。王夫之曰：「皮堅瓤腐乃謂之匏。繫謂畜而繫之於蔓。不食者，人不食也。」張甄陶曰：「國語叔向賦匏有苦葉云：於人待濟而已。言只可繫腰渡水，不可食。」秋槎雜記同。蓋並嫌舊説。孔子貪禄，故正言之。子路引孔子往時所言以非孔子也。

往前孔子出此言，欲令弟子法而行之。子路引之以諫，孔子曉之，不曰「前言戲」，若「非」而「不可行」，「若」猶「或」也。「而」猶「與」也。「非」謂無是言。「不可行」謂前言難行。而曰「有是言」者，審有，當行之也。「不曰堅乎磨而不磷；不曰白乎涅而不淄」，孔子言此言者，能解子路難乎？「親於其身爲不善者，君子不入也。」解之宜

〔曰〕「佛肸未爲不善，尚猶可入」，「宜」下脱「曰」字。「宜曰」與下「而曰」正反相承。今脱「曰」字，則語意不明。盼遂案：「宜」下應有「曰」字。上節云「使者宜對曰『夫子爲某事，治某政』」，此當同一文法。而曰「堅，磨而不磷；白，涅而不淄」。如孔子之言，有堅白之行者，可以入之。「君子」之行，軟而易汙邪？何以獨「不入」也？孔子言：「親於其身爲不善者，君子不入。」故據以難。

孔子不飲盜泉之水，郡國志：「魯國卞縣有盜泉。」水經洙水注：「洙水西南流，盜泉水注之。泉出卞城東北卞山之陰。」曾子不入勝母之閭，見尸子、（文選陸士衡猛虎行注、水經洙水注。）説苑談叢篇、後漢書鍾離意傳、御覽六三引論語比考讖、劉子鄙名篇。餘見道虛篇注。避惡去汙，不以義，恥辱名也。「不以」疑當作「以不」。盜泉、勝母有空名，而孔、曾恥之；佛肸有惡實，而子欲往。不飲盜泉是，則欲對佛肸非矣。廣雅釋詁四：「對，嚮也。」「不義而富且貴，於我如浮雲。」孔子語，見論語述而篇。枉道食篡畔之禄，所謂浮雲者，非也。

或〔曰〕：「權時欲行道也。」此以「或曰」設詞，下文「即權時行道」云云即破此説，可證。「所」，宋、元本作「可」，朱校同。今脱「曰」字。即權時行道，子路難之，當云「行道」，不〔當〕言「食」。孫曰：「不」下脱「當」字。有權時以行道，無權時以求食。「吾豈匏瓜也哉？焉能繫而不食？」自比以匏瓜者，言人當仕而食祿。我非匏瓜繫而不食，非子路也。孔子之言，不解子路之難。解謂識也。子路難孔子，豈孔子不當仕也哉？當擇善國而入之也。孔子自比匏瓜，孔子欲安食也。且孔子之言，何其鄙也！鄙，貪也。注本性篇。何彼（徒）仕爲食哉？「彼」字未安，當爲「徒」形誤。下文「孔子之仕，不爲行道，徒求食也」。君子不宜言也。匏瓜繫而不食，亦繫而不仕等也。距子路可云：「吾豈匏瓜也哉，繫而不仕也？」今吾（言）「繫而不食」，「吾」當作「言」，隸書形近而誤。「可云繫而不仕」，與「今言繫而不食」，正反相承。孔子之仕，不爲行道，徒求食也。

人之仕也，主貪祿也，禮義之言，爲行道也。猶人之娶也，主爲欲也，禮義之言，爲供親也。仕而直言食，娶可直言欲乎？孔子之言，解情盼遂案：「情」當爲「惰」，形之誤也。此「解惰」與上文「孔子之仕，不爲行道，徒求食也」之語相承。而無依違之意，不假義理之名，是則俗人，非君子也。儒者説孔子周流應聘不濟，閔道不行，失孔子情矣。舊本段。

公山弗擾以費畔，召，子欲往。弗擾字子洩。論語陽貨篇皇本作「不擾」。左氏傳、史記孔子世家、古今人表並作「不狃」。春秋名字解詁曰：「『擾』，借字，古音『狃』，與『擾』同。」弗擾爲季氏費邑宰。孔子世家云：「季氏使人召孔子。」與論語異。據左氏定十二年傳，弗擾帥費襲魯，孔子命申句須、樂頎伐之，弗擾定無召孔子及孔子欲往之理。崔述洙泗考信録以佛肸召、不狃召并爲僞也。子路曰：「末如也已！「如」，論語作「之」。王本、崇文本據改，非也。爾雅「如」、「之」並訓往。集解孔曰：「無可之，則止耳。」何必公山氏之之也？」下「之」，往也。子曰：「夫召我者，而豈徒哉？如用我，論語作：「如有用我者。」此與史記同。吾其爲東周乎？」見論語陽貨篇。「爲東周」，欲行道也。集解何曰：「興周道於東方，故曰東周也。」孔子世家：「孔子曰：周文、武起豐、鎬而王，今費雖小，儻庶幾乎？」鹽鐵論褒賢篇引論語亦云：「庶幾成湯、文、武之功。」并「行道」之義也。公山、佛肸俱畔者，行道於公山，求食於佛肸，孔子之言，無定趨也。趨，嚮也。言無定趨，則行無常務矣。周流不用，豈獨有以乎？

陽貨欲見之，不見；呼之仕，不仕，論語陽貨篇：「陽貨欲見孔子，孔子不見。歸孔子豚。孔子時其亡也，而往拜之。遇諸塗。謂孔子曰：『日月逝矣，歲不我與。』孔子曰：『諾，吾將仕矣。』」集解孔曰：「陽貨，陽虎也。季氏家臣。」邢疏：「名虎，字貨。」何其清也？公山、佛肸召之，欲往，何其濁也？公山不擾與陽虎俱畔，執季桓子，孫曰：陽虎叛，囚季桓子，據左氏傳在定公五年。至八年，陽虎敗逃。十二年，孔子爲魯司寇，仲由爲季氏宰，將墮費，而弗擾與叔孫輒等遂叛。孔子命申句須、樂頎伐之，敗諸姑蔑。弗擾與輒遂奔齊。二人叛各異時，而弗擾又無囚桓子事。仲任當別有所據。又何氏集解引孔曰：「弗擾爲季氏宰，與陽虎共執季桓子，而召孔子。」豈仲任所本歟？但論語孔傳，本不可信，或即僞爲孔傳者，襲論衡之説也。暉按：孔子世家云：「定公八年，公山不狃不得意於季氏，因陽虎爲亂，遂執季桓子，桓子詐之得脱。」此爲仲任所據者。然此文乃舉往事以明二人同惡，非謂以費畔時也。世家云：「定公九年，公山不狃以費畔。」亦以執桓子與以費畔爲兩時事。孔傳云「弗擾與陽虎共執季桓子而召孔子」，則謂執桓子在以費畔時也。蓋僞爲孔傳者，襲論衡此文，而未審其義也。二人同惡，當作「惡同」，與下「禮等」對文。呼召禮等，獨對公山，不見陽虎，豈公山尚可，陽虎不可乎？

子路難公山之召，「召」，各本並誤作「名」，今據王、崇文本正。孔子宜解以尚及佛肸未甚惡之狀也。